Inhalt

Hinweise für die Benutzer

Alphabetische Reihenfolge

Die Stichwörter sind streng alphabetisch geordnet. Zu beachten ist, dass im Deutschen die Umlaute ä, ö, ü wie a, o, u behandelt werden.

Rechtschreibung

Die Schreibung der deutschen Wörter richtet sich nach den gültigen amtlichen Regeln und DUDEN-Empfehlungen der neuen deutschen Rechtschreibung, gültig seit dem 1.8.2006.

In diesem Wörterbuch wird der Bindestrich am Zeilenanfang wiederholt, wenn mit Bindestrich geschriebene Wörter getrennt werden.

Grammatische Hinweise

Das Genus der Substantive ist bei den Übersetzungen nur dann angegeben, wenn es nicht mit dem des Stichworts übereinstimmt.

Pilz M champignon
fièvre [fjɛvrə] F Fieber *n*

Erläuternde Hinweise und Sachgebiete

Erläuternde Hinweise in kursiver Schrift und Sachgebiete erleichtern die Wahl der richtigen Übersetzung.

Bezeichnungen der sprachlichen oder stilistischen Ebene stehen bei Ausdrücken, die von der Standardsprache abweichen. Hierbei stehen *fig* für figurativen Gebrauch, *umg* für umgangssprachlich und *vulg* für vulgär.

Fachsprachliche Sachgebiete werden meist abgekürzt in verkleinerten Großbuchstaben angegeben:

Krebs M ZOOL écrevisse *f*; MED cancer; *Sternzeichen* Cancer

Lexikografische Zeichen

; Der Strichpunkt trennt Übersetzungen, die sich in der Bedeutung unterscheiden:

dos [do] M Rücken; (Stuhl)Lehne *f*

, Das Komma verbindet ähnliche Übersetzungen:

crevette [krəvɛt] F Garnele, Krabbe

→ Der Pfeil bedeutet *siehe* und verweist auf einen anderen Worteintrag.

Die Aussprache des Französischen

Im Französischen werden die aufeinanderfolgenden Silben gleichmäßig schwebend betont. Die letzte Silbe eines Einzelwortes oder einer zusammenhängenden Wortgruppe wird etwas stärker betont. Das stumme **e** (Zeichen: ə) wird in der Lautschrift häufig in Klammern gesetzt: **regarder** [r(ə)garde]. Dies bedeutet, dass der Laut nur in bestimmten Fällen gesprochen wird, etwa um eine Häufung von mehr als zwei Konsonanten zu vermeiden.
Das Französische kennt keinen **h**-Laut wie im Deutschen, unterscheidet aber zwischen **h aspiré** und **h muet.** Bei **h aspiré** wird weder apostrophiert noch gebunden.

h muet:
l'habit - les habits [lezabi]

h aspiré:
la °hanche - les °hanches
[leɑ̃ʃ]

Die mit **h aspiré** beginnenden Wörter sind mit dem Zeichen ° gekennzeichnet: **°hache**, **°haie**, **°haïr** usw.

Lautschriftzeichen

Vokale

[a]	madame	[madam]
[ɑ]	phrase	[frɑz]
[e]	comité	[kɔmite]
[ɛ]	personne	[pɛrsɔn]
[i]	diriger	[diriʒe]
[o]	beau	[bo]
[ɔ]	mort	[mɔr]
[ø]	peu	[pø]
[œ]	cœur	[kœr]
[u]	groupe	[grup]
[y]	blessure	[blɛsyr]
[ə]	le	[lə]

Nasalvokale

[ɑ̃]	lampe	[lɑ̃p]
[ɛ̃]	vin	[vɛ̃]
[ɔ̃]	bonbon	[bɔ̃bɔ̃]
[œ̃]	lundi	[lœ̃di]

Halbvokale

[j]	bien	[bjɛ̃]
[w]	trois	[trwa]
[ɥ]	lui	[lɥi]

Konsonanten

[s]	précis	[presi]
[z]	rose	[roz]
[ʃ]	champignon	[ʃɑ̃piɲõ]
[ʒ]	garage	[garaʒ]
[v]	visite	[vizit]
[ɲ]	campagne	[kɑ̃paɲ]
[ŋ]	parking	[parkiŋ]

[p], [t], [k] werden ohne den für das Deutsche typischen Hauchlaut gesprochen.

Französisch – Deutsch

A

à [a] in, nach, zu, auf; *zeitlich* um
abaisser [abɛse] *Preis* senken
abandonner [abɑ̃dɔne] verlassen; SPORT aufgeben
abbaye [abei] F Abtei
abbé [abe] M Abt; Pfarrer
abcès [apsɛ] M Abszess
abeille [abɛj] F Biene
abîme [abim] M Abgrund; **abîmer** [abime] beschädigen
abolir [abɔlir] abschaffen
abominable [abɔminablə] abscheulich
abondance [abõdɑ̃s] F Überfluss *m*; **abondant** [abõdɑ̃] reichlich
abonné [abɔne] M Abonnent; **abonnement** [abɔnmɑ̃] M Abonnement *n*; Dauerkarte *f*, Zeitkarte *f*; **abonner** [abɔne] **s'abonner à une revue** e-e Zeitschrift abonnieren
abord [abɔr] M **d'abord** zuerst
abordable [abɔrdablə] *Person* zugänglich; **aborder** [abɔrde] SCHIFF landen, anlegen

aboyer [abwaje] bellen
abrégé [abreʒe] M Kurzfassung *f*; **abréger** abkürzen
abréviation [abrevjasjõ] F Abkürzung
abri [abri] M Obdach *n*, Schutz
abribus® [abribys] M Wartehäuschen *n*
abricot [abriko] M Aprikose *f*
abriter [abrite] beschützen (**de qc** vor etw)
absence [apsɑ̃s] F Abwesenheit
absent [apsɑ̃] abwesend; zerstreut
absolument [apsɔlymɑ̃] unbedingt, durchaus
abstenir [apstənir] **s'abstenir de qc** sich e-r Sache enthalten
abus [aby] M Missbrauch
abuser [abyze] missbrauchen (**de qc** etw)
accélérateur [akseleratœr] M AUTO Gaspedal *n*
accélérer [akselere] beschleunigen
accent [aksɑ̃] M Akzent
acceptable [aksɛptablə] annehmbar; **accepter** [aksɛpte] annehmen
accès [aksɛ] M Zutritt, Zugang; **accès à Internet** Internetzugang
accessible [aksɛsiblə] zugänglich (**à** für); **accessible aux handicapés** barrierefrei
accessoires [aksɛswar] MPL Zubehör *n*
accident [aksidɑ̃] M Unfall; **accident de la route** Verkehrsunfall
accompagnateur [akõpaɲatœr] M, **accompagnatrice** [akõpaɲatris] F Reiseleiter(in) *m(f)*, Betreuer(in) *m(f)*

accompagnement [akõpaɲmɑ̃] M Begleitung *f*; **accompagner** [akõpaɲe] begleiten
accomplir [akõplir] vollenden, erledigen
accord [akɔr] M Übereinstimmung *f*, Zustimmung *f*; **(être) d'accord** einverstanden (sein)
accorder [akɔrde] gewähren; **s'accorder** sich vertragen
accoster [akɔste] SCHIFF anlegen
accotement [akɔtmɑ̃] M *Straße* Seitenstreifen
accouchement [akuʃmɑ̃] M Entbindung *f*; **accoucher** [akuʃe] entbinden
accoutumer [akutyme] **s'accoutumer à** sich gewöhnen an
accrocher [akrɔʃe] aufhängen; **s'accrocher à** sich festhalten an
accroissement [akrwasmɑ̃] M Zuwachs
accueil [akœj] M Empfang
accueillir [akœjir] empfangen
accus [aky] MPL AUTO Batterie *f*
accusation [akyzasjõ] F Anklage; **accusé(e)** [akyze] M(F) Angeklagte(r) *m/f(m)*; **accuser** anklagen
achat [aʃa] M Kauf; **faire des achats** einkaufen
acheter [aʃte] (ein)kaufen; **acheteur** [aʃtœr] M, **acheteuse** [-tøz] F Käufer(in) *m(f)*
achever [aʃve] vollenden, beenden
acide [asid] sauer; **acide** M Säure *f*
acier [asje] M Stahl
acompte [akõt] M Anzahlung *f*
Açores [asɔr] FPL Azoren *pl*

acquérir [akerir] erwerben
acquisition [akizisjõ] F Erwerbung
acquittement [akitmɑ̃] M Bezahlung *f*; JUR Freispruch
acte [akt] M Handlung *f*; JUR Urkunde *f*; THEAT Akt
acteur [aktœr] M Schauspieler
actif [aktif] wirksam, aktiv
action [aksjõ] F Handlung; WIRTSCH Aktie
activité [aktivite] F Tätigkeit, Aktivität
actrice [aktris] F Schauspielerin
actualités [aktɥalite] FPL TV Nachrichten; **actuel** [aktɥɛl] gegenwärtig; **actuellement** [aktɥɛlmɑ̃] im Augenblick
adaptateur [adaptatœr] M Zwischenstecker
addition [adisjõ] F Addition; *im Restaurant* Rechnung; **l'addition, s'il vous plaît** bitte zahlen
adieux [adjø] MPL Abschied *m*
admettre [admɛtrə] Zutritt gewähren; zugeben
administration [administrasjõ] F Verwaltung, Behörde
admirable [admirablə] bewundernswert; **admiration** [admirasjõ] F Bewunderung; **admirer** [admire] bewundern
admissible [admisiblə] zulässig
admission [admisjõ] F Zulassung
adolescence [adɔlɛsɑ̃s] F Jugend; **adolescent(e)** [adɔlɛsɑ̃(t)] M(F) Jugendliche(r) *m*/*f*(*m*)
adopter [adɔpte] annehmen, adoptieren
adorable [adɔrablə] reizend

adorer [adɔre] anbeten
adresse [adrɛs] F Adresse; Geschicklichkeit; **adresse e-mail** E-Mail-Adresse; **adresse Internet** Internet-, Webadresse; **adresse du lieu d'origine** Heimatadresse; **adresser** [adrɛse] **s'adresser à** sich wenden an
Adriatique [adrijatik] F **l'Adriatique** Adria *f*
adroit [adrwa] geschickt
adulte [adylt] erwachsen; **adulte** M/F Erwachsene(r) *m/f(m)*
adversaire [advɛrsɛr] M/F Gegner(in) *m(f)*
aération [aerasjõ] F Lüftung; **aérer** [aere] lüften; **aérien** [aerjɛ̃] Luft…, Flug…
aérodrome [aerɔdrom] M Flugplatz; **aéroport** [aerɔpɔr] M Flughafen; **aéroport de destination** Zielflughafen
affaiblir [afeblir] schwächen
affaire [afɛr] F Geschäft *n*, Angelegenheit; **affaires** FPL Sachen; **pour affaires** geschäftlich
affection [afɛksjõ] F Zuneigung; **affectueux** [afɛktɥø] herzlich
affiche [afiʃ] F Aushang *m*, Plakat *n*
affirmer [afirme] behaupten
affluent [aflyɑ̃] M Nebenfluss
affranchir [afrɑ̃ʃir] frankieren
affreux [afrø] schrecklich
afin [afɛ̃] **afin de** um zu; **afin que** damit
Afrique [afrik] F **l'Afrique** Afrika *n*; **l'Afrique du Sud** Südafrika *n*
âge [aʒ] M Alter *n*

âgé [aʒe] alt, betagt; **âgé de six ans** sechs Jahre alt
agence [aʒɑ̃s] F **agence de voyages** Reisebüro *n*; **agence pour l'emploi** Arbeitsagentur
agent [aʒɑ̃] M **agent (de police)** Polizist; **agent pathogène** MED Erreger
aggraver [agrave] verschlimmern
agile [aʒil] flink
agir [aʒir] handeln, einwirken; **il s'agit de** es handelt sich um
agiter [aʒite] schütteln; aufregen
agneau [aɲo] M Lamm(fleisch) *n*
agrandissement [agrɑ̃dismɑ̃] M FOTO Vergrößerung *f*; **agrandissement de l'Union** EU-Erweiterung *f*
agréable [agreablə] angenehm
agréer [agree] genehmigen
agresser [agrɛse] überfallen
agricole [agrikɔl] landwirtschaftlich; **agriculture** [agrikyltyr] F Landwirtschaft
aide [ɛd] F Hilfe; **à l'aide de** mittels; **aide** M/F Gehilfe, Gehilfin
aider [ɛde] helfen
aigle [ɛglə] M Adler
aigre [ɛgrə] herb, sauer
aigu [egy] spitz; MED akut
aiguille [egɥij] F Nadel; (Uhr)Zeiger *m*
aiguilleur [egɥijœr] M **aiguilleur du ciel** FLUG Fluglotse
ail [aj] M Knoblauch

aile [ɛl] F Flügel *m*; AUTO Kotflügel *m*
ailleurs [ajœr] anderswo(hin); **d'ailleurs** übrigens
aimable [ɛmablə] liebenswürdig; **aimer** [ɛme] lieben; **aimer mieux** lieber mögen
aîné [ɛne] älter (*von zweien*); älteste
ainsi [ɛ̃si] so, also; **ainsi que** so wie
air [ɛr] M Luft *f*; Aussehen *n*; Melodie *f*; **air conditionné** Klimaanlage *f*; **en plein air** im Freien; **avoir l'air de** so aussehen, als ob
airbag [ɛrbag] M Airbag; **airbag latéral** Seitenairbag
aire [ɛr] F **aire de jeux pour enfants** Kinderspielplatz *m*; **aire de repos** Rastplatz *m*
airelle [ɛrɛl] F BOT Heidelbeere
aisance [ɛzɑ̃s] F Leichtigkeit; Wohlstand *m*
aisé [ɛze] leicht; wohlhabend
ajouter [aʒute] hinzufügen
alarme [alarm] F Alarm *m*
Albanie [albani] F **l'Albanie** Albanien *n*
alcool [alkɔl] M Alkohol
alco(o)test [alkɔtɛst] M Alkoholtest
alentours [alɑ̃tur] MPL Umgebung *f*
alerte [alɛrt] F Alarm *m*
Alger [alʒe] Algier *n*
Algérie [alʒeri] F **l'Algérie** Algerien *n*
algue [alg] F BOT Alge
alimentation [alimɑ̃tasjõ] F Ernährung, Lebensmittel *npl*
Allemagne [almaɲ] F **l'Allemagne** Deutschland *n*

allemand [almɑ̃] deutsch; **Allemand(e)** [almɑ̃(d)] M(F) Deutsche(r) *m/f(m)*
aller¹ [ale] gehen, fahren; *Kleidung* passen; **aller en avion** fliegen; **aller à bicyclette** mit dem Rad fahren; **aller en voiture** fahren; **aller chercher** holen; **aller voir** besuchen; besichtigen; **s'en aller** weggehen; **ça va** es geht; **allez!** los!
aller² [ale] M Hinfahrt *f*; **aller (simple)** einfache Fahrkarte *f*; **aller (et) retour** Hin- und Rückfahrt *f*; Rückfahrkarte *f*
allergie [alɛrʒi] F Allergie; **allergique** [alɛrʒik] allergisch (**à** gegen)
alliance [aljɑ̃s] F Bündnis *n*; Trauring *m*
allonger [alõʒe] **s'allonger sur son lit** sich aufs Bett legen
allumage [alymaʒ] M AUTO Zündanlage *f*, Zündung *f*; **allumer** [alyme] (an)zünden; einschalten (*a. Licht*); **allumette** [alymɛt] F Streichholz *n*
alors [alɔr] dann, damals; **alors que** wohingegen
Alpes [alp] FPL Alpen *pl*; **Alpes-Maritimes** [alpmaritim] FPL Seealpen *pl*
alpinisme [alpinismə] M Bergsteigen *n*; **alpiniste** [alpinist] M Bergsteiger
Alsace [alzas] F Elsass *n*; **Alsace-Lorraine** [alzaslɔrɛn] F Elsass-Lothringen *n*
alternatif [altɛrnatif] abwechselnd
altitude [altityd] F Höhe
amande [amɑ̃d] F BOT Mandel
amant [amɑ̃] M Liebhaber
amasser [amase] anhäufen; horten

ambassade [ɑ̃basad] F Botschaft; **ambassadeur** [ɑ̃basadœr] M, **ambassadrice** [-dris] F Botschafter(in) *m(f)*
ambiance [ɑ̃bjɑ̃s] F Atmosphäre, Stimmung
ambitieux [ɑ̃bisjø] ehrgeizig
ambulance [ɑ̃bylɑ̃s] F Krankenwagen *m*
âme [ɑm] F Seele
améliorer [ameljɔre] **s'améliorer** sich bessern
amende [amɑ̃d] F Geldbuße
amener [amne] her(bei)führen; mitbringen
amer [amɛr] bitter
Amérique [amerik] F **l'Amérique** Amerika *n*; **l'Amérique du Nord** Nordamerika *n*; **l'Amérique du Sud** Südamerika *n*
ameublement [amœbləmɑ̃] M Mobiliar *n*
ami [ami] M Freund
amicalement [amikalmɑ̃] *Brief* herzliche Grüße
amie [ami] F Freundin
amitié [amitje] F Freundschaft; **amitiés** FPL Grüße *mpl*
amortisseur [amɔrtisœr] M AUTO Stoßdämpfer
amour [amur] M Liebe *f*; **amoureux** [amurø] verliebt (**de** in); **tomber amoureux de** sich verlieben in
ample [ɑ̃plə] geräumig; reichlich
ampoule [ɑ̃pul] F Glühbirne; Ampulle
amusant [amyzɑ̃] unterhaltsam; **amuser** [amyze] amüsieren; **s'amuser** sich amüsieren
amygdales [ami(g)dal] FPL MED Mandeln
an [ɑ̃] M Jahr *n*; **par an** jährlich

analgésique [analʒezik] M Schmerzmittel *n*
analyse [analiz] F *von Blut etc* Untersuchung
ananas [anana(s)] M Ananas *f*
anchois [ɑ̃ʃwa] M Sardelle *f*
ancien [ɑ̃sjɛ̃] alt, ehemalig
ancre [ɑ̃krə] F Anker *m*
Andorre [ɑ̃dɔr] F **l'Andorre** Andorra *n*
andouillette [ɑ̃dujɛt] F Fleischwurst
âne [ɑn] M Esel
anesthésie [anɛstezi] F Narkose
ange [ɑ̃ʒ] M Engel
angine [ɑ̃ʒin] F MED Angina
angle [ɑ̃glə] M Winkel, Ecke *f*
Angleterre [ɑ̃glətɛr] F **l'Angleterre** England *n*
angoisse [ɑ̃gwas] F Angst, Beklemmung
anguille [ɑ̃gij] F Aal *m*
animal [animal] M Tier *n*
animateur [animatœr] M Animateur
animation [animasjõ] F Freizeitgestaltung
animer [anime] beleben
anisette [anizɛt] F Anisschnaps *m*
anneau [ano] M Ring
année [ane] F Jahr *n*, Jahrgang *m*; **année scolaire** Schuljahr
anniversaire [anivɛrsɛr] M Geburtstag
annonce [anõs] F (Zeitungs)Anzeige
annoncer [anõse] ankündigen
annuaire [anɥɛr] M **annuaire du téléphone** Telefonbuch *n*
annuel [anɥɛl] jährlich

annulation [anylasjõ] F *Reise* Rücktritt *m*; **annulé** [anyle] fällt aus; **annuler** stornieren
anorak [anɔrak] M Anorak
antenne [ɑ̃tɛn] F TV Antenne
antibiotique [ɑ̃tibjɔtik] M Antibiotikum *n*; **antibrouillard** [ɑ̃tibrujar] M Nebelscheinwerfer; **antigel** [ɑ̃tiʒɛl] M Frostschutzmittel *n*; **antimondialiste** [ɑ̃timõdjalist] M/F Globalisierungsgegner(in) *m(f)*
antique [ɑ̃tik] antik
antiquités [ɑ̃tikite] FPL Antiquitäten
antivol [ɑ̃tivɔl] M AUTO Lenkradschloss *n*
Anvers [ɑ̃vɛr] Antwerpen *n*
août [u(t)] M August; **en août** im August
apaiser [apɛze] beruhigen
apercevoir [apɛrsəvwar] erblicken; **s'apercevoir de qc** etw merken
apéritif [aperitif] M Aperitif
aplanir [aplanir] ebnen, beseitigen
apoplexie [apɔplɛksi] F MED Schlaganfall *m*
apparaître [aparɛtrə] erscheinen
appareil [aparɛj] M Gerät *n*; **qui est à l'appareil?** wer ist am Apparat?; **appareil photo** Fotoapparat; **appareil photo numérique** Digitalkamera *f*
apparence [aparɑ̃s] F Aussehen *n*
apparition [aparisjõ] F Erscheinung
appartement [apartəmɑ̃] M Wohnung *f*
appartenir [apartənir] gehören
appel [apɛl] M Anruf, Aufruf; **appel d'urgence** Notruf

appeler [aple] rufen, anrufen; **s'appeler** heißen
appendice [apɑ̃dis] M Blinddarm; **appendicite** [apɑ̃disit] F MED Blinddarmentzündung
Appenzell [apɛntsɛl] M **l'Appenzell Rhodes Intérieure** Appenzell-Innerrhoden *n*; **l'Appenzell Rhodes Extérieure** Appenzell-Ausserrhoden *n*
appétit [apeti] M Appetit; **bon appétit!** guten Appetit!
applaudir [aplodir] Beifall klatschen
appli [apli] F *umg* App
application [aplikasjõ] F Anwendung; Fleiß *m*
appliqué [aplike] fleißig
appliquer [aplike] auftragen; anwenden; **s'appliquer** fleißig sein
apporter [apɔrte] mitbringen
apprécier [apresje] schätzen
apprendre [aprɑ̃drə] lernen; erfahren (**par qn** durch j-n)
apprenti [aprɑ̃ti] M Lehrling; **apprentissage** [aprɑ̃tisaʒ] M Lehrzeit *f*
approche [aprɔʃ] F Herannahen *n*; FLUG Anflug *m*; **approcher** [aprɔʃe] heranbringen; **s'approcher de qn** *od* **de qc** sich j-m *od* e-r Sache nähern
approprié [aprɔprije] geeignet, angemessen
approuver [apruve] billigen
approximatif [aprɔksimatif] annähernd
appui [apɥi] M Stütze *f*, Unterstützung *f*
appuyer [apɥije] stützen; drücken (**sur** auf)
après [aprɛ] nach; nachher; **d'après** gemäß; **après que** nachdem

après-demain [aprɛdmɛ̃] übermorgen; **après--midi** [aprɛmidi] M Nachmittag; **cet après-midi** heute Nachmittag
aptitude [aptityd] F Fähigkeit
aqueduc [akdyk] M Aquädukt
Arabie (Saoudite) [arabi(saudit)] F **l'Arabie (Saoudite)** (Saudi-)Arabien *n*
araignée [arɛɲe] F Spinne
arbitraire [arbitrɛr] willkürlich
arbitre [arbitrə] M Schiedsrichter
arbre [arbrə] M Baum
arbrisseau [arbriso] M Strauch
arc [ark] M Bogen; **arcade** [arkad] F Bogengang *m*; **arc-en-ciel** [arkɑ̃sjɛl] M Regenbogen
archevêque [arʃəvɛk] M Erzbischof
architecte [arʃitɛkt] M Architekt
Arctique [arktik] M Arktis *f*
ardeur [ardœr] F Glut; Eifer *m*
ardoise [ardwaz] F Schiefer *m*
arête [arɛt] F Gräte
argent [arʒɑ̃] M Silber *n*; Geld *n*; **argent liquide** Bargeld; **argent de poche** Taschengeld
Argentine [arʒɑ̃tin] F **l'Argentine** Argentinien *n*
argile [arʒil] F *Erde* Ton *m*
argot [argo] M Gaunersprache *f*; Jargon
Argovie [argɔvi] F **l'Argovie** der Aargau
aride [arid] dürr, trocken
arme [arm] F Waffe; **armée** [arme] F Heer *n*; **armement** [arməmɑ̃] M Bewaffnung *f*
armoire [armwar] F Schrank *m*

armoiries [armwari] FPL Wappen *n*
arnaque [arnak] F *umg* Abzocke
arracher [araʃe] aus-, entreißen
arranger [arɑ̃ʒe] ordnen
arrestation [arɛstasjõ] F Verhaftung
arrêt [arɛ] M Anhalten *n*; BAHN Aufenthalt; Haltestelle *f*; **arrêt interdit** Halteverbot *n*; **sans arrêt** ununterbrochen
arrêter [arɛte] anhalten; *Motor* abschalten; verhaften; **s'arrêter** stehen bleiben; aufhören
arrière [arjɛr] zurück; **en arrière** rückwärts; **arrière-saison** [arjɛrsɛzõ] F Nachsaison
arrivée [arive] F Ankunft; **arriver** ankommen; es schaffen; geschehen
arrondissement [arõdismɑ̃] M Stadtbezirk
arroser [aroze] begießen; **arrosoir** [arozwar] M Gießkanne *f*
art [ar] M Kunst *f*
artère [artɛr] F Pulsader; Hauptverkehrsstraße
artichaut [artiʃo] M Artischocke *f*
article [artiklə] M Artikel; **articles de cuir** Lederwaren; **article de journal** Zeitungsartikel
articulation [artikylasjõ] F Gelenk *n*
artificiel [artifisjɛl] künstlich
artisan [artizɑ̃] M Handwerker
artiste [artist] M/F Künstler(in) *m(f)*
ascenseur [asɑ̃sœr] M Fahrstuhl
ascension [asɑ̃sjõ] F **l'Ascension** (Christi) Himmelfahrt
Asie [azi] F **l'Asie** Asien *n*; **l'Asie mineure** Klein-

asien
aspect [aspɛ] M Anblick; Gesichtspunkt
asperge [aspɛrʒ] F BOT Spargel *m*
aspirateur [aspiratœr] M Staubsauger
aspirer [aspire] einatmen; **aspirer à qc** nach etw streben
aspirine® [aspirin] F Aspirin® *n*
assaisonné [asɛzɔne] gewürzt
assassin [asasɛ̃] M Mörder
assassiner [asasine] ermorden
assemblée [asɑ̃ble] F Versammlung
asseoir [aswar] **s'asseoir** sich setzen
assez [ase] genug; ziemlich; **en avoir assez** genug haben
assiette [asjɛt] F Teller *m*; **assiette de charcuterie** Wurstplatte
assis [asi] sitzend; **être assis** sitzen
assistant(e) [asistɑ̃(t)] M(F) Assistent(in) *m(f)*; **assistant électronique** IT Handheld *m*
assister [asiste] teilnehmen
association [asɔsjasjõ] F Verein *m*
Assomption [asõpsjõ] F Mariä Himmelfahrt
assortiment [asɔrtimɑ̃] M Sortiment *n*
assurance [asyrɑ̃s] F Versicherung; **assurance accidents, bagages, maladie** Unfall-, Reisegepäck-, Krankenversicherung; **assurance recours, au tiers, tous risques** Rechtsschutz-, Haftpflicht-, Vollkaskoversicherung; **assurance vie** Lebensversicherung
assurer [asyre] versichern; **s'assurer** sich versi-

chern (**contre** gegen)
asthme [asmə] M Asthma *n*
atelier [atəlje] M Werkstatt *f*
Athènes [atɛn] Athen *n*
athlète [atlɛt] M Athlet; **athlétisme** [atletismə] M Leichtathletik *f*
Atlantique [atlɑ̃tik] M Atlantik *m*
atlas [atlas] M Atlas *m*; **atlas routier électronique** IT Routenplaner
atmosphère [atmɔsfɛr] F Atmosphäre
atout [atu] M Trumpf
atroce [atrɔs] grässlich
attacher [ataʃe] befestigen; **attacher la ceinture** sich anschnallen
attaque [atak] F Angriff *m*; **attaquer** [atake] angreifen
atteindre [atɛ̃drə] erreichen
atteler [atle] *Pferde* anspannen; ankuppeln
attelle [atɛl] F MED Schiene
attendant [atɑ̃dɑ̃] **en attendant** in der Zwischenzeit
attendre [atɑ̃drə] warten
attentat [atɑ̃ta] M Attentat *n*; **attentat suicide** Selbstmordanschlag
attente [atɑ̃t] F Erwartung; Wartezeit
attention [atɑ̃sjõ] F Aufmerksamkeit; **attention!** Achtung!; **faire attention** aufpassen
atterrir [atɛrir] FLUG landen
atterrissage [atɛrisaʒ] M FLUG Landung *f*; **atterrissage forcé** Notlandung

attestation [atɛstasjõ] F Bescheinigung
attirer [atire] an sich ziehen
attitude [atityd] F Haltung, Verhalten *n*
attraction [atraksjõ] F Anziehung, Anziehungskraft
attrait [atrɛ] M Reiz
attraper [atrape] fangen; sich etw zuziehen
attrayant [atrɛjɑ̃] anziehend
attribuer [atribɥe] zuteilen; zuschreiben
aube [ob] F Morgendämmerung
auberge [obɛrʒ] F Gasthof *m*; **auberge de jeunesse** Jugendherberge
aubergine [obɛrʒin] F Aubergine
aucun [okœ̃] keiner
audacieux [odasjø] kühn, gewagt
au-delà [od(ə)la] **au-delà de** jenseits
au-dessous [odsu] unterhalb (**de** von)
au-dessus [odsy] oberhalb (**de** von)
audioguide [odjogid] M Audioguide
auditeur [oditœr] M, **auditrice** [-tris] F Zuhörer(in) *m(f)*
auditoire [oditwar] M Zuhörerschaft *f*
augmentation [ogmɑ̃tasjõ] F Vergrößerung; **augmenter** [ogmɑ̃te] (sich) vermehren, zunehmen
aujourd'hui [oʒurdɥi] heute
auparavant [oparavɑ̃] vorher
auprès [oprɛ] **auprès de** bei
aurore [orɔr] F Morgenröte
aussi [osi] auch; **aussitôt** [osito] sogleich; **aussi-**

tôt que sobald
Australie [ostrali] F **l'Australie** Australien *n*
autant [otɑ̃] ebenso viel, ebenso sehr
autel [otɛl] M Altar
auteur [otœr] M Schriftsteller
auto [oto] F Auto *n*
auto... [otɔ] selbst...; Auto...; **autobus** [otɔbys] M (Auto)Bus; **autocar** [otɔkar] M Reisebus; **auto-école** [otɔekɔl] F Fahrschule
automatique [otɔmatik] automatisch
automne [otɔn] M Herbst
automobiliste [otɔmɔbilist] M/F Autofahrer(in) *m(f)*; **autoradio** [otɔradjo] F Autoradio *n*; **autorail** [otɔrɑj] M Schienenbus
autorisation [otɔrizasjõ] F Genehmigung; **autorité** [otɔrite] F Autorität; **autorités** FPL Behörden
autoroute [otɔrut] F Autobahn
auto-stop [otostɔp] M **faire de l'auto-stop** per Anhalter fahren
auto-stoppeur [otostɔpœr] M, **auto-stoppeuse** [-pøz] F Anhalter(in) *m(f)*
autour [otur] darum herum; **autour de** um(...herum)
autre [otrə] andere(r); **autrefois** [otrəfwa] ehemals; **autrement** [otrəmɑ̃] anders, sonst
Autriche [otriʃ] F **l'Autriche** Österreich *n*
autrichien [otriʃjɛ̃] österreichisch; **Autrichien** [otriʃjɛ̃] M, **Autrichienne** [-jɛn] F Österreicher(in) *m(f)*

autruche [otryʃ] F ZOOL Strauß *m*
avalanche [avalɑ̃ʃ] F Lawine
avaler [avale] (ver)schlucken
avance [avɑ̃s] F **à l'avance, d'avance** im Voraus
avancement [avɑ̃smɑ̃] M Fortschritt; Beförderung *f*; **avancer** [avɑ̃se] vorrücken; *Uhr* vorstellen, vorgehen; *Geld* vorschießen
avant [avɑ̃] vor; vorher; **en avant** vorwärts; **avant que** bevor
avantage [avɑ̃taʒ] M Vorteil
avant-dernier [avɑ̃dɛrnje] vorletzte; **avant-hier** [avɑ̃tjɛr] vorgestern; **avant-saison** [avɑ̃sɛzõ] F Vorsaison
avare [avar] geizig; **avare** M Geizhals
avarie [avari] F **avarie de moteur** Motorschaden *m*
avec [avɛk] mit
avenir [avnir] M Zukunft *f*
aventure [avɑ̃tyr] F Abenteuer *n*
avenue [avny] F Allee, Avenue
averse [avɛrs] F Platzregen *m*
avertir [avɛrtir] benachrichtigen; warnen; **avertissement** [avɛrtismɑ̃] M Warnung *f*; **avertisseur** [avɛrtisœr] M Hupe *f*; **avertisseur lumineux** Lichthupe; **avertisseur d'incendie** Feuermelder
aveu [avø] M Geständnis *n*
aveugle [avœglə] blind; **aveugle** M/F Blinde(r) *m*/*f*(*m*)
aviation [avjasjõ] F Luftfahrt

avide [avid] (be)gierig (**de** nach, auf)
avion [avjõ] M Flugzeug *n*; **avion à réaction** Düsenflugzeug; **avion de ligne** Linienmaschine *f*; **par avion** per Luftpost; **prendre l'avion** fliegen
avis [avi] M Meinung *f*, Bekanntmachung *f*; **avis de tempête** Sturmwarnung *f*
avocat(e)[1] [avɔka(t)] M(F) Rechtsanwalt *m*, -anwältin *f*
avocat[2] [avɔka] M BOT Avocado *f*
avoir [avwar] haben; bekommen; **avoir à** müssen; **il y a** es gibt
avortement [avɔrtəmɑ̃] M Abtreibung *f*
avouer [avwe] gestehen
avril [avril] M April; **en avril** im April
axe [aks] M Achse *f*

B

babeurre [babœr] M Buttermilch *f*
bâbord [babɔr] M SCHIFF Backbord *n*
baby-sitter [bebisitœr] M/F Babysitter(in) *m(f)*
bac [bak] M Fähre *f*; *umg* Abi *n*
baccalauréat [bakalɔrea] M Abitur *n*
bagages [bagaʒ] MPL Gepäck *n*; **bagages accompagnés, à main** Reise-, Handgepäck
bagarreur [bagarœr] M *Person* Schläger

bague [bag] F (Finger)Ring *m*
baguette [bagɛt] F Stangenbrot *n*
baie [bɛ] F Bucht
baignade [bɛɲad] F Baden *n*; **baigner** [bɛɲe] baden; **se baigner** baden; **baignoire** [bɛɲwar] F Badewanne
bâiller [bɑje] gähnen
bain [bɛ̃] M Bad *n*; **prendre un bain** *in der Badewanne* baden; **prendre un bain de soleil** sich sonnen
baiser [bɛze] M Kuss
baisse [bɛs] F Rückgang *m*; **baisser** [bɛse] sinken, fallen; herunterlassen
bal [bal] M *Veranstaltung* Ball
balai [balɛ] M Besen
balance [balɑ̃s] F Waage
balancer [balɑ̃se] schaukeln; **balançoire** [balɑ̃swar] F Schaukel
balayer [balɛje] fegen
balcon [balkõ] M Balkon
Bâle [bɑl] Basel *n*; **Bâle-Ville** Basel-Stadt; **Bâle--Campagne** Basel-Landschaft
baleine [balɛn] F Wal *m*
Balkans [balkɑ̃] **les Balkans** der Balkan
balle [bal] F Ball *m*; **balle de tennis** Tennisball
ballon [balõ] M Luftballon; Fußball
balnéaire [balneɛr] Bade…
Baltique [baltik] **la mer Baltique** die Ostsee
banane [banan] F Banane
banc [bɑ̃] M (Sitz)Bank *f*; **banc de sable** Sandbank

bandage [bɑ̃daʒ] M MED Bandage *f*
bande [bɑ̃d] F Schar; Binde; **bande élastique** Elastikbinde; **bande de gaze** Mullbinde; **bande dessinée** Comic *m*; **bande d'arrêt d'urgence** Standspur
banlieue [bɑ̃ljø] F Vororte *mpl*
banque [bɑ̃k] F Bank(haus *n*)
banquette [bɑ̃kɛt] F (Sitz)Bank; **banquette arrière** AUTO Rücksitz *m*
baptiser [batize] taufen
bar [bar] M Stehkneipe *f*; Theke *f*
barbe [barb] F Bart *m*
barque [bark] F Ruderboot *n*
barrage [baraʒ] M Staudamm, Talsperre *f*
barré [bare] gesperrt
barrer [bare] *Scheck, Straße* sperren; durchstreichen
barrette [barɛt] F Haarspange
barrière [barjɛr] F (Bahn)Schranke
bas [bɑ], **basse** [bas] niedrig; leise; **en bas** unten; **en bas!** abwärts!; **bas** M Strumpf
bascule [baskyl] F Wippe
base [bɑz] F Basis
Basque [bask] **le Pays Basque** das Baskenland
basse → bas
bassin [basɛ̃] M Schwimmbecken *n*
bas-ventre [bɑvɑ̃trə] M Unterleib
bataille [bataj] F Schlacht
bateau [bato] M Boot *n*, Schiff *n*; **bateau-mouche** *auf der Seine* kleiner Ausflugsdampfer; **bateau**

à vapeur Dampfer
bâtiment [batimɑ̃] M Gebäude *n*, Bauwerk *n*
bâtir [batir] bauen
bâton [batõ] M Stock; **bâton de ski** Skistock
battant [batɑ̃] M Türflügel
batterie [batri] F Batterie
battre [batrə] schlagen; **se battre** kämpfen
bavarder [bavarde] schwatzen
beau [bo], **belle** [bɛl] schön; **il fait beau (temps)** es ist schönes Wetter
beaucoup [boku] viel, sehr
beau-fils [bofis] M Schwiegersohn; **beau-frère** [bofrɛr] M Schwager; **beau-père** [bopɛr] M Schwiegervater
beauté [bote] F Schönheit
beaux-parents [boparɑ̃] MPL Schwiegereltern *pl*
bébé [bebe] M Baby *n*
bec [bɛk] M Schnabel
bécoter [bekɔte] *umg* **se bécoter** knutschen
beige [bɛʒ] beige
beignet [bɛɲɛ] M Krapfen
bêler [bɛle] blöken; meckern
Belgique [bɛlʒik] F **la Belgique** Belgien *n*
bélier [belje] M Widder
belle → beau
belle-fille [bɛlfij] F Schwiegertochter; **belle-mère** [bɛlmɛr] F Schwiegermutter; **belle-sœur** [bɛlsœr] F Schwägerin
belvédère [bɛlvedɛr] M Aussichtspunkt
bénédiction [benediksjõ] F Segen *m*

bénit [beni] geweiht; **eau bénite** Weihwasser *n*
béquille [bekij] F Krücke
berceau [bɛrso] M Wiege *f*
béret [berɛ] M Baskenmütze *f*
berger [bɛrʒe] M Schäfer
Berlin [bɛrlɛ̃] Berlin *n*
Berne [bɛrn] Bern *n*
besogne [bəzɔɲ] F Arbeit
besoin [bəzwɛ̃] M Bedürfnis *n*; **avoir besoin de** brauchen, nötig haben
bête[1] [bɛt] F Tier *n*
bête[2] [bɛt] dumm; **bêtise** [bɛtiz] F Dummheit
béton [betõ] M Beton
bette [bɛt] F Mangold *m*
betterave [bɛtrav] F **betterave rouge** Rote Bete
beurre [bœr] M Butter *f*; **beurrer** [bœre] mit Butter bestreichen
biberon [bibrõ] M Babyflasche *f*
Bible [biblə] F Bibel
bibliothèque [biblijɔtɛk] F Bibliothek; **bibliothèque de prêt** Leihbücherei
bicyclette [bisiklɛt] F Fahrrad *n*
bidon [bidõ] M Kanister; **bidon d'essence** Benzinkanister; **bidon de réserve** Reservekanister
bien[1] [bjɛ̃] M Gute *n*; Vermögen *n*
bien[2] [bjɛ̃] gut; sehr; recht, richtig; gern; **eh bien!** na!, nun!; **bien des** (sehr) viele; **bien que** obgleich
bien-être [bjɛ̃nɛtrə] M Wohlstand; Wellness *f*
bientôt [bjɛ̃to] bald
bienvenu [bjɛ̃vny] willkommen

bière [bjɛr] F Bier *n*; **bière en boîte** Dosenbier; **bière pression** Bier vom Fass
bifteck [biftɛk] M (Beef)Steak *n*; **bifteck haché** Tatar(beefsteak) *n*
bifurcation [bifyrkasjõ] F Abzweigung; **bifurquer** [bifyrke] *Auto* abbiegen
bigoudi [bigudi] M Lockenwickler
bijoutier [biʒutje] M Juwelier
bijoux [biʒu] MPL Juwelen *npl*, Schmuck *m*; **bijoux de fantaisie** Modeschmuck
bikini [bikini] M Bikini
bilingue [bilɛ̃g] zweisprachig
billard [bijar] M Billard *n*
billet [bijɛ] M Fahr-, Eintrittskarte *f*; **billet électronique** elektronisches Ticket *n*; **billet d'avion** Flugticket *n*; **billet de banque** Banknote *f*
bio... [bjo] Bio...; **biocarburant** [bjɔkarbyrɑ̃] M Biosprit
biologique [bjɔlɔʒik]: **produits** MPL **biologiques** Bioprodukte *npl*
biotope [bjɔtɔp] M Biotop *n*
biscotte [biskɔt] F Zwieback *m*
biscuit [biskɥi] M Keks
bisque [bisk] F **bisque d'écrevisses** Krebssuppe
bissextile [bisɛkstil] **année bissextile** Schaltjahr *n*
bistro(t) [bistro] M *umg* Kneipe *f*
bizarre [bizar] seltsam
blaireau [blɛro] M Rasierpinsel
blâmer [blɑme] tadeln
blanc [blɑ̃] weiß; **blanc** M Weißwein

blanquette [blɑ̃kɛt] F **blanquette de veau** Kalbsragout *n*
blé [ble] M Weizen; Getreide *n*
blessé(e) [blɛse] M(F) Verletzte(r) *m*/*f*(*m*); **blesser** [blɛse] verwunden; **se blesser** sich verletzen; **blessure** [blɛsyr] F Wunde
bleu [blø] blau
bloc [blɔk] M Block; **en bloc** im Ganzen; **bloc sanitaire** Sanitärgebäude *n*
bloc-notes [blɔknɔt] M Notizblock
blond [blõ] blond
blonde [blõd] F helles Bier
blouse [bluz] F Kittel *m*
blue-jean [bludʒin] M Bluejeans *pl*
bock [bɔk] M **un bock** ein kleines Bier (1/8l)
bœuf [bœf] M Ochse; Ochsen-, Rindfleisch *n*; **bœuf à la mode** mit Karotten geschmortes Rindfleisch; **rôti de bœuf** Rinderbraten *m*
boire [bwar] trinken
bois [bwa] M Holz *n*; Wald
boisson [bwasõ] F Getränk *n*
boîte [bwat] F Schachtel; Dose; **boîte automatique** AUTO Automatikgetriebe; **boîte de conserve** Konservendose; **boîte aux lettres** *n* Briefkasten *m*; Mailbox; **boîte de nuit** Nachtlokal *n*; **boîte à pansement** Verbandskasten; **boîte postale** Postfach *n*; **boîte de vitesses** AUTO Getriebe *n*
boiter [bwate] hinken, humpeln
boîtier [bwatje] M **boîtier d'attelage** Anhängerkupplung *f*

bol [bɔl] M (Trink)Schale *f*
Bolivie [bɔlivi] F **la Bolivie** Bolivien *n*
bombe [bõb] F Bombe; **bombe glacée** GASTR Eisbombe
bon[1] [bõ], **bonne** [bɔn] gut; richtig; **de bonne heure** frühzeitig; **(à) bon marché** billig; **bon** M Gute *n*
bon[2] [bõ] M Gutschein
bonbon [bõbõ] M Bonbon *m od n*; **bonbons contre la toux** Hustenbonbons
bond [bõ] M Sprung; **d'un bond** mit e-m Satz
bonheur [bɔnœr] M Glück *n*
bonhomme [bɔnɔm] M **bonhomme de neige** Schneemann
bonjour [bõʒur] M Gruß (**à qn** an j-n); **bonjour!** guten Tag!, guten Morgen!
bonne → bon[1]
bonnet [bɔnɛ] M Mütze *f*; **bonnet de bain** Bademütze
bonsoir [bõswar] M **bonsoir!** guten Abend!
bonté [bõte] F Güte
bord [bɔr] M Rand; Ufer *n*; SCHIFF Bord; **à bord** an Bord; **au bord de la mer** am Meer, an der See
Bosnie [bɔsni] F **la Bosnie** Bosnien *n*
Bosphore [bɔsfɔr] M Bosporus *m*
bosse [bɔs] F Beule
bosser [bɔse] *umg* schuften; pauken
botte [bɔt] F Stiefel *m*; **bottes en caoutchouc** Gummistiefel
bottin [bɔtɛ̃] M Telefonbuch *n*

bouche [buʃ] F Mund *m*; Maul *n*; **bouche de métro** U-Bahn-Eingang *m*
bouche-à-bouche [buʃabuʃ] M MED Mund-zu--Mund-Beatmung *f*
boucher [buʃe] verstopfen; **boucher** M Fleischer; **boucherie** [buʃri] F Fleischerei
bouchon [buʃõ] M Korken; Stau
boucle [buklə] F Locke; **boucle d'oreille** Ohrring *m*
boudin [budɛ̃] M Blutwurst *f*
boue [bu] F Dreck *m*, Schlamm *m*
bouée [bwe] F Boje; **bouée de sauvetage** Rettungsring *m*
bouffe [buf] F *umg* Essen *n*; **bouffe industrielle** Junkfood *n*
bougé [buʒe] FOTO verwackelt
bouger [buʒe] sich bewegen
bougie [buʒi] F Kerze; AUTO Zündkerze
bouillabaisse [bujabɛs] F *provenzalische Fischsuppe*
bouillir [bujir] sieden, kochen
bouillon [bujõ] M Fleischbrühe *f*
bouillotte [bujɔt] F Wärmflasche
boulanger [bulɑ̃ʒe] M Bäcker; **boulangerie** [bulɑ̃ʒri] F Bäckerei
boule [bul] F Kugel; **boule de neige** Schneeball *m*; **(jeu de) boules** Boccia(spiel) *n*
boulette [bulɛt] F Fleischkloß *m*
boulevard [bulvar] M Boulevard; **boulevard périphérique** Ringstraße *f*

bouleverser [bulvɛrse] umstürzen
bouquet [bukɛ] M Strauß; **bouquet de fleurs** Blumenstrauß
bouquin [bukɛ̃] M Buch *n*
bouquiniste [bukinist] M/F *in Paris am Seineufer* Antiquar(in) *m(f)*
bourdon [burdõ] M Hummel *f*
bourgeois [burʒwa] bürgerlich; **bourgeoisie** [burʒwazi] F Bürgertum *n*
Bourgogne [burgɔɲ] F **la Bourgogne** Burgund *n*; **bourgogne** M Burgunder(wein)
bourrasque [burask] F (Wind)Bö(e)
bourse [burs] F Geldbörse; **bourse (d'études)** Stipendium *n*
bousculer [buskyle] drängeln, schubsen
boussole [busɔl] F Kompass *m*
bout [bu] M Ende *n*; **au bout de** nach Ablauf von
bouteille [butɛj] F Flasche; **bouteille de gaz** Gasflasche; **bouteille d'oxygène** Sauerstoffflasche
boutique [butik] F Laden *m*; **boutique en ligne** Onlineshop *m*
bouton [butõ] M Knopf; TECH Schalter; **boutonner** [butɔne] zuknöpfen; **bouton-pression** [butõprɛsjõ] M Druckknopf
bowling [boliŋ] M Kegelbahn *f*
boxer [bɔksœr] M *short* Boxershorts *pl*
bracelet [braslɛ] M Armband *n*
braiser [brɛze] GASTR schmoren
branche [brɑ̃ʃ] F Ast *m*, Zweig *m*; WIRTSCH Branche

branchement [brɑ̃ʃmɑ̃] M **branchement électrique** Stromanschluss; **brancher** [brɑ̃ʃe] anschließen (**sur** an)
bras [bra] M Arm
brasserie [brasri] F Gaststätte
break [brɛk] M AUTO Kombi
brebis [brəbi] F (Mutter)Schaf *n*
bref [brɛf] kurz
Brésil [brezil] M **le Brésil** Brasilien *n*
bretelles [brətɛl] FPL Hosenträger *mpl*; **bretelles (de raccordement)** Autobahnzubringer *m*
brevet [brəvɛ] M mittlere Reife; Patent *n*
bric-à-brac [brikabrak] M Trödelkram
bricolage [brikɔlaʒ] M Bastelei *f*; Pfusch
bricoler [brikɔle] basteln; **bricoleur** [brikɔlœr] M Heimwerker
brièvement [brijɛvmɑ̃] kurz
brigand [brigɑ̃] M Räuber
brillant [brijɑ̃] glänzend
briller [brije] glänzen; *Sonne* scheinen
brioche [brijɔʃ] F Hefegebäck *n*
brique [brik] F Ziegel *m*; Backstein *m*
briquet [brikɛ] M Feuerzeug *n*
brise [briz] F Brise
briser [brize] zerbrechen
brocanteur [brɔkɑ̃tœr] M Trödler
broche [brɔʃ] F Bratspieß *m*
brochet [brɔʃɛ] M Hecht
brochette [brɔʃɛt] F kleiner Bratspieß
brocoli [brɔkɔli] M Brokkoli *pl*

broderie [brɔdri] F Stickerei
bronchite [brõʃit] F MED Bronchitis
bronzage [brõzaʒ] M *Haut* Bräune *f*; **bronzer** [brõze] braun werden
brosse [brɔs] F Bürste; **brosse à dents** Zahnbürste
brouillard [brujar] M Nebel
Bruges [bryʒ] Brügge *n*
brugnon [bryɲõ] M Nektarine *f*
bruit [brɥi] M Lärm, Geräusch *n*
brûlant [brylɑ̃] heiß; **brûler** [bryle] brennen; **brûlure** [brylyr] F Brandwunde; **brûlures d'estomac** Sodbrennen *n*
brume [brym] F Dunst *m*; Nebel *m*
brun [brɛ̃], **brune** [bryn] braun
brusquement [bryskəmɑ̃] plötzlich
brut [bryt] roh; *Champagner* sehr trocken
Bruxelles [bry(k)sɛl] Brüssel *n*
bruyant [brɥijɑ̃] laut
bruyère [bryjɛr] F Heidekraut *n*, -land *n*
buffet [byfɛ] M **buffet de la gare** Bahnhofswirtschaft *f*
buisson [bɥisõ] M Busch, Strauch
Bulgarie [bylgari] F **la Bulgarie** Bulgarien *n*
bulle [byl] F (Luft)Blase
bulletin [byltɛ̃] M **bulletin de bagages** Gepäckschein; **bulletin d'expédition** Paketkarte *f*; **bulletin météorologique** Wetterbericht
bungalow [bɛ̃galo] M Bungalow
bureau [byro] M Büro *n*; **bureau de change**

Wechselstube *f*; **bureau des objets trouvés** Fundbüro *n*; **bureau de poste** Postamt *n*; **bureau de renseignements** Informationsbüro *n*; **bureau de tabac** Tabakladen
bus [bys] M Bus
but [by(t)] M Ziel *n*; *Fußball* Tor *n*
butane [bytan] M Butangas *n*
buvette [byvɛt] F Ausschank *m*

C

ça [sa] das, dies, es; **comme ça** so; **ça alors!** na so was!; **ça va?** wie gehts?; **c'est ça!** stimmt!; **et avec ça?** sonst noch was?
cabaret [kabarɛ] M Kabarett *n*
cabillaud [kabijo] M Kabeljau
cabine [kabin] F Kabine; SCHIFF Kajüte; **cabine individuelle** SCHIFF Einzelkabine; **cabine téléphonique** Telefonzelle
cabinet [kabinɛ] M Arztpraxis *f*; **cabinet de consultation** Sprechzimmer *n*; **cabinets** WC *n*, Toilette *f*
câble [kɑblə] M Seil *n*; Kabel *n*; **câble de démarrage** Starthilfekabel; **câble de remorquage** Abschleppseil
cacahouete [kakawɛt] F Erdnuss

cacao [kakao] M Kakao
cacher [kaʃe] verstecken
cachet [kaʃɛ] M Stempel; MED Tablette *f*, Kapsel *f*, Dragee *n*
cactus [kaktys] M Kaktus
cadeau [kado] M Geschenk *n*
cadran [kadrɑ̃] M **cadran solaire** Sonnenuhr *f*
cadre [kɑdrə] M Rahmen; leitender Angestellter
café [kafe] M Kaffee; Lokal *n*; **café crème** Kaffee mit Sahne; **café décaféiné** koffeinfreier Kaffee; **café filtre** Filterkaffee; **café au lait** Milchkaffee; **café liégeois** Eiskaffee; **café en poudre** Pulverkaffee
cafétéria [kafeterja] F Cafeteria
cafetière [kaftjɛr] F Kaffeekanne
cage [kaʒ] F Käfig *m*
cahier [kaje] M Heft *n*
caillou [kaju] M Kieselstein
Caire [kɛr] **Le Caire** Kairo *n*
caisse [kɛs] F Kasse; **caisse d'épargne** Sparkasse; **caisse maladie** Krankenkasse
caissier [kɛsje] M, **caissière** [-jɛr] F Kassierer(in) *m(f)*
calandre [kalɑ̃drə] F AUTO Kühlergrill *m*
calcaire [kalkɛr] M Kalk(stein)
calcul [kalkyl] M Rechnen *n*; **calcul biliaire** Gallenstein
caleçon [kalsõ] M Unterhose *f*; **caleçon de bain** Badehose
calendrier [kalɑ̃drije] M Kalender

calmant [kalmɑ̃] M Schmerztablette *f*
calmar [kalmar] M Tintenfisch
calme [kalm] ruhig, still; **calme** M Ruhe *f*, ruhige Lage; Windstille *f*
camarade [kamarad] M/F Kamerad(in) *m(f)*
cambriolage [kɑ̃brijɔlaʒ] M Einbruch; **cambrioler** [kɑ̃brijɔle] einbrechen (**qc** in etw; **qn** bei j-m); **cambrioleur** [kɑ̃brijɔlœr] M Einbrecher
camelote [kamlɔt] F Ramsch *m*
caméra [kamera] F (Film)Kamera; **caméra vidéo** Videokamera
camion [kamjõ] M Lastwagen; **camionnette** [kamjɔnɛt] F Lieferwagen *m*
camomille [kamɔmij] F Kamillentee *m*
camp [kɑ̃] M Lager *n*; **camp de nudistes** FKK-Gelände *n*
campagne [kɑ̃paɲ] F flaches Land
camper [kɑ̃pe] campen, zelten; **campeur** [kɑ̃pœr] M, **campeuse** [-pøz] F Camper(in) *m(f)*; **camping** [kɑ̃piŋ] M Camping *n*; **(terrain de) camping** Campingplatz *m*; **camping-car** [kɑ̃piŋkar] M Wohnmobil *n*
Canada [kanada] M **le Canada** Kanada *n*
canal [kanal] M Kanal
canapé [kanape] M Couch *f*
canard [kanar] M Ente *f*
Canaries [kanari] FPL **les Canaries** die Kanarischen Inseln
cancer [kɑ̃sɛr] M MED Krebs

caniche [kaniʃ] M Pudel
canif [kanif] M Taschenmesser *n*
canine [kanin] F Eckzahn *m*
canne [kan] F **canne à pêche** Angelrute; **canne de golf** Golfschläger *m*
cannelle [kanɛl] F Zimt *m*
canoë [kanɔe] M Kanu *n*
canoéiste [kanɔeist] M/F Kanufahrer(in) *m(f)*
canot [kano] M Boot *n*; **canot à moteur** Motorboot; **canot pneumatique** Schlauchboot; **canot à rames** Ruderboot; **canot de sauvetage** Rettungsboot
cantatrice [kɑ̃tatris] F Sängerin
caoutchouc [kautʃu] M Gummi *m*
cap [kap] M Kap *n*
capable [kapablə] fähig (**de** zu)
capacité [kapasite] F Kapazität; **capacité mémoire** IT Speicherplatz *m*
capitaine [kapitɛn] M Kapitän
capitale [kapital] F Hauptstadt
capot [kapo] M AUTO Motorhaube *f*
capote [kapɔt] F AUTO Verdeck *n*
câpre [kɑprə] F Kaper
capsule [kapsyl] F Kapsel
capuchon [kapyʃõ] M Kapuze *f*
car[1] [kar] denn
car[2] [kar] M Reise-, Überlandbus
caractère [karaktɛr] M Charakter
carafe [karaf] F Karaffe
Caraïbe [karaib] F Karibik

carambolage [karɑ̃bɔlaʒ] M Zusammenstoß; **carambolage en série** Massenkarambolage *f*
caravane [karavan] F Wohnwagen *m*, Caravan *m*
caravaneige [karavanɛʒ] M Wintercamping *n*
caravaning [karavaniŋ] M Reisen *n* mit e-m Wohnwagen
carburant [karbyrɑ̃] M Kraftstoff; **carburateur** [karbyratœr] M Vergaser
cardiaque [kardjak] herzkrank
car-ferry [karferi] M Autofähre *f*
cargo [kargo] M Frachtschiff *n*
carie [kari] F MED Karies
carillon [karijõ] M Glockenspiel *n*
carnaval [karnaval] M Karneval
carnet [karnɛ] M Notizbuch *n*; Fahrscheinblock; **carnet de vaccination** Impfpass
carotte [karɔt] F Mohrrübe
carpe [karp] F Karpfen *m*
carré [kare] Quadrat...; viereckig; **carré** M Quadrat *n*
carrefour [karfur] M (Straßen)Kreuzung *f*
carrosserie [karɔsri] F Karosserie
cartable [kartablə] M Schultasche *f*
carte [kart] F (Land-, Spiel-, Speise- *etc*) Karte; **carte des auberges de jeunesse** Jugendherbergsausweis *m*; **carte de crédit** Kreditkarte; **carte EC** EC-Karte; **carte d'étudiant** Studentenausweis *m*; **carte eurochèque** Euroscheckkarte; **carte grise** Kraftfahrzeugschein *m*; **carte d'identité** Personalausweis *m*; **carte mémoire** IT Memorystick *m*;

carte Moneo® *etwa* Geldkarte; **carte postale** Ansichtskarte; **carte prépayée** TEL Prepaidkarte; **carte SIM** TEL SIM-Karte; **carte verte** AUTO grüne Versicherungskarte
cartouche [kartuʃ] F Füllerpatrone; *Zigaretten* Stange
cas [ka] M Fall; **en tout cas** auf jeden Fall; **au cas où** falls; **cas d'urgence** Notfall
casino [kasino] M Spielkasino *n*
casque [kask] M Sturzhelm; **casque bleu** Blauhelm
casquette [kaskɛt] F (Schirm)Mütze
cassé [kase] kaputt
casse-croûte [kaskrut] M Imbiss; Lunchpaket *n*
casser [kase] zerbrechen; **se casser qc** sich etw brechen
casserole [kasrɔl] F Kochtopf *m*
cassette [kasɛt] F Kassette
cassis [kasis] M (**crème de**) **cassis** Likör aus Schwarzen Johannisbeeren
catarrhe [katar] M Katarrh
catastrophe [katastrɔf] F Katastrophe
catégorie [kategɔri] F Kategorie; **catégorie de prix** Preisklasse
cathédrale [katedral] F Dom *m*, Kathedrale
catholique [katɔlik] katholisch
cause [koz] F Ursache, Grund *m*; **à cause de** wegen
causer [koze] verursachen; plaudern
cavalier [kavalje] M Reiter

cave [kav] F Keller *m*
caverne [kavɛrn] F Höhle
ce [sə] dieser
ceci [səsi] dies (hier)
céder [sede] abtreten; nachgeben
ceinture [sɛ̃tyʀ] F Gürtel *m*; **ceinture de sécurité** FLUG, AUTO Sicherheitsgurt *m*; **attacher sa ceinture** sich anschnallen
cela [s(ə)la] das
célèbre [selɛbrə] berühmt
céleri [sɛlri] M Sellerie
célibataire [selibatɛr] ledig
cendrier [sɑ̃drije] M Aschenbecher
cent [sɑ̃] hundert; **cent** M *Geld* Cent; **centaine** [sɑ̃tɛn] F **une centaine de** etwa hundert
centimètre [sɑ̃timɛtrə] M Zentimeter *m od n*
central [sɑ̃tral] zentral; **central** M Telefonzentrale *f*; **centrale** F Kraftwerk *n*; **centrale nucléaire** Kernkraftwerk
centre [sɑ̃trə] M Mittelpunkt; Zentrum *n*; **centre de bien-être** Wellnesscenter *n*; **centre commercial** Einkaufszentrum; **centre ville** Stadtmitte *f*; Stadtzentrum *n*; **le Centre** Mittelfrankreich *n*
cèpe [sɛp] M Steinpilz
cependant [səpɑ̃dɑ̃] doch, jedoch
cercle [sɛrklə] M Kreis; Klub
céréales [sereal] FPL Getreidearten; Getreide *n*
cérébral [serebral] Gehirn…
cerf [sɛr] M Hirsch
cerf-volant [sɛrvɔlɑ̃] M Papierdrachen

cerise [s(ə)riz] F Kirsche
certain [sɛrtɛ̃] gewiss, sicher; **certainement** [sɛrtɛnmɑ̃] gewiss
certificat [sɛrtifika] M Bescheinigung *f*; (Abschluss)Zeugnis *n*; **certificat de vaccination** Impfpass
certifier [sɛrtifje] bescheinigen
certitude [sɛrtityd] F Gewissheit
cerveau [sɛrvo] M Gehirn *n*
cervelle [sɛrvɛl] F Hirn *n*
Cervin [sɛrvɛ̃] **le mont Cervin** das Matterhorn
ces [se] diese
cesser [sɛse] aufhören
c'est-à-dire [sɛtadir] das heißt
cette [sɛt] diese
chacun [ʃakɛ̃] jeder
chagrin [ʃagrɛ̃] M Kummer, Schmerz
chaîne [ʃɛn] F Kette; TV Programm *n*; **chaîne cryptée** Pay-TV *n*; **chaîne hi-fi** Stereoanlage; **chaînes** FPL Schneeketten
chaire [ʃɛr] F Kanzel
chaise [ʃɛz] F Stuhl *m*; **chaise longue** Liegestuhl *m*
chalet [ʃalɛ] M Ferienwohnung *f*
chaleur [ʃalœr] F Hitze, Wärme
chambre [ʃɑ̃brə] F Zimmer *n* (*mit Bett*); **chambre à air** (Reifen)Schlauch *m*; **chambre à coucher** Schlafzimmer; **chambre d'hôtel** Hotelzimmer; **chambre individuelle** Einzelzimmer; **chambre à deux lits (personnes)** Doppelzimmer; **chambre**

à louer Fremdenzimmer, „Zimmer frei“
chameau [ʃamo] M Kamel *n*
champ [ʃɑ̃] M Feld *n*; Acker; **champ de foire** Rummelplatz
champagne [ʃɑ̃paɲ] M Champagner
champêtre [ʃɑ̃pɛtrə] ländlich
champignon [ʃɑ̃piɲõ] M BOT Pilz; **champignon de Paris** (Zucht)Champignon
champion [ʃɑ̃pjõ] M, **championne** [-jɔn] F SPORT Meister(in) *m(f)*
championnat [ʃɑ̃pjɔna] M Meisterschaft *f*; **championnat du monde** Weltmeisterschaft *f*
chance [ʃɑ̃s] F Glück *n*, Chance; **bonne chance!** viel Glück!
chancelier [ʃɑ̃səlje] M, **chancelière** [-jɛr] F Kanzler(in) *m(f)*
chandelle [ʃɑ̃dɛl] F Kerze
change [ʃɑ̃ʒ] M Geldwechsel
changement [ʃɑ̃ʒmɑ̃] M (Ver)Änderung *f*; **changement climatique** Klimawandel; **changement de pneu** Reifenwechsel; **changement de vitesse** Gangschaltung *f*
changer [ʃɑ̃ʒe] (aus)wechseln, verändern; *Geld* wechseln; **changer de train** umsteigen; **se changer** sich umziehen
chanson [ʃɑ̃sõ] F Lied *n*; Chanson *n*
chant [ʃɑ̃] M Gesang; **chanter** [ʃɑ̃te] singen; *Hahn* krähen; **chanteur** [ʃɑ̃tœr] M, **chanteuse** [-tøz] F Sänger(in) *m(f)*
chantier [ʃɑ̃tje] M Baustelle *f*

Chantilly [ʃɑ̃tiji] **crème Chantilly** F Schlagsahne
chapeau [ʃapo] M Hut; **chapeau de paille** Strohhut; **chapeau de soleil** Sonnenhut
chapelle [ʃapɛl] F *arch* Kapelle
chaque [ʃak] jeder; **chaque fois** jedes Mal; **chaque jour** täglich
charbon [ʃarbɔ̃] M Kohle *f*
charcuterie [ʃarkytri] F Fleisch- und Wurstwaren *fpl*; Fleischerei; Aufschnitt *m*
charcutier [ʃarkytje] M Fleischer
charge [ʃarʒ] F Last; Ladung
chargé [ʃarʒe] **chargé de** beauftragt mit; **charger** [ʃarʒe] beladen (**de** mit); IT laden; **chargeur** [ʃarʒœr] ELEK Ladegerät *n*
chariot [ʃarjo] M Kofferkuli
charmant [ʃarmɑ̃] reizend
charter [ʃartɛr] M Chartermaschine *f*, -flug
chasse [ʃas] F Jagd; **chasse d'eau** Wasserspülung; **chasse-neige** [ʃasnɛʒ] M Schneepflug *m*
chasser [ʃase] jagen; **chasseur** [ʃasœr] M Jäger
chat [ʃa] M Katze *f*
châtaignier [ʃɑtɛɲe] M Kastanienbaum
château [ʃato] M Schloss *n*; **château fort** Burg *f*
chatter [ʃate] *internet* chatten
chaud [ʃo] warm; **j'ai chaud** mir ist heiß
chauffage [ʃofaʒ] M Heizung *f*; **chauffage au gaz, au mazout** Gas-, Ölheizung; **chauffage central** Zentralheizung
chauffer [ʃofe] erwärmen, heizen; *Motor* heiß laufen

chauffeur [ʃofœr] M Fahrer; **chauffeur de taxi** Taxifahrer
chaussée [ʃose] F Fahrbahn
chaussette [ʃosɛt] F Socke
chausson [ʃosõ] M Hausschuh
chaussure [ʃosyr] F Schuh *m*; **chaussures de bain** Badeschuhe *mpl*; **chaussures de ski** Skistiefel *mpl*
chauve-souris [ʃovsuri] F Fledermaus
chef [ʃɛf] M Chef; **chef de cuisine** Küchenchef; **chef d'orchestre** Dirigent
chef-d'œuvre [ʃɛdœvrə] M Meisterwerk *n*
chef-lieu [ʃɛfljø] M Hauptort
chemin [ʃ(ə)mɛ̃] M (Fuß)Weg; (Fuß)Weg, Straße *f* (de nach); **chemin de fer** Eisenbahn *f*; **chemin de terre** Feldweg
cheminée [ʃ(ə)mine] F Kamin *m*, Schornstein *m*
chemise [ʃ(ə)miz] F Hemd *n*; **chemise de nuit** Nachthemd
chemisier [ʃ(ə)mizje] M Bluse *f*
chêne [ʃɛn] M Eiche *f*
chèque [ʃɛk] M Scheck; **chèque barré, postal, de voyage** Verrechnungs-, Post-, Reisescheck
chéquier [ʃekje] M Scheckheft *n*
cher [ʃɛr] lieb; teuer
chercher [ʃɛrʃe] suchen; **aller chercher** holen (gehen); **venir chercher** abholen; **envoyer chercher** holen lassen
cheval [ʃ(ə)val] M Pferd *n*; **cheval blanc** Schimmel; **faire du cheval** SPORT reiten

cheval-vapeur [ʃ(ə)valvapœr] M AUTO Pferdestärke *f*
chevelure [ʃəvlyr] F Haare *npl*
cheveu [ʃ(ə)vø] M (Kopf)Haar *n*; **se faire couper les cheveux** sich die Haare schneiden lassen
cheville [ʃ(ə)vij] F (Fuß)Knöchel *m*
chèvre [ʃɛvrə] F Ziege
chevreuil [ʃəvrœj] M Reh *n*
chez [ʃe] bei; **chez moi** (bei mir) zu Hause; **chez-moi** [ʃemwa] M, **chez-toi** [-twa] M *etc* Zuhause *n*
chic [ʃik] schick
chicorée [ʃikɔre] F Endivie
chien [ʃjɛ̃] M Hund
chiffon [ʃifõ] M Lappen
chiffre [ʃifrə] M Ziffer *f*, Zahl *f*
Chili [ʃili] M **le Chili** Chile *n*
chimie [ʃimi] F Chemie; **chimique** [ʃimik] chemisch
Chine [ʃin] F **la Chine** China *n*
chirurgien [ʃiryrʒjɛ̃] M Chirurg
choc [ʃɔk] M MED Schock
chocolat [ʃɔkɔla] M Schokolade *f*; Kakao; **chocolats** MPL Pralinen *fpl*
chœur [kœr] M Chor
choisir [ʃwazir] (aus)wählen
choix [ʃwa] M Wahl *f*, Auswahl *f*
choléra [kɔlera] M MED Cholera *f*
chômage [ʃomaʒ] M Arbeitslosigkeit *f*; **chômeur** [ʃomœr] M, **chômeuse** [-møz] F Arbeits-

lose(r) *m/f(m)*
chose [ʃoz] F Sache, Ding *n*; **autre chose** etwas anderes; **la même chose** dasselbe; **quelque chose** etwas
chou [ʃu] M Kohl; **chou blanc, de Bruxelles** Weiß-, Rosenkohl; **chou à la crème** Windbeutel
choucroute [ʃukrut] F Sauerkraut *n*
chouette [ʃwet] *umg* klasse; toll
chou-fleur [ʃuflœr] M Blumenkohl
chrétien [kretjɛ̃] christlich
chuchoter [ʃyʃɔte] flüstern
chute [ʃyt] F Fall *m*, Sturz *m*; **chute d'eau** Wasserfall; **chute de neige** Schneefall; **chute de pierres** Steinschlag *m*
Chypre [ʃiprə] F **la Chypre** Zypern *n*
ciboulette [sibulɛt] F Schnittlauch *m*
cicatrice [sikatris] F Narbe
cidre [sidrə] M Apfelwein
ciel [sjɛl] M Himmel
cigale [sigal] F Grille, Zikade
cigare [sigar] M Zigarre *f*; **cigarette** [sigarɛt] F Zigarette
cigogne [sigɔɲ] F Storch *m*
cil [sil] M Wimper *f*
cime [sim] F Gipfel *m*
cimetière [simtjɛr] M Friedhof
cinéma [sinema] M Kino *n*
cinq [sɛ̃(k)] fünf
cinquante [sɛ̃kɑ̃t] fünfzig
cintre [sɛ̃trə] M Kleiderbügel

cirage [siraʒ] M Schuhcreme *f*
circonstance [sirkõstɑ̃s] F Umstand *m*
circuit [sirkɥi] M Rundreise *f*; SPORT Rund-, Rennstrecke *f*; **circuit d'attente** FLUG Warteschleife *f*
circulation [sirkylasjõ] F Kreislauf *m*; Verkehr *m*; **circulation en sens inverse** Gegenverkehr
cirque [sirk] M Zirkus
ciseaux [sizo] MPL Schere *f*
cité [site] F (Alt)Stadt
citoyen [sitwajɛ̃] M, **citoyenne** [-jɛn] F Bürger(in) *m(f)*
citron [sitrõ] M Zitrone *f*
citronnade [sitrɔnad] F Zitronenlimonade
citrouille [sitruj] F Kürbis *m*
civet [sivɛ] M **civet de lièvre** Hasenpfeffer
civette [sivɛt] F Schnittlauch *m*
civil [sivil] bürgerlich; **état civil** Personenstand *m*; **bureau de l'état civil** Standesamt *n*; **mariage civil** standesamtliche Trauung
civilisation [sivilizasjõ] F Zivilisation; Kultur
clair [klɛr] hell, klar, deutlich; **clair** M **clair de lune** Mondschein
claquage [klakaʒ] M MED Zerrung *f*; **claquage d'un muscle** Muskelzerrung
claquer [klake] knallen; *Tür* zuschlagen
clarté [klarte] F Helligkeit
classe [klas] F Klasse; **classe touriste** Touristenklasse; **première classe** erste Klasse; **deuxième classe** zweite Klasse

classique [klasik] klassisch
clavier [klavje] M IT Tastatur *f*
clé [kle] F Schlüssel *m*; Schraubenschlüssel *m*; **clé de contact** Zündschlüssel; **clé de voiture** Autoschlüssel
clef → clé
clergé [klɛrʒe] M Klerus
client(e) [klijɑ̃(t)] M(F) Kunde *m*, Kundin *f*; *im Hotel, Restaurant etc* Gast *m*; MED Patient(in) *m(f)*;
clientèle [klijɑ̃tɛl] F Kundschaft
clignotant [kliɲɔtɑ̃] M Blinker
climat [klima] M Klima *n*; **climat continental** Kontinentalklima; **climat maritime** Seeklima; **climat stimulant** Reizklima; **climatique** [klimatik] klimatisch; **changement climatique** Klimawandel
climatisation [klimatizasjõ] F Klimaanlage *f*
cliquer [klike] IT klicken; **cliquer sur** anklicken
clocher [klɔʃe] M Glocken-, Kirchturm
cloque [klɔk] F (Haut)Blase
clou [klu] M Nagel
club [klœb] M Klub; **club sportif** Sportverein
coca [kɔka] M Cola *f*
cochon [kɔʃõ] M Schwein *n*; *umg* Ferkel *n*
code [kɔd] M **code de la route** Verkehrsregeln *pl*; **code confidentiel** Geheimnummer *f*; PIN *f*; **code postal** Postleitzahl *f*
cœur [kœr] M Herz *n*; **par cœur** auswendig
coffre [kɔfrə] M AUTO Kofferraum; **coffre-fort** [kɔfrəfɔr] M Safe
cognac [kɔɲak] M Kognak

cogner [kɔɲe] *Motor* klopfen; **se cogner à** *od* **contre qc** sich an etw stoßen
coiffer [kwafe] frisieren; **se coiffer** sich kämmen
coiffeur [kwafœr] M, **coiffeuse** [-føz] F Friseur(in) *m(f)*; **coiffeur pour dames, pour hommes** Damen-, Herrenfriseur
coiffure [kwafyr] F Frisur
coin [kwɛ̃] M Ecke *f*; **coin fenêtre** Fensterplatz
coincé [kwɛ̃se] **être coincé** klemmen
coing [kwɛ̃] M Quitte *f*
col [kɔl] M Kragen; Passstraße *f*
colère [kɔlɛr] F Zorn *m*
colique [kɔlik] F **colique hépathique** Gallenkolik; **colique néphrétique** Nierenkolik
colis [kɔli] M Paket *n*; Gepäckstück *n*; **colis postal exprès** Schnellpaket
collaborateur [kɔlabɔratœr] M Mitarbeiter
collant [kɔlɑ̃] M Strumpfhose *f*
colle [kɔl] F Klebstoff *m*
collection [kɔlɛksjõ] F Sammlung; **collectionner** [kɔlɛksjɔne] sammeln
collège [kɔlɛʒ] M Gesamtschule *f*
collègue [kɔlɛg] M/F Kollege, Kollegin
coller [kɔle] kleben
collier [kɔlje] M Halskette *f*
colline [kɔlin] F Hügel *m*
collision [kɔlizjõ] F Zusammenstoß *m*; **collision par l'arrière** Auffahrunfall *m*
collyre [kɔlir] M Augentropfen *mpl*
Cologne [kɔlɔɲ] Köln *n*

colombe [kɔlõb] F Taube
Colombie [kɔlõbi] F **la Colombie** Kolumbien *n*
colonie [kɔlɔni] F **colonie de vacances** Ferienlager *n*
colonne [kɔlɔn] F Säule; **colonne vertébrale** Wirbelsäule
colorer [kɔlɔre] färben
combat [kõba] M Kampf; **combattre** [kõbatrə] bekämpfen
combien [kõbjɛ̃] wie viel, wie viele; **le combien** der Wievielte
combinaison [kõbinɛzõ] F Zusammenstellung
comédie [kɔmedi] F Komödie
comestible [kɔmɛstiblə] essbar; **comestibles** MPL Nahrungsmittel *npl*
comique [kɔmik] komisch
commandant [kɔmãdã] M **commandant de bord** Flugkapitän
commande [kɔmãd] F Bestellung; **commander** [kɔmãde] bestellen; befehlen
comme [kɔm] wie; gerade als, da; **comme ça** so; **comme si** als ob
commencement [kɔmãsmã] M Anfang; **commencer** [kɔmãse] anfangen
comment [kɔmã] wie?; wie!
commerçant(e) [kɔmɛrsã(t)] M(F) Geschäftsmann, -frau
commerce [kɔmɛrs] M Handel
commettre [kɔmɛtrə] *Verbrechen* begehen
commissaire [kɔmisɛr] M Kommissar; **commis-**

saire de bord SCHIFF Zahlmeister
commissariat [kɔmisarja] M Polizeirevier *n*
commode [kɔmɔd] bequem
commotion [kɔmɔsjõ] F **commotion cérébrale** Gehirnerschütterung
commun [kɔmɛ̃] gemeinsam
communauté [kɔmynote] F Gemeinschaft
commune [kɔmyn] F Gemeinde
communication [kɔmynikasjõ] F (Telefon)Verbindung, Gespräch *n*; **communication internationale** Auslandsgespräch; **communication interurbaine** Ferngespräch; **communication locale** Ortsgespräch; **donner la communication** TEL verbinden
communiquer [kɔmynike] mitteilen
compact [kõpakt] M IT CD *f*
compagne [kõpaɲə] F Lebensgefährtin, -partnerin; **compagne de voyage** Reisegefährtin
compagnie [kõpaɲi] F Gesellschaft; Begleitung; **compagnie aérienne** Fluggesellschaft
compagnon [kõpaɲõ] M Lebensgefährte, -partner; **compagnon de voyage** Reisegefährte
comparaison [kõparɛzõ] F Vergleich *m*; **comparer** [kõpare] vergleichen
compartiment [kõpartimɑ̃] M BAHN Abteil *n*
compas [kõpa] M SCHIFF Kompass
compassion [kõpasjõ] F Mitleid *n*
compatriote [kõpatrijɔt] M/F Landsmann, -männin
compensation [kõpɑ̃sasjõ] F Ausgleich *m*, Er-

satz *m*
compétition [kõpetisjõ] F **compétition (sportive)** Wettkampf *m*
complet [kõplɛ] vollständig; *Hotel* belegt; **complet** M Anzug
complètement [kõplɛtmɑ̃] völlig
complication [kõplikasjõ] F Komplikation
compliment [kõplimɑ̃] M Kompliment *n*, Empfehlung *f*
compliqué [kõplike] kompliziert
comporter [kõpɔrte] **se comporter** sich verhalten
composer [kõpoze] **se composer** bestehen (**de** aus)
compositeur [kõpozitœr] M, **compositrice** [-tris] F Komponist(in) *m(f)*
composition [kõpozisjõ] F Zusammensetzung; Komposition
composter [kõpɔste] *Fahrkarte* entwerten; **composteur** [kõpɔstœr] M Entwerter
compote [kõpɔt] F Kompott *n*, Mus *n*
comprendre [kõprɑ̃drə] verstehen; umfassen
compresse [kõprɛs] F MED Kompresse
comprimé [kõprime] M Tablette *f*; **comprimés contre les maux de tête** Kopfschmerztabletten
compris [kõpri] einschließlich, inbegriffen
comptabilité [kõtabilite] F Buchführung
comptant [kõtɑ̃] **au comptant** gegen bar
compte [kõt] M Konto *n*; **compte courant** Girokonto; **compte utilisateur** IT Benutzerkonto; **se**

rendre compte sich klar werden (**de** über); **tenir compte** berücksichtigen
compter [kõte] zählen; **compter sur** sich verlassen auf
compteur [kõtœr] M Tacho
comptoir [kõtwar] M Theke *f*
comte [kõt] M, **comtesse** [kõtɛs] F Graf, Gräfin
concéder [kõsede] zugestehen
concentration [kõsɑ̃trasjõ] F Konzentration
concerner [kõsɛrne] betreffen
concert [kõsɛr] M Konzert *n*
concessionnaire [kõsɛsjɔnɛr] M Vertragswerkstatt *f*
concierge [kõsjɛrʒ] M/F Hausmeister(in) *m(f)*
conclusion [kõklyzjõ] F Schluss(folgerung) *m(f)*
concombre [kõkõbrə] M Gurke *f*
concours [kõkur] M Wettbewerb
concurrence [kõkyrɑ̃s] F Konkurrenz
condamner [kõdane] verurteilen
condition [kõdisjõ] F Bedingung; **conditions atmosphériques** Wetterlage
condoléances [kõdɔleɑ̃s] FPL Beileid *n*
conducteur [kõdyktœr] M, **conductrice** [-tris] F Fahrer(in) *m(f)*; **conducteur de camion** Lkw-Fahrer
conduire [kõdɥir] AUTO fahren
conduite [kõdɥit] F AUTO Fahren *n*; Betragen *n*; TECH Leitung; **conduite d'eau** Wasserleitung
conférence [kõferɑ̃s] F Konferenz; Vortrag *m*
confesser [kõfɛse] gestehen; **confession** [kõ-

fɛsjõ] F Bekenntnis *n*; Beichte
confiance [kõfjɑ̃s] F Vertrauen *n*
confirmation [kõfirmasjõ] F Bestätigung; **confirmer** [kõfirme] bestätigen
confiserie [kõfizri] F Süßwaren *fpl*
confiture [kõfityr] F Marmelade
conflit [kõfli] M Streit, Konflikt
confluent [kõflyɑ̃] M *Flüsse* Zusammenfluss
confondre [kõfõdrə] verwechseln
confort [kõfɔr] M Komfort; **confortable** [kõfɔrtablə] bequem
confusion [kõfyzjõ] F Verwirrung; Verwechslung
congé [kõʒe] M Urlaub; **congé parental** Elternzeit *f*
congélateur [kõʒelatœr] M Tiefkühltruhe *f*
congelé [kõʒle] tiefgefroren
congère [kõʒɛr] F Schneeverwehung
congrès [kõgrɛ] M Kongress
conifère [kɔnifɛr] M Nadelbaum
conjonctivite [kõʒõktivit] F Bindehautentzündung
connaissance [kɔnɛsɑ̃s] F Kenntnis; Bewusstsein *n*; Bekanntschaft; **faire connaissance** Anschluss finden
connaître [kɔnɛtrə] kennen; kennenlernen
connecter [kɔnɛkte] **se connecter** IT sich einloggen
connexion [kɔnɛksjõ] F Verbindung; **connexion Internet** Internetanschluss *m*
connu [kɔny] bekannt

conquérir [kõkerir] erobern
conquête [kõkɛt] F Eroberung
conscience [kõsjɑ̃s] F Gewissen *n*
conseil [kõsɛj] M Rat
conseiller [kõsɛje] beraten
consentir [kõsɑ̃tir] einwilligen (**à qc** in etw)
conséquence [kõsekɑ̃s] F Folge; **conséquent** [kõsekɑ̃] **par conséquent** folglich
conserve [kõsɛrv] F Konserve
conserver [kõsɛrve] aufbewahren; **conserver au frais** kühl lagern
considérable [kõsiderablə] beträchtlich; **considérer** [kõsidere] betrachten (**comme** als)
consigne [kõsiɲ] F Gepäckaufbewahrung; Flaschenpfand *n*; **consigne automatique** Schließfach *n*
consister [kõsiste] bestehen (**en, dans** in, aus)
consoler [kõsɔle] trösten
consommateur [kõsɔmatœr] M, **consommatrice** [-tris] F Verbraucher(in) *m(f)*
consommation [kõsɔmasjõ] F Verbrauch *m* (**de** an), Konsum *m*; *im Lokal* Verzehr *m*, Getränk *n*
consommé [kõsɔme] M GASTR Kraftbrühe *f*
conspiration [kõspirasjõ] F Verschwörung
constater [kõstate] feststellen
constipation [kõstipasjõ] F MED Verstopfung
constituer [kõstitɥe] bilden, begründen; **constitution** [kõstitysjõ] F POL Verfassung
constructeur [kõstryktœr] M Erbauer; **construction** [kõstryksjõ] F Bau *m*; Konstruktion

construire [kõstrɥir] bauen
consulat [kõsyla] M Konsulat *n*
consultation [kõsyltasjõ] F Beratung; Sprechstunde
contact [kõtakt] M Kontakt; Zündschloss *n*
contagieux [kõtaʒjø] ansteckend
contempler [kõtɑ̃ple] betrachten
contemporain [kõtɑ̃pɔrɛ̃] zeitgenössisch
conteneur [kõtnœr] M **conteneur à verres** ÖKOL Glascontainer
contenir [kõtnir] enthalten
content [kõtɑ̃] zufrieden; froh
contenu [kõtny] M Inhalt
conter [kõte] erzählen
contester [kõtɛste] bestreiten
continent [kõtinɑ̃] M Erdteil
continuation [kõtinɥasjõ] F Fortsetzung; Fortdauer; **continuation du vol** Weiterflug *m*
continuer [kõtinɥe] fortsetzen
contraceptif [kõtrasɛptif] M Verhütungsmittel *n*
contradiction [kõtradiksjõ] F Widerspruch *m*
contraindre [kõtrɛ̃drə] zwingen
contraire [kõtrɛr] entgegengesetzt; **contraire** M Gegenteil *n*
contrat [kõtra] M Vertrag; **contrat de location** Mietvertrag
contravention [kõtravɑ̃sjõ] F Strafmandat *n*
contre [kõtrə] gegen; **contrebande** [kõtrəbɑ̃d] F Schmuggel *m*; **contredire** [kõtrədir] widersprechen; **contrevenir** [kõtrəv(ə)nir] verstoßen

(à gegen)
contribuer [kõtribɥe] beitragen (**à qc** zu etw)
contrôle [kõtrol] M Kontrolle *f*; **contrôle douanier** Zollkontrolle; **contrôle des passeports** Passkontrolle; **contrôle radar** Radarkontrolle
contrôler [kõtrole] kontrollieren; **contrôleur** [kõtrolœr] M, **contrôleuse** [-løz] F BAHN Schaffner(in) *m(f)*
contusion [kõtyzjõ] F MED Prellung, Quetschung
convaincre [kõvɛ̃krə] überzeugen
convalescence [kõvalesɑ̃s] F Genesung
convenable [kõvnablə] passend, angemessen
conversation [kõvɛrsasjõ] F Unterhaltung; **convertir** [kõvɛrtir] WIRTSCH umrechnen (**en** in); IT konvertieren
conviction [kõviksjõ] F Überzeugung
coopérative [kɔɔperativ] F Genossenschaft
copain [kɔpɛ̃] M Freund, Kumpel
copie [kɔpi] F Abschrift; Kopie
copine [kɔpin] F Freundin
coq [kɔk] M Hahn
coque [kɔk] F **œuf à la coque** weiches Ei
coqueluche [kɔklyʃ] F Keuchhusten *m*
coquille [kɔkij] F Muschelschale
corail [kɔraj] M Koralle *f*
corbeille [kɔrbɛj] F Korb *m*; **corbeille à papier** Papierkorb
corde [kɔrd] F Seil *n*, Strick *m*
cordial [kɔrdjal] herzlich
cordonnier [kɔrdɔnje] M Schuster

Corée [kɔre] F **la Corée** Korea *n*; **la Corée du Nord** Nordkorea *n*; **la Corée du Sud** Südkorea *n*
Corfou [kɔrfu] Korfu *n*
coriace [kɔrjas] *Fleisch* zäh
corne [kɔrn] F Horn *n*; AUTO Hupe
corniche [kɔrniʃ] F kurvenreiche Küstenstraße
cornichon [kɔrniʃõ] M Gewürzgurke *f*; **cornichon au vinaigre** Essiggurke
corps [kɔr] M Körper
correct [kɔrɛkt] richtig
correspondance [kɔrɛspõdãs] F Briefwechsel *m*; Zugverbindung; Anschlussflug *m*
correspondant(e) [kɔrɛspõdã(t)] M(F) Brieffreund(in) *m(f)*; Korrespondent(in) *m(f)*
corrida [kɔrida] F Stierkampf *m*
corriger [kɔriʒe] verbessern
corrompre [kɔrõprə] verderben; bestechen
corsage [kɔrsaʒ] M Bluse *f*
Corse [kɔrs] F **la Corse** Korsika *n*
cortège [kɔrtɛʒ] M Festzug
cosmétique [kɔsmetik] F Kosmetik
costume [kɔstym] M Anzug
côte [kot] F Rippe; Küste; Steigung
côté [kote] M Seite *f*; **à côté** nebenan, daneben; **à côté de** neben; **du côté de** in Richtung auf
Côte d'Azur [kotdazyr] F **la Côte d'Azur** die Französische Riviera
Côte d'Ivoire [kotdivwar] F **la Côte d'Ivoire** die Elfenbeinküste
côtelette [kotlɛt] F Kotelett *n*

cotisation [kɔtizasjõ] F Mitgliedsbeitrag *m*
coton [kɔtõ] M Baumwolle *f*; **coton hydrophile** Watte *f*
cou [ku] M Hals
couche [kuʃ] F Windel
coucher [kuʃe] zu Bett bringen; **se coucher** sich hinlegen; *Sonne* untergehen; **aller se coucher** schlafen gehen; **coucher** M **coucher du soleil** Sonnenuntergang
couchette [kuʃɛt] F Liegewagen (-platz *m*) *m*; Koje
coude [kud] M Ellenbogen
coudre [kudrə] nähen
couler [kule] fließen
couleur [kulœr] F Farbe; **couleur à la mode** Modefarbe
couloir [kulwar] M Gang, Flur
coup [ku] M Schlag, Stoß; *Schachspiel* Zug; **coup de feu** Schuss; **donner un coup de main** behilflich sein; **coup d'œil** Blick; **coup de soleil** Sonnenbrand; **coup de téléphone** Anruf
coupable [kupablə] schuldig
coupe [kup] F **coupe (de cheveux)** Haarschnitt *m*; **coupe glacée** Eisbecher *m*; **coupe-circuit** [kupsirkɥi] M Sicherung *f*
couper [kupe] schneiden
couple [kuplə] M Ehepaar *n*
coupole [kupɔl] F Kuppel
coupon [kupõ] M Abschnitt
coupure [kupyr] F Schnittwunde

cour [kur] F Hof *m*
courage [kuraʒ] M Mut
courageux [kuraʒø] mutig
couramment [kuramɑ̃] geläufig, fließend
courant [kurɑ̃] M Strom; Strömung *f*; **courant d'air** Luftzug; **courant continu** Gleichstrom; **courant à haute tension** Starkstrom; **être au courant** auf dem Laufenden sein
courbatures [kurbatyr] FPL Muskelkater *m*
courbe [kurb] F Kurve
courge [kurʒ] F Kürbis *m*
courgettes [kurʒɛt] FPL Zucchini *pl*
courir [kurir] laufen, rennen
couronne [kurɔn] F Krone
courrier [kurje] M Briefe *mpl*, Post *f*, Postsachen *fpl*; Bote; **par le même courrier** mit gleicher Post; **courrier électronique** E-Mail *f*; **envoyer par courrier électronique** mailen
courroie [kurwa] F Keilriemen *m*
cours [kur] M Verlauf; (Unterrichts)Stunde *f*; Kurs; **cours du change** Wechselkurs; **cours de langue** Sprachkurs; **au cours de** im Laufe von
course [kurs] F Lauf *m*; Rennen *n*; **course cycliste, de chevaux** Rad-, Pferderennen; **courses** FPL Besorgungen
court[1] [kur] kurz
court[2] [kur] M **court (de tennis)** Tennisplatz
court-circuit [kursirkɥi] M Kurzschluss
courtoisie [kurtwazi] F Höflichkeit
couscous [kuskus] M GASTR Couscous

cousin [kuzɛ̃] M, **cousine** [kuzin] F Cousin(e) *m(f)*
coussin [kusɛ̃] M Kissen *n*
coût [ku] M Kosten *pl*
couteau [kuto] M Messer *n*
coûter [kute] kosten; **coûter cher** teuer sein
coûteux [kutø] kostspielig
coutume [kutym] F Gewohnheit; Brauch *m*
couture [kutyr] F Naht; Nähen *n*; **couturier** [kutyrje] M Modeschöpfer; **couturière** [-jɛr] F Schneiderin
couvent [kuvɑ̃] M Kloster *n*
couvercle [kuvɛrklə] M Deckel
couvert [kuvɛr] M Besteck *n*, Gedeck *n*; **mettre le couvert** den Tisch decken
couverture [kuvɛrtyr] F Decke; **couverture (de lit)** Bettdecke
couvrir [kuvrir] bedecken
crabe [krab] M Krebs; Krabbe *f*
cracher [kraʃe] spucken
craie [krɛ] F Kreide
craindre [krɛ̃drə] fürchten
crainte [krɛ̃t] F Furcht
crampe [krɑ̃p] F MED Krampf *m*
crâne [kran] M Schädel
craquer [krake] krachen, knarren
cratère [kratɛr] M Krater
cravate [kravat] F Krawatte
crayon [krɛjõ] M Bleistift; **crayon feutre** Filzstift
créateur [kreatœr] M, **créatrice** [-tris] F

Schöpfer(in) *m(f)*
création [kreasjõ] F Schöpfung, Werk *n*
crèche [krɛʃ] F (Kinder)Krippe
crédit [kredi] M Kredit
crédule [kredyl] leichtgläubig
créer [kree] erschaffen; gründen
crème [krɛm] F Sahne; Creme; Pudding *m*; **crème Chantilly, fouettée** Schlagsahne; **crème pour les mains** Handcreme; **crème solaire** Sonnencreme
crémerie [krɛmri] F Milchgeschäft *n*
crêpe [krɛp] F (dünner) Eierkuchen
crépuscule [krepyskyl] M Dämmerung *f*
cresson [krɛsõ] M Kresse *f*
Crète [krɛt] F **la Crète** Kreta *n*
creuser [krøze] ausgraben, -höhlen
creux [krø] hohl
crevaison [krəvɛzõ] F Reifenpanne
crever [krəve] platzen lassen; eingehen; **j'ai crevé** AUTO ich habe e-n Platten
crevette [krəvɛt] F Garnele, Krabbe
cri [kri] M Schrei
crible [kriblə] M Sieb *n*
cric [krik] M Wagenheber
crier [krije] schreien
crime [krim] M Verbrechen *n*
criminalité [kriminalite] F Kriminalität
criminel [kriminɛl] M Verbrecher
crise [kriz] F Krise; **crise cardiaque** Herzanfall *m*
crisper [krispe] verkrampfen
critique [kritik] F Kritik; **critiquer** [kritike] kriti-

sieren
Croatie [krwasi] F **la Croatie** Kroatien *n*
crochet [krɔʃɛ] M **faire un crochet** e-n Abstecher machen
croire [krwar] glauben; halten (für)
croisement [krwazmɑ̃] M Kreuzung *f*; **croiser** [krwaze] kreuzen
croisière [krwazjɛr] F Kreuzfahrt
croissance [krwasɑ̃s] F Wachstum *n*
croissant [krwasɑ̃] M Hörnchen *n*
croître [krwatrə] wachsen
croix [krwa] F Kreuz *n*; **Croix-Rouge** Rotes Kreuz
croque-monsieur [krɔkməsjø] M GASTR Schinkentoast mit Käse
croquette [krɔkɛt] F Krokette
croquis [krɔki] M Skizze *f*
crouler [krule] einstürzen
croustillant [krustijɑ̃] knusprig
croûte [krut] F Kruste; *umg* **casser la croûte** e-n Imbiss zu sich nehmen; **croûte au fromage** Käsetoast *m*
cru [kry] roh, ungekocht; **cru** M (Wein)Gebiet *n*, Weinberg
cruauté [kryote] F Grausamkeit
crudités [krydite] FPL Rohkost *f*
crue [kry] F Hochwasser *n*
cruel [kryɛl] grausam
crustacés [krystase] MPL Krusten-, Schalentiere *npl*
cube [kyb] M Würfel; **cube de glace** Eiswürfel

cuiller, **cuillère** [kɥijɛr] F Löffel *m*; **petite cuiller** Teelöffel
cuir [kɥir] M Leder *n*
cuire [kɥir] kochen, backen, braten
cuisine [kɥizin] F Küche
cuisiné [kɥizine] **plat cuisiné** Fertiggericht *n*
cuisinier [kɥizinje] M Koch; **cuisinière** [kɥizinjɛr] F Köchin; Herd *m*
cuisse [kɥis] F (Ober)Schenkel *m*; Keule
cuit [kɥi] gekocht, gar; **cuit au four** gebacken; **bien cuit** *Steak* gut durch
cuivre [kɥivrə] M Kupfer *n*; **cuivre jaune** Messing *n*
cul [ky] M *vulg* Arsch
cul-de-sac [kydsak] M Sackgasse *f*
culinaire [kylinɛr] Koch…, Küchen…, kulinarisch
culotte [kylɔt] F (kurze) Hose
culte [kylt] M Gottesdienst
cultivé [kyltive] gebildet
cultiver [kyltive] anbauen
culture [kyltyr] F Bildung; Kultur
cumin [kymɛ̃] M BOT Kümmel
cure [kyr] F Kur
curé [kyre] M (katholischer) Pfarrer
cure-dent [kyrdɑ̃] M Zahnstocher
curieux [kyrjø] neugierig
curiosités [kyrjɔzite] FPL Sehenswürdigkeiten
curiste [kyrist] M Kurgast
curling [kœrliŋ] M Eisstockschießen *n*
curseur [kyrsœr] M IT Cursor

cuvée [kyve] F Weinsorte
CV M (= **Cheval-Vapeur**) AUTO PS *n*
cybercafé [sibɛrkafe] M Internetcafé *n*
cyclisme [siklismə] M Radsport; **cycliste** [siklist] M/F Radfahrer(in) *m(f)*
cyclomoteur [siklɔmɔtœr] M Mofa *n*
cyclone [siklon] M Wirbelsturm
cygne [siɲ] M Schwan
cylindre [silɛ̃drə] M TECH Zylinder
cylindrée [silɛ̃dre] F Hubraum *m*

D

dactylo [daktilo] F Stenotypistin *f*
dalle [dal] F Fliese; Steinplatte
dame [dam] F Dame
dancing [dɑ̃siŋ] M Tanzlokal *n*
Danemark [danmark] M **le Danemark** Dänemark *n*
danger [dɑ̃ʒe] M Gefahr *f*; **danger de mort** Lebensgefahr
dangereux [dɑ̃ʒrø] gefährlich
dans [dɑ̃] in, innerhalb
dansant [dɑ̃sɑ̃] **soirée** F **dansante** Tanzabend *m*
danse [dɑ̃s] F Tanz *m*
danser [dɑ̃se] tanzen

Danube [danyb] M Donau *f*
dard [dar] M *Biene etc* Stachel
date [dat] F Datum *n*; **date limite de consommation** Verfallsdatum; **date de naissance** Geburtsdatum
daube [dob] F GASTR Schmorfleisch *n*
dauphin [dofɛ̃] M Delfin
davantage [davɑ̃taʒ] mehr
de [də] von, aus; **de ... à** von ... bis
dé [de] M (Spiel)Würfel
déballer [debale] auspacken
débarcadère [debarkadɛr] M SCHIFF Landungsbrücke *f*; Anlegeplatz
débarquer [debarke] an Land gehen
débarrasser [debarase] **se débarrasser de qc** etw loswerden
débat [deba] M Debatte *f*
débattre [debatrə] **se débattre** sich abmühen (**contre** mit)
débit [debi] M Absatz; Vertrieb
déborder [debɔrde] über die Ufer treten
déboucher [debuʃe] *Straße* einmünden (**dans** in)
debout [dəbu] aufrecht; **être debout** stehen
débrayer [debrɛje] auskuppeln
débris [debri] MPL Trümmer *pl*; Überreste
débrouiller [debruje] **se débrouiller** sich zu helfen wissen
début [deby] M Anfang; **débutant(e)** [debytɑ̃(t)] M(F) Anfänger(in) *m(f)*
décaféiné [dekafeine] koffeinfrei

décalage [dekalaʒ] M **décalage horaire** Zeitunterschied
décapsuleur [dekapsylœr] M Flaschenöffner
décéder [desede] (ver)sterben
décembre [desɑ̃brə] M Dezember; **en décembre** im Dezember
décence [desɑ̃s] F Anstand *m*
déception [desɛpsjõ] F Enttäuschung
décerner [desɛrne] *Preis* verleihen, zuerkennen
décès [desɛ] M Tod, Sterbefall
décevoir [desəvwar] enttäuschen
décharge [deʃarʒ] F **décharge publique** Müllkippe, Deponie
décharger [deʃarʒe] entladen, ausladen
déchets [deʃɛ] MPL Abfälle; ÖKOL **déchets dangereux** Sondermüll *m*
déchirer [deʃire] zerreißen
déchirure [deʃiryr] F Riss *m*
décidé [deside] entschlossen; bestimmt
décider [deside] beschließen; **se décider** sich entschließen (**à** zu)
décision [desizjõ] F Entscheidung
déclaration [deklarasjõ] F Erklärung; **déclaration de douane** Zollerklärung; **déclaration de perte** Verlustanzeige
déclarer [deklare] erklären, angeben; verzollen; **avez-vous qc à déclarer?** haben Sie etw zu verzollen?
déclencheur [deklɑ̃ʃœr] M **déclencheur automatique** FOTO Selbstauslöser

déclin [deklɛ̃] M Niedergang, Verfall
décoller [dekɔle] ablösen; FLUG starten, abheben
décolorer [dekɔlɔre] *Haare* blondieren
décommander [dekɔmɑ̃de] abbestellen
décongeler [dekɔ̃ʒle] auftauen
décoration [dekɔrasjõ] F Verzierung
décorer [dekɔre] schmücken (**de qc** mit etw)
décourager [dekuraʒe] entmutigen
découverte [dekuvɛrt] F Entdeckung
découvrir [dekuvrir] entdecken
décret [dekrɛ] M Verordnung *f*, Erlass
décrire [dekrir] beschreiben
décrocher [dekrɔʃe] *Hörer* abnehmen
décroissance [dekrwasɑ̃s] F Abnahme
déçu [desy] enttäuscht
dédaigner [dedɛɲe] verachten
dedans [dədɑ̃] darin, drinnen, hinein
dédommagement [dedɔmaʒmɑ̃] M Entschädigung *f*; **dédommager** [dedɔmaʒe] entschädigen (**de** für)
dédouanement [dedwanmɑ̃] M Zollabfertigung *f*; **dédouaner** [dedwane] verzollen
défaillance [defajɑ̃s] F Schwäche
défaire [defɛr] *Koffer* auspacken
défaite [defɛt] F Niederlage
défaut [defo] M Fehler
défendre [defɑ̃drə] verteidigen; verbieten
défendu [defɑ̃dy] verboten
défense [defɑ̃s] F Verteidigung; Verbot *n*; **défense de fumer** Rauchverbot; **défense de stationner**

Parkverbot
défiance [defjɑ̃s] F Misstrauen *n*
définir [definir] bestimmen
déformation [defɔrmasjõ] F Verformung
défunt [defɛ̃] verstorben
dégager [degaʒe] frei machen
dégât [degɑ] M Schaden; **dégâts matériels** Sachschaden
dégeler [deʒle] auftauen
dégoûtant [degutɑ̃] ekelhaft
degré [dəgre] M Stufe *f*; Grad *m*
dégustation [degystasjõ] F **dégustation de vins** Weinprobe; **déguster** [degyste] kosten, probieren
dehors [dəɔr] draußen; hinaus; **en dehors de** außer; außerhalb
déjà [deʒa] schon
déjeuner [deʒœne] zu Mittag essen; **déjeuner** M Mittagessen *n*; **petit déjeuner** Frühstück *n*; **prendre le petit déjeuner** frühstücken
délai [delɛ] M Frist *f*
délibération [deliberasjõ] F Beratung
délicat [delika] zart, fein; empfindlich
délicieux [delisjø] köstlich
délire [delir] M Wahn(sinn)
délit [deli] M Vergehen *n*; **délit de fuite** Unfallflucht *f*
délivré [delivre] **délivré sans ordonnance** rezeptfrei
deltaplane [dɛltaplan] M Drachenfliegen *n*

demain [d(ə)mɛ̃] morgen; **demain matin** morgen früh
demande [d(ə)mɑ̃d] F Bitte, Anfrage; WIRTSCH Nachfrage; Antrag *m*
demander [d(ə)mɑ̃de] bitten (**qc à qn** j-n um etw); fragen (**qc à qn** j-n nach etw); **se demander** sich fragen
démangeaison [demɑ̃ʒɛzõ] F Juckreiz *m*
démaquiller [demakije] **se démaquiller** sich abschminken
démarche [demarʃ] F Gang *m*, Schritt *m*; Maßnahme
démarrer [demare] AUTO *etc* anfahren, starten (*a.* IT); *Motor* anspringen; **faire démarrer** *Motor* anlassen; **démarreur** [demarœr] M AUTO *etc* Anlasser
déménagement [demenaʒmɑ̃] M Umzug
déménager [demenaʒe] umziehen
demeure [dəmœr] F Wohnsitz *m*
demeurer [dəmœre] bleiben; wohnen
demi [d(ə)mi] halb; **un demi** *Bier* eine Halbe, ein kleines Bier
demi-heure [d(ə)miœr] F halbe Stunde; **demi-pension** [d(ə)mipɑ̃sjõ] F Halbpension; **demi-sec** [d(ə)misɛk] *Champagner* halbtrocken; **demi-sel** [d(ə)misɛl] leicht gesalzen
démission [demisjõ] F Rücktritt *m*
demi-tour [d(ə)mitur] M **faire demi-tour** wenden
démocratie [demɔkrasi] F Demokratie

démodé [demɔde] altmodisch
demoiselle [d(ə)mwazɛl] F Fräulein
démolir [demɔlir] ab-, niederreißen
démonter [demõte] zerlegen
démontrer [demõtre] beweisen
démuni [demyni] **être démuni d'argent** mittellos sein
dénommer [denɔme] benennen
dense [dɑ̃s] dicht, fest
densité [dɑ̃site] F Dichte
dent [dɑ̃] F Zahn *m*
dentelle [dɑ̃tɛl] F Spitze
dentier [dɑ̃tje] M *künstliches* Gebiss *n*
dentifrice [dɑ̃tifris] M Zahnpasta *f*
dentiste [dɑ̃tist] M/F Zahnarzt *m*, -ärztin *f*
dentition [dɑ̃tisjõ] F *natürliches* Gebiss *n*
déodorant [deɔdɔrɑ̃] M Deodorant *n*
dépannage [depanaʒ] M Pannenhilfe *f*; **service de dépannage** Abschleppdienst; **dépanner** [depane] reparieren; **dépanneuse** [depanøz] F Abschleppwagen *m*
départ [depar] M Abreise *f*, Abfahrt *f*; Abflug (**pour** nach)
département [departəmɑ̃] M Departement *n*
dépasser [depase] überholen
dépêcher [depɛʃe] **se dépêcher** sich beeilen
dépendance [depɑ̃dɑ̃s] F Abhängigkeit
dépendre [depɑ̃drə] abhängen (**de** von)
dépenser [depɑ̃se] *Geld* ausgeben
dépérissement [deperismɑ̃] M **dépérissement**

des forêts Waldsterben *n*
dépit [depi] M **en dépit de** trotz
déplacé [deplase] unpassend
déplacement [deplasmɑ̃] M Versetzung *f*; Reise *f*
déplaire [deplɛr] missfallen
dépliant [deplijɑ̃] M Faltprospekt
déposer [depoze] absetzen; deponieren; hinterlegen; niederlegen
dépression [deprɛsjõ] F *Wetter* Tief *n*; WIRTSCH Rezession
depuis [dəpɥi] seit
députation [depytasjõ] F Abordnung; **député** [depyte] M POL Abgeordnete(r)
dérailler [derɑje] entgleisen
dérailleur [derɑjœr] M *Fahrrad* Gangschaltung *f*
déraisonnable [derɛzɔnablə] unvernünftig
déranger [derɑ̃ʒe] durcheinanderbringen; stören
déraper [derape] AUTO ins Schleudern kommen
dérégler [deregle] in Unordnung bringen
dériver [derive] SCHIFF abtreiben, abgetrieben werden
dermatologue [dɛrmatɔlɔg] M Hautarzt
dernier [dɛrnje] letzte
dernièrement [dɛrnjɛrmɑ̃] neulich
dérober [derɔbe] entwenden, stehlen; **se dérober à qc** sich e-r Sache entziehen
dérouler [derule] **se dérouler** verlaufen
derrière [dɛrjɛr] hinten; hinter; **derrière** M Hinterteil *n*

dès [dɛ] schon von ... an; **dès que** sobald
désabusé [dezabyze] enttäuscht; ernüchtert
désaccord [dezakɔr] M Uneinigkeit *f*
désaccoutumer [dezakutyme] **se désaccoutumer de qc** sich etw abgewöhnen
désagréable [dezagreablə] unangenehm
désappointement [dezapwɛ̃tmɑ̃] M Enttäuschung *f*
désapprendre [dezaprɑ̃drə] verlernen
désapprouver [dezapruve] missbilligen
désarmement [dezarməmɑ̃] M *mil* Abrüstung *f*
désarroi [dezarwa] M Verwirrung *f*
désastre [dezastrə] M Unglück *n*, Katastrophe *f*
désavantage [dezavɑ̃taʒ] M Nachteil
désavouer [dezavwe] widerrufen
descendant [desɑ̃dɑ̃] **en descendant** bergab
descendre [desɑ̃drə] hinuntergehen, -steigen, -fahren; aussteigen; hinunterbringen, herunterholen; *Ski* abfahren; *Temperatur* sinken
descente [desɑ̃t] F Abstieg *m*, Abfahrt; *Ski* Abfahrt, Abfahrtslauf *m*
description [dɛskripsjõ] F Beschreibung
désenchanté [dezɑ̃ʃɑ̃te] ernüchtert, enttäuscht
désert [dezɛr] öde, einsam; **désert** M Wüste *f*
désespéré [dezɛspere] verzweifelt
désespoir [dezɛspwar] M Verzweiflung *f*
déshabillé [dezabije] M Negligé *n*; **déshabiller** ausziehen; **se déshabiller** sich ausziehen
déshabituer [dezabitɥe] **se déshabituer de qc** sich etw abgewöhnen

désignation [deziɲasjõ] F Bezeichnung
désigner [deziɲe] bezeichnen; bestimmen
désinfecter [dezɛ̃fɛkte] desinfizieren; **désinfection** [dezɛ̃fɛksjõ] F Desinfektion
désintoxication [dezɛ̃tɔksikasjõ] F **cure de désintoxication** Entziehungskur
désir [dezir] M Wunsch, Verlangen *n*; **désirer** [dezire] wünschen, begehren
désobéissance [dezɔbeisɑ̃s] F Ungehorsam *m*
désodorisant [dezɔdɔrizɑ̃] M Deo(dorant) *n*
désolé [dezɔle] untröstlich; **je suis désolé** es tut mir leid
désordre [dezɔrdrə] M Unordnung *f*
désormais [dezɔrmɛ] von jetzt ab, künftig
dessein [desɛ̃] M Absicht *f*; **à dessein** absichtlich
desserrer [desɛre] lockern
dessert [desɛr] M Nachtisch
desservir [desɛrvir] *Verkehrsmittel* regelmäßig fahren nach *od* zu
dessin [desɛ̃] M Zeichnung *f*; **dessin animé** Zeichentrickfilm
dessinateur [desinatœr] M, **dessinatrice** [-tris] F Zeichner(in) *m(f)*
dessiner [desine] zeichnen
dessous [d(ə)su] darunter; **en dessous** unten; **dessous** M Unterseite *f*
dessus [d(ə)sy] darüber, darauf; **en dessus** oben drauf; **dessus** M Oberseite *f*
destin [dɛstɛ̃] M Schicksal *n*
destinataire [dɛstinatɛr] M Empfänger

destination [dɛstinasjõ] F Bestimmungsort *m*, Reiseziel *n*; **aéroport de destination** Zielflughafen *m*
destinée [dɛstine] F Schicksal *n*
destruction [dɛstryksjõ] F Zerstörung
détachant [detaʃɑ̃] M Fleckentferner; **détacher** [detaʃe] losmachen, lösen (**de** von)
détail [detaj] M Einzelheit *f*; **en détail** ausführlich
déteindre [detɛ̃drə] **déteindre sur** abfärben auf
détendre [detɑ̃drə] **se détendre** sich entspannen
détente [detɑ̃t] F Entspannung
détention [detɑ̃sjõ] F Haft
détenu [detny] M Häftling
détergent [detɛrʒɑ̃] M Reinigungsmittel *n*
détermination [detɛrminasjõ] F Bestimmung; Entschlossenheit
déterminer [detɛrmine] bestimmen
détester [detɛste] verabscheuen
détonation [detɔnasjõ] F Knall *m*
détour [detur] M Umweg; **faire un détour** e-n Umweg machen
détournement [deturnəmɑ̃] M **détournement d'avion** Flugzeugentführung *f*
détresse [detrɛs] F Seenot
détruire [detrɥir] zerstören
dette [dɛt] F *Geld* Schulden *pl*
deuil [dœj] M Trauer *f*, Trauerkleidung *f*
deux [dø] zwei
dévaluation [devalɥasjõ] F *Währung* Abwertung

dévaluer [devalɥe] abwerten
devancer [d(ə)vɑ̃se] vorangehen, zuvorkommen
devant [d(ə)vɑ̃] vorn; vor; **devant** M Vorderseite *f*
développement [devlɔpmɑ̃] M Entwicklung *f*; **développer** [devlɔpe] entwickeln (*a.Film*); **se développer** sich entwickeln
devenir [dəvnir] werden
déviation [devjasjõ] F Umleitung
deviner [d(ə)vine] erraten
devises [d(ə)viz] FPL Devisen
devoir[1] [dəvwar] müssen, sollen; schulden
devoir[2] [dəvwar] M Pflicht *f*; Hausaufgabe *f*
dévorer [devɔre] verschlingen
dévotion [devosjõ] F Frömmigkeit
diabète [djabɛt] M Diabetes
diable [djablə] M Teufel
diagnostic [djagnɔstik] M MED Diagnose *f*
dialecte [djalɛkt] M Dialekt
dialogue [djalɔg] M Dialog
diamètre [djamɛtrə] M Durchmesser
diaphragme [djafragmə] M FOTO Blende *f*
diapo(sitive) [djapo(zitiv)] F FOTO Dia *n*
diarrhée [djare] F MED Durchfall *m*
dictée [dikte] F Diktat *n*
dicter diktieren
dictionnaire [diksjɔnɛr] M Wörterbuch *n*
diesel [djezɛl] M Diesel(motor)
diète [djɛt] F Diät; Fasten *n*
diététique [djetetik]: **produits diététiques** Re-

formkost *f*
Dieu [djø] M Gott; **mon Dieu!** oje!
différence [diferɑ̃s] F Unterschied *m*
différent [diferɑ̃] verschieden
difficile [difisil] schwierig
difficulté [difikylte] F Schwierigkeit
diffuser [difyze] TV senden; **diffusion** [difyzjõ] F TV Übertragung
digestif [diʒɛstif] M Verdauungsschnaps
digestion [diʒɛstjõ] F Verdauung; **digestion difficile** Verdauungsbeschwerden *pl*
digne [diɲ] würdig, wert
digue [dig] F Damm *m*, Deich *m*
diligence [diliʒɑ̃s] F Postkutsche
dimanche [dimɑ̃ʃ] M Sonntag; **le dimanche** sonntags
dimension [dimɑ̃sjõ] F Ausdehnung; Ausmaß *n*
diminuer [diminɥe] abnehmen, sich verringern; **diminution** [diminysjõ] F Abnahme
dinde [dɛ̃d] F Pute
dindon [dɛ̃dõ] M Puter
dîner [dine] zu Abend essen; **dîner** M Abendessen *n*
dingue [dɛ̃g] *umg* toll; Wahnsinns…; **être dingue** *umg* spinnen, verrückt sein
diplôme [diplom] M Diplom *n*
diplômé [diplome] staatlich geprüft
dire [dir] sagen; **pour ainsi dire** sozusagen
direct [dirɛkt] direkt; durchgehend
directeur [dirɛktœr] M, **directrice** [-tris] F Di-

rektor(in) *m(f)*
direction [dirɛksjõ] F Richtung, Leitung; AUTO Lenkung
dirigeable [diriʒablə] M Luftschiff *n*
diriger [diriʒe] leiten; **se diriger vers** zugehen auf
discothèque [diskɔtɛk] F Diskothek
discours [diskur] M Rede *f*
discrétion [diskresjõ] F **à discrétion** nach Belieben
discussion [diskysjõ] F Diskussion; **discuter** [diskyte] diskutieren
disgrâce [dizgras] F Ungnade
disparaître [disparɛtrə] verschwinden
disparition [disparisjõ] F Verschwinden *n*
dispenser [dispɑ̃se] befreien (**de** von)
disponible [dispɔniblə] verfügbar
disposé [dispoze] **bien** (**mal**) **disposé** gut (schlecht) gelaunt
disposer [dispoze] verfügen (**de** über)
dispositif [dispozitif] M Vorrichtung *f*
disposition [dispozisjõ] F Verfügung; **dispositions** FPL Vorkehrungen
dispute [dispyt] F Streit *m*; **disputer** [dispyte] **se disputer** sich streiten
disqualifier [diskalifje] disqualifizieren
disque [disk] M Scheibe *f*; Schallplatte *f*; Parkscheibe *f*; **disque dur** IT Festplatte *f*
disquette [diskɛt] F IT Diskette
dissimuler [disimyle] verhehlen, verbergen

dissolvant [disɔlvɑ̃] M Nagellackentferner
dissoudre [disudrə] (auf)lösen
distance [distɑ̃s] F Entfernung; Strecke
distension [distɑ̃sjõ] F **distension de ligament** Bänderzerrung
distinct [distɛ̃] deutlich; **distinct de** verschieden von; **distinction** [distɛ̃ksjõ] F Unterscheidung; Vornehmheit
distingué [distɛ̃ge] vornehm
distinguer [distɛ̃ge] unterscheiden
distraction [distraksjõ] F Unterhaltung; Freizeitbeschäftigung
distrait [distrɛ] zerstreut
distribuer [distribɥe] verteilen
distributeur [distribytœr] M Automat; **distributeur de billets** Geldautomat; **distributeur de boissons** Getränkeautomat
divan [divɑ̃] M Couch *f*; Liege *f*
diverger [divɛrʒe] abweichen
divers [divɛr] verschieden
divertir [divɛrtir] unterhalten
divertissement [divɛrtismɑ̃] M Vergnügen *n*
divin [divɛ̃] göttlich
diviser [divize] (ein)teilen; dividieren
divorce [divɔrs] M Scheidung *f*
divorcé [divɔrse] geschieden
divorcer sich scheiden lassen
dix [di(s)] zehn; **dix-huit** [dizɥi] achtzehn; **dix-neuf** [disnœf] neunzehn; **dix-sept** [disɛt] siebzehn

dizaine [dizɛn] F **une dizaine de** etwa zehn
docile [dɔsil] gelehrig
docteur [dɔktœr] M, **doctoresse** [dɔktɔrɛs] F Arzt *m*, Ärztin *f*
document [dɔkymɑ̃] M Dokument *n*; **documents de voyage** Reisedokumente *pl*
documentaire [dɔkymɑ̃tɛr] M Dokumentarfilm
doigt [dwa] M Finger; **doigt de pied** Zehe *f*
domaine [dɔmɛn] M Bereich; Gebiet *n*
dôme [dom] M Kuppel *f*
domestique [dɔmɛstik] Haus...
domicile [dɔmisil] M Wohnsitz
dominer [dɔmine] beherrschen
dommage [dɔmaʒ] M Schaden; **c'est dommage** das ist schade
dompter [dõte] bezwingen, bändigen
donation [dɔnasjõ] F Schenkung
donc [dõk] also; folglich
données [dɔne] FPL Daten *npl*
donner [dɔne] geben; **donner sur le jardin** zum Garten hin liegen
dont [dõ] wovon; dessen, deren
doré [dɔre] vergoldet; goldgelb
dormir [dɔrmir] schlafen
dos [do] M Rücken; (Stuhl)Lehne *f*
dosage [dozaʒ] M Dosierung *f*
dose [doz] F Dosis
doser [doze] dosieren
doter [dɔte] ausstatten (**de** mit)
douane [dwan] F Zoll *m*; **exempt de douane**

zollfrei; **douanier** [dwanje] M Zollbeamte(r)
doubler [duble] AUTO überholen; *Film* synchronisieren; **interdiction de doubler** Überholverbot *n*
douce → doux
doucement [dusmɑ̃] sachte!, langsam!
douceur [dusœr] F Sanftmut
douche [duʃ] F Dusche; **prendre une douche** duschen
doué [dwe] begabt (**pour** für)
douleur [dulœr] F Schmerz *m*
douloureux [dulurø] schmerzhaft
doute [dut] M Zweifel; **sans doute** sicherlich, wohl; **douter** [dute] zweifeln (**de** an); **se douter de qc** etw ahnen, vermuten; **douteux** [dutø] zweifelhaft
doux [du], **douce** [dus] süß; mild; sanft
douzaine [duzɛn] F Dutzend *n*
douze [duz] zwölf
dragon [dragõ] M Drache
drame [dram] M Drama *n*
drap [dra] M Betttuch *n*
drapeau [drapo] M Fahne *f*
dressage [drɛsaʒ] M Dressur *f*
dresser [drɛse] aufstellen; *Zelt* aufschlagen; **se dresser** sich aufrichten
drogue [drɔg] F Droge
drogué(e) [drɔge] M(F) Drogensüchtige(r) *m/f(m)*
droguerie [drɔgri] F Drogerie
droit[1] [drwa] rechte; gerade; aufrecht; **tout droit** geradeaus

droit² [drwa] M Recht *n*; Rechtswissenschaft *f*
droite [drwat] F POL Rechte; **à droite** rechts, nach rechts; **à droite de** rechts von
drôle [drol] komisch, lustig; **drôlement** [drolmɑ̃] *umg* ungeheuer
DSL [deɛsɛl] M TEL DSL *n*
duc [dyk] M Herzog
duché [dyʃe] M Herzogtum *n*
duchesse [dyʃɛs] F Herzogin
Dunkerque [dɛ̃kɛrk] Dünkirchen *n*
duper [dype] prellen, betrügen
dur [dyr] hart; schwierig; streng
durant [dyrɑ̃] während
durée [dyre] F Dauer
durer [dyre] dauern
DVD [devede] M DVD *f*
dynamo [dinamo] F Lichtmaschine
dysenterie [disɑ̃tri] F MED Ruhr

E

eau [o] F Wasser *n*; **eau de Cologne** Kölnischwasser; **eau gazeuse** Sprudel *m*; **eau du radiateur** Kühlwasser; **eau du robinet** Leitungswasser
eau-de-vie [odvi] F Branntwein *m*, Schnaps *m*
ébauche [eboʃ] F Skizze, Entwurf *m*

éboueur [ebwœr] M Müllmann
éboulement [ebulmɑ̃] M Erd-, Bergrutsch
ébranler [ebrɑ̃le] erschüttern
ébullition [ebylisjõ] F Aufkochen *n*, Sieden *n*
écaille [ekaj] F Schuppe
écart [ekar] M Abstand; **à l'écart** abseits
écarter [ekarte] wegschieben, entfernen
ecclésiastique [eklezjastik] kirchlich
échafaud [eʃafo] M Schafott *n*
échange [eʃɑ̃ʒ] M Austausch; **échange d'élèves** Schüleraustausch
échanger [eʃɑ̃ʒe] um-, austauschen (**contre** gegen)
échantillon [eʃɑ̃tijõ] M Warenprobe *f*, Muster *n*
échappement [eʃapmɑ̃] M AUTO Auspuff
échapper [eʃape] entkommen, entgehen
écharpe [eʃarp] F Halstuch *n*, Schal *m*
échauffer [eʃofe] erhitzen; **s'échauffer** sich ereifern
échéance [eʃeɑ̃s] F Fälligkeit; Verfalltag *m*
échéant [eʃeɑ̃] **le cas échéant** gegebenenfalls
échec [eʃɛk] M Misserfolg; Scheitern *n*
échecs [eʃɛk] MPL Schach(spiel) *n*
échelle [eʃɛl] F Leiter; Skala; Maßstab *m*
échine [eʃin] F Rückgrat *n*
échiquier [eʃikje] M Schachbrett *n*
éclair [eklɛr] M Blitz; **éclairage** [eklɛraʒ] M Beleuchtung *f*; **éclairer** [eklɛre] beleuchten
éclater [eklate] platzen
éclipse [eklips] F **éclipse de soleil, de lune** Son-

nen-, Mondfinsternis
écluse [eklyz] F Schleuse
école [ekɔl] F Schule; **école de langues** Sprachenschule; **école primaire** Grundschule
écolier [ekɔlje] M, **écolière** [-jɛr] F Schüler(in) *m(f)*
écologie [ekɔlɔʒi] F Ökologie
écologiste [ekɔlɔʒist] M/F Umweltschützer(in) *m(f)*
économie [ekɔnɔmi] F Wirtschaft; **économies** *fpl* Ersparnisse; **économique** [ekɔnɔmik] wirtschaftlich, Wirtschafts...; **économiser** [ekɔnɔmize] (ein)sparen; sparsam wirtschaften
Écosse [ekɔs] F **l'Écosse** Schottland *n*
écouler [ekule] **s'écouler** *Zeit* vergehen
écouter [ekute] (zu)hören; **écouter la radio** Radio hören; **écouteur** [ekutœr] M (Telefon)Hörer; Kopfhörer
écran [ekrɑ̃] M Bildschirm; **écran plat** Flachbildschirm
écraser [ekraze] AUTO überfahren
écrémé [ekreme] entrahmt
écrevisse [ekrəvis] F ZOOL Krebs *m*
écrier [ekrije] **s'écrier** ausrufen
écrire [ekrir] schreiben
écrit [ekri] M **par écrit** schriftlich
écriture [ekrityr] F Schrift
écrivain [ekrivɛ̃] M Schriftsteller(in) *m(f)*
écrouler [ekrule]: **s'écrouler** einstürzen; zusammenbrechen

écueil [ekœj] M Riff *n*, Klippe *f*
écume [ekym] F Schaum *m*
écureuil [ekyrœj] M Eichhörnchen *n*
écurie [ekyri] F Pferdestall *m*
eczéma [egzema] M MED Ekzem *n*
édifice [edifis] M Gebäude *n*
éditer [edite] herausgeben; **éditeur** [editœr] M, **éditrice** [-tris] F Verleger(in) *m(f)*; **édition** [edisjõ] F Ausgabe; **éditions** *fpl* Verlag *m*; **éditorial** [editɔrjal] M Leitartikel
éducation [edykasjõ] F Erziehung; **éducation physique** Turnen *n*
éduquer [edyke] erziehen
effacer [efase] auslöschen; auswischen
effectif [efɛktif] tatsächlich
effectuer [efɛktɥe] durchführen
effet [efɛ] M Wirkung *f*; **en effet** nämlich; **effets** MPL Sachen *fpl*, Kleider *npl*
efficace [efikas] wirksam
effondrer [efõdre] **s'effondrer** einstürzen
efforcer [efɔrse] **s'efforcer** sich bemühen
effort [efɔr] M Anstrengung *f*; **faire un effort** sich anstrengen
effrayer [efrɛje] erschrecken
effroyable [efrwajablə] entsetzlich
égal [egal] gleich; **également** [egalmã] ebenfalls; **égalité** [egalite] F Gleichheit
égard [egar] M **à cet égard** in dieser Beziehung; **à l'égard de** hinsichtlich; **égards** MPL Achtung *f*
égarer [egare] **s'égarer** sich verirren

église [egliz] F Kirche
égoutter [egute] abtropfen lassen
égratignure [egratiɲyr] F Hautabschürfung
Égypte [eʒipt] F **l'Égypte** Ägypten *n*
élaborer [elabɔre] ausarbeiten
élan [elɑ̃] M Anlauf, Schwung; Eifer
élancements [elɑ̃səmɑ̃] MPL MED Stiche
élancer [elɑ̃se] **s'élancer** losstürzen
élargir [elarʒir] erweitern, verbreitern
élastique [elastik] M Gummiband *n*
Elbe[1] [ɛlb] F Elbe *f*
Elbe[2] [ɛlb] **l'île d'Elbe** (Insel) Elba *n*
électeur [elɛktœr] M, **électrice** [-tris] F Wähler(in) *m(f)*
élection [elɛksjõ] F Wahl
électricien [elɛktrisjɛ̃] M Elektriker; **électricité** [elɛktrisite] F Elektrizität; **électrique** [elɛktrik] elektrisch
électronique [elɛktrɔnik] elektronisch; **électronique** F Elektronik
élégant [elegɑ̃] elegant
élément [elemɑ̃] M Element *n*
élevage [elvaʒ] M (Vieh)Zucht *f*
élévation [elevasjõ] F Erhöhung, Anhöhe
élève [elɛv] M/F Schüler(in) *m(f)*
élevé [elve] hochgelegen; hoch
élever [elve] erziehen; züchten; errichten; **s'élever** sich erheben; **s'élever à** sich belaufen auf
élire [elir] wählen
elle, **elles** [ɛl] sie

éloge [elɔʒ] M Lob *n*, Lobrede *f*
éloigné [elwaɲe] entlegen
éloigner [elwaɲe] entfernen
éloquence [elɔkɑ̃s] F Beredsamkeit
élu [ely] gewählt; auserwählt
éluder [elyde] umgehen
e-mail [imɛl] M E-Mail *f*
émancipation [emɑ̃sipasjõ] F Gleichberechtigung
emballage [ɑ̃balaʒ] M Verpackung *f*, Leergut *n*; **emballage perdu** Wegwerfpackung; **emballer** [ɑ̃bale] einpacken
embarcadère [ɑ̃barkadɛr] F SCHIFF Landungsbrücke
embarquement [ɑ̃barkəmɑ̃] M Einschiffung *f*; **embarquer** [ɑ̃barke] **s'embarquer pour** sich einschiffen nach
embarras [ɑ̃bara] M schwierige Lage; **embarras gastrique** Magenverstimmung
embarrassé [ɑ̃barase] verlegen, verwirrt
embellir [ɑ̃bɛlir] verschönern
embêtant [ɑ̃bɛtɑ̃] *umg* ärgerlich
emblème [ɑ̃blɛm] M Sinnbild *n*, Wahrzeichen *n*
embouchure [ɑ̃buʃyr] F Mündung
embouteillage [ɑ̃butɛjaʒ] M *Verkehr* Stau
embrasser [ɑ̃brase] küssen; *Beruf* ergreifen
embrayage [ɑ̃brɛjaʒ] M AUTO Kupplung *f*
embrouiller [ɑ̃bruje] verwirren
émeraude [ɛmrod] F Smaragd *m*
émerger [emɛrʒe] auftauchen

émerveiller [emɛrvɛje] **s'émerveiller** staunen (**de** über)
émetteur [emɛtœr] M TV Sender
émigrant [emigrɑ̃] M Auswanderer; **émigrer** [emigre] auswandern
éminent [eminɑ̃] hervorragend
émission [emisjõ] F TV Sendung
emménager [ɑ̃menaʒe] *Wohnung* einziehen
emmener [ɑ̃mne] *Person* mitnehmen; wegbringen
émotion [emosjõ] F Aufregung; Rührung
émouvoir [emuvwar] ergreifen, rühren; **s'émouvoir** sich erregen
empêcher [ɑ̃pɛʃe] (ver)hindern
empereur [ɑ̃prœr] M Kaiser
empester [ɑ̃pɛste] stinken
empiler [ɑ̃pile] aufstapeln
empirer [ɑ̃pire] (sich) verschlimmern
emplacement [ɑ̃plasmɑ̃] M Platz, Stelle *f*; *Camping* Stellplatz
emplir [ɑ̃plir] füllen; **s'emplir** sich füllen
emploi [ɑ̃plwa] M Gebrauch; Anstellung *f*; **emploi du temps** Stundenplan
employé(e) [ɑ̃plwaje] M(F) Angestellte(r) *m/f(m)*;
employer [ɑ̃plwaje] gebrauchen; beschäftigen;
employeur [ɑ̃plwajœr] M Arbeitgeber
empoisonner [ɑ̃pwazɔne] vergiften
emporter [ɑ̃pɔrte] wegbringen; mitnehmen; **s'emporter** sich erregen
empreinte [ɑ̃prɛ̃t] F Abdruck *m*, Spur

empresser [ɑ̃prɛse] **s'empresser** sich beeilen
emprunter [ɑ̃prɛ̃te] entleihen (**qc à qn** etw von j-m)
en [ɑ̃] davon; in, nach; aus
encadrer [ɑ̃kadre] einrahmen
encaisser [ɑ̃kɛse] einkassieren
enceinte[1] [ɑ̃sɛ̃t] schwanger
enceinte[2] [ɑ̃sɛ̃t] F Ringmauer
enchanté [ɑ̃ʃɑ̃te] **enchanté!** sehr erfreut!
enchère [ɑ̃ʃɛr] **vente aux enchères** Auktion *f*
enclos [ɑ̃klo] M Einfriedung *f*
encolure [ɑ̃kɔlyr] F Kragenweite
encombrant [ɑ̃kõbrɑ̃] sperrig; lästig
encombrer [ɑ̃kõbre] versperren; verstopfen
encore [ɑ̃kɔr] noch, nochmals; wieder
encourager [ɑ̃kuraʒe] ermutigen, aufmuntern
encre [ɑ̃krə] F Tinte
endive [ɑ̃div] F Chicorée *m od f*
endommager [ɑ̃dɔmaʒe] beschädigen
endormir [ɑ̃dɔrmir] **s'endormir** einschlafen
endroit [ɑ̃drwa] M Stelle *f*, Ort
énergie [enɛrʒi] F Energie
énerver [enɛrve] nervös machen; **s'énerver** nervös werden
enfance [ɑ̃fɑ̃s] F Kindheit
enfant [ɑ̃fɑ̃] M/F Kind *n*; **enfantillage** [ɑ̃fɑ̃tijaʒ] M Kinderei *f*
enfer [ɑ̃fɛr] M Hölle *f*
enfermer [ɑ̃fɛrme] einschließen, einsperren
enfiler [ɑ̃file] einfädeln

enfin [ɑ̃fɛ̃] endlich
enflammer [ɑ̃flame] anzünden; **s'enflammer** MED sich entzünden; Feuer fangen
enflé [ɑ̃fle] geschwollen
enflure [ɑ̃flyr] F Schwellung
enfoncer [ɑ̃fõse] *Tür* einschlagen
enfreindre [ɑ̃frɛ̃drə] zuwiderhandeln
enfuir [ɑ̃fɥir] **s'enfuir** (ent)fliehen
engagement [ɑ̃gaʒmɑ̃] M Verpflichtung *f*; **engager** [ɑ̃gaʒe] verpflichten
énigme [enigmə] F Rätsel *n*
enjeu [ɑ̃ʒø] M *im Spiel* Einsatz
enjoliveur [ɑ̃ʒɔlivœr] M Radkappe *f*
enlèvement [ɑ̃lɛvmɑ̃] M Entführung *f*
enlever [ɑ̃l(ə)ve] entfernen; *Person* entführen
enneigé [ɑ̃nɛʒe] verschneit
enneigement [ɑ̃nɛʒmɑ̃] M Schneeverhältnisse *npl*
ennemi [ɛnmi] feindlich; **ennemi(e)** M(F) Feind(in) *m(f)*
ennui [ɑ̃nɥi] M Langeweile *f*; **ennuis** MPL Ärger *m*, Scherereien *fpl*
ennuyer [ɑ̃nɥije] ärgern; langweilen; **s'ennuyer** sich langweilen
ennuyeux [ɑ̃nɥijø] lästig; langweilig
énorme [enɔrm] enorm, riesig
enquête [ɑ̃kɛt] F Untersuchung; Umfrage
enragé [ɑ̃raʒe] tollwütig; fanatisch
enregistrement [ɑ̃rəʒistrəmɑ̃] M Registrierung *f*; Gepäckannahme *f*; Check-in; *Schallplatte, Film*

etc Aufnahme *f*; **enregistrement des bagages** Gepäckabfertigung *f*; **enregistrement en ligne** Online-Check-in
enregistrer [ãrəʒistre] registrieren; *Schallplatte etc* aufnehmen; **faire enregistrer** *Gepäck* aufgeben
enrhumer [ãryme] **s'enrhumer** sich erkälten
enrichir [ãriʃir] bereichern
enroué [ãrwe] heiser
enseignant(e) [ãsɛɲã(t)] M(F) Lehrer(in) *m(f)*
enseigne [ãsɛɲ] F Schild *n*
enseignement [ãsɛɲmã] M Unterricht; **enseigner** [ãsɛɲe] lehren, unterrichten
ensemble [ãsãblə] zusammen
ensoleillé [ãsɔlɛje] sonnig
ensuite [ãsɥit] darauf, dann
entendre [ãtãdrə] hören; verstehen; **s'entendre** sich verstehen
entendu [ãtãdy] **entendu!** abgemacht!; **bien entendu** natürlich
entente [ãtãt] F Einvernehmen *n*
enterrement [ãtɛrmã] M Beerdigung *f*
enthousiasme [ãtuzjasmə] M Begeisterung *f*
entier [ãtje] ganz, vollständig
entorse [ãtɔrs] F Verstauchung
entourage [ãturaʒ] M Umgebung *f*
entourer [ãture] umgeben
entrain [ãtrɛ̃] M Schwung, Begeisterung *f*
entraînement [ãtrɛnmã] M Training *n*; Übung *f*
entraîner [ãtrɛne] **s'entraîner** trainieren
entraîneur [ãtrɛnœr] M Trainer

entre [ãtrə] zwischen
entrée [ãtre] F Einreise; Eingang *m*; Eintritt *m*, Eintrittsgeld *n*; GASTR Vorspeise; **entrée principale** Haupteingang
entrelardé [ãtrəlarde] gespickt
entremets [ãtrəmɛ] M Süßspeise *f*
entrepont [ãtrəpõ] M Zwischendeck *n*
entreprendre [ãtrəprãdrə] unternehmen
entreprise [ãtrəpriz] F Unternehmen *n*
entrer [ãtre] eintreten, hineingehen; **entrez!** herein!
entresol [ãtrəsɔl] M Zwischengeschoss *n*
entre-temps [ãtrətã] inzwischen
entretenir [ãtrətənir] instand halten; **s'entretenir de qc** sich über etw unterhalten
entretien [ãtrətjɛ̃] M Wartung *f*; Gespräch *n*
entrevue [ãtrəvy] F Zusammenkunft
énumérer [enymere] aufzählen
envahir [ãvair] überfallen
enveloppe [ãvlɔp] F (Brief)Umschlag *m*; **enveloppement** [ãvlɔpmã] M MED Packung *f*, Wickel
envelopper [ãvlɔpe] einpacken
envers [ãvɛr] gegen; **à l'envers** verkehrt herum
envie [ãvi] F Neid *m*; Lust (**de** auf); **avoir envie** Lust haben
envier [ãvje] beneiden (**qc à qn** j-n um etw)
environ [ãvirõ] ungefähr, etwa
environnement [ãvirɔnmã] M Umwelt *f*; **protection de l'environnement** Umweltschutz *m*

environs [ɑ̃virɔ̃] MPL Umgebung *f*, Gegend *f*
envoi [ɑ̃vwa] M Sendung *f*; **envoi avec valeur déclarée** Wertsendung
envol [ɑ̃vɔl] M FLUG Abflug, Start; **envoler** [ɑ̃vɔle] **s'envoler** davonfliegen; FLUG starten (**pour** nach)
envoyé [ɑ̃vwaje] M **envoyé spécial** Sonderkorrespondent
envoyer [ɑ̃vwaje] schicken; **envoyer chercher** holen lassen
épais [epɛ], **épaisse** [epɛs] dick; dicht; **épaisseur** [epɛsœr] F Dicke
épanouir [epanwir] **s'épanouir** sich entfalten
épanouissement [epanwismɑ̃] M Aufblühen *n*
épargne [eparɲ] F Sparen *n*; **caisse d'épargne** Sparkasse *f*; **épargner** [eparɲer] sparen; schonen
épatant [epatɑ̃] *umg* toll, prima
épaule [epol] F Schulter
épée [epe] F Schwert *n*
épeler [eple] buchstabieren
épi [epi] M Ähre *f*; **épi de maïs** Maiskolben
épice [epis] F Gewürz *n*
épicé [epise] scharf (gewürzt)
épicer würzen
épicerie [episri] F Lebensmittelgeschäft *n*; **épicier** [episje] M, **épicière** [-jɛr] F Lebensmittelhändler(in) *m(f)*
épidémie [epidemi] F Seuche
épinards [epinar] MPL Spinat *m*

épine [epin] F Dorn *m*, Stachel *m*; **épine dorsale** Rückgrat *n*
épingle [epɛ̃glə] F (Steck)Nadel, Wäscheklammer; **épingle de sûreté** Sicherheitsnadel
éplucher [eplyʃe] *Kartoffeln etc* schälen; *Gemüse* putzen
éponge [epõʒ] F Schwamm *m*
époque [epɔk] F Epoche
épouse [epuz] F Ehefrau
épouvantable [epuvɑ̃tablə] schrecklich
époux [epu] M Ehemann; **époux** MPL Eheleute *pl*
épreuve [eprœv] F Probe; Prüfung; FOTO Abzug *m*
éprouver [epruve] empfinden
épuisé [epɥize] erschöpft; *Buch* vergriffen
équateur [ekwatœr] M Äquator
Équateur [ekwatœr] M **l'Équateur** Ecuador *n*
équilibre [ekilibrə] M Gleichgewicht *n*
équipage [ekipaʒ] M FLUG, SCHIFF Besatzung *f*; SCHIFF Mannschaft *f*
équipe [ekip] F SPORT Mannschaft
équipement [ekipmɑ̃] M Ausrüstung *f*
équitation [ekitasjõ] F Reiten *n*
équivalent [ekivalɑ̃] gleichwertig (**à** mit)
équivoque [ekivɔk] zweideutig
éreinté [erɛ̃te] *umg* hundemüde
ermitage [ɛrmitaʒ] M Einsiedelei *f*
érotisme [erɔtismə] M Erotik *f*
errer [ɛrə] umherirren, -schweifen

erreur [ɛrœr] F Irrtum *m*
éruption [erypsjõ] F MED Ausschlag *m*; **éruption volcanique** Vulkanausbruch
escale [ɛskal] F Zwischenlandung
escalier [ɛskalje] M Treppe *f*; **dans l'escalier** auf der Treppe; **escalier roulant** Rolltreppe
escalope [ɛskalɔp] F (Kalbs)Schnitzel *n*; **escalope à la viennoise** Wiener Schnitzel
escargot [ɛskargo] M Weinbergschnecke *f*
escarpé [ɛskarpe] schroff, steil
escarpement [ɛskarpəmã] M Steilhang
Escaut [ɛsko] M Schelde *f*
escrime [ɛskrim] F Fechten *n*
escroc [ɛskro] M Betrüger, Gauner; **escroquerie** [ɛskrɔkri] F Betrug *m*
espace [ɛspas] M (Welt)Raum; **espace bien-être** Wellnessbereich
Espagne [ɛspaɲ] F **l'Espagne** Spanien *n*
espagnol [ɛspaɲɔl] spanisch; **Espagnol(e)** M(F) Spanier(in) *m(f)*
espèce [ɛspɛs] F Art, Gattung; **en espèces** in bar
espérance [ɛsperãs] F Hoffnung; **espérer** [ɛspere] hoffen
espoir [ɛspwar] M Hoffnung *f*
esprit [ɛspri] M Geist, Verstand
esquisse [ɛskis] F Skizze, Entwurf *m*
essai [esɛ] M Versuch, Probe *f*
essayer [esɛje] versuchen; anprobieren
essence [esãs] F Benzin *n*; **faire le plein d'essence** volltanken

essentiel [esɑ̃sjɛl] wesentlich
essieu [esjø] M (Wagen)Achse *f*
essuie-glace [esɥiglas] M Scheibenwischer; **essuie-mains** [esɥimɛ̃] M Handtuch *n*
essuyer [esɥije] abwischen, abtrocknen
est [ɛst] M Osten; **à l'est de** östlich von
estampe [ɛstɑ̃p] F (Kupfer)Stich *m*; Holzschnitt *m*; Grafik
esthéticienne [ɛstetisjɛn] F Kosmetikerin
estimer [ɛstime] schätzen; (hoch) achten; meinen
estival [ɛstival] sommerlich
estivant(e) [ɛstivɑ̃(t)] M(F) Sommergast *m*
estomac [ɛstɔma] M Magen
Estonie [ɛstɔni] F **l'Estonie** Estland *n*
et [e] und
étable [etablə] F (Vieh)Stall *m*
établir [etablir] einrichten, gründen
établissement [etablismɑ̃] M Betrieb, Anstalt *f*
étage [etaʒ] M Etage *f*
étagère [etaʒɛr] F Regal *n*
étain [etɛ̃] M Zinn *n*
étalage [etalaʒ] M Auslage *f*, Schaufenster *n*
étang [etɑ̃] M Teich
étape [etap] F Etappe; Aufenthalt *m*
état [eta] M Zustand; Stand; Lage *f*; **état civil** Standesamt *n*; Familienstand; **état des routes** Straßenzustand; **état de santé** Befinden *n*
État M Staat
États-Unis [etazyni] MPL **les États-Unis** die Vereinigten Staaten *pl*, die USA *pl*

été [ete] M Sommer; **en été** im Sommer
éteindre [etɛ̃drə] löschen, ausmachen; IT herunterfahren; **s'éteindre** *Licht* ausgehen
étendre [etɑ̃drə] ausbreiten; *Wäsche* aufhängen; **s'étendre** sich erstrecken
étendue [etɑ̃dy] F Ausdehnung, Umfang *m*
éternel [etɛrnɛl] ewig
éternité [etɛrnite] F Ewigkeit
Éthiopie [etjɔpi] F **l'Éthiopie** Äthiopien *n*
étinceler [etɛ̃sle] funkeln, glänzen
étincelle [etɛ̃sɛl] F Funke *m*
Etna [ɛtna] M Ätna *m*
étoffe [etɔf] F Stoff *m*
étoile [etwal] F Stern *m*
étonnant [etɔnɑ̃] erstaunlich
étonner [etɔne] erstaunen; **s'étonner** staunen, sich wundern
étouffer [etufe] ersticken
étourdissement [eturdismɑ̃] M Schwindel (-gefühl *n*)
étrange [etrɑ̃ʒ] seltsam
étranger [etrɑ̃ʒe] fremd; ausländisch; **étranger** M Ausland *n*; **étranger** [etrɑ̃ʒe] M, **étrangère** [-ʒɛr] F Ausländer(in) *m(f)*
étrangler [etrɑ̃gle] erwürgen
être [ɛtrə] sein; **être à qn** j-m gehören; **être contre** dagegen sein; **être pour** dafür sein; **c'est** das ist, es ist; **être** M Wesen *n*
étreindre [etrɛ̃drə] umarmen
étroit [etrwa] schmal, eng

études [etyd] FPL Studium *n*
étudiant(e) [etydjɑ̃(t)] M(F) Student(in) *m(f)*; **étudier** [etydje] studieren; lernen
euro [øro] M *Währung* Euro; **eurocent** [ørosɑ̃] M Cent; **eurochèque** [ørofɛk] M Euroscheck
Europe [ørɔp] F **l'Europe** Europa *n*
européen [ørɔpeɛ̃] europäisch; **Européen** [ørɔpeɛ̃] M, **Européenne** [-eɛn] F Europäer(in) *m(f)*
eurotunnel [ørɔtynɛl] M Kanaltunnel
eux [ø] sie
évaluer [evalɥe] abschätzen
évanouir [evanwir] **s'évanouir** ohnmächtig werden; **évanouissement** [evanwismɑ̃] M Ohnmacht *f*
évasion [evazjõ] F Flucht; Ausbrechen *n*
éveiller [evɛje] **s'éveiller** aufwachen
événement [evɛnmɑ̃] M Ereignis *n*
évêque [evɛk] M Bischof
évidemment [evidamɑ̃] selbstverständlich
évident [evidɑ̃] offensichtlich
évier [evje] M Ausguss
éviter [evite] (ver)meiden
exact [ɛgza(kt)] genau
exagérer [ɛgzaʒere] übertreiben
examen [ɛgzamɛ̃] M Prüfung *f*; Untersuchung *f* (*a.* MED)
examiner [ɛgzamine] prüfen; untersuchen (*a.* MED)
excédent [ɛksedɑ̃] M: **excédent de bagages**

Übergepäck *n*
excellent [ɛksɛlɑ̃] hervorragend
excepté [ɛksɛpte] außer
exception [ɛksɛpsjõ] F Ausnahme
excès [ɛksɛ] M **excès de vitesse** Geschwindigkeitsüberschreitung *f*
exciter [ɛksite] erregen; reizen
excursion [ɛkskyrsjõ] F Fahrt; Ausflug *m*
excuse [ɛkskyz] F Entschuldigung
excuser [ɛkskyze] entschuldigen; **s'excuser de** sich entschuldigen für; **excusez-moi!** Entschuldigung!
exécuter [egzekyte] ausführen
exemple [ɛgzɑ̃plə] M Beispiel *n*, Vorbild *n*; **par exemple** zum Beispiel
exempt [ɛgzɑ̃] **exempt de douane** zollfrei
exercice [ɛgzɛrsis] M Übung *f*
exiger [ɛgziʒe] (er)fordern
exister [ɛgziste] bestehen, existieren
expéditeur [ɛkspeditœr] M, **expéditrice** [-tris] F Absender(in) *m(f)*
expédition [ɛkspedisjõ] F Expedition
expérience [ɛksperjɑ̃s] F Erfahrung
expert(e) [ɛkspɛr(t)] M(F) Sachverständige(r) *m/f(m)*
expirer [ɛkspire] ausatmen; *Frist, Vertrag* ablaufen
explication [ɛksplikasjõ] F Erklärung; **expliquer** [ɛksplike] erklären
exploitation [ɛksplwatasjõ] F Nutzung; Betrieb *m*
explorer [ɛksplɔre] erforschen

exploser [ɛksploze] explodieren
exportation [ɛkspɔrtasjõ] F Ausfuhr; **exporter** [ɛkspɔrte] ausführen, exportieren
exposer [ɛkspoze] ausstellen; FOTO belichten
exposition [ɛkspozisjõ] F Ausstellung; WIRTSCH Messe; **exposition d'œuvres d'art** Kunstausstellung
exprès[1] [ɛksprɛ] absichtlich
exprès[2] [ɛksprɛs] **colis postal exprès** Schnellpaket *n*; **lettre exprès** Eilbrief *m*
express [ɛksprɛs] **voie express** Schnellstraße *f*; **express** M Schnellzug
expression [ɛksprɛsjõ] F Ausdruck *m*
exprimer [ɛksprime] ausdrücken
extérieur [ɛksterjœr] äußere; **à l'extérieur** auswärts; draußen
extincteur [ɛkstɛ̃ktœr] M Feuerlöscher; **extinction** [ɛkstɛ̃ksjõ] F Löschen *n*
extraordinaire [ɛkstraɔrdinɛr] außergewöhnlich
extrême [ɛkstrɛm] äußerste, höchste
Extrême-Orient [ɛkstrɛmɔrjã] M **l'Extrême--Orient** der Ferne Osten
extrémités [ɛkstremite] FPL Gliedmaßen

F

fabriquer [fabrike] herstellen
façade [fasad] F Fassade
face [fas] F Gesicht *n*; **en face (de)** gegenüber (von)
fâcher [fɑʃe] **se fâcher** böse werden
facile [fasil] leicht, einfach
façon [fasõ] F Art, Weise; **de toute façon** jedenfalls; **d'une façon ...** auf ... Art (*od* Weise); **sans façons** ohne Umstände
facteur [faktœr] M, **factrice** [-tris] F Briefträger(in) *m(f)*
facture [faktyr] F Rechnung
facultatif [fakyltatif] wahlfrei; **arrêt facultatif** Bedarfshaltestelle *f*
faculté [fakylte] F Fähigkeit
faible [fɛblə] schwach
faiblesse [fɛblɛs] F Schwäche
faim [fɛ̃] F Hunger *m*
faire [fɛr] machen, tun; **faire demi-tour** umkehren; **faire venir le docteur** den Arzt kommen lassen; **il fait chaud** es ist warm
faisan [fəzɑ̃] M Fasan
fait [fɛ] M Tatsache *f*
fait main [fɛmɛ̃] **c'est fait main** das ist handge-

macht *od* Handarbeit
falaise [falɛz] F Steilküste
falloir [falwar] nötig sein; **il faut** man muss; **il me faut** ich brauche; **comme il faut** wie es sich gehört
fameux [famø] berühmt
familial [familjal] Familien...
familier [familje] vertraut; ungezwungen
famille [famij] F Familie
famine [famin] F Hungersnot
fantaisie [fɑ̃tezi] F Lust, Laune
farci [farsi] GASTR gefüllt
farine [farin] F Mehl *n*
Far West [farwɛst] M **le Far West** der Wilde Westen
fatigant [fatigɑ̃] anstrengend
fatigué [fatige] müde
faubourg [fobur] M Vorstadt *f*
faucher [foʃe] mähen
fausse → faux
faut → falloir
faute [fot] F Fehler *m*; Schuld
fauteuil [fotœj] M Sessel; **fauteuil roulant** Rollstuhl
fauve [fov] M Raubtier *n*
faux [fo], **fausse** [fos] falsch; **faux** M Fälschung *f*
faveur [favœr] F **en faveur de** zugunsten von
favorable [favɔrablə] günstig
fax [faks] M *a. Gerät* Fax *n*; **envoyer un fax** faxen;

faxer [fakse] faxen
fébrifuge [febrifyʒ] M fiebersenkendes Mittel
fébrile [febril] fieberhaft
fécond [fekõ] fruchtbar
fédéral [federal] Bundes...
félicitations [felisitasjõ] FPL Glückwunsch *m*
féliciter [felisite] **féliciter qn de** *od* **pour** j-m gratulieren zu
femelle [fəmɛl] F ZOOL Weibchen *n*
féminin [feminɛ̃] weiblich
féministe [feminist] F Feministin *f*
femme [fam] F Frau; Ehefrau; **femme de chambre** Zimmermädchen *n*
fenêtre [f(ə)nɛtrə] F Fenster *n*
fenouil [fənuj] M Fenchel
fente [fɑ̃t] F Spalte; Riss *m*
fer [fɛr] M Eisen *n*; **fer à repasser** Bügeleisen
férié [ferje] **jour férié** Feiertag *m*
ferme[1] [fɛrm] fest
ferme[2] [fɛrm] F Bauernhof *m*
fermé [fɛrme] geschlossen; **fermer** zumachen, schließen; TV abschalten
fermeture [fɛrmətyr] F **fermeture éclair** Reißverschluss *m*
féroce [ferɔs] wild; grausam
ferry-boat [fɛribot] M Fährschiff *n*
fertile [fɛrtil] fruchtbar
fesses [fɛs] FPL Hintern *m*
fête [fɛt] F Fest *n*; Feiertag *m*; **fête nationale** Nationalfeiertag

Fête-Dieu [fɛtdjø] F **la Fête-Dieu** Fronleichnam *m*
feu [fø] M Feuer *n*; Ampel *f*; **feu arrière** AUTO Rücklicht *n*; **feu (arrière) antibrouillard** AUTO Nebelschlussleuchte *f*; **feu d'artifice** Feuerwerk; **feux de croisement, de position, de route** AUTO Abblend-, Stand-, Fernlicht *n*; **feux de détresse** AUTO Warnblinkanlage *f*
feuille [fœj] F *Laub, Papier* Blatt *n*; **feuille locale** Lokalblatt; **feuille de maladie** Krankenschein *m*
février [fevrije] M Februar; **en février** im Februar
fiançailles [f(i)jɑ̃saj] FPL Verlobung *f*
fiancé(e) [f(i)jɑ̃se] M(F) Verlobte(r) *m/f(m)*; **fiancer** [f(i)jɑ̃se] **se fiancer avec** sich verloben mit
ficeler [fisle] ver-, zuschnüren
ficelle [fisɛl] F Bindfaden *m*, Schnur
fiche [fiʃ] F TECH Stecker *m*
fichier [fiʃje] M Kartei *f*; Datei *f*
fidèle [fidɛl] treu
fier, **fière** [fjɛr] stolz; **fierté** [fjɛrte] F Stolz *m*
fièvre [fjɛvrə] F Fieber *n*
figue [fig] F Feige
figure [figyr] F Gesicht *n*
figurer [figyre] **se figurer qc** sich etw vorstellen
fil [fil] M Faden, Nähgarn *n*; Draht; Leitung *f*; **fil de fer** Draht; **fil dentaire** Zahnseide *f*; **coup de fil** TEL Anruf
file [fil] F **file d'attente** Warteschlange; **file destinée aux véhicules lents** Kriechspur
filet [filɛ] M Netz *n*; GASTR Lende *f*

fille [fij] F Tochter; Mädchen *n*; **jeune fille** junges Mädchen
film [film] M Film; **film en couleurs** Farbfilm; **film négatif** Negativfilm; **film noir et blanc** Schwarz-Weiß-Film; **film policier** Krimi(nalfilm)
filmer [filme] filmen
fils [fis] M Sohn
filtre [filtrə] M Filter; **filtre pourriel** IT Spamfilter
fin[1] [fɛ̃] F Ende *n*; Ziel *n*, Zweck *m*
fin[2] [fɛ̃] fein; zart; **fines herbes** Küchenkräuter
finale [final] F SPORT Finale *n*
finalement [finalmɑ̃] schließlich
fini [fini] fertig
finir [finir] (be)enden
Finlande [fɛ̃lɑ̃d] F **la Finlande** Finnland *n*
fissure [fisyr] F Spalte; Riss *m*
fixateur [fiksatœr] M Haarfestiger
fixation [fiksasjø] F *Ski* Bindung; **fixation de sécurité** Sicherheitsbindung
fixer [fikse] befestigen
flambant [flɑ̃bɑ̃] **flambant neuf** funkelnagelneu
flambé [flɑ̃be] GASTR flambiert
flambeau [flɑ̃bo] M Fackel *f*
flamme [flam] F Flamme
flan [flɑ̃] M Pudding
flanc [flɑ̃] M Seite *f*; Abhang
flancher [flɑ̃ʃe] *umg* schlappmachen
Flandre [flɑ̃drə] F **la Flandre** Flandern *n*
flâner [flane] (umher)bummeln
flash [flaʃ] M FOTO Blitzlicht *n*

flatter [flate] schmeicheln (**qn** j-m)
flatteur [flatœr] schmeichelhaft
flatulence [flatylɑ̃s] F MED Blähung
flèche [flɛʃ] F Pfeil *m*; (Turm)Spitze
fléchir [fleʃir] (sich) beugen
fleur [flœr] F Blume; Blüte; **fleurir** [flœrir] blühen
fleuriste [flœrist] M Blumengeschäft *n*
fleuve [flœv] M Fluss, Strom
flic [flik] M *umg* Polizist
flirt [flœrt] M Flirt; **flirter** [flœrte] flirten
flocon [flɔkõ] M **flocons d'avoine** Haferflocken *fpl*
floraison [flɔrɛzõ] F Blütezeit
flots [flo] MPL Wogen *fpl*, Wellen *fpl*
flotter [flɔte] *Gegenstand* schwimmen, treiben
flûte [flyt] F Flöte; langes, dünnes Brot
F.M. [ɛfɛm] (= **fréquence modulée**) UKW
foi [fwa] F Glaube *m*
foie [fwa] M Leber *f*
foin [fwɛ̃] M Heu *n*
foire [fwar] F Jahrmarkt *m*, Volksfest *n*; WIRTSCH Messe
fois [fwa] F Mal *n*; **à la fois** zugleich
folie [fɔli] F Wahn(sinn) *m*
folklore [fɔlklɔr] M Folklore *f*
folle → fou
foncé [fõse] *Farbe* dunkel
foncer [fõse] AUTO rasen
fonction [fõksjõ] F Amt *n*; Tätigkeit, Funktion;

fonctionnaire [fõksjɔnɛr] M/F Beamte(r) *m*, Beamtin *f*
fond [fõ] M Grund; Boden; Hintergrund; **au fond** im Grunde (genommen); **ski de fond** Skilanglauf
fondation [fõdasjõ] F Stiftung
fonder [fõde] (be)gründen; stiften
fondre [fõdrə] schmelzen; tauen
fontaine [fõtɛn] F (Spring)Brunnen *m*
fonte [fõt] F **fonte des neiges** Schneeschmelze
foot(ball) [fut(bol)] M Fußball
forain [fɔrɛ̃] M Schausteller
force [fɔrs] F Kraft; Gewalt; **force majeure** höhere Gewalt; **force du vent** Windstärke
forcément [fɔrsemɑ̃] zwangsläufig
forcer [fɔrse] zwingen
forestier [fɔrɛstje] M Förster
forêt [fɔrɛ] F Wald *m*
Forêt-Noire [fɔrɛnwar] F **la Forêt-Noire** der Schwarzwald
forfait [fɔrfɛ] M Pauschale *f*; **forfait illimité** IT, TEL Flatrate *f*
forfaitaire [fɔrfɛtɛr] pauschal, Pauschal…; **prix forfaitaire** Pauschalpreis
forgeron [fɔrʒərõ] M Schmied
formalités [fɔrmalite] FPL Formalitäten
format [fɔrma] M Format *n*
formater [fɔrmate] IT formatieren
formation [fɔrmasjõ] F Ausbildung
forme [fɔrm] F Gestalt, Form (*a.* SPORT)
former [fɔrme] bilden, formen

formidable [fɔrmidablə] *umg* toll, prima
formulaire [fɔrmylɛr] M Formular *n*
formule [fɔrmyl] F Formel; **formule de politesse** Anrede
fort [fɔr] stark, kräftig; **fort** M Fort *n*
forteresse [fɔrtərɛs] F Festung
fortifiant [fɔrtifjɑ̃] M Stärkungsmittel *n*
fortune [fɔrtyn] F *Geld* Vermögen *n*; Schicksal *n*; Glück *n*
fossé [fose] M (Straßen)Graben
fou [fu], **folle** [fɔl] verrückt, wahnsinnig, irr
foudre [fudrə] F Blitz(schlag) *m*; **coup de foudre** Liebe auf den ersten Blick
foudroyé [fudrwaje] vom Blitz erschlagen
fouetter [fwɛte] GASTR schlagen
foulard [fular] M Kopftuch *n*, Halstuch *n*
foule [ful] F (Menschen)Menge
fouler [fule] **se fouler le pied** sich den Fuß verstauchen
four [fur] M Backofen
fourchette [furʃɛt] F Gabel
fourgon [furgõ] M BAHN Gepäckwagen
fourmi [furmi] F Ameise
fourmiller [furmije] wimmeln
fourneau [furno] M Herd
fournir [furnir] versorgen, (be)liefern; **fournisseur** [furnisœr] M Lieferant; **fournisseur d'accès** IT Internetanbieter, Provider; **fournitures** [furnityr] FPL Bedarf *m*; Zubehör *n*
fourre-tout [furtu] M große Reisetasche

fourrure [furyr] F Pelz *m*
foyer [fwaje] M häuslicher Herd; Hausstand; Heim *n*; Wohnheim *n*; **femme au foyer** Hausfrau *f*
fracture [fraktyr] F Knochenbruch *m*; **fracture du crâne** Schädelbruch; **fracture de la jambe** Beinbruch
fragile [fraʒil] zerbrechlich
fraîcheur [frɛʃœr] F Frische
frais[1] [frɛ], **fraîche** [frɛʃ] kühl, frisch; **conserver** *od* **tenir au frais** kühl lagern; **servir frais** kalt servieren
frais[2] [frɛ] MPL Kosten *pl*, Spesen *pl*; **frais d'itinérance** Roaminggebühren *fpl*; **frais de location** Leihgebühr *f*
fraise [frɛz] F Erdbeere
framboise [frɑ̃bwaz] F Himbeere
franc[1] [frɑ̃], **franche** [frɑ̃ʃ] frei, freimütig
franc[2] [frɑ̃] M Franc; **franc suisse** Schweizer Franken
français [frɑ̃sɛ] französisch; **Français** [frɑ̃sɛ] M, **Française** [-sɛz] F Franzose, Französin
France [frɑ̃s] F **la France** Frankreich *n*; **en France** in Frankreich
Francfort [frɑ̃kfɔr] Frankfurt *n*
franche → franc[1]
franchement [frɑ̃ʃmɑ̃] offen (gesagt)
franchir [frɑ̃ʃir] überschreiten
franco-allemand [frɑ̃koalmɑ̃] deutsch-französisch

francophone [frɑ̃kɔfɔn] französischsprachig
frange [frɑ̃ʒ] F *Frisur* Pony *m*
frapper [frape] klopfen; schlagen; mit Eis kühlen; **frapper à la porte** an die Tür klopfen
fraternel [fratɛrnɛl] brüderlich, Bruder...; **fraternité** [fratɛrnite] F Brüderlichkeit, Brüderschaft
fraude [frod] F Betrug *m*
frein [frɛ̃] M Bremse *f*; **frein à disque** Scheibenbremse; **frein à main** Handbremse; **frein à pied** Fußbremse
freiner [frɛne] bremsen
frémir [fremir] schaudern
fréquemment [frekamɑ̃] häufig
fréquenter [frekɑ̃te] oft *od* regelmäßig besuchen
frère [frɛr] M Bruder
friandise [frijɑ̃diz] F Leckerbissen *m*
Fribourg [fribur] Freiburg *n*
frictionner [friksjɔne] (ein)reiben
frigidaire [friʒidɛr] M Kühlschrank
frigo [frigo] M *umg* Kühlschrank
frire [frir] braten, backen
frissonner [frisɔne] frösteln
frissons [frisõ] MPL Schüttelfrost *m*
frites [frit] FPL Pommes frites *pl*
friture [frityr] F kleine gebratene Fische *mpl*
froid [frwa] kalt; **j'ai froid** ich friere; **il fait froid** es ist kalt; **prendre froid** sich erkälten; **froid** M Kälte *f*
froisser [frwase] **se froisser** knittern

fromage [frɔmaʒ] M Käse; **fromage blanc** Quark; **fromage de brebis** Schafskäse; **fromage de chèvre** Ziegenkäse
froment [frɔmɑ̃] M Weizen
front [frõ] M Stirn *f*; Vorderseite *f*
frontière [frõtjɛr] F Grenze
frotter [frɔte] (ab)reiben, frottieren
fruit [frɥi] M Frucht *f*; *pl* Obst *n*; **fruits de mer** Meeresfrüchte
fugitif [fyʒitif] flüchtig
fuir [fɥir] fliehen; *Hahn* tropfen
fuite [fɥit] F Flucht; Leck *n*; Ausströmen *n*
fumé [fyme] geräuchert
fumée [fyme] F Rauch *m*; **fumer** rauchen; räuchern; **fumeur** [fymœr] M, **fumeuse** [-møz] F Raucher(in) *m(f)*
funambule [fynɑ̃byl] M/F Seiltänzer(in) *m(f)*
funèbre [fynɛbrə] Trauer…
funérailles [fyneraj] FPL Bestattung *f*
funiculaire [fynikylɛr] M Zahnradbahn *f*
furieux [fyrjø] wütend
furoncle [fyrõklə] M Furunkel *m*
fusée [fyze] F Rakete
fusible [fyziblə] M TECH Sicherung *f*
fusil [fyzil] M Gewehr *n*
futile [fytil] belanglos
futur [fytyr] zukünftig

G

gâcher [gɑʃe] verpfuschen
gaga [gaga] *umg* vertrottelt
gagnant(e) [gaɲɑ̃(t)] M(F) Gewinner(in) *m(f)*
gagner [gaɲe] gewinnen (*a.* SPORT); verdienen
gai [ge] fröhlich, lustig; **gaieté** [gete] F Fröhlichkeit, Heiterkeit
gaillard [gajar] munter; *Reden* locker
gain [gɛ̃] M Gewinn
galerie [galri] F Galerie; AUTO Dachgepäckträger *m*; **galerie de peinture** Gemäldegalerie
galet [galɛ] M Kiesel(stein)
galop [galo] M Galopp
gamin [gamɛ̃] M kleiner Junge
gamine [gamin] F kleines Mädchen
gamme [gam] F Tonleiter; Skala
Gand [gɑ̃] Gent *n*
gant [gɑ̃] M Handschuh; **gant de toilette** Waschlappen
garage [garaʒ] M Garage *f*; (Auto)Werkstatt *f*
garagiste [garaʒist] M *selbstständiger* Automechaniker
garantie [garɑ̃ti] F Garantie
garantir [garɑ̃tir] garantieren
garçon [garsõ] M Junge; junger Mann; Kellner;

garçon! Herr Ober
garde[1] [gard] F Aufsicht; Bereitschaftsdienst *m*
garde[2] [gard] M Wärter
gardé [garde] *Parkplatz etc* bewacht
garde-barrière [gardəbarjɛr] M Schrankenwärter
garde-boue [gardəbu] M Kotflügel
garder [garde] behalten; aufbewahren; bewachen; **garder le lit** das Bett hüten; **garderie** [gardəri] F Kinderbetreuung
garde-robe [gardərɔb] F Kleiderschrank *m*; (*Kleidung*) Garderobe
gardien [gardjɛ̃] M Aufseher; Parkwächter; Hausmeister; **gardien (de but)** Torwart
gare [gar] F Bahnhof *m*; **gare centrale** Hauptbahnhof; **gare routière** Busbahnhof
garer [gare] AUTO abstellen, parken; **se garer** parken
gargariser [gargarize] **se gargariser** gurgeln
garniture [garnityr] F GASTR Beilage; **garniture de frein** AUTO Bremsbelag *m*
Gascogne [gaskɔɲ] F Gascogne; **le golfe de Gascogne** der Golf von Biskaya
gasoil [gazwal, gazɔjl] M Diesel, Dieseltreibstoff
gaspiller [gaspije] verschwenden
gastrique [gastrik] Magen…
gastro-entérite [gastroɑ̃terit] F Magen-Darm-Entzündung *f*
gastronomique [gastrɔnɔmik] gastronomisch, Feinschmecker…

gâteau [gato] M Kuchen; **gâteaux secs** Gebäck *n*
gâter [gate] verderben; verwöhnen
gauche [goʃ] linker; **à gauche** links, nach links; **à gauche de** links von; **gauche** F linke Seite; POL Linke; **de la gauche** von links
gaufre [gofrə] F Waffel
Gaule [gol] F HIST **la Gaule** Gallien *n*
gaz [gaz] M Gas *n*; **gaz naturel** Erdgas
gazette [gazɛt] F Zeitung
gazeux [gazø] mit Kohlensäure; **eau gazeuse** Sprudel *m*
gazole [gazɔl] M Diesel(treibstoff)
gazon [gazõ] M Rasen
géant [ʒeɑ̃] riesig
gel [ʒɛl] M Frost
gelée [ʒ(ə)le] F Gelee *n*; Frost *m*; **geler** [ʒ(ə)le] (ge)frieren; **il gèle** es friert
gémir [ʒemir] stöhnen, ächzen
gencive [ʒɑ̃siv] F Zahnfleisch *n*
gendarme [ʒɑ̃darm] M Gendarm
gendre [ʒɑ̃drə] M Schwiegersohn
gêner [ʒɛne] behindern, stören
général [ʒeneral] allgemein; **en général** im Allgemeinen
généraliste [ʒeneralist] M Allgemeinarzt
généreux [ʒenerø] großzügig
générique [ʒenerik] M *Film* Vorspann
générosité [ʒenerozite] F Großzügigkeit
Genève [ʒ(ə)nɛv] Genf *n*
génie [ʒeni] M Geist, Genie *n*

genièvre [ʒənjɛvrə] M Wacholder
génital [ʒenital] Geschlechts...
genou [ʒ(ə)nu] M Knie *n*
genre [ʒɑ̃r] M Art *f*, Gattung *f*
gens [ʒɑ̃] MPL Leute *pl*
gentil [ʒɑ̃ti] nett, freundlich; **gentillesse** [ʒɑ̃tijɛs] F Freundlichkeit; **gentiment** [ʒɑ̃timɑ̃] nett, freundlich
géographie [ʒeɔgrafi] F Erdkunde
gérant(e) [ʒerɑ̃(t)] M(F) Geschäftsführer(in) *m(f)*; Platzwart *m*
gérer [ʒere] verwalten; *Geschäft* führen
germe [ʒɛrm] M Keim
geste [ʒɛst] M Geste *f*, Gebärde *f*
gestion [ʒɛstjõ] F Geschäftsführung
gibier [ʒibje] M Wild(bret) *n*
gifle [ʒiflə] F Ohrfeige
gigantesque [ʒigɑ̃tɛsk] riesig
gigot [ʒigo] M **gigot d'agneau** Lammkeule *f*; **gigot de mouton** Hammelkeule *f*
gilet [ʒilɛ] M Weste *f*; Unterhemd *n*; **gilet de sauvetage** Rettungsweste; **gilet de sécurité** AUTO Warnweste *f*
girafe [ʒiraf] F Giraffe
girolle [ʒirɔl] F Pfifferling *m*
gîte [ʒit] M Unterkunft *f*, Quartier *n*; **le gîte et le couvert** Unterkunft und Verpflegung
glace [glas] F Eis *n*; Speiseeis *n*; Spiegel *m*; **glace arrière** AUTO Heckscheibe
glacer [glase] gefrieren; erstarren lassen; glasie-

ren
glacial [glasjal] eisig
glacier [glasje] M Gletscher; Eisdiele *f*
glaçon [glasõ] M Eiszapfen; Eiswürfel
glande [glɑ̃d] F Drüse; **glande thyroïde** MED Schilddrüse
Glaris [glaris] Glarus *n*
glissant [glisɑ̃] *Straße* glatt; rutschig; **glissement** [glismɑ̃] M **glissement de terrain** Erdrutsch; **glisser** [glise] (aus)rutschen, (aus)gleiten; schieben, stecken (**dans** in)
glissière [glisjɛr] F **glissière de sécurité** Leitplanke
globe [glɔb] M Erdkugel *f*; Globus
gloire [glwar] F Ruhm *m*
gluant [glyɑ̃] klebrig
glucides [glysid] MPL Kohlehydrate *npl*
glucose [glykoz] M Traubenzucker
gluten [glytɛn] M Gluten *n*; **sans gluten** glutenfrei
gobelet [gɔblɛ] M Becher
golf [gɔlf] M SPORT Golf *n*; **golf miniature** Minigolf
golfe [gɔlf] M *geo* Golf *m*
gomme [gɔm] F (Radier)Gummi *m*
gommer [gɔme] (weg)radieren
gonflable [gõflablə] aufblasbar; **gonfler** [gõfle] aufblasen; anschwellen; *Teig* aufgehen
gorge [gɔrʒ] F Hals *m*, Rachen *m*; Schlucht; **mal à la gorge** Halsschmerzen *pl*

gorgée [gɔrʒe] F Schluck *m*
gosse [gɔs] *umg* M/F Kind *n*
gothique [gɔtik] gotisch
goudron [gudrõ] M Teer
gouffre [gufrə] M Abgrund
goulache [gulaʃ] F Gulasch *m od n*
gourmand(e) [gurmɑ̃(d)] M(F) Schlemmer(in) *m(f)*
gourmet [gurmɛ] M Feinschmecker
goût [gu] M Geschmack; **de bon goût** geschmackvoll; **goûter** [gute] kosten, probieren; genießen
goutte [gut] F Tropfen *m*; **gouttes pour les oreilles** Ohrentropfen
gouvernement [guvɛrnəmɑ̃] M Regierung *f*; **gouverner** [guvɛrne] regieren
GPS [ʒepeɛs] M (= **global positioning system**) Navi(gationsgerät) *n*
grâce [grɑs] F Anmut; Gnade, Begnadigung; **grâce à** dank *e-r Sache*
gracieux [grasjø] anmutig
grain [grɛ̃] M Korn *n*
graisse [grɛs] F Fett *n*
grammaire [gramɛr] F Grammatik
gramme [gram] M Gramm *n*
grand [grɑ̃] groß
Grande-Bretagne [grɑ̃dbrətaɲ] F **la Grande-Bretagne** Großbritannien *n*
grandeur [grɑ̃dœr] F Größe; **grandir** [grɑ̃dir] groß (größer) werden, wachsen
grand-mère [grɑ̃mɛr] F Großmutter; **grand-**

-messe [grɑ̃mɛs] F Hochamt *n*; **grand-père** [grɑ̃pɛr] M Großvater; **grand-route** [grɑ̃rut] F Landstraße; **grand-rue** [grɑ̃ry] F Hauptstraße
grands-parents [grɑ̃parɑ̃] MPL Großeltern *pl*
grange [grɑ̃ʒ] F Scheune
grappe [grap] F Traube; **grappe de raisin** Weintraube
gras [grɑ] fett; **gras** M *vom Fleisch* das Fette *n*
gratin [gratɛ̃] M **au gratin** überbacken
gratiné [gratine] überbacken, gratiniert
gratis [gratis] gratis
gratitude [gratityd] F Dankbarkeit
gratte-ciel [gratsjɛl] M Wolkenkratzer
gratter [grate] kratzen
gratuit [gratɥi], **gratuitement** [gratɥitmɑ̃] gratis, unentgeltlich
grave [grav] ernst, schwer
graveur [gravœr] M IT Brenner *m*; **graveur de CD** CD-Brenner; **graveur de DVD** DVD-Brenner
gravier [gravje] M Kies
gravillons [gravijɔ̃] MPL Rollsplitt *m*
gravir [gravir] erklimmen
gravure [gravyr] F (Kupfer)Stich *m*; Grafik
Grèce [grɛs] F **la Grèce** Griechenland *n*
grêle [grɛl] F Hagel *m*
grêlon [grɛlɔ̃] M Hagelkorn *n*
grenadine [grənadin] F Granatapfelsirup *m*
grenier [grənje] M Speicher, Dachboden
grenouille [grənuj] F Frosch *m*
grève [grɛv] F Streik *m*

gréviste [grevist] M/F Streikende(r) *m/f(m)*
grièvement [grijɛvmɑ̃] **grièvement blessé** schwer verletzt
griffe [grif] F Kralle, Klaue
gril [gril] M Grill
grillade [grijad] F gegrilltes Fleisch
grille [grij] F Gitter *n*
grillé [grije] gegrillt; **griller** braten, grillen, toasten, rösten; *Glühbirne* durchbrennen
grillon [grijõ] M Grille *f*
grill-room [grilrum] M Grillrestaurant *n*
grimper [grɛ̃pe] klettern
grincer [grɛ̃se] *Tür* knarren; *Reifen* quietschen
grippe [grip] F Grippe; **grippe A** Schweinegrippe; **grippe aviaire** Vogelgrippe
gris [gri] grau; angetrunken
Grisons [grizõ] MPL **les Grisons** Graubünden *n*
grog [grɔg] M Grog
grondement [grõdmɑ̃] M *Donner* Grollen *n*
gros [gro] dick; groß; grob; stark
groseille [grozɛj] F (Rote) Johannisbeere; **groseille à maquereau** Stachelbeere
grossesse [grosɛs] F Schwangerschaft
grosseur [grosœr] F Dicke, Größe
grossier [grosje] grob, plump; derb
grossir [grosir] dicker werden, zunehmen
grotte [grɔt] F Höhle, Grotte
groupe [grup] M Gruppe *f*; **groupe sanguin** Blutgruppe; **groupe de voyageurs** Reisegruppe
groupement [grupmɑ̃] M Gruppierung *f*, Ver-

band
grue [gry] F Kran *m*
gruyère [gryjɛr] M Greyerzer Käse
guêpe [gɛp] F Wespe
guère [gɛr] **ne … guère** nicht viel; kaum
guérir [gerir] (wieder) gesund werden; heilen; **guérison** [gerizõ] F Genesung; Heilung
guerre [gɛr] F Krieg *m*
guetter [gɛte] (be)lauern
gueule [gœl] F Maul *n*
gueuleton [gœltõ] M *umg* Festessen *n*
guichet [giʃɛ] M Schalter; **guichet de réservation** Reservierungsschalter
guide [gid] M *Person, Buch* (Reise)Führer; **guide de montagne** Bergführer; **guider** [gide] führen, leiten; **guidon** [gidõ] M *Fahrrad* Lenkstange *f*
guignol [giɲɔl] M Kasperle(theater) *n*
Guinée [gine] F **la Guinée** Guinea *n*
guitare [gitar] F Gitarre
Gulf Stream [gœlfstrim] M Golfstrom *m*
Guyane [gɥijan] F **la Guyane** Guyana *n*
gymnase [ʒimnɑz] M Turnhalle *f*
gymnaste [ʒimnast] M/F Turner(in) *m(f)*; **gymnastique** [ʒimnastik] F Gymnastik; **faire de la gymnastique** turnen
gynécologue [ʒinekɔlɔg] M/F Frauenarzt *m*, -ärztin *f*

H

habile [abil] geschickt; **habileté** [abilte] F Geschicklichkeit
habillement [abijmɑ̃] M Kleidung *f*
habiller [abije] anziehen; **s'habiller** sich anziehen
habitant(e) [abitɑ̃(t)] M(F) Einwohner(in) *m(f)*
habitation [abitasjõ] F Wohnung; **habiter** [abite] (be)wohnen
habits [abi] MPL Kleider *npl*
habitude [abityd] F Gewohnheit; **d'habitude** gewöhnlich
habitué [abitɥe] M Stammgast
habituer [abitɥe] **s'habituer à** sich gewöhnen an
°hache [aʃ] F Axt, Beil *n*
°hachis [aʃi] M Hackbraten
°haie [ɛ] F Hecke; SPORT Hürde; **course de °haies** Hürdenlauf *m*
°haine [ɛn] F Hass *m*
°haïr [air] hassen
°haïssable [aisablə] hassenswert
Haïti [aiti] Haiti *n*
haleine [alɛn] F Atem *m*; **hors d'haleine** atemlos
°hall [ol] M *Hotel, Bahnhof* Halle *f*
°halle [al] F Markthalle

°halte [alt] F Halt *m*, Rast; **faire une °halte** Rast machen
°hamac [amak] M Hängematte *f*
Hambourg [ɑ̃bur] Hamburg *n*
°hanche [ɑ̃ʃ] F Hüfte
°handicapé [ɑ̃dikape] M Behinderte(r)
°hangar [ɑ̃gar] M Schuppen; Flugzeughalle *f*; Bootshaus *n*
°harangue [arɑ̃g] F Ansprache
°harassé [arase] erschöpft
°hardi [ardi] kühn
°hardware [ardwɛr] M IT Hardware *f*
°hareng [arɑ̃] M Hering
°haricot [ariko] M Bohne *f*; **°haricots blancs** weiße Bohnen
°harnais [arnɛ] M Pferdegeschirr *n*
°harpe [arp] F Harfe
°harpon [arpõ] M Harpune *f*
°hasard [azar] M Zufall; **par °hasard** zufällig
°hâte [ɑt] F Hast, Eile
°hâter [ɑte] **se °hâter** sich beeilen
°hâtif [ɑtif] hastig
°hausse [os] F Preisanstieg *m*
°haut [o] hoch; laut; **°haute tension** *f* Hochspannung; **en °haut** oben
°hauteur [otœr] F Höhe
°haut-le-cœur [olkœr] M Übelkeit *f*
°haut-parleur [oparlœr] M Lautsprecher
°Haut-Rhin [orɛ̃] M Oberelsass *n*
°Haye [ɛ] **la °Haye** Den Haag *n*

°hayon [ajõ] M AUTO Heckklappe *f*
hebdomadaire [ɛbdɔmadɛr] wöchentlich; **hebdomadaire** M Wochenblatt *n*
héberger [ebɛrʒe] unterbringen
hectare [ɛktar] M Hektar *n od m*
°hein [ɛ̃] *umg* hm?, was?
°hélas [elɑs] ach!, leider!
hélicoptère [elikɔptɛr] M Hubschrauber; **héliport** [elipɔr] M Hubschrauberlandeplatz
hématome [ematom] M Bluterguss
hémisphère [emisfɛr] M Erdhalbkugel *f*
hémorragie [emɔraʒi] F Blutung; **hémorragie nasale** Nasenbluten *n*
hémorroïdes [emɔrɔid] FPL Hämorriden
hémostatique [emɔstatik] M blutstillendes Mittel
°hennir [ɛnir] wiehern
hépatite [epatit] F Leberentzündung
herbe [ɛrb] F Gras *n*, Kraut *n*; **mauvaise herbe** Unkraut
hérétique [eretik] M Ketzer
°hérisson [erisõ] M Igel
héritage [eritaʒ] M Erbe *n*, Erbschaft *f*
hermétique [ɛrmetik] luftdicht
héroïne[1] [erɔin] F Heldin
héroïne[2] [erɔin] F *Rauschgift* Heroin *n*
°héros [ero] M Held
hésiter [ezite] zögern
°hêtre [ɛtrə] M Buche *f*
heure [œr] F Stunde; Zeit; Uhr(zeit); **heure d'ar-**

rivée Ankunftszeit; **heures de consultation** Sprechstunde; **heure de clôture** Polizeistunde; **heure de départ** Abfahrtszeit; **heure d'été** Sommerzeit; **heure de fermeture** Ladenschlusszeit; **heures de loisir** Freizeit; **heures d'ouverture** Öffnungszeiten; **heures de pointe** Hauptverkehrszeit; **heure des repas** Essenszeit; **heures de visite** Besuchszeit; **être à l'heure** pünktlich sein; **de bonne heure** früh(zeitig); **tout à l'heure** gleich; soeben; **quelle heure est-il?** wie spät ist es?; **il est six heures** es ist sechs (Uhr)

heureusement [ørøzmɑ̃] glücklicherweise, zum Glück

heureux [ørø] glücklich, froh

°heurter [œrte] (an)stoßen; **se °heurter** zusammenstoßen

°hibou [ibu] M Eule *f*

hier [jɛr] gestern

hippodrome [ipɔdrom] M Pferderennbahn *f*

hirondelle [irɔ̃dɛl] F Schwalbe

histoire [istwar] F Geschichte; **histoire de l'art** Kunstgeschichte

hiver [ivɛr] M Winter; **horaire d'hiver** Winterfahrplan *m*; **hivernal** [ivɛrnal] winterlich

H.L.M. [aʃɛlɛm] M *od* F (= **habitation à loyer modéré**) Sozialwohnung *f*

°hobby [ɔbi] M Hobby *n*

°hold-up [ɔldœp] M Raubüberfall

°Hollande [ɔlɑ̃d] F **la °Hollande** Holland *n*

°homard [ɔmar] M Hummer

hommage [ɔmaʒ] M Huldigung *f*
homme [ɔm] M Mensch; Mann; **homme d'affaires** Geschäftsmann
°**Hongrie** [ɔ̃gri] F **la °Hongrie** Ungarn *n*
honnête [ɔnɛt] ehrlich, anständig
honneur [ɔnœr] M Ehre *f*
honorable [ɔnɔrablə] ehrenvoll
honoraires [ɔnɔrɛr] MPL Honorar *n*
°**honte** [ɔ̃t] F Scham; Schande; **avoir °honte de** sich schämen für
hôpital [ɔpital] M Krankenhaus *n*
°**hoquet** [ɔkɛ] M Schluckauf
horaire [ɔrɛr] M Fahr-, Zeitplan
horizon [ɔrizõ] M Horizont; **horizontal** [ɔrizõtal] waagerecht, horizontal
horloge [ɔrlɔʒ] F *öffentliche* Uhr, Turmuhr; **horloger** [ɔrlɔʒe] M, **horlogère** [-ʒɛr] F Uhrmacher(in) *m(f)*; **horlogerie** [ɔrlɔʒri] F Uhrengeschäft *n*
°**hormis** [ɔrmi] außer
horreur [ɔrœr] F Entsetzen *n*, Grauen *n*
horrible [ɔriblə] entsetzlich, grauenhaft
°**hors** [ɔr] °**hors de** außerhalb; außer
°**hors-d'œuvre** [ɔrdœvrə] M Vorspeise *f*
horticulture [ɔrtikyltyr] F Gartenbau *m*
hospitalité [ɔspitalite] F Gastfreundschaft, Gastlichkeit
hostile [ɔstil] feindlich
hôte [ot] M Gastgeber; Gast; **table d'hôte** Stammtisch *m*

hôtel [otɛl] M Hotel *n*; Gasthof; **hôtel de luxe** Luxushotel; **hôtel de ville** Rathaus *n*; **hôtel-Dieu** [otɛldjø] M städtisches Krankenhaus; **hôtel-restaurant** [otɛlrɛstɔrɑ̃] M Gasthof
hôtesse [otɛs] F Gastgeberin; **hôtesse d'accueil** Empfangsdame; **hôtesse (de l'air)** Flugbegleiterin
°**houle** [ul] F SCHIFF Seegang *m*
°**hublot** [yblo] M Bullauge *n*
huile [ɥil] F Öl *n*; **huile moteur** Motoröl; **huile d'olives** Olivenöl; **huile de ricin** Rizinusöl; **huile solaire** Sonnenöl
huilier [ɥilje] M Ständer für Essig und Öl
°**huit** [ɥi(t)] acht; °**huitaine** [ɥitɛn] F **une °huitaine (de jours)** etwa eine Woche
huître [ɥitrə] F Auster
humain [ymɛ̃] menschlich
humanité [ymanite] F Menschheit; Menschlichkeit
humble [ɛ̃blə] bescheiden; demütig
humecter [ymɛkte] anfeuchten
humeur [ymœr] F Stimmung, Laune; **être de bonne (mauvaise) humeur** guter (schlechter) Laune sein
humide [ymid] feucht, nass; **humidité** [ymidite] F Nässe, Feuchtigkeit
humilier [ymilje] demütigen
humoristique [ymɔristik] humoristisch
humour [ymur] M Humor
°**hurlements** [yrləmɑ̃] MPL Geschrei *n*, Gebrüll *n*
°**hurler** [yrle] heulen; brüllen, schreien

hybride [ibrid] Hybrid...; **voiture, véhicule hybride** Hybridauto, -fahrzeug *n*
hydratant [idratɑ̃] *Kosmetik* Feuchtigkeits...
hydravion [idravjɔ̃] M Wasserflugzeug *n*
hydroglisseur [idrɔglisœr] M Gleitboot *n*
hygiène [iʒjɛn] F **hygiène corporelle** Körperpflege
hypermarché [ipɛrmarʃe] M Einkaufszentrum *n*
hypocrite [ipɔkrit] heuchlerisch

I

ici [isi] hier; hierher; **par ici** hier entlang; **d'ici (à) huit jours** in acht Tagen
idée [ide] F Idee; Gedanke *m*
identité [idɑ̃tite] F Personalien *pl*; **carte d'identité** Personalausweis *m*
idiot [idjo] *umg* blöd, doof
idole [idɔl] F Idol *n*
idyllique [idilik] idyllisch
ignoble [iɲɔblə] gemein
ignorance [iɲɔrɑ̃s] F Unwissenheit
ignorer [iɲɔre] nicht wissen
il [il] er; es; **il y a** es gibt
île [il] F Insel
illégal [ilegal] ungesetzlich

illimité [ilimite] unbegrenzt
illisible [iliziblə] unleserlich
illuminer [ilymine] be-, erleuchten
illusion [ilyzjõ] F Illusion, Täuschung; **illusioniste** [ilyzjɔnist] M Zauberkünstler
illustre [ilystrə] berühmt
ils [il] sie
image [imaʒ] F Bild *n*
imagination [imaʒinasjõ] F Fantasie
imbécile [ɛ̃besil] M/F Dummkopf *m*
imbuvable [ɛ̃byvablə] nicht trinkbar; *umg* ungenießbar
imiter [imite] nachahmen
immangeable [ɛ̃mɑ̃ʒablə] ungenießbar
immatriculation [imatrikylasjõ] F **plaque d'immatriculation** AUTO Nummernschild *n*
immédiatement [imedjatmɑ̃] sofort, unverzüglich
immense [imɑ̃s] unermesslich
immeuble [imœblə] M Gebäude *n*; **immeubles** MPL Immobilien *pl*
immobile [imɔbil] unbeweglich
immunisé [imynize] immun (**contre** gegen); **immuniser** immunisieren (**contre** gegen)
impair [ɛ̃pɛr] ungerade
imparfait [ɛ̃parfɛ] unvollkommen
impasse [ɛ̃pas] F Sackgasse
impatience [ɛ̃pasjɑ̃s] F Ungeduld; **impatient** [ɛ̃pasjɑ̃] ungeduldig
impeccable [ɛ̃pɛkablə] tadellos

impératrice [ɛ̃peratris] F Kaiserin
impérial [ɛ̃perjal] kaiserlich
imperméable [ɛ̃pɛrmeablə] wasserdicht; **imperméable** M Regenmantel
impertinent [ɛ̃pɛrtinɑ̃] unverschämt
impoli [ɛ̃pɔli] unhöflich
importance [ɛ̃pɔrtɑ̃s] F Wichtigkeit, Bedeutung
important [ɛ̃pɔrtɑ̃] wichtig
importation [ɛ̃pɔrtasjõ] F Einfuhr, Import *m*
importer[1] [ɛ̃pɔrte] importieren, einführen
importer[2] [ɛ̃pɔrte] wichtig sein; **peu importe** das ist nicht so wichtig
imposant [ɛ̃pozɑ̃] imponierend
impossible [ɛ̃pɔsiblə] unmöglich
impôt [ɛ̃po] M Steuer *f*
impraticable [ɛ̃pratikablə] *Straße* unbefahrbar
impression [ɛ̃prɛsjõ] F Eindruck *m*
imprévu [ɛ̃prevy] unvorhergesehen
imprimante [ɛ̃primɑ̃t] F IT Drucker *m*; **imprimé** [ɛ̃prime] M Drucksache *f*; Vordruck; **imprimer** [ɛ̃prime] drucken
improbable [ɛ̃prɔbablə] unwahrscheinlich
improviste [ɛ̃prɔvist] **à l'improviste** unvermutet
imprudence [ɛ̃prydɑ̃s] F Unvorsichtigkeit; JUR Fahrlässigkeit
impuissant [ɛ̃pɥisɑ̃] machtlos; MED impotent
inabordable [inabɔrdablə] *Preis* unerschwinglich
inacceptable [inaksɛptablə] unannehmbar; **inaccessible** [inaksɛsiblə] unzugänglich
inadmissible [inadmisiblə] unzulässig

inattendu [inatɑ̃dy] unerwartet
inauguration [inogyrasjõ] F Einweihung
incapable [ɛ̃kapablə] unfähig
incassable [ɛ̃kasablə] unzerbrechlich
incendie [ɛ̃sɑ̃di] M Brand
incertain [ɛ̃sɛrtɛ̃] ungewiss
incident [ɛ̃sidɑ̃] M Zwischenfall
inclus [ɛ̃kly] einschließlich
incommode [ɛ̃kɔmɔd] unpraktisch
incommoder [ɛ̃kɔmɔde] belästigen
incomparable [ɛ̃kõparablə] unvergleichlich
incompatible [ɛ̃kõpatiblə] unvereinbar
incompréhensible [ɛ̃kõpreɑ̃siblə] unbegreiflich
inconnu [ɛ̃kɔny] unbekannt
inconscient [ɛ̃kõsjɑ̃] unbewusst
inconstant [ɛ̃kõstɑ̃] unbeständig
inconvénient [ɛ̃kõvenjɑ̃] M Nachteil
incorrect [ɛ̃kɔrɛkt] unrichtig
incroyable [ɛ̃krwajablə] unglaublich
Inde [ɛ̃d] F **l'Inde** Indien *n*
indécent [ɛ̃desɑ̃] unanständig
indécis [ɛ̃desi] unentschieden; unentschlossen
indéfini [ɛ̃defini] unbestimmt; **indéfiniment** [ɛ̃definimɑ̃] unbegrenzt
indemne [ɛ̃dɛmnə] unverletzt; **indemnité** [ɛ̃dɛmnite] F Entschädigung; Schadensersatz *m*; **indemnité kilométrique** Kilometergeld *n*
indépendance [ɛ̃depɑ̃dɑ̃s] F Unabhängigkeit; **indépendant** [ɛ̃depɑ̃dɑ̃] unabhängig (**de** von)
index [ɛ̃dɛks] M Zeigefinger

indicateur [ɛ̃dikatœr] M Anzeiger
indicatif [ɛ̃dikatif] M TEL Vorwählnummer *f*, Vorwahl *f*
indication [ɛ̃dikasjõ] F Hinweis *m*
indice [ɛ̃dis] M Anzeichen *n*
indien [ɛ̃djɛ̃] M, **indienne** [-jɛn] F Inder(in) *m(f)*, Indianer(in) *m(f)*
Indien [ɛ̃djɛ̃] **l'océan Indien** der Indische Ozean
indifférent [ɛ̃diferɑ̃] gleichgültig
indigène [ɛ̃diʒɛn] M/F Eingeborene(r) *m/f(m)*
indigeste [ɛ̃diʒɛst] unverdaulich; **indigestion** [ɛ̃diʒɛstjõ] F Magenverstimmung
indignation [ɛ̃diɲasjõ] F Entrüstung, Empörung
indiquer [ɛ̃dike] angeben, hinweisen (**qc** auf etw)
indispensable [ɛ̃dispɑ̃sablə] unerlässlich
indistinct [ɛ̃distɛ̃(kt)] undeutlich, ungenau
individu [ɛ̃dividy] M Individuum *n*
Indonésie [ɛ̃dɔnezi] F **l'Indonésie** Indonesien *n*
indulgent [ɛ̃dylʒɑ̃] nachsichtig
industrie [ɛ̃dystri] F Industrie
industriel [ɛ̃dystrijɛl] industriell; Industrie…
inefficace [inefikas] unwirksam
inégal [inegal] ungleich(mäßig); uneben
inertie [inɛrsi] F Trägheit
inévitable [inevitablə] unvermeidlich
inexplicable [inɛksplikablə] unerklärlich
infarctus [ɛ̃farktys] M **infarctus (du myocarde)** Herzinfarkt
infection [ɛ̃fɛksjõ] F MED Ansteckung, Infektion
inférieur [ɛ̃ferjœr] untere; niedriger (**à** als); **infé-**

riorité [ɛ̃ferjɔrite] F Minderwertigkeit
infernal [ɛ̃fɛrnal] höllisch
infidèle [ɛ̃fidɛl] untreu; REL ungläubig
infini [ɛ̃fini] unendlich; **infinité** [ɛ̃finite] F Unendlichkeit
infirme [ɛ̃firm] behindert; gebrechlich
infirmier [ɛ̃firmje] M, **infirmière** [-jɛr] F Krankenpfleger, -schwester
inflammation [ɛ̃flamasjõ] F MED Entzündung
inflation [ɛ̃flasjõ] F Inflation
influence [ɛ̃flyɑ̃s] F Einfluss *m*
information [ɛ̃fɔrmasjõ] F Information, Auskunft; **information touristes** Touristeninformation; **informations** FPL Nachrichten
informer [ɛ̃fɔrme] benachrichtigen; **s'informer de qc auprès de qn** sich nach etw bei j-m erkundigen
infraction [ɛ̃fraksjõ] F Verstoß *m*; **infraction au code de la route** Verkehrsdelikt *n*
infroissable [ɛ̃frwasablə] knitterfrei
infusion [ɛ̃fyzjõ] F Kräutertee *m*
ingénieur [ɛ̃ʒenjœr] M Ingenieur
ingrat [ɛ̃gra] undankbar
ingrédient [ɛ̃gredjɑ̃] M Zutat *f*; Bestandteil
inhabitable [inabitablə] unbewohnbar
inhabituel [inabitɥɛl] ungewohnt
inhaler [inale] einatmen, inhalieren
inhumain [inymɛ̃] unmenschlich
ininflammable [inɛ̃flamablə] unentzündbar
initial [inisjal] Anfangs…; **initialiser** [inisjalize]

IT hochfahren
initiative [inisjativ] F Initiative; **syndicat d'initiative** Fremdenverkehrsamt *n*
injection [ɛ̃ʒɛksjõ] F Einspritzung, Injektion
injure [ɛ̃ʒyr] F Beleidigung
injuste [ɛ̃ʒyst] ungerecht
inné [in(n)e] angeboren
innocent [inɔsɑ̃] unschuldig
innombrable [inõbrablə] unzählig
innovation [inɔvasjõ] F Neuerung
inoffensif [inɔfɑ̃sif] harmlos
inondation [inõdasjõ] F Überschwemmung
inouï [inwi] unglaublich, unerhört
inquiet [ɛ̃kjɛ], **inquiète** [ɛ̃kjɛt] unruhig
inquiéter [ɛ̃kjete] beunruhigen; **s'inquiéter** sich sorgen, sich beunruhigen
inscription [ɛ̃skripsjõ] F Anmeldung; Aufschrift
inscrire [ɛ̃skrir] eintragen; **s'inscrire, se faire inscrire** sich anmelden
insecte [ɛ̃sɛkt] M Insekt *n*; **insecticide** [ɛ̃sɛktisid] M Insektizid *n*
insensé [ɛ̃sɑ̃se] unsinnig
insensible [ɛ̃sɑ̃siblə] unempfindlich
inséparable [ɛ̃separablə] unzertrennlich
insérer [ɛ̃sere] einfügen, einsetzen
insigne [ɛ̃siɲ] M Abzeichen *n*
insignifiant [ɛ̃siɲifjɑ̃] unbedeutend
insister [ɛ̃siste] darauf bestehen
insolation [ɛ̃sɔlasjõ] F Sonnenstich *m*
insolence [ɛ̃sɔlɑ̃s] F Frechheit, Unverschämtheit

insomnie [ɛ̃sɔmni] F Schlaflosigkeit
insouciant [ɛ̃susjɑ̃] sorglos, unbekümmert
inspecter [ɛ̃spɛkte] beaufsichtigen
inspirer [ɛ̃spire] einatmen; inspirieren
installation [ɛ̃stalasjõ] F **installations sanitaires** sanitäre Anlagen
installer [ɛ̃stale] einrichten; IT installieren; **s'installer** sich einrichten; sich niederlassen
instant [ɛ̃stɑ̃] M Augenblick; **à l'instant** soeben; **instantané** [ɛ̃stɑ̃tane] M FOTO Schnappschuss
instinct [ɛ̃stɛ̃] M Instinkt, Trieb
instituer [ɛ̃stitɥe] einsetzen
institut [ɛ̃stity] M **institut de beauté** Kosmetiksalon
instituteur [ɛ̃stitytœr] M, **institutrice** [-tris] F (Grundschul)Lehrer(in) *m(f)*
institution [ɛ̃stitysjõ] F Einrichtung
instruction [ɛ̃stryksjõ] F Ausbildung; Unterricht *m*; **instruire** [ɛ̃strɥir] unterrichten
instrument [ɛ̃strymɑ̃] M Instrument *n*
insuffisant [ɛ̃syfizɑ̃] ungenügend
insuline [ɛ̃sylin] F Insulin *n*
insupportable [ɛ̃sypɔrtablə] unerträglich
intact [ɛ̃takt] intakt, unversehrt
intègre [ɛ̃tɛgrə] unbescholten, rechtschaffen
intelligence [ɛ̃teliʒɑ̃s] F Intelligenz, Verstand *m*; **intelligent** [ɛ̃teliʒɑ̃] intelligent, klug
intensité [ɛ̃tɑ̃site] F **intensité du vent** Windstärke
intention [ɛ̃tɑ̃sjõ] F Absicht

interculturel [ɛ̃tɛrkyltyrɛl] interkulturell
interdire [ɛ̃tɛrdir] verbieten
interdit [ɛ̃tɛrdi] verboten
intéressant [ɛ̃terɛsɑ̃] interessant; **intéresser** [ɛ̃terɛse] interessieren; **s'intéresser à** sich interessieren für
intérêt [ɛ̃terɛ] M Interesse *n*; **intérêts** MPL Zinsen
intérieur [ɛ̃terjœr] innere; **intérieur** M Landesinnere *n*; **à l'intérieur** innen, im Innern
international [ɛ̃tɛrnasjɔnal] international
interne [ɛ̃tɛrn] innerlich
Internet [ɛ̃tɛrnɛt] M Internet *n*; **naviguer sur Internet** im Internet surfen
interprète [ɛ̃tɛrprɛt] M/F Dolmetscher(in) *m(f)*; **servir d'interprète** dolmetschen
interroger [ɛ̃tɛrɔʒe] befragen
interrompre [ɛ̃tɛrɔ̃prə] unterbrechen; **interrupteur** [ɛ̃tɛryptœr] M (Licht)Schalter
intervalle [ɛ̃tɛrval] M Abstand
intervention [ɛ̃tɛrvɑ̃sjɔ̃] F MED Eingriff *m*
interview [ɛ̃tɛrvju] F Interview *n*
intestin [ɛ̃tɛstɛ̃] M Darm
intolérable [ɛ̃tɔlerablə] unerträglich
intoxication [ɛ̃tɔksikasjɔ̃] F Vergiftung; **intoxication alimentaire** Lebensmittelvergiftung
introduction [ɛ̃trɔdyksjɔ̃] F Einführung; Einleitung
inutile [inytil] nutzlos, unnötig
invariable [ɛ̃varjablə] unveränderlich

inventer [ɛ̃vɑ̃te] erfinden; **invention** [ɛ̃vɑ̃sjõ] F Erfindung
inverse [ɛ̃vɛrs] umgekehrt; **inverse** M Gegenteil *n*
investigation [ɛ̃vɛstigasjõ] F (Nach)Forschung
invisible [ɛ̃viziblə] unsichtbar
invitation [ɛ̃vitasjõ] F Einladung
invité(e) [ɛ̃vite] M(F) Gast *m*; **inviter** [ɛ̃vite] einladen; auffordern (**à** zu)
involontaire [ɛ̃vɔlõtɛr] unabsichtlich
invraisemblable [ɛ̃vrɛsɑ̃blablə] unwahrscheinlich
iode [jɔd] M Jod *n*
Irak [irak] M **l'Irak** der Irak
Iran [irɑ̃] M **l'Iran** der Iran
Irlande [irlɑ̃d] F **l'Irlande** Irland *n*
irrégulier [iregylje] unregelmäßig
irréparable [ireparablə] nicht zu reparieren; nicht wiedergutzumachen; unersetzlich
irrésistible [irezistiblə] unwiderstehlich
irritable [iritablə] reizbar
irriter [irite] reizen, aufregen
Islande [islɑ̃d] F **l'Islande** Island *n*
isolé [izɔle] abgelegen; einsam
isolement [izɔlmɑ̃] M Einsamkeit *f*
Israël [israɛl] Israel *n*
issue [isy] F Ausgang *m*; *fig* Ausweg *m*; Ende *n*; **voie sans issue** Sackgasse
Italie [itali] F **l'Italie** Italien *n*
italien [italjɛ̃] italienisch; **Italien** [italjɛ̃] M, **Ita-**

lienne [-jɛn] F Italiener(in) *m(f)*
itinéraire [itinerɛr] M Route *f*, Strecke *f*; Wegbeschreibung *f*
ivoire [ivwar] M Elfenbein *n*
ivre [ivrə] betrunken
ivresse [ivrɛs] F Trunkenheit
ivrogne [ivrɔɲ] M/F Säufer(in) *m(f)*

J

jacuzzi® [ʒakyzi] M Whirlpool®
jadis [ʒadis] früher, einstmals
jaillir [ʒajir] hervorsprudeln
jalousie [ʒaluzi] F Eifersucht; Neid *m*; (*Rollladen*) Jalousie
jaloux [ʒalu], **jalouse** [-luz] eifersüchtig; neidisch
jamais [ʒamɛ] jemals; (**ne** …) **jamais** niemals; **à jamais** für immer
jambe [ʒɑ̃b] F Bein *n*; **jambe plâtrée** Gipsbein
jambon [ʒɑ̃bɔ̃] M Schinken; **jambon cru** (**cuit**) roher (gekochter) Schinken
jante [ʒɑ̃t] F (Rad)Felge
janvier [ʒɑ̃vje] M Januar; **en janvier** im Januar
Japon [ʒapɔ̃] M **le Japon** Japan *n*
jardin [ʒardɛ̃] M Garten; **jardin zoologique** Zoo

jardinier [ʒardinje] M Gärtner
jardinière [ʒardinjɛr] F Gärtnerin; Mischgemüse *n*
jauge [ʒoʒ] F **jauge d'essence** Tankanzeige
jaune [ʒon] gelb
jaunisse [ʒonis] F Gelbsucht
je [ʒ(ə)] ich; **je suis** ich bin
jet [ʒɛ] M Strahl; **jet d'eau** Springbrunnen
jeter [ʒ(ə)te] werfen; wegwerfen; **se jeter dans** *Fluss* münden in
jeton [ʒ(ə)tõ] M Telefonmünze *f*
jeu [ʒø] M Spiel *n*; **jeu de boules** Bocciaspiel; **jeu de cartes, de dés** Karten-, Würfelspiel; **jeu d'échecs** Schachspiel
jeudi [ʒødi] M Donnerstag
jeun [ʒɛ̃] **à jeun** nüchtern
jeune [ʒœn] jung; **jeune fille** junges Mädchen
jeûne [ʒøn] M Fasten *n*
jeunesse [ʒœnɛs] F Jugend
joaillerie [ʒɔajri] F Juweliergeschäft *n*
joie [ʒwa] F Freude
joindre [ʒwɛ̃drə] aneinanderfügen; hinzufügen; *Personen* erreichen, treffen
jointure [ʒwɛ̃tyr] F Gelenk *n*
joli [ʒɔli] hübsch, nett
Jordanie F **la Jordanie** Jordanien *n*
joue [ʒu] F Backe, Wange
jouer [ʒwe] spielen; **jouer au poker** pokern; **jouer aux quilles** kegeln; **jouer d'un instrument** ein Instrument spielen

jouet [ʒwɛ] M Spielzeug *n*
joueur [ʒwœr] M, **joueuse** [ʒwøz] F Spieler(in) *m(f)*
jouir [ʒwir] **jouir de** genießen
jouissance [ʒwisɑ̃s] F Genuss *m*
jour [ʒur] M Tag; **jour de l'an** Neujahrstag; **jour d'arrivée, de départ** Ankunfts-, Abreisetag; **jour férié** Feiertag; **jour de fermeture** Ruhetag; **jour ouvrable** Werktag; **le jour** tagsüber; **l'autre jour** neulich; **quinze jours** vierzehn Tage; **bonjour!** guten Tag!
journal [ʒurnal] M Zeitung *f*; TV Nachrichten *fpl*; **journaliste** [ʒurnalist] M/F Journalist(in) *m(f)*
journée [ʒurne] F Tag *m*; **bonne journée!** schönen Tag!
joyaux [ʒwajo] MPL Juwelen *npl*
joyeux [ʒwajø] fröhlich
juge [ʒyʒ] M Richter
jugement [ʒyʒmɑ̃] M Urteil *n*
juger [ʒyʒe] (be)urteilen; richten
juif [ʒɥif] jüdisch
juillet [ʒɥijɛ] M Juli; **en juillet** im Juli
juin [ʒɥɛ̃] M Juni; **en juin** im Juni
julienne [ʒyljɛn] F Gemüsesuppe
jumeau [ʒymo] M, **jumelle** [ʒymɛl] F Zwillingsbruder, Zwillingsschwester
jumelage [ʒymlaʒ] M **jumelage de villes** Städtepartnerschaft *f*
jumelles [ʒymɛl] FPL Fernglas *n*
jupe [ʒyp] F Rock *m*

Jura [ʒyra] M **le Jura** der Jura
jurer [ʒyre] schwören
juron [ʒyrõ] M Fluch
jus [ʒy] M Saft; **jus d'orange** Orangensaft; **jus de raisin** Traubensaft
jusque [ʒysk(ə)] **jusqu'à** bis
juste [ʒyst] gerecht; richtig
justement [ʒystəmɑ̃] (so)eben, gerade
justice [ʒystis] F Gerechtigkeit; Justiz
juteux [ʒytø] saftig
juvénile [ʒyvenil] jugendlich

K

kayak [kajak] M Kajak
kermesse [kɛrmɛs] F Kirmes
kilo [kilo] M Kilo *n*
kilomètre [kilɔmɛtrə] M Kilometer; **kilomètres-heure** Stundenkilometer
kiosque [kjɔsk] M Kiosk
klaxon [klaksɔn] M AUTO Hupe *f*
klaxonner [klaksɔne] hupen; **interdiction de klaxonner** Hupverbot *n*
kummel [kymɛl] M Kümmel(schnaps)

L

la [la] die
là [la] da, dort, dorthin; **là-bas** [labɑ] da drüben, dahinten, dort(hin)
laboratoire [labɔratwar] M Labor *n*
lac [lak] M See; **le lac de Constance** der Bodensee; **le lac des Quatre-Cantons** der Vierwaldstätter See; **le lac Léman** *m* der Genfer See; **le lac Majeur** *m* der Lago Maggiore
lacet [lasɛ] M Schnürsenkel; Serpentine *f*
lâche [lɑʃ] feige
lâcher [lɑʃe] loslassen
lactose [laktoz] M Laktose *f*; **sans lactose** laktosefrei
là-dedans [lad(ə)dɑ̃] drinnen; **là-dessous** [lad(ə)su] d(a)runter; **là-dessus** [lad(ə)sy] d(a)rüber, d(a)rauf; **là-haut** [lao] da oben
laid [lɛ] hässlich
laine [lɛn] F Wolle
laisser [lɛse] (über-, zurück)lassen; **laisser passer** vorbeilassen
lait [lɛ] M Milch *f*; **lait condensé** Kondensmilch
laiterie [lɛtri] F Milchgeschäft *n*
laitue [lety] F Kopfsalat *m*
lame [lam] F Klinge; **lame de rasoir** Rasierklinge

lampe [lɑ̃p] F Lampe; **lampe de chevet** Nachttischlampe; **lampe de poche** Taschenlampe; **lampe de témoin** Kontrolllampe
lancer [lɑ̃se] schleudern, werfen
landau [lɑ̃do] M Kinderwagen
lande [lɑ̃d] F Heideland *n*
langage [lɑ̃gaʒ] M (Fach)Sprache *f*; Ausdrucksweise *f*
langouste [lɑ̃gust] F Languste
langue [lɑ̃g] F Zunge; Sprache; **langue étrangère, maternelle** Fremd-, Muttersprache; **langue nationale, universelle** Landes-, Weltsprache
lanterne [lɑ̃tɛrn] F Laterne
lapin [lapɛ̃] M Kaninchen *n*
Laponie [lapɔni] F **la Laponie** Lappland *n*
laque [lak] F Haarspray *n*
lard [lar] M Speck
lardon [lardõ] M Speckstreifen
large [larʒ] weit, breit; freigebig
largeur [larʒœr] F Breite
larme [larm] F Träne
larron [larõ] M Dieb
laryngite [larɛ̃ʒit] F Halsentzündung
larynx [larɛ̃ks] M Kehlkopf
las [lɑ] müde; überdrüssig
latéral [lateral] seitlich, Neben…
latin [latɛ̃] M Latein *n*
lauréat [lɔrea] preisgekrönt
laurier [lɔrje] M Lorbeer
lavable [lavablə] waschbar

lavabo [lavabo] M Waschbecken *n*; **lavabos** MPL Waschraum *m*; Toilette *f*; **lavabos pour dames** Damentoilette
lavage [lavaʒ] M **lavage de la voiture** Wagenwaschanlage *f*
lavande [lavɑ̃d] F Lavendel *m*
lave-glace [lavglas] M Scheibenwaschanlage *f*
laver [lave] (ab)waschen; *Zähne* putzen; **laverie** [lavri] F Waschsalon *m*
lave-vaisselle [lavvɛsɛl] M Geschirrspülmaschine *f*
laxatif [laksatif] M Abführmittel *n*
le [lə] der; am; **le 20 juillet** am 20. Juli
lécher [leʃe] (ab)lecken
lèche-vitrines [lɛʃvitrin] M Schaufensterbummel
leçon [l(ə)sõ] F (Unterrichts)Stunde; Lektion
lecteur [lɛktœr] M Leser; IT Laufwerk *n*; **lecteur de CD** CD-Player; **lecteur de DVD** DVD-Player
lecture [lɛktyr] F Lektüre; **lecture de voyage** Reiselektüre
légal [legal] gesetzlich
léger [leʒe] leicht; locker
légumes [legym] MPL Gemüse *n*
lendemain [lɑ̃dmɛ̃] M **le lendemain** der folgende Tag; am Tag danach
lent [lɑ̃]; **lentement** [lɑ̃tmɑ̃] langsam
lentille [lɑ̃tij] F BOT, TECH Linse; **lentilles de contact** Kontaktlinsen
les [le] die; sie
lésion [lezjõ] F **lésions internes** innere Verletzun-

gen
lessive [lɛsiv] F Waschmittel *n*; Wäsche
Lettonie [lɛtɔni] F **la Lettonie** Lettland *n*
lettre [lɛtrə] F Buchstabe *m*; Brief *m*; **lettre exprès, lettre recommandée** Eil-, Einschreibebrief
leur [lœr] ihnen; ihr; ihrer
leurs ihre
levée [l(ə)ve] F *Briefkasten* Leerung
lever[1] [l(ə)ve] (hoch)heben; *Teig* gehen; **se lever** aufstehen
lever[2] M **lever du soleil** Sonnenaufgang
levier [l(ə)vje] M **levier de vitesse** Schalthebel
lèvre [lɛvrə] F Lippe
levure [l(ə)vyr] F Hefe
lézard [lezar] M Eidechse *f*
liaison [ljɛzõ] F Flugverbindung
Liban [libɑ̃] M **le Liban** der Libanon
libération [liberasjõ] F Befreiung
liberté [libɛrte] F Freiheit
librairie [librɛri] F Buchhandlung
libre [librə] frei; **libre-service** [librəsɛrvis] M Selbstbedienung(sladen) *f*
Libye [libi] F **la Libye** Libyen *n*
licencier [lisɑ̃sje] kündigen, entlassen
Liechtenstein [liʃtɛnstajn] M **le Liechtenstein** Liechtenstein *n*
Liège [ljɛʒ] Lüttich *n*
lier [lje] verbinden (**avec** *od* **à** mit)
lieu [ljø] M Ort, Stelle *f*; **lieu de naissance** Geburtsort; **avoir lieu** stattfinden; **au lieu de** anstel-

le von
lièvre [ljɛvrə] M Hase
ligne [liɲ] F Linie; (Verkehrs)Linie, Strecke; Zeile; TEL Leitung; Angel(schnur); **ligne de bus** Busverbindung; **en ligne** IT online
lilas [lila] M Flieder
lime [lim] F **lime à ongles** Nagelfeile
limitation [limitasjõ] F **limitation de vitesse** Tempolimit *n*, Geschwindigkeitsbeschränkung
limite [limit] F Grenze
limiter [limite] beschränken
limonade [limɔnad] F Limonade
linge [lɛ̃ʒ] M Wäsche *f*; **linge (de corps)** Unterwäsche; **lingerie** [lɛ̃ʒri] F Damenwäsche
lion [ljõ] M Löwe
liqueur [likœr] F Likör *m*
liquide [likid] flüssig; **liquide** M **liquide pour freins** Bremsflüssigkeit *f*; **liquide de refroidissement** Kühlflüssigkeit *f*
lire [lir] lesen
lisible [liziblə] leserlich
lisse [lis] glatt
liste [list] F Liste, Verzeichnis *n*; **liste des hôtels** Hotelverzeichnis
lit [li] M Bett *n*; **lit à deux personnes** Doppelbett; **lit d'enfant** Kinderbett; **lit pliant** Klappbett
litre [litrə] M Liter *m od n*
littérature [literatyr] F Literatur
littoral [litɔral] M Küstenstrich
Lituanie [litɥani] F **la Lituanie** Litauen *n*

livraison [livrɛzõ] F Lieferung
livre[1] [livrə] M Buch *n*; **livre de poche** Taschenbuch
livre[2] [livrə] F Pfund *n*
livrer [livre] (be)liefern
livret [livrɛ] M **livret de caisse d'épargne** Sparbuch *n*
local [lɔkal] lokal; **local** M Raum
localité [lɔkalite] F Ortschaft
locataire [lɔkatɛr] M/F Mieter(in) *m(f)*
location [lɔkasjõ] F Ferienhaus *n*; Kartenvorverkauf *m*; Verleih *m*; **location de vélos** Fahrradverleih; **location de voitures** Autovermietung
locomotive [lɔkɔmɔtiv] F Lokomotive
logement [lɔʒmɑ̃] M Wohnung *f*; Quartier *n*; **loger** [lɔʒe] beherbergen; wohnen (**chez** bei)
logiciel [lɔʒisjɛl] M IT Software *f*; **logiciel antivirus** Antivirensoftware
loi [lwa] F Gesetz *n*
loin [lwɛ̃] weit (weg); **de loin** von Weitem; **loin de** weit weg von; **lointain** [lwɛ̃tɛ̃] fern
loisir [lwazir] M Freizeit *f*
Londres [lõdrə] London *n*
long [lõ] lang; **le long de** an … entlang; **à la longue** auf die Dauer
longe [lõʒ] F GASTR Lende
longtemps [lõtɑ̃] lange
longueur [lõgœr] F Länge
Lorraine [lɔrɛn] F **la Lorraine** Lothringen *n*
lors [lɔr] **lors de** bei, während

lorsque [lɔrsk(ə)] als, wenn
lot [lo] M **gros lot** Hauptgewinn
lotion [losjõ] F Lotion; **lotion après-rasage** Rasierwasser *n*
louer[1] [lwe] (ver)mieten
louer[2] [lwe] loben
loup [lu] M Wolf
loupe [lup] F Lupe
lourd [lur] schwer; schwül
loyer [lwaje] M Miete *f*
lubrifiant [lybrifjɑ̃] M Schmiermittel *n*
lucarne [lykarn] F Dachluke
Lucerne [lysɛrn] Luzern *n*
luge [lyʒ] F (Rodel)Schlitten *m*; **faire de la luge** rodeln, Schlitten fahren
lui [lɥi] er, ihm, ihn, sich, ihr
luire [lɥir] leuchten, glänzen
lumbago [lɛ̃bago] M Hexenschuss
lumière [lymjɛr] F Licht *n*
lunatique [lynatik] launisch
lundi [lœ̃di] M Montag
lune [lyn] F Mond *m*; **lune de miel** Flitterwochen *pl*
lunette [lynɛt] F **lunette arrière** Heckscheibe; **lunettes** FPL Brille *f*; **lunettes de soleil** Sonnenbrille; **lunettes de plongée** Taucherbrille
lutte [lyt] F Kampf *m*, Ringen *n* (*a.* SPORT)
lutter [lyte] kämpfen, ringen
luxation [lyksasjõ] F MED Verrenkung
luxe [lyks] M Luxus

Luxembourg [lyksãbur] M **le Luxembourg** Luxemburg *n*
lycée [lise] M Gymnasium *n*
lycéen [liseɛ̃] M, **lycéenne** [-eɛn] F Gymnasiast(in) *m(f)*

M

ma [ma] meine
macédoine [masedwan] F **macédoine de fruits** Obstsalat *m*
mâche [mɑʃ] F Feldsalat *m*
mâcher [mɑʃe] kauen
machin [maʃɛ̃] M *umg* Ding(s) *n*, Dingsda *n*
machine [maʃin] F Maschine; **machine à écrire, à laver** Schreib-, Waschmaschine
machiniste [maʃinist] M Busfahrer; U-Bahn-Fahrer; Lokomotivführer
mâchoire [mɑʃwar] F Kiefer *m*
maçon [masõ] M Maurer
madame [madam] F Frau (+ *Name*)
mademoiselle [madmwazɛl] F Fräulein (+ *Name*)
magasin [magazɛ̃] M Laden, Geschäft *n*; **magasin d'alimentation** Lebensmittelgeschäft; **magasin d'appareils électriques, d'articles de sport** Elektro-, Sportgeschäft; **magasin de chaussures**

Schuhgeschäft; **magasin de produits naturels** Bioladen *m*; **grand magasin** Kaufhaus *n*
magazine [magazin] M Zeitschrift *f*, Illustrierte *f*
magicien [maʒisjɛ̃] M Zauberer
magnétophone [maɲetɔfɔn] M Tonbandgerät *n*; **magnétophone à cassette** Kassettenrekorder;
magnétoscope [maɲetɔskɔp] M Videorekorder
magnifique [maɲifik] herrlich, prächtig
mai [mɛ] M Mai; **en mai** im Mai
maigre [mɛgrə] mager
maigrir [mɛgrir] abnehmen
mail [mɛl] M IT Mail *f*
maillot [majo] M **maillot de bain** Badeanzug; **maillot de corps** Unterhemd *n*
main [mɛ̃] F Hand
maintenant [mɛ̃tnɑ̃] jetzt, nun
maintenir [mɛ̃t(ə)nir] (aufrecht)erhalten
maire [mɛr] M Bürgermeister
mairie [mɛri] F Rathaus *n*, Gemeindeverwaltung
mais [mɛ] aber; sondern
maïs [mais] M Mais
maison [mɛzõ] F Haus *n*; Firma; **à la maison** zu Hause; nach Hause; **maison de repos** Sanatorium; **maison de retraite** Altersheim *n*
maître [mɛtrə] M Herr; Lehrer; **maître d'hôtel** Oberkellner; **maître nageur** Bademeister; **maîtresse** [mɛtrɛs] F Herrin; Lehrerin; Geliebte
majeur [maʒœr] volljährig; **majeur** M Mittelfinger

majorité [maʒɔrite] F Mehrheit
Majorque [maʒɔrk] Mallorca *n*
majuscule [maʒyskyl] F Großbuchstabe *m*
mal[1] [mal] schlecht, schlimm; **pas mal de** ziemlich viel(e)
mal[2] [mal] M Böse *n*; Schmerz; Beschwerden *fpl*; **faire mal** wehtun; **mal au cœur** Übelkeit *f*; **mal aux dents, à l'estomac** Zahn-, Magenschmerzen *pl*; **maux de gorge, de tête** Hals-, Kopfschmerzen; **mal au ventre** Bauchschmerzen; **mal de l'air, des hauteurs, de la route** Luft-, Höhen-, Reisekrankheit *f*; **avoir le mal de mer** seekrank sein; **mal du pays** Heimweh *n*
malade [malad] krank; **tomber malade** krank werden; **malade** M Patient, Kranke(r)
maladie [maladi] F Krankheit
maladroit [maladrwa] ungeschickt
malchance [malʃɑ̃s] F Missgeschick *n*, Unglück *n*
mâle [mɑl] M ZOOL Männchen *n*
malentendu [malɑ̃tɑ̃dy] M Missverständnis *n*
malfaisant [malfəzɑ̃] schädlich
malgré [malgre] trotz
malheur [malœr] M Unglück *n*
malheureusement [malørøzmɑ̃] leider; **malheureux** [malørø] unglücklich
malicieux [malisjø] boshaft
malin [malɛ̃] schlau; MED bösartig
malsain [malsɛ̃] ungesund
maltraiter [maltrɛte] misshandeln
maman [mamɑ̃] F Mama

mammifère [mamifɛr] M Säugetier *n*
manche [mɑ̃ʃ] F Ärmel *m*; **à longues manches** langärmelig; **la Manche** der Ärmelkanal
mandarine [mɑ̃darin] F Mandarine
mandat [mɑ̃da] M Post-, Geldanweisung *f*; **mandat télégraphique** telegrafische Postanweisung
manège [manɛʒ] M Reitbahn *f*; Karussell *n*
mangeable [mɑ̃ʒablə] essbar
manger [mɑ̃ʒe] essen
manière [manjɛr] F Art, Weise; **de cette manière** auf diese Art (*od* Weise); **manières** FPL Benehmen *n*
manifestation [manifɛstasjõ] F Demonstration; Veranstaltung; **manifester** [manifɛste] demonstrieren
manque [mɑ̃k] M **manque d'appétit** Appetitlosigkeit *f*
manquer [mɑ̃ke] Mangel haben (**de** an); fehlen; *Zug etc* verpassen
manteau [mɑ̃to] M Mantel
manucure [manykyr] F Maniküre
maquereau [makro] M Makrele *f*
maquillage [makijaʒ] M Make-up *n*; **maquiller** [makije] **se maquiller** sich schminken
marais [marɛ] M Sumpf, Moor *n*
marbre [marbrə] M Marmor
marchand(e) [marʃɑ̃(d)] M(F) Händler(in) *m(f)*; **marchand de journaux** Zeitschriftenhändler; **marchand de vin** Weinhandlung *f*
marchandise [marʃɑ̃diz] F Ware

marche [marʃ] F Gehen *n*; Lauf *m*; Fahrt; Stufe; **marche arrière** AUTO Rückwärtsgang; **mettre en marche** in Gang setzen
marché [marʃe] M Markt; **marché hebdomadaire** Wochenmarkt; **marché aux poissons** Fischmarkt; **marché aux puces** Flohmarkt; **bon marché** billig; **meilleur marché** billiger
marcher [marʃe] gehen, laufen; funktionieren
mardi [mardi] M Dienstag; **mardi gras** Fastnachtsdienstag
marécage [marekaʒ] M Sumpf, Moor *n*; **marécageux** [marekaʒø] sumpfig
marée [mare] F Ebbe und Flut; **marée basse** Ebbe; **marée haute** Flut; **marée noire** Ölpest; **marées** FPL Gezeiten *pl*
margarine [margarin] F Margarine
mari [mari] M (Ehe)Mann
mariage [marjaʒ] M Hochzeit *f*; Ehe *f*; **mariage homosexuel** Homoehe, gleichgeschlechtliche Ehe
marié [marje] verheiratet
marier [marje] **se marier** heiraten; sich verheiraten (**avec qn** mit j-m)
marin [marɛ̃] M Seemann, Matrose
mariné [marine] mariniert
marjolaine [marʒɔlɛn] F Majoran *m*
marmelade [marməlad] F Marmelade; Mus *n*
marmite [marmit] F Kochtopf *m*
Maroc [marɔk] M **le Maroc** Marokko *n*
maroquinerie [marɔkinri] F Lederwaren *fpl*
marque [mark] F Merkmal *n*; Marke; **marquer**

[marke] kennzeichnen, markieren; **marquer un but** ein Tor schießen

marrant [marɑ̃] *umg* komisch, lustig

marre [mar] *umg* **en avoir marre** es satthaben

marron¹ [marõ] braun

marron² [marõ] M Marone *f*; **marronier** [marɔnje] M Kastanienbaum

mars [mars] M März; **en mars** im März

marteau [marto] M Hammer

mascara [maskara] M Wimperntusche *f*

masculin [maskylɛ̃] männlich, Männer…

masque [mask] M **masque d'oxygène** Sauerstoffmaske *f*; **masque de plongée** Taucherbrille *f*

masqué [maske] **bal masqué** Maskenball *m*

massage [masaʒ] M Massage *f*; **massage cardiaque** Herzmassage

masse [mas] F Masse, Menge

masser [mase] massieren; **masseur** [masœr] M, **masseuse** [-søz] F Masseur(in) *m(f)*

massif [masif] M (Berg)Massiv *n*

mat [mat] *Schach* matt

mât [mɑ] M SCHIFF Mast

match [matʃ] M SPORT Spiel *n*; **match de football** Fußballspiel

matelas [matla] M Matratze *f*; **matelas pneumatique** Luftmatratze

matelot [matlo] M Matrose

matériel [materjɛl] M Material *n*; Gerät *n*; IT Hardware *f*

maternelle [matɛrnɛl] F Vorschule; Kindergarten

m; **maternité** [matɛrnite] F Mutterschaft
mathématiques [matematik] FPL Mathematik *f*
maths [mat] FPL *umg* Mathe *f*
matière [matjɛr] F Stoff *m*; *Schule* Fach *n*; **matière plastique** Kunststoff
matin [matɛ̃] M Morgen, Vormittag; **ce matin** heute Morgen; **le matin** vormittags
matinée [matine] F Vormittag *m*; THEAT Nachmittagsvorstellung
Maurice [mɔris] M **l'île Maurice** Mauritius *n*
mauvais [mɔvɛ] schlecht; falsch; **il fait mauvais** es ist schlechtes Wetter
maux [mo] MPL Schmerzen; → mal
maximum [maksimɔm] M Maximum *n*, Höchstmaß *n*
mayonnaise [majɔnɛz] F Mayonnaise
mazout [mazut] M Heizöl *n*
me [m(ə)] mir, mich; **me voici!** da bin ich!
mec [mɛk] M *umg* Kerl; Typ
mécanicien [mekanisjɛ̃] M (Auto)Mechaniker
méchant [meʃɑ̃] böse, boshaft
mèche [mɛʃ] F *Haar* Strähne
mécontent [mekõtɑ̃] unzufrieden (**de** mit)
Mecque [mɛk] F **La Mecque** Mekka *n*
médecin [mɛdsɛ̃] M Arzt; **médecine** [medsin] F (*Heilkunde*) Medizin
médical [medikal] ärztlich, medizinisch; **médicament** [medikamɑ̃] M Arznei *f*, Medikament *n*; **médicinal** [medisinal] Heil…, Arznei…
médiéval [medjeval] mittelalterlich

médiocre [medjɔkrə] mittelmäßig, dürftig
Méditerranée [mediterane] F Mittelmeer *n*
méduse [medyz] F Qualle
meeting [mitiŋ] M Veranstaltung *f*
méfier [mefje] **se méfier de qn (qc)** j-m (e-r Sache) misstrauen
meilleur [mɛjœr] besser; **le meilleur** der, die, das beste
mélanger [melɑ̃ʒe] mischen
mêler [mɛle] **se mêler de** sich einmischen in
melon [m(ə)lõ] M Melone *f*
membre [mɑ̃brə] M (Mit)Glied *n*
même [mɛm] selbst, sogar; **de même** ebenso; **quand même** trotzdem; **le même** derselbe; **la même chose** dasselbe
mémoire [memwar] F Gedächtnis *n*; Andenken *n*; IT Speicher *m*
mémoriser [memɔrize] IT (ab)speichern
menace [mənas] F Drohung; **menacer** [mənase] drohen (**qn** j-m); bedrohen (**de** mit)
ménage [menaʒ] M Haushalt; **femme de ménage** Putzfrau *f*
mendiant(e) [mɑ̃djɑ̃(t)] M(F) Bettler(in) *m(f)*
mener [məne] führen
méningite [menɛ̃ʒit] F Hirnhautentzündung
mensonge [mɑ̃sõʒ] M Lüge *f*
mensuel [mɑ̃sɥɛl] monatlich
mental [mɑ̃tal] geistig, Geistes...
menthe [mɑ̃t] F Pfefferminztee *m*, -sirup *m*
mention [mɑ̃sjõ] F *Prüfung* Note

mentionner [mɑ̃sjɔne] erwähnen
mentir [mɑ̃tir] lügen; **mentir à qn** j-n anlügen
menton [mɑ̃tõ] M Kinn *n*
menu [məny] M Speisekarte *f*; Menü *n* (*a.* IT); **menu du jour** Tageskarte
menuisier [mənɥizje] M Tischler
mépriser [meprize] verachten
mer [mɛr] F Meer *n*, See; **mer du Nord** Nordsee; **mer Noire** Schwarzes Meer
mercerie [mɛrsəri] F Kurzwaren *fpl*
merci [mɛrsi] danke; **merci beaucoup!** vielen Dank!
mercredi [mɛrkrədi] M Mittwoch
merde [mɛrd] F *vulg* Scheiße
mère [mɛr] F Mutter
méridional [meridjɔnal] südlich; südfranzösisch
mériter [merite] verdienen
merveilleux [mɛrvɛjø] wunderbar
mes [me] meine
message [mɛsaʒ] M Durchsage *f*; Nachricht *f*; **laisser un message** e-e Nachricht hinterlassen
messe [mɛs] F REL Messe
mesure [m(ə)zyr] F Maß *n*
mesurer [məsyre] messen
métal [metal] M Metall *n*
météo [meteo] F Wetterbericht *m*
métier [metje] M Beruf; Handwerk *n*
mètre [mɛtrə] M Meter *m od n*
métro [metro] M U-Bahn *f*
mets [mɛ] M Gericht *n*, Speise *f*

metteur [mɛtœr] M **metteur en scène** Regisseur
mettre [mɛtrə] legen, setzen, stellen; *Kleidung* anziehen; *Hut* aufsetzen; *Zeit* brauchen; **se mettre à faire qc** anfangen etw zu tun
meublé [mœble] möbliert
meubles [mœblə] MPL Möbel *npl*
meunière [mønjɛr] F Müllerin; **(à la) meunière** GASTR nach Müllerinart
Meuse [møz] F Mosel *f*
Mexique [mɛksik] M **le Mexique** Mexiko *n*
mi-... [mi] halb; **à mi-chemin** auf halbem Wege
mi-bas [mibɑ] M Kniestrumpf
micheline [miʃlin] F Schienenbus *m*
micro [mikro] M Mikrofon *n*
micro-onde [mikroõd] F Mikrowelle; **four à micro-ondes** Mikrowellenherd *m*; **vaisselle micro--onde** mikrowellengeeignetes Geschirr
micro-ordinateur [mikroɔrdinatœr] M PC
microsillon [mikrɔsijõ] M Langspielplatte *f*
midi [midi] M Mittag, 12 Uhr mittags; **le Midi** Südfrankreich; **dans le Midi** in Südfrankreich
miel [mjɛl] M Honig
mien [mjɛ̃] meiner
miette [mjɛt] F Krümel *m*
mieux [mjø] besser; **le mieux** am besten
mignon [miɲõ] süß, lieb
migraine [migrɛn] F Migräne
milieu [miljø] M Mitte *f*; **au milieu de** mitten in
militaire [militɛr] militärisch
mille[1] [mil] tausend

mille[2] [mil] M Meile *f*
millier [milje] M **un millier** (etwa) tausend
million [miljõ] M Million *f*
minable [minablə] armselig, kläglich
mince [mɛ̃s] dünn; schlank
mine [min] F Miene, Aussehen *n*; Bergwerk *n*, Mine (*a. Bleistift*)
mineur [minœr] minderjährig
minibus [minibys] M Kleinbus
mini-jupe [miniʒyp] F Minirock *m*
minimum [minimɔm] M Minimum *n*, Mindestmaß *n*
ministre [ministrə] M Minister
Minorque [minɔrk] Menorca *n*
minuit [minɥi] M Mitternacht *f*
minute [minyt] F Minute
mirabelle [mirabɛl] F Mirabelle
miroir [mirwar] M Spiegel
mise [miz] F: **faire une mise** *Haare* Waschen und Legen
misérable [mizerablə] elend
misère [mizɛr] F Elend *n*
mi-temps [mitɑ̃] F Halbzeit; **à mi-temps** halbtags
mixeur [miksœr] M Mixer
mixte [mikst] gemischt
mobile [mɔbil] M TEL Handy *n*; **mobile prépayé** Prepaidhandy
mobylette [mɔbilɛt] F Moped *n*
moche [mɔʃ] *umg* hässlich

mode[1] [mɔd] M Art *f*, Weise *f*; **mode d'emploi** Gebrauchsanweisung *f*
mode[2] [mɔd] F Mode
modèle [mɔdɛl] M Modell *n*
modem [mɔdɛm] M Modem *n*
modéré [mɔdere] mäßig, maßvoll
moderne [mɔdɛrn] modern
modeste [mɔdɛst] bescheiden
modulation [mɔdylasjõ] F **modulation de fréquence** Ultrakurzwelle
moelle [mwal] F Knochenmark *n*
mœurs [mœr(s)] FPL Sitten, Bräuche *mpl*
moi [mwa] ich, mir, mich
moindre [mwɛ̃drə] minder, geringer; **le moindre** der, die, das geringste
moine [mwan] M Mönch
moins [mwɛ̃] weniger; minus; **le moins** das Wenigste; **au moins** mindestens
mois [mwa] M Monat; **par mois** monatlich
moisi [mwazi] M Schimmel; **moisir** [mwazir] schimmeln
moisson [mwasõ] F Ernte
moitié [mwatje] F Hälfte; **à moitié** halb
molaire [mɔlɛr] F Backenzahn *m*
Moldavie [mɔldavi] F **la Moldavie** Moldawien *n*
môle [mol] M Mole *f*
molle → mou
mollet [mɔlɛ] **œuf mollet** weiches Ei
moment [mɔmã] M Augenblick, Moment
mon [mõ] mein

monastère [mɔnastɛr] M Kloster *n*
monde [mõd] M Welt *f*; Menschen *mpl*; Leute *pl*; **tout le monde** jedermann
mondialisation [mõdjalizasjõ] F Globalisierung
monétaire [mɔnetɛr] Geld..., Währungs...
moniteur [mɔnitœr] M, **monitrice** [-tris] F Betreuer(in) *m(f)*, Lehrer(in) *m(f)*; **moniteur de ski** Skilehrer
monnaie [mɔnɛ] F Kleingeld *n*; Währung; **monnaie étrangère** ausländische Währung
monsieur [məsjø] M Herr; Herr (+ *Name*)
mont [mõ] M *in Eigennamen* Berg; **monts** *mpl* Gebirge *n*
montagne [mõtaɲ] F Berg *m*; Gebirge *n*; **montagneux** [mõtaɲø] gebirgig
montant [mõtɑ̃] **en montant** bergauf; **montant** M Betrag
montée [mõte] F Aufstieg *m*; *Seilbahn* Bergfahrt
monter [mõte] hinaufgehen, -steigen, -fahren; einsteigen; hinaufbringen; montieren; steigen
montre [mõtrə] F Uhr; **montre-bracelet** [mõtrəbraslɛ] F Armbanduhr
montrer [mõtre] zeigen
monument [mɔnymɑ̃] M Denkmal *n*; Bauwerk *n*
moquer [mɔke] **se moquer de** sich lustig machen über
moquette [mɔkɛt] F Teppichboden *m*
moral [mɔral] M Stimmung *f*
morceau [mɔrso] M Stück *n*
mordre [mɔrdrə] beißen; *Insekt* stechen

morsure [mɔrsyr] F Bisswunde; (Insekten)Stich *m*; **morsure de serpent** Schlangenbiss *m*
mort¹ [mɔr] tot; **mort** M Tote(r)
mort² [mɔr] F Tod *m*; **mort des forêts** Waldsterben *n*
mortel [mɔrtɛl] lebensgefährlich
morue [mɔry] F Kabeljau *m*
mosaïque [mɔzaik] F Mosaik *n*
Moselle [mɔzɛl] F Mosel *f*
mosquée [mɔske] F Moschee
mot [mo] M Wort *n*; **mots croisés** Kreuzworträtsel *n*
motel [mɔtɛl] M Motel *n*
moteur [mɔtœr] M Motor; **moteur à l'arrière** Heckmotor; **moteur hors-bord** Außenborder
motif [mɔtif] M Motiv *n*
moto [mɔto] F Motorrad *n*
motocycliste [mɔtɔsiklist] M/F Motorradfahrer(in) *m(f)*
mou [mu], **molle** [mɔl] weich; schlapp
mouche [muʃ] F Fliege; **bateau mouche** *m* Ausflugsdampfer *in Paris*
moucher [muʃe] **se moucher** sich die Nase putzen
mouchoir [muʃwar] M Taschentuch *n*; **mouchoir en papier** Papiertaschentuch
mouette [mwɛt] F Möwe
mouillé [muje] nass, feucht
mouiller [muje] nass machen
moule [mul] F Miesmuschel

moulin [mulɛ̃] M Mühle *f*; **moulin à café** Kaffeemühle; **moulin à vent** Windmühle
moulu [muly] **café moulu** gemahlener Kaffee
mourir [murir] sterben (**de** an)
mousse[1] [mus] F Moos *n*
mousse[2] [mus] F Cremespeise; **mousse à raser** Rasiercreme
mousseux [musø] M Sekt
moustache [mustaʃ] F Schnurrbart *m*
moustiquaire [mustikɛr] F Moskitonetz *n*;
moustique [mustik] M (Stech)Mücke *f*; Moskito
moût [mu] M (Wein-, Apfel)Most
moutarde [mutard] F Senf *m*
mouton [mutõ] M Schaf *n*, Hammel; Hammelfleisch *n*
mouvement [muvmɑ̃] M Bewegung *f*
moyen[1] [mwajɛ̃] mittlere;**Moyen Âge** Mittelalter *n*
moyen[2] [mwajɛ̃] M Mittel *n*; **moyens** *mpl* (Geld)-Mittel *npl*; **moyen de transport** Transportmittel *n*
moyenne [mwajɛn] F Durchschnitt *m*
Moyen-Orient [mwajɛnɔrjɑ̃] M **le Moyen-Orient** der Mittlere Osten
MP3 [ɛmpetrwa] M MP3; **baladeur** *m* **MP3** MP3--Player
muesli [mysli] M Müsli *n*
muet [mɥɛ] stumm
muguet [mygɛ] M Maiglöckchen *n*; MED Soor *m*
mulet [mylɛ] M Maulesel
Mulhouse [myluz] Mühlhausen *n*

multicolore [myltikɔlɔr] bunt; **multimédia** [myltimedja] Multimedia…; **multinationale** [myltinasjɔnal] F Multi *m*; **multiplier** [myltiplije] multiplizieren
multitude [myltityd] F Menge
Munich [mynik] München *n*
municipal [mynisipal] städtisch, Stadt…; **municipalité** [mynisipalite] F Stadtverwaltung; Gemeinde
munir [mynir] ausstatten, versehen (**de** mit)
muqueuse [mykøz] F Schleimhaut
mur [myr] M Mauer *f*, Wand *f*
mûr [myr] reif
muraille [myrɑj] F (Stadt)Mauer
mûre [myr] F Brombeere
murmure [myrmyr] M Gemurmel *n*; Plätschern *n*
muscade [myskad] F Muskatnuss
muscadet [myskadɛ] M trockener Weißwein
muscat [myska] M Muskateller
muscle [mysklə] M Muskel
museau [myzo] M Schnauze *f*
musée [myze] M Museum *n*
music-hall [myzikol] M Varieté *n*
musicien [myzisjɛ̃] M, **musicienne** [-sjɛn] F Musiker(in) *m(f)*
musique [myzik] F Musik
musulman [myzylmɑ̃] muslimisch
mutilé [mytile] M Schwerbeschädigte(r)
mutualité [mytɥalite] F, **mutuelle** [mytɥɛl] F Versicherung auf Gegenseitigkeit

myope [mjɔp] kurzsichtig
myrtille [mirtij] F Heidelbeere
mystère [mistɛr] M Geheimnis *n*

N

nacre [nakrə] F Perlmutt *n*
nage [naʒ] F Schwimmen *n*; **nageoire** [naʒwar] F Flosse
nager [naʒe] schwimmen; **nager la brasse** brustschwimmen; **nager le crawl** kraulen; **nageur** [naʒœr] M, **nageuse** [-ʒøz] F Schwimmer(in) *m(f)*
naissance [nɛsɑ̃s] F Geburt; Entstehen *n*
naître [nɛtrə] geboren werden; entstehen
nappe [nap] F Tischtuch *n*
narcotique [narkɔtik] M Betäubungsmittel *n*
narine [narin] F Nasenloch *n*
narration [narasjõ] F Erzählung; Aufsatz *m*
natal [natal] Geburts…, Heimat…
natation [natasjõ] F Schwimmen *n*, Schwimmsport *m*
natif [natif] **natif de** gebürtig aus
nation [nasjõ] F Nation
national [nasjɔnal] national; **nationalité** [nasjɔnalite] F Staatsangehörigkeit

nature [natyr] F Natur; Beschaffenheit; GASTR naturbelassen
naturel [natyrɛl] natürlich
naturellement [natyrɛlmɑ̃] selbstverständlich
naufrage [nofraʒ] M Schiffbruch
nausée [noze] F Übelkeit
nautisme [notism(ə)] M Wassersport
naval [naval] Schiffs…; See…
navet [navɛ] M weiße Rübe
navette [navɛt] F Pendelverkehr *m*; Shuttle(bus) *m*
navigation [navigasjõ] F Schifffahrt; **navigation aérienne** Luftfahrt; **navigation spatiale** Raumfahrt
navire [navir] M Schiff *n*
ne [n(ə)] **ne … pas** nicht; **(ne …) jamais** nie; **ne … plus** nicht mehr; **ne … que** nur
né [ne] geboren
nécessaire [nesesɛr] nötig, notwendig; **nécessaire** M **nécessaire de toilette** Kulturbeutel; **nécessaire de voyage** Reisenecessaire *n*
nécessité [nesesite] F Notwendigkeit
nef [nɛf] F Kirchenschiff *n*
négligent [negliʒɑ̃] nachlässig
neige [nɛʒ] F Schnee *m*; **neige poudreuse** Pulverschnee; **sports de neige** Wintersport *m*; **neiger** [nɛʒe] schneien; **il neige** es schneit
nerf [nɛr] M Nerv
nerveux [nɛrvø] nervös
n'est-ce pas? [nɛspa] nicht wahr?

net [nɛt] deutlich; FOTO scharf
nettoyage [nɛtwajaʒ] M Reinigung *f*; **nettoyage à sec** chemische Reinigung; **nettoyer** [nɛtwaje] reinigen
Neuchâtel [nøʃatɛl] Neuenburg *n*
neuf[1] [nœf], **neuve** [nøv] neu
neuf[2] [nœf] neun
neveu [n(ə)vø] M Neffe
névralgie [nevralʒi] F Neuralgie
nez [ne] M Nase *f*; FLUG, SCHIFF Bug
ni [ni] **ni** … **ni** weder … noch
niais [njɛ] albern
nid [ni] M Nest *n*
Nidwald [nidwald] M **le Nidwald** Nidwalden *n*
nièce [njɛs] F Nichte
n'importe [nɛ̃pɔrt] irgend; **n'importe où** irgendwo(hin); **n'importe qui** jeder (Beliebige), irgendwer
niveau [nivo] M Höhe *f*; **niveau d'huile** AUTO Ölstand; **niveau de la mer** Meeresspiegel
noble [nɔblə] adelig, edel
nocturne [nɔktyrn] nächtlich, Nacht…
Noël [nɔɛl] M Weihnachten *n*; **arbre de Noël** Weihnachtsbaum *m*
nœud [nø] M Knoten
noir [nwar] schwarz
noisette [nwazɛt] F Haselnuss
noix [nwa] F (Wal)Nuss; **noix de coco** Kokosnuss
nom [nõ] M Name; **nom de famille** Familienname; **nom de jeune fille** Mädchenname; **nom d'u-**

tilisateur IT Benutzername
nombre [nõbrə] M (An)Zahl *f*
nombreux [nõbrø] zahlreich
nombril [nõbri(l)] M Nabel
nommer [nɔme] nennen, ernennen
non [nõ] nein; **non plus** auch nicht; **dire que non** Nein sagen; **non gardé** unbeschrankt; **non gazeux** ohne Kohlensäure
non-alcoolisé [nɔnalkɔlize] alkoholfrei; **non-fumeurs** [nõfymœr] MPL Nichtraucher(abteil *n*); **non-nageur** [nɔnaʒœr] M Nichtschwimmer
nord [nɔr] M Norden; **au nord de** nördlich von
normal [nɔrmal] normal
Norvège [nɔrvɛʒ] F **la Norvège** Norwegen *n*
nos [no] unsere
nostalgie [nɔstalʒi] F Heimweh *n*
note [nɔt] F Note; Notiz; *Hotel* Rechnung; *Schule* Zensur
noter [nɔte] notieren
notice [nɔtis] F Merkblatt *n*
notre [nɔtrə] unser(e)
nôtre [notrə] unsere
nouer [nwe] knoten, binden
nouilles [nuj] FPL Nudeln
nourrir [nurir] ernähren
nourrisson [nurisõ] M Säugling
nourriture [nurityr] F Nahrung; Kost; Essen *n*
nous [nu] wir, uns
nouveau [nuvo], **nouvelle** [nuvɛl] neu; **de nouveau** wieder

nouvelle [nuvɛl] F Nachricht; Neuigkeit; **nouvelles** FPL TV Nachrichten
Nouvelle-Zélande [nuvɛlzelɑ̃d] F **la Nouvelle-Zélande** Neuseeland *n*
novembre [nɔvɑ̃brə] M November; **en novembre** im November
noyau [nwajo] M *Obst* Kern, Stein
noyer [nwaje] **se noyer** ertrinken
nu [ny] nackt
nuage [nɥaʒ] M Wolke *f*; *mpl a.* Bewölkung *f*; **nuageux** [nɥaʒø] wolkig
nucléaire [nykleɛr] Kern..., Atom...; **centrale nucléaire** Kernkraftwerk *n*
nudisme [nydismə] M FKK *f*
nuire [nɥir] schaden
nuisible [nɥiziblə] schädlich
nuit [nɥi] F Nacht; Übernachtung; **la nuit** nachts; **cette nuit** heute Nacht; **bonne nuit!** gute Nacht!
nul [nyl] **match nul** SPORT unentschieden; **nulle part** nirgends
numéro [nymero] M Nummer *f*, Hausnummer *f*; **numéro de la chambre** Zimmernummer; **numéro de compte** Kontonummer; **numéro du portable** Handynummer; **numéro de téléphone** Telefonnummer; **numéro de vol** Flugnummer; **faire le numéro** TEL wählen; **numérotation** [nymerɔtasjõ] Nummerierung; **numérotation abrégée** TEL Kurzwahl
nuque [nyk] F Genick *n*; Nacken *m*
nylon [nilõ] M Nylon *n*

O

obéir [ɔbeir] gehorchen
objectif [ɔbʒɛktif] M Objektiv *n*; **objectif grand angle** Weitwinkelobjektiv
objet [ɔbʒɛ] M Gegenstand; **objets de valeur** Wertsachen
obligatoire [ɔbligatwar] obligatorisch, Pflicht…
obliger [ɔbliʒe] verpflichten, zwingen (**à** zu); **être obligé** gezwungen sein, müssen
oblitérer [ɔblitere] entwerten, abstempeln (*Briefmarken*)
obscur [ɔpskyr] dunkel; unklar; **obscurité** [ɔpskyrite] F Dunkelheit
observer [ɔpsɛrve] beobachten; befolgen
obstacle [ɔpstaklə] M Hindernis *n*
obtenir [ɔptənir] erhalten, erlangen
Obwald [ɔpvald] M **l'Obwald** Obwalden *n*
occasion [ɔkazjõ] F Gelegenheit
occupant(e) [ɔkypɑ̃(t)] M(F) (Haus)Bewohner(in) *m(f)*
occupation [ɔkypasjõ] F Beschäftigung
occupé [ɔkype] besetzt; *Zimmer* belegt; **occuper** [ɔkype] **s'occuper de** sich kümmern um; sich beschäftigen mit
octobre [ɔktɔbrə] M Oktober; **en octobre** im Ok-

tober
oculiste [ɔkylist] M/F Augenarzt *m*, -ärztin *f*
odeur [odœr] F Geruch *m*; Duft *m*
œil [œj] M Auge *n*; **coup d'œil** Blick *m*
œsophage [ezɔfaʒ] M Speiseröhre *f*
œuf [œf] M Ei *n*; **œufs brouillés** Rührei; **œuf à la coque** weiches Ei; **œuf dur** hartes Ei; **œuf sur le plat** Spiegelei
œuvre [œvrə] F (Gesamt)Werk *n*; **œuvre d'art** Kunstwerk
offense [ɔfɑ̃s] F Beleidigung
office [ɔfis] M Amt *n*; REL Gottesdienst; **office du tourisme** Fremdenverkehrsbüro *n*
officiel [ɔfisjɛl] offiziell, amtlich
officier [ɔfisje] M Offizier
officieux [ɔfisjø] inoffiziell
offre [ɔfrə] F Angebot *n*; **offre spéciale** Sonderangebot
offrir [ɔfrir] anbieten, schenken
oie [wa] F Gans
oignon [ɔɲõ] M Zwiebel *f*
oiseau [wazo] M Vogel
olive [ɔliv] F Olive
ombragé [õbraʒe] schattig
ombre [õbrə] F Schatten *m*; **à l'ombre** im Schatten; **ombre à paupières** Lidschatten
omelette [ɔmlɛt] F Omelett *n*
omettre [ɔmɛtrə] auslassen
omnibus [ɔmnibys] M Personenzug
on [õ] man; wir

oncle [ɔ̃klə] M Onkel
onde [ɔ̃d] F Welle; **ondes courtes** Kurzwelle; **grandes ondes, moyennes ondes** Lang-, Mittelwelle
ongle [ɔ̃glə] M (Finger-, Zehen)Nagel
onguent [ɔ̃gɑ̃] M Salbe *f*
onze [ɔ̃z] elf
opéra [ɔpera] M Oper *f*
opérateur [ɔperatœr] M Techniker;; TV Kameramann; IT Operateur; **opérateur de saisie** Datentypist; **opérateur de téléphonie mobile** Mobilfunkanbieter
opération [ɔperasjõ] F Operation; **opérer** [ɔpere] operieren
opérette [ɔperɛt] F Operette
opinion [ɔpinjõ] F Meinung
opposer [ɔpoze] **s'opposer** sich widersetzen
opposition [ɔpozisjõ] F Opposition
opticien [ɔptisjɛ̃] M, **opticienne** [-sjɛn] F Optiker(in) *m(f)*
or [ɔr] M Gold *n*
orage [ɔraʒ] M Gewitter *n*
oral [ɔral] mündlich; **oral** M Mündliche(s) *n*
orange[1] [ɔrɑ̃ʒ] orange(farben)
orange[2] [ɔrɑ̃ʒ] F Orange; **orangeade** [ɔrɑ̃ʒad] F Orangeade
orchestre [ɔrkɛstrə] M Orchester *n*, Kapelle *f*
ordinaire [ɔrdinɛr] gewöhnlich; **ordinaire** M Normalbenzin *n*
ordinateur [ɔrdinatœr] M Computer, Rechner

ordonnance [ɔrdɔnɑ̃s] F MED Rezept *n*; **délivré sans ordonnance** rezeptfrei
ordre [ɔrdrə] M Ordnung *f*; Befehl
oreille [ɔrɛj] F Ohr *n*
oreiller [ɔrɛje] M Kopfkissen *n*
orfèvre [ɔrfɛvrə] M Goldschmied
organe [ɔrgan] M Organ *n*; **organes génitaux** Geschlechtsorgane
organisation [ɔrganizasjõ] F Organisation; **organiser** [ɔrganize] organisieren; veranstalten
orgueil [ɔrgœj] M Stolz, Hochmut
oriental [ɔrjɑ̃tal] östlich; orientalisch
origine [ɔriʒin] F Herkunft; Ursprung *m*
ornemental [ɔrnəmɑ̃tal] Zier…, Schmuck…, ornamental
orteil [ɔrtɛj] M Zehe *f*
ortie [ɔrti] F Brennnessel
os [ɔs] M Knochen
oscillation [ɔsilasjõ] F Schwingung, Schwankung
oser [oze] wagen
otage [ɔtaʒ] M Geisel *f*
ôter [ote] (weg)nehmen; *Mantel* ausziehen; *Hut* abnehmen
ou [u] oder
où [u] wo, wohin, worin; **d'où** woher
ouate [wat] F Watte
oublier [ublije] vergessen
ouest [wɛst] M Westen
oui [wi] ja
ouïe [wi] F Gehör *n*

ouragan [uragɑ̃] M Orkan
ours [urs] M Bär
outil [uti] M Werkzeug *n*
outre-mer [utrəmɛr] **d'outre-mer** aus *od* in Übersee
ouvert [uvɛr] geöffnet, offen
ouverture [uvɛrtyr] F (Er)Öffnung; **heures d'ouverture** Öffnungszeiten
ouvrable [uvrablə] **jour ouvrable** Werktag
ouvrage [uvraʒ] M *einzelnes* Werk *n*, Arbeit *f*
ouvre-boîtes [uvrəbwat] M Dosenöffner; **ouvre-bouteilles** [uvrəbutɛj] M Flaschenöffner
ouvrier [uvrije] M, **ouvrière** [-jɛr] F Arbeiter(in) *m(f)*
ouvrir [uvrir] öffnen, aufmachen
oxygène [ɔksiʒɛn] M Sauerstoff

P

Pacifique [pasifik] M Pazifik *m*
pacte [pakt] M Pakt, Vertrag
pagaie [pagɛ] F Paddel *n*
pagayer [pagɛje] paddeln
page [paʒ] F *Buch* Seite
paie [pɛ] F Lohn *m*; **paiement** [pɛmɑ̃] M Bezahlung *f*; **paiement d'avance** Vorauszahlung; **paie-**

ment au comptant, en espèces Barzahlung
paille [paj] F Stroh *n*; Strohhalm *m*
pain [pɛ̃] M Brot *n*; **pain beurré** Butterbrot; **pain bis** Grau-, Mischbrot; **pain blanc** Weißbrot; **pain complet** Vollkornbrot; **pain de seigle** Roggen-, Schwarzbrot; **petit pain** Brötchen *n*
paire [pɛr] F Paar *n*
paix [pɛ] F Frieden *m*
palais[1] [palɛ] M Palast
palais[2] [palɛ] M Gaumen
pâle [pɑl] blass, bleich
Palestine [palɛstin] F **la Palestine** Palästina *n*
palmes [palm] FPL SPORT Schwimmflossen
palmier [palmje] M Palme *f*
paludisme [palydismə] M Malaria *f*
pamplemousse [pɑ̃pləmus] M Pampelmuse *f*
pancarte [pɑ̃kart] F Anschlag *m*, Schild *n*
panda [pɑ̃da] M Panda(bär)
pandémie [pɑ̃demi] F Pandemie
pané [pane] paniert
panier [panje] M Korb; **panier-repas** [panjerəpa] M Lunchpaket *n*
panique [panik] F Panik
panne [pan] F Panne; **rester en panne** e-e Panne haben; **panne de courant** Stromausfall *m*; **panne de voiture** Autopanne
panneau [pano] M **panneau (de signalisation)** Verkehrsschild *n*; **panneau indicateur** Hinweisschild *n*
panorama [panɔrama] M Rundblick

pansement [pɑ̃smɑ̃] M Verband; **pansement adhésif** Heftpflaster *n*
pantalon [pɑ̃talõ] M Hose *f*
pantoufle [pɑ̃tuflə] F Pantoffel *m*
paon [pɑ̃] M Pfau
papa [papa] M Papa
pape [pap] M Papst
papeterie [papɛtri] F Schreibwarengeschäft *n*
papier [papje] M Papier *n*; **papier hygiénique** Toilettenpapier; **papier à lettres** Briefpapier; **papiers** PL Papiere *npl*; **papiers de la voiture** Wagenpapiere
papillon [papijõ] M Schmetterling
Pâques [pɑk] M Ostern *n od pl*; **l'île** *f* **de Pâques** Osterinsel *f*
paquet [pakɛ] M Paket *n*, Packung *f*; **petit paquet** Päckchen *n*
par [par] durch, über; per, pro; **par avion** mit Luftpost; **par chèque** bargeldlos; **par jour** pro Tag
parachutiste [paraʃytist] M/F Fallschirmspringer(in) *m(f)*
paradis [paradi] M Paradies *n*
paraître [parɛtrə] erscheinen; **il paraît que …** man sagt, dass …
paralyser [paralize] lähmen
parapluie [paraplɥi] M Regenschirm; **parasol** [parasɔl] M Sonnenschirm
parc [park] M Park; **parc d'attractions** Vergnügungspark; **parc à jeux pour enfants** Kinderspielplatz; **parc national** Nationalpark; **parc de sta-**

tionnement Parkplatz
parce que [parskə] weil
parcmètre [parkmɛtrə] M Parkuhr *f*
parcours [parkur] M (Renn)Strecke *f*
par-dessous [pardəsu] unter; darunter; **par-dessus** [pardəsy] über; darüber (hinweg)
pardon [pardõ] M **pardon**! Entschuldigung!; **pardon?** wie bitte?
pardonner [pardɔne] verzeihen; **pardonnez-moi!** verzeihen Sie!
pare-brise [parbriz] M Windschutzscheibe *f*; **pare-chocs** [parʃɔk] M Stoßstange *f*
pareil [parɛj] gleich, ähnlich
pareillement [parɛjmã] gleichfalls
parent(e) [parã(t)] M(F) Verwandte(r) *m*/*f*(*m*); **parent unique** Alleinerziehende(r) *m*/*f*(*m*)
parents [parã] MPL Eltern *pl*
paresseux [parɛsø] faul
parfait [parfɛ] perfekt
parfois [parfwa] gelegentlich
parfum [parfɛ̃] M Parfüm *n*
pari [pari] M Wette *f*
Paris [pari] Paris *n*
parking [parkiŋ] M Parkplatz; **parking à étages** Parkhaus *n*; **parking gardé (payant)** bewachter (gebührenpflichtiger) Parkplatz; **parking souterrain** Tiefgarage *f*
parlement [parləmã] M Parlament *n*
parler [parle] sprechen
parmi [parmi] (mitten) unter

paroi [parwa] F Wand
paroisse [parwas] F (Kirchen)Gemeinde
parole [parɔl] F Wort *n*; **paroles** FPL *Lied* Text *m*
parquer [parke] parken
part [par] F Anteil *m*, Teil *m*; **autre part** anderswo(hin); **nulle part** nirgends; **quelque part** irgendwo(hin); **d'une part ... d'autre part** einerseits ... andererseits
partager [partaʒe] (auf)teilen
partance [partɑ̃s] F **en partance** abfahr-, abflugbereit (**pour** nach)
partant [partɑ̃] M SPORT Teilnehmer
partenaire [partənɛr] M/F Partner(in) *m(f)*; **partenariat** [partənarja] M Partnerschaft *f*; **partenariat de vie** Lebenspsarnterschaft
parti [parti] M Partei *f*
participer [partisipe] teilnehmen (**à** an)
particulier [partikylje] besondere; privat; **en particulier** besonders; **particulièrement** [partikyljɛrmɑ̃] besonders
partie [parti] F Teil *m*; *Spiel* Partie
partiel [parsjɛl] partiell, Teil...
partir [partir] weggehen; (ab)reisen, (ab)fahren, (ab)fliegen (**pour** nach); *Fleck* weggehen; **partir en voyage** verreisen; **à partir de** von ... an
partout [partu] überall(hin)
parvenir [parvənir] gelangen (**à** zu)
pas[1] [pɑ] M Schritt
pas[2] [pɑ] nicht; (**ne ...**) **pas** nicht; (**ne ...**) **pas de** kein; (**ne ...**) **pas du tout** überhaupt nicht; (**il n'y**

a) **pas de quoi** bitte (sehr), keine Ursache

passage [pasaʒ] M Durchfahrt *f*, -gang, -reise *f*; Übergang; *Text* Stelle *f*; **passage clouté** Zebrastreifen; **passage de la frontière** Grenzübergang; **passage pour piétons** Fußgängerüberweg; **passage protégé** *Verkehrsschild* Vorfahrt an der nächsten Kreuzung; **être de passage** auf der Durchreise sein

passager [pasaʒe] M, **passagère** [-ʒɛr] F Beifahrer(in) *m(f)*, Fahrgast *m*, Fluggast *m*, Passagier(in) *m(f)*

passé [pase] vergangen; **passé** M Vergangenheit *f*

passeport [paspɔr] M (Reise)Pass

passer [pase] vorbeigehen, -kommen, -fahren; *bei Tisch etc* reichen; *Prüfung* machen; *Zeit* verbringen; **passer la nuit** übernachten (**à l'hôtel** im Hotel); **se passer** sich ereignen

passerelle [pasrɛl] F Steg *m*; Gangway

passe-temps [pastɑ̃] M Hobby *n*

passible [pasiblə] **passible de douane** zollpflichtig

passion [pasjõ] F Leidenschaft

passoire [paswar] F Sieb *n*

pastèque [pastɛk] F Wassermelone

pasteur [pastœr] M Pfarrer, Pastor

pastille [pastij] F Pastille, Tablette; **pastilles de charbon** Kohletabletten; **pastilles pour la gorge** Halstabletten

pâte [pɑt] F Teig *m*; Paste; **pâte d'amandes** Marzipan *n*; **pâte dentifrice** Zahnpasta; **pâtes** *pl* Teigwaren

pâté [pɑte] M Pastete *f*; **pâté de foie (gras)** (Gänse)Leberpastete

patelin [patlɛ̃] M *umg* Kaff *n*

paternel [patɛrnɛl] väterlich

patience [pasjɑ̃s] F Geduld

patin [patɛ̃] M Schlittschuh; **patin à roulettes** Rollschuh

patinage [patinaʒ] M Eislauf; **patiner** [patine] Schlittschuh laufen

pâtisserie [pɑtisri] F Konditorei

patois [patwa] M Mundart *f*

patron [patrõ] M, **patronne** [-rɔn] F Chef(in) *m(f)*, Arbeitgeber(in) *m(f)*; Wirt(in) *m(f)*

patte [pat] F Pfote, Tatze

paupière [popjɛr] F Augenlid *n*

paupiette [popjɛt] F Roulade

pause [poz] F (Arbeits)Pause

pauvre [povrə] arm

pavé [pave] M (Straßen)Pflaster *n*

paye [pɛj] F → paie; **payement** [pɛjmɑ̃] M → paiement

payer [pɛje] (be)zahlen; **payer séparément** getrennt zahlen; **payer tout ensemble** zusammen zahlen

pays [pei] M Land *n*, Heimat *f*; **du pays** *Produkt* einheimisch; **pays natal** Heimat

paysage [peizaʒ] M Landschaft *f*

paysan [peizɑ̃] M, **paysanne** [-zan] F Bauer,

Bäuerin
Pays-Bas [peibɑ] MPL **les Pays-Bas** die Niederlande *pl*
péage [peaʒ] M Maut(gebühr) *f*; **péage pour poids lourds** Lkw-Maut
peau [po] F Haut; Fell *n*; Leder *n*
pêche [pɛʃ] F Pfirsich *m*; Fischfang *m*; **pêche à la ligne** Angeln *n*
péché [peʃe] M Sünde *f*
pécher [peʃe] sündigen
pêcher¹ [pɛʃe] fischen; **pêcher à la ligne** angeln
pêcher² [pɛʃe] M Pfirsichbaum
pêcheur [pɛʃœr] M, **pêcheuse** [-ʃøz] F Fischer(in) *m(f)*, Angler(in) *m(f)*
pédale [pedal] F **pédale d'embrayage** Kupplungspedal *n*; **pédale de frein** Bremspedal *n*
pédalo [pedalo] M Tretboot *n*
pédiatre [pedjatrə] M/F Kinderarzt *m*, -ärztin *f*
peigne [pɛɲ] M Kamm
peignoir [pɛɲwar] M Bademantel
peindre [pɛ̃drə] malen; streichen
peine [pɛn] F Strafe; Kummer *m*; **à peine** kaum
peintre [pɛ̃trə] M Maler(in) *m(f)*
peinture [pɛ̃tyr] F Gemälde *n*; Farbe; **peinture fraîche!** frisch gestrichen!
pêle-mêle [pɛlmɛl] bunt durcheinander
peler [pəle] schälen
pèlerinage [pɛlrinaʒ] M Pilgerfahrt *f*; Wallfahrtsort
pelle [pɛl] F Schaufel

pellicule [pelikyl] F Film *m*
pelouse [p(ə)luz] F Rasen *m*, Liegewiese
pelure [p(ə)lyr] F *Obst* Schale
pénal [penal] JUR Straf...
pencher [pɑ̃ʃe] **se pencher** sich niederbeugen, sich neigen; **se pencher au dehors** sich hinauslehnen
pendant [pɑ̃dɑ̃] während
pendre [pɑ̃drə] hängen
pénétrer [penetre] durchdringen; **pénétrer dans** eindringen in
pénible [peniblə] mühsam
pénicilline [penisilin] F Penizillin *n*
pensée [pɑ̃se] F Gedanke *m*
penser [pɑ̃se] denken, meinen
pension [pɑ̃sjõ] F (*Fremdenheim*) Pension; Unterkunft und Verpflegung; **pension complète** Vollpension
pente [pɑ̃t] F Abhang *m*, Gefälle *n*
Pentecôte [pɑ̃tkot] F **la Pentecôte** Pfingsten *n*
pénurie [penyri] F **pénurie d'eau** Wasserknappheit
pépinière [pepinjɛr] F Baumschule
perceptible [pɛrsɛptiblə] wahrnehmbar
perche [pɛrʃ] F Barsch *m*
perdre [pɛrdrə] *a.* SPORT verlieren; **se perdre** sich verlaufen
perdrix [pɛrdri] F Rebhuhn *n*
perdu [pɛrdy] verloren
père [pɛr] M Vater; **père Noël** Weihnachtsmann

perfection [pɛrfɛksjõ] F Vollkommenheit
perforer [pɛrfɔre] lochen
péril [peril] M Gefahr *f*
périmé [perime] *Pass etc* abgelaufen
période [perjɔd] F Zeitraum *m*
périodique [perjɔdik] M Zeitschrift *f*
périr [perir] untergehen, umkommen; **périssable** [perisablə] *Nahrungsmittel* leicht verderblich
perle [pɛrl] F Perle
permanence [pɛrmanɑ̃s] F Bereitschaftsdienst *m*; **permanent** [pɛrmanɑ̃] ständig; **permanente** [pɛrmanɑ̃t] F Dauerwelle
permettre [pɛrmɛtrə] erlauben
permis [pɛrmi] zulässig; **permis** M **permis de conduire** Führerschein; **permis de séjour** Aufenthaltserlaubnis *f*
permission [pɛrmisjõ] F Erlaubnis
pernicieux [pɛrnisjø] schädlich; MED bösartig
Pérou [peru] M **le Pérou** Peru *n*
perroquet [pɛrɔkɛ] M Papagei
perruche [pɛryʃ] F (Wellen)Sittich *m*
perruque [pɛryk] F Perücke
persienne [pɛrsjɛn] F Fensterladen *m*
persil [pɛrsi] M Petersilie *f*
persister [pɛrsiste] **persister dans** beharren auf
personnage [pɛrsɔnaʒ] M Persönlichkeit *f*; *Film etc* Rolle *f*
personne[1] [pɛrsɔn] **(ne ...) personne** niemand
personne[2] [pɛrsɔn] F Person; **grandes personnes** Erwachsene

personnel[1] [pɛrsɔnɛl] persönlich
personnel[2] [pɛrsɔnɛl] M Personal *n*, Belegschaft *f*
perte [pɛrt] F Verlust *m*; **perte de sang** Blutverlust
perturbation [pɛrtyrbasjõ] F Störung
peser [pəze] wiegen
peste [pɛst] F Pest
pétanque [petɑ̃k] F *in Südfrankreich Art* Bocciaspiel *n*
pétard [petar] M Knallfrosch
petit [p(ə)ti] klein; gering; **petit à petit** allmählich; **petit déjeuner** Frühstück *n*
petite-fille [p(ə)titfij] F Enkelin
petitesse [p(ə)titɛs] F Kleinheit; Engstirnigkeit
petit-fils [p(ə)tifis] M Enkel
pétition [petisjõ] F Gesuch *n*
petits-enfants [p(ə)tizɑ̃fɑ̃] MPL Enkel; **petits-pois** [p(ə)tipwa] MPL Erbsen *fpl*
pétrifier [petrifje] versteinern (lassen)
pétrir [petrir] kneten
pétrole [petrɔl] M Erdöl *n*
pétrolier [petrɔlje] M Tanker
peu [pø] wenig(e); **peu à peu** nach und nach; **un peu** ein wenig, etwas
peuple [pœplə] M Volk *n*
peuplier [pøplije] M Pappel *f*
peur [pœr] F Angst, Furcht (**de** vor); **avoir peur** Angst haben
peut-être [pøtɛtrə] vielleicht

p. ex. (= **par exemple**) z. B. (zum Beispiel)
phalange [falɑ̃ʒ] F Fingerglied *n*, -knöchel *m*
phare [far] M Leuchtturm; AUTO Scheinwerfer; **phares** *pl* AUTO Fernlicht *n*
pharmacie [farmasi] F Apotheke
pharmacien [farmasjɛ̃] M, **pharmacienne** [-sjɛn] F Apotheker(in) *m(f)*
Philippines [filipin] FPL **les Philippines** die Philippinen *pl*
phoque [fɔk] M Robbe *f*, Seehund
photo [fɔto] F Foto *n*; **photo d'identité** Passbild *n*; **prendre des photos** fotografieren
photographe [fɔtɔgraf] M/F Fotograf(in) *m(f)*; **photographie** [fɔtɔgrafi] F Fotografie; **photographier** [fɔtɔgrafje] fotografieren
photophone [fɔtofɔn] M Fotohandy *n*
phrase [fraz] F Satz *m*
physique¹ [fizik] physisch, körperlich
physique² [fizik] F Physik
piano [pjano] M Klavier *n*
pichet [piʃɛ] M Kanne *f*, Krug
pickpocket [pikpɔkɛt] M Taschendieb
pièce [pjɛs] F Stück *n* (*a. Theater*); Münze; Zimmer *n*; **pièce d'auto** Autoteil *n*; **pièce de rechange** Ersatzteil
pied [pje] M Fuß; **à pied** zu Fuß
piédestal [pjedɛstal] M Sockel
pied-noir [pjenwar] *umg* M Algerienfranzose
piège [pjɛʒ] M Falle *f*
pierre [pjɛr] F Stein *m*

pierreux [pjɛrø] steinig
pierries [pjɛri] FPL Edelsteine *mpl*, Juwelen *npl*
piété [pjete] F Frömmigkeit
piéton [pjetõ] M, **piétonne** [-tɔn] F Fußgänger(in) *m(f)*
pieux [pjø] fromm
pigeon [piʒõ] M Taube *f*
pile [pil] F Stapel *m*; Batterie
pillage [pijaʒ] M Plünderung *f*
pilotage [pilɔtaʒ] M Lotsendienst
pilote [pilɔt] M SCHIFF Lotse; FLUG Pilot; AUTO (Renn)Fahrer
pilule [pilyl] F Pille; **pilule (contraceptive)** Antibabypille
piment [pimã] M Paprika
pimenter [pimãte] scharf würzen
pin [pɛ̃] M Kiefer *f*, Pinie *f*
pince [pɛ̃s] F Zange, Klemme; *Krebs* Schere; **pince (à épiler)** Pinzette; **pince à linge** Wäscheklammer
pinceau [pɛ̃so] M Pinsel
pincée [pɛ̃se] F **une pincée de sel** e-e Prise Salz
pincer [pɛ̃se] kneifen, zwicken; klemmen
pincette [pɛ̃sɛt] F Pinzette
pinède [pinɛd] F Kiefern-, Pinienwald *m*
pingouin [pɛ̃gwɛ̃] M Pinguin
ping-pong [piŋpõg] M Tischtennis *n*
pipe [pip] F (Tabaks)Pfeife
pique-nique [piknik] M Picknick *n*
piquer [pike] stechen
piquet [pikɛ] M Zelthering

piqûre [pikyr] F Stich *m*; MED Spritze; **piqûre d'insecte** Insektenstich; **piqûre de serpent** Schlangenbiss *m*; **faire une piqûre à qn** j-m e-e Spritze geben
pire [pir] schlimmer; **le pire** der, die, das schlimmste
pis [pi] schlimmer; **le pis** am schlimmsten
pis-aller [pizale] M Notbehelf
piscine [pisin] F Schwimmbad *n*, Swimmingpool *m*; **piscine couverte** Hallenbad; **piscine en plein air** Freibad
pistache [pistaʃ] F Pistazie
piste [pist] F Fährte; Piste; Rennbahn; *Zirkus* Manege; **piste d'atterrissage, d'envol** Lande-, Startbahn; **piste cyclable** Radweg *m*; **piste de fond** Loipe
pistolet [pistɔlɛ] M Pistole *f*
piston [pistõ] M TECH Kolben
pitié [pitje] F Mitleid *n*
pitoyable [pitwajablə] bedauernswert, erbärmlich
pittoresque [pitɔrɛsk] malerisch
pizza [pidza] F Pizza
placard [plakar] M Wandschrank
place [plas] F Platz *m*, Ort *m*, *a. Arbeit* Stelle; **sur place** an Ort und Stelle; **à la place de** anstelle von; **place assise** Sitzplatz; **place debout** Stehplatz; **place du marché** Marktplatz; **place réservée** BAHN Platzkarte *f*
placer [plase] setzen, stellen, legen

plafond [plafõ] M (Zimmer)Decke *f*; AUTO Höchstgeschwindigkeit *f*
plage [plaʒ] F Strand *m*; Seebad *n*; **plage nudiste** FKK-Strand; **plage privée** Privatstrand; **plage de sable** Sandstrand
plaie [plɛ] F Wunde
plaindre [plɛ̃drə] **se plaindre** sich beklagen, sich beschweren (**à qn de qc** bei j-m über etw)
plaine [plɛn] F Ebene
plainte [plɛ̃t] F Klage, Anzeige; **porter plainte** Anzeige erstatten
plaire [plɛr] gefallen; **s'il vous (te) plaît** bitte
plaisance [plɛzɑ̃s] F ... **de plaisance** Vergnügungs...; **port de plaisance** Jacht-, Segelhafen *m*
plaisanter [plɛzɑ̃te] scherzen, spaßen; **plaisanterie** [plɛzɑ̃tri] F Scherz *m*, Spaß *m*
plaisir [plezir] M Vergnügen *n*, Freude *f*; Lust *f*; **avec plaisir** sehr gerne
plan [plɑ̃] M Plan; **plan de la ville** Stadtplan
planche [plɑ̃ʃ] F Brett *n*; **planche à voile** Surfbrett; **faire de la planche à voile** surfen
plancher [plɑ̃ʃe] M Fußboden
planeur [planœr] M Segelflugzeug *n*
plantation [plɑ̃tasjõ] F Plantage
plante [plɑ̃t] F Pflanze; **plante du pied** Fußsohle;
planter [plɑ̃te] pflanzen; *Zelt* aufschlagen
plaque [plak] F **plaque d'immatriculation** AUTO Nummernschild *n*
plastique [plastik] M Kunststoff, Plastik *n*
plat [pla] flach; *m* GASTR Gericht *n*, Gang; **plat**

cuisiné Fertiggericht; **plat du jour** Tagesgericht; **plat principal** *od* **de résistance** Hauptgericht
platane [platan] M Platane *f*
plateau [plato] M Tablett *n*; Platte *f*; **plateau de fromage** Käseplatte
plâtre [plɑtrə] M Gips(verband)
plâtrer [plɑtre] ver-, eingipsen
plein [plɛ̃] voll; **en plein air** im Freien; **en plein été** im Hochsommer; **pleine saison** Hauptsaison *f*; **plein** M **faites le plein s'il vous plaît!** bitte volltanken!
pleurer [plœre] weinen
pleuvoir [pløvwar] regnen; **il pleut** es regnet
pli [pli] M Falte *f*; **mise en plis** *Frisur* Wasserwelle *f*
pliant [plijɑ̃] zusammenklappbar; **canot pliant** Faltboot *n*; **(siège) pliant** Klappstuhl [m]
plie [pli] F ZOOL Scholle
plier [plije] (zusammen)falten, biegen
plomb [plõ] M Blei *n*; **sans plomb** *Benzin* bleifrei
plombage [plõbaʒ] M *Zähne* Plombe *f*
plombier [plõbje] M Klempner
plongée [plõʒe] F Tauchen *n*; **plongée sous-marine** Tauchsport *m*
plongeoir [plõʒwar] M Sprungbrett *n*, -turm; **plongeon** [plõʒõ] M Kopfsprung; **plonger** [plõʒe] tauchen
pluie [plɥi] F Regen *m*; **pluie torrentielle** Wolkenbruch *m*
plume [plym] F Feder

plupart [plypar] **la plupart** die meisten; **la plupart du temps** meistens
plus [ply(s)] mehr; **au plus** höchstens; **de plus** außerdem; **de plus en plus** immer mehr; **en plus** zuzüglich; **en plus de** außer; **non plus** auch nicht; **plus tard** später; **plus tôt** früher
plusieurs [plyzjœr] mehrere
plutôt [plyto] lieber, eher
pluvieux [plyvjø] regnerisch
pneu [pnø] M Reifen; **pneu de rechange** Ersatzreifen; **pneu neige** Winterreifen
pneumonie [pnømɔni] F Lungenentzündung
poche [pɔʃ] F Tasche; **poche d'air** FLUG Luftloch *n*
poêle[1] [pwal] M (Zimmer)Ofen
poêle[2] [pwal] F Pfanne
poêlon [pwalõ] M Stieltopf
poésie [pɔezi] F Dichtung; *kleines* Gedicht *n*
poète [pɔɛt] M Dichter; **femme poète** Dichterin
poids [pwa] M Gewicht *n*; **poids lourd** Lkw
poignée [pwaɲe] F Griff *m*; **poignée de main** Händedruck *m*
poignet [pwaɲɛ] M Handgelenk *n*
poil [pwal] M *von Tieren; am menschlichen Körper* Haar *n*; **à poil** nackt
poilu [pwaly] behaart
poing [pwɛ̃] M Faust *f*
point [pwɛ̃] M Punkt; **à point** *Steak* medium; **point culminant** Höhepunkt; **point de vue** Aussichtspunkt; *fig* Standpunkt; **point mort** AUTO

Leerlauf
pointe [pwɛ̃t] F Spitze
pointu [pwɛ̃ty] spitz
pointure [pwɛ̃tyr] F Schuhgröße
poire [pwar] F Birne
poireau [pwaro] M Porree
poirée [pware] F Mangold *m*
pois [pwa] M Erbse *f*
poison [pwazõ] M Gift *n*
poisson [pwasõ] M Fisch; **poisson d'eau douce** Süßwasserfisch; **poisson de mer** Seefisch; **poissonnerie** [pwasɔnri] F Fischgeschäft *n*
poitrine [pwatrin] F Brust
poivre [pwavrə] M Pfeffer
poivré [pwavre] gepfeffert
poivrier [pwavrije] M Pfefferstreuer
poivron [pwavrõ] M Paprikaschote *f*
poker [pɔkɛr] M Poker *n*
poli [pɔli] glatt; höflich
police [pɔlis] F Polizei; **agent de police** Polizist *m*; **police des frontières** Grenzpolizei; **police routière** Verkehrspolizei; **police secours** Notruf *m*
policier [pɔlisje] M Krimi
policlinique [pɔliklinik] F Poliklinik
politesse [pɔlitɛs] F Höflichkeit
politique [pɔlitik] politisch; **politique** F Politik
polluant [pɔlɥɑ̃] umweltschädlich; **polluant** [pɔlɥɑ̃] M Schadstoff; **pollué** [pɔlɥe] verschmutzt, schadstoffbelastet; **pollueur** [pɔlɥœr] M Umweltverschmutzer; **pollution** [pɔlysjõ] F

Umweltverschmutzung
Pologne [pɔlɔɲ] F **la Pologne** Polen *n*
pommade [pɔmad] F Salbe
pomme [pɔm] F Apfel *m*; **pomme de terre** Kartoffel *f*; **pommes de terre sautées** Bratkartoffeln
pompe [põp] F Pumpe; **pompe à essence** Zapfsäule; **pompe (à pneus)** Luftpumpe
pompiers [põpje] MPL Feuerwehr *f*
pompiste [põpist] M Tankwart
ponctuel [põktɥɛl] pünktlich
poney [pɔnɛ] M ZOOL Pony *n*
pont [põ] M Brücke *f*, Deck *n*; **pont promenade** Promenadendeck
populaire [pɔpylɛr] volkstümlich; beliebt; **population** [pɔpylasjõ] F Bevölkerung
porc [pɔr] M Schweinefleisch *n*
porcelaine [pɔrsəlɛn] F Porzellan *n*
porcelet [pɔrsəlɛ] M Ferkel *n*
port [pɔr] M Porto *n*; Hafen; **port de destination** Zielhafen; **port de pêche** Fischereihafen
portable [pɔrtablə] M TEL Handy *n*; IT Laptop
porte [pɔrt] F Tür, Tor *n*; FLUG Gate *n*, Flugsteig *m*; **porte d'entrée** Eingangstür
portefeuille [pɔrtfœj] M Brieftasche *f*; **portemanteau** [pɔrtmãto] M Garderobe *f*, Kleiderständer; **porte-monnaie** [pɔrtmɔnɛ] M Geldbeutel
porter [pɔrte] tragen
porteur [pɔrtœr] M *Person* Gepäckträger
portier [pɔrtje] M Portier, Pförtner

portière [pɔrtjɛr] F AUTO Tür
portion [pɔrsjõ] F Portion, Teil *m*
porto [pɔrto] M Portwein
Portugal [pɔrtygal] M **le Portugal** Portugal *n*
posemètre [pozmɛtrə] M FOTO Belichtungsmesser
poser [poze] setzen, stellen, legen
position [pozisjõ] F Stellung, Position
posséder [pɔsede] besitzen; *Sprache* beherrschen
possession [pɔsɛsjõ] F Besitz *m*
possible [pɔsiblə] möglich
postal [pɔstal] Post...; **carte postale** Postkarte
poste[1] [pɔst] F Post, Postamt *n*; **poste restante** postlagernd
poste[2] [pɔst] M Posten, Stelle *f*; **poste d'appel d'urgence** Notrufsäule *f*; **poste frontière** Grenzübergang; **poste de police** Polizeiwache *f*; **poste (de radio)** Radio(gerät) *n*; **poste de secours** Unfall-, Rettungsstation *f*
postérieur [pɔsterjœr] später, hintere
pot [po] M Topf, Kanne *f*; **petit pot** Kännchen *n*; **pot catalytique** Katalysator
potable [pɔtablə] **eau potable** Trinkwasser *n*
potage [pɔtaʒ] M Suppe *f*
pot-au-feu [pɔtofø] M Eintopf
poteau [pɔto] M **poteau indicateur** Wegweiser
poterie [pɔtri] F Töpferware; Töpferei
poubelle [pubɛl] F Mülleimer *m*
pouce [pus] M Daumen
poudre [pudrə] F Pulver *n*; Puder *m*; **café en**

poudre Pulverkaffee; **poudre de charbon** Kohletabletten *pl*
poule [pul] F (Suppen)Huhn *n*
poulet [pulɛ] M Hähnchen *n*; **poulet rôti** Brathähnchen
pouls [pu] M Puls; **prendre le pouls** den Puls messen
poumon [pumõ] M Lunge *f*
poupée [pupe] F Puppe
pour [pur] für; nach; **pour cela** dafür; **pour que** damit
pourboire [purbwar] M Trinkgeld *n*
pour cent [pursɑ̃] Prozent *n*
pourquoi [purkwa] warum, weshalb; **c'est pourquoi** deshalb
pourriel [purjɛl] M IT Spam *n*
poursuivre [pursɥivrə] verfolgen
pourtant [purtɑ̃] dennoch
pourvoir [purvwar] ausstatten, versehen (**de** mit)
pousser [puse] wachsen; stoßen, schieben; *Auto* anschieben; **poussez** *an Türen* drücken
poussette [pusɛt] F Buggy *m*
poussière [pusjɛr] F Staub *m*
pouvoir[1] [puvwar] können, dürfen
pouvoir[2] [puvwar] M Macht *f*
prairie [prɛri] F Wiese, Grünland *n*
praline [pralin] F gebrannte Mandel
praticable [pratikablə] *Straße* befahrbar
pratique [pratik] praktisch
pré [pre] M *kleine* Wiese *f*

préavis [preavi] M TEL Voranmeldung *f*
précaution [prekosjõ] F Vorsicht(smaßnahme)
précieux [presjø] wertvoll; **pierre précieuse** Edelstein *m*
précipice [presipis] M Abgrund
précipitations [presipitasjõ] FPL *Wetter* Niederschläge *mpl*
précis [presi] genau, präzis(e)
précisément [presizemɑ̃] genau, gerade; **préciser** [presize] genau(er) angeben
préfabriqué [prefabrike] vorgefertigt; **maison préfabriquée** Fertighaus *n*
préfecture [prefɛktyr] F Präfektur
préférer [prefere] vorziehen
préfet [prefɛ] M Präfekt
préjugé [preʒyʒe] M Vorurteil *n*
prématuré [prematyre] verfrüht, vorzeitig
premier [prəmje] erster; **première (classe)** erster (Klasse); **premiers soins** Erste Hilfe
prendre [prɑ̃drə] nehmen; einnehmen; halten (**pour** für); **prendre l'avion** fliegen; **prendre un bain de soleil** sich sonnen; **prendre de l'essence** tanken; **prendre froid** sich erkälten; **prendre son petit déjeuner** frühstücken
prénom [prenõ] M Vorname
préparatifs [preparatif] MPL Vorbereitungen *fpl*; **préparation** [preparasjõ] F Vor-, Zubereitung; **préparer** [prepare] vor-, zubereiten
prépayé [prepɛje] **mobile prépayé** Prepaidhandy *n*; **carte prépayée** Prepaidkarte *f*

préretraite [prerətrɛt] F Vorruhestand *m*
près [prɛ] nahe; **près de** in der Nähe; **près de la plage** in Strandnähe; **à peu près** ungefähr
prescription [prɛskripsjõ] F MED Rezept *n*
prescrire [prɛskrir] vorschreiben; MED verschreiben
présence [prezɑ̃s] F Anwesenheit
présent¹ [prezɑ̃] anwesend
présent² [prezɑ̃] M Gegenwart *f*
présentation [prezɑ̃tasjõ] F Vorstellung; **présentation de collections** Modenschau; **présenter** [prezɑ̃te] vorstellen
préservatif [prezɛrvatif] M Kondom *n*
président(e) [prezidɑ̃(t)] M(F) Vorsitzende(r) *m/f(m)*; Präsident(in) *m(f)*
presque [prɛskə] beinahe, fast
presqu'île [prɛskil] F Halbinsel
presse [prɛs] F Presse
pressé [prɛse] **être pressé** in Eile sein
pressentiment [prɛsɑ̃timɑ̃] M Vorgefühl *n*
presser [prɛse] drücken, (aus)pressen
pression [prɛsjõ] F Druck *m*; AUTO Reifendruck *m*; **pression atmosphérique** Luftdruck; **bière pression** Bier vom Fass
prêt [prɛ] bereit, fertig; **prêt à cuire** kochfertig
prétendre [pretɑ̃drə] behaupten
prétendu [pretɑ̃dy] angeblich, sogenannt
prêter [prɛte] leihen; *Hilfe* leisten
prétexte [pretɛkst] M Vorwand
prêtre [prɛtrə] M Priester

preuve [prœv] F Beweis *m*
prévenir [prevnir] (vorher) benachrichtigen; warnen (**de** vor)
prévention [prevɑ̃sjõ] F Verhütung; **prévention routière** Verkehrsunfallverhütung
prévisions [previzjõ] FPL **prévisions météorologiques** Wettervorhersage *f*
prévoir [prevwar] vorhersehen
prier [prije] beten; bitten; **je vous en prie!** bitte (sehr)!
prière [prijɛr] F Gebet *n*; Bitte
primaire [primɛr] **école primaire** Grundschule *f*
primeurs [primœr] FPL Frühgemüse *n*; Frühobst *n*
principal [prɛ̃sipal] Haupt…
principe [prɛ̃sip] M Grundsatz
printemps [prɛ̃tɑ̃] M Frühling
priorité [prijɔrite] F Vorfahrt; **priorité à droite** Vorfahrt von rechts
prise [priz] F **prise (de courant)** Steckdose; **prise d'eau** Wasseranschluss *m*
prison [prizõ] F Gefängnis *n*
privé [prive] privat, Privat…
prix [pri] M Preis; **prix du billet, du transport, du voyage** Fahrpreis; **prix d'entrée** Eintrittspreis; **prix fixe** Festpreis; **prix forfaitaire** Pauschalpreis; **prix usuraire** Wucherpreis
probable [prɔbablə] wahrscheinlich
problème [prɔblɛm] M Problem *n*; **pas de problème!** kein Problem!

procéder [prɔsede] verfahren
procès-verbal [prɔsɛvɛrbal] M Polizeiprotokoll *n*; Strafmandat *n*
prochain [prɔʃɛ̃] nächste
proche [prɔʃ] nahe
procuration [prɔkyrasjõ] F Vollmacht
production [prɔdyksjõ] F Erzeugung
produire [prɔdɥir] herstellen
produit [prɔdɥi] M Produkt *n*, Erzeugnis *n*; **produits** MPL **biologiques** Bioprodukte *npl*; **produits diététiques** Reformkost *f*; **produits surgelés** Tiefkühlkost *f*
prof [prɔf] M/F *Schülersprache* Lehrer(in) *m(f)*; **professeur** [prɔfɛsœr] M Lehrer(in) *m(f)*
profession [prɔfesjõ] F Beruf *m*; **professionnel** [prɔfesjɔnɛl] beruflich
profiter [prɔfite] **profiter de qc** etw ausnützen
profond [prɔfõ] tief; **profondeur** [prɔfõdœr] F Tiefe
programme [prɔgram] M Programm *n*
progrès [prɔgrɛ] M Fortschritt
proie [prwa] F Raub *m*, Beute
projecteur [prɔʒɛktœr] M Scheinwerfer; **projecteur digital** Beamer
projet [prɔʒɛ] M Plan; **projet-pilote** [prɔʒɛpilɔt] M Pilotprojekt *n*
prolongation [prɔlõgasjõ] F Verlängerung
prolonger [prɔlõʒe] verlängern
promenade [prɔmnad] F Spaziergang *m*, -fahrt; **promenade en bateau** Bootsfahrt

promener [prɔmne] **se promener** spazieren gehen
promettre [prɔmɛtrə] versprechen
promontoire [prɔmõtwar] M Kap *n*; Vorgebirge *n*
prononcer [prɔnõse] aussprechen
propane [prɔpan] M Propangas *n*
propos [prɔpo] M **à propos** übrigens; **à propos de** was ... betrifft
proposer [prɔpoze] vorschlagen
proposition [prɔpozisjõ] F Vorschlag *m*
propre [prɔprə] eigen; sauber
propriétaire [prɔprijetɛr] M/F Eigentümer(in) *m(f)*
propriété [prɔprijete] F Eigentum *n*; **propriété privée** Privatbesitz *m*
prospectus [prɔspɛktys] M Prospekt
prospérité [prɔsperite] F Wohlstand *m*
prostituée [prɔstitɥe] F Prostituierte
protection [prɔtɛksjõ] F Schutz *m*; **protection du climat** Klimaschutz *m*; **protection de l'environnement** Umweltschutz
protéger [prɔteʒe] beschützen (**contre** *od* **de** vor)
protège-slip [prɔtɛʒslip] M Slipeinlage *f*
protestant [prɔtɛstɑ̃] protestantisch
prothèse [prɔtɛz] F Prothese
proue [pru] F SCHIFF Bug *m*
prouver [pruve] beweisen
provenance [prɔvnɑ̃s] F **en provenance de** *Flugzeug, Zug* aus
provençal [prɔvɑ̃sal] provenzalisch

proverbe [prɔvɛrb] M Sprichwort *n*
province [prɔvɛ̃s] F Provinz
provisions [prɔvizjõ] FPL Proviant *m*, (Lebensmittel)Vorräte *mpl*
provoquer [prɔvɔke] hervorrufen
prudent [prydɑ̃] vorsichtig
prune [pryn] F Pflaume
pruneau [pryno] M Backpflaume *f*
Prusse [prys] F **la Prusse** Preußen *n*
public [pyblik] öffentlich; **publication** [pyblikasjõ] F Veröffentlichung, Bekanntmachung
publicité [pyblisite] F Werbung
publier [pyblije] veröffentlichen
puce [pys] F Floh *m*; **marché aux puces** Flohmarkt
puer [pɥe] stinken (**qc** nach etw); **ça pue** es stinkt
puis [pɥi] dann
puisque [pɥiskə] da (ja)
puissance [pɥisɑ̃s] F Macht, Stärke; **puissant** [pɥisɑ̃] mächtig, kräftig
puits [pɥi] M Brunnen
pull [pyl] M Pulli; **pull à col roulé** Rollkragenpulli; **pullover** [pylɔvɛr] M Pullover
pulmonaire [pylmɔnɛr] Lungen…
punaise [pynɛz] F Reißzwecke
punir [pynir] bestrafen
pur [pyr] rein
purée [pyre] F Brei *m*, Püree *n*; **purée de pommes de terre** Kartoffelbrei
pus [py] M Eiter

pyjama [piʒama] M Schlafanzug
Pyrénées [pirene] FPL **les Pyrénées** die Pyrenäen *pl*

Q

quai [ke] M Kai, Uferstraße *f*; Bahnsteig, Gleis *n*
qualifié [kalifje] geeignet; **qualité** [kalite] F Eigenschaft, Fähigkeit
quand [kɑ̃] wann; *zeitlich* als, wenn; **quand même** trotzdem
quant à [kɑ̃ta] was … betrifft
quantité [kɑ̃tite] F Menge
quarante [karɑ̃t] vierzig
quart [kar] M Viertel *n*; **quart d'heure** Viertelstunde *f*
quartier [kartje] M Stadtviertel
quatorze [katɔrz] vierzehn
quatre [kat(rə)] vier
quatre-vingt [katrəvɛ̃] achtzig; **quatre-vingt--dix** [katrəvɛ̃dis] neunzig
que [kə] den, die, das; was?; wie …!; dass, damit; als; **ce que** (das,) was; **qu'est-ce que?** was?
quel [kɛl] welcher, was für ein
quelque [kɛlk(ə)] ein gewisser; **quelques** ein paar; **quelque chose** etwas

quelquefois [kɛlkəfwa] manchmal
quelqu'un [kɛlkɛ̃] jemand; **quelques-uns** einige
question [kɛstjõ] F Frage
questionnaire [kɛstjɔnɛr] M Fragebogen
queue [kø] F Schwanz *m*; **faire la queue** Schlange stehen, anstehen
qui [ki] wer, wen; **ce qui** (das,) was; **qui est-ce qui?** wer?; **qui est-ce que?** wen?
quiche [kiʃ] F **quiche lorraine** *Art* Speckkuchen *m*
quille [kij] F *Spiel* Kegel *m*
quincaillerie [kɛ̃kajri] F Haushaltswarengeschäft *n*
quinze [kɛ̃z] fünfzehn
quittance [kitɑ̃s] F Quittung
quitter [kite] verlassen; **ne quittez pas!** TEL bleiben Sie am Apparat!
quoi [kwa] was?; **de quoi** wovon; **à quoi bon?** wozu?; **(il n'y a) pas de quoi!** keine Ursache!, bitte!
quoique [kwakə] obgleich
quotidien [kɔtidjɛ̃] täglich; **quotidien** M Tageszeitung *f*

R

rabattre [rabatrə] herunterklappen, -schlagen
raccommoder [rakɔmɔde] flicken, stopfen

raccompagner [rakõpaɲe] zurückbegleiten
raccourci [rakursi] M Abkürzung *f*
raccrocher [rakrɔʃe] *Hörer* auflegen
racine [rasin] F Wurzel
racisme [rasismə] M Rassismus
raconter [rakõte] erzählen
radeau [rado] M Floß *n*
radiateur [radjatœr] M Heizkörper; AUTO Kühler; **radiateur électrique** Heizofen
radio [radjo] F Radio *n*; Röntgenaufnahme; **passer une radio** durchleuchtet werden; **radiodiffuser** [radjodifyze] *im Rundfunk* übertragen
radiographie [radjografi] F Röntgenaufnahme; **radiographier** [radjografje] röntgen
radioguidage [radjogidaʒ] M Verkehrsfunk
radiologue [radjɔlɔg] M Radiologe
radis [radi] M Radieschen *n*
rafale [rafal] F Bö
rafraîchir [rafrɛʃir] erfrischen; **se rafraîchir** kühler werden; *durch ein Getränk* sich erfrischen; **rafraîchissement** [rafrɛʃismã] M Erfrischung *f*; Abkühlung *f*
rage [raʒ] F Wut; MED Tollwut
ragoût [ragu] M Ragout *n*
raie [rɛ] F *Haar* Scheitel *m*
raifort [rɛfɔr] M Meerrettich
rail [raj] M BAHN Schiene *f*
railler [raje] (ver)spotten
raisin [rɛzɛ̃] M Weintrauben *fpl*; **raisin sec** Rosine *f*

raison [rɛzõ] F Vernunft; Grund *m*; **avoir raison** recht haben; **raisonnable** [rɛzɔnablə] vernünftig
ralenti [ralɑ̃ti] M AUTO Leerlauf; *Film* Zeitlupe *f*
ralentir [ralɑ̃tir] langsamer fahren; **ralentissements** [ralɑ̃tismɑ̃] MPL zähflüssiger Verkehr
rallonge [ralõʒ] F Verlängerungskabel
ramasser [ramase] aufheben
rame [ram] F Ruder *n*; U-Bahn-Zug *m*
rameau [ramo] M Zweig
ramener [ramne] zurückbringen
ramer [rame] rudern
rançon [rɑ̃sõ] F Lösegeld *n*
randonnée [rɑ̃dɔne] F Wanderung; **faire une randonnée** wandern
rang [rɑ̃] M Rang, Stellung *f*; Reihe *f*
ranger [rɑ̃ʒe] aufräumen; **se ranger** sich einordnen
rapide [rapid] schnell, rasch; **rapide** M (Fern)-Schnellzug
rappel [rapɛl] M *Verkehrszeichen* Wiederholung *f*
rappeler [raple] erinnern (**qc, qn** an etw, an j-n); **se rappeler** sich erinnern (**qc, qn** an etw, an j-n)
rapport [rapɔr] M Bericht; **par rapport à** im Vergleich zu; **rapports** MPL (Geschlechts)Verkehr *m*
rapprocher [raprɔʃe] heranrücken (**de** an); **se rapprocher de** sich (an)nähern an
raquette [rakɛt] F Tennisschläger *m*
rare [rar] selten; **rarement** [rarmɑ̃] selten
raser [rɑze] **se raser** sich rasieren

rasoir [ʀɑzwaʀ] M Rasierapparat
rassembler [ʀasɑ̃ble] (ver)sammeln
rassurer [ʀasyʀe] beruhigen
rat [ʀa] M Ratte *f*
raté [ʀate] misslungen
rater verfehlen; *Zug* verpassen; **rater un examen** durchfallen
ration [ʀasjõ] F Anteil *m*
rattraper [ʀatʀape] aufholen, nachholen
rave [ʀav] F Rübe
ravi [ʀavi] entzückt (**de** über)
ravioli [ʀavjɔli] MPL Ravioli *pl*
ravissant [ʀavisɑ̃] entzückend
rayé [ʀeje] gestreift; liniert
rayon [ʀɛjõ] M Strahl; Abteilung *f*; **rayon de l'alimentation** *im Kaufhaus* Lebensmittelabteilung
réacteur [ʀeaktœʀ] M Reaktor; **réacteur nucléaire** Kernreaktor
réaction [ʀeaksjõ] F Reaktion; **avion à réaction** Düsenflugzeug *n*
réagir [ʀeaʒiʀ] reagieren
réalisation [ʀealizasjõ] F *Film* Regie; **réaliser** [ʀealize] verwirklichen
réalité [ʀealite] F Wirklichkeit
réanimation [ʀeanimasjõ] F MED Wiederbelebung; **service de réanimation** Intensivstation
rebelle [ʀəbɛl] **être rebelle à** sich widersetzen
rébellion [ʀebɛljõ] F Aufstand *m*
récemment [ʀesamɑ̃] kürzlich
récent [ʀesɑ̃] (*kürzlich erfolgt*) neu, frisch

récepteur [resɛptœr] M TV Empfänger; TEL Hörer
réception [resɛpsjõ] F *im Hotel etc* Rezeption, Empfang *m*, Empfangsbüro *n*
recette [r(ə)sɛt] F GASTR Rezept *n*
receveur [rəsvœr] M, **receveuse** [-vøz] F Busschaffner(in) *m(f)*
recevoir [rəsvwar] empfangen, bekommen
rechange [r(ə)ʃɑ̃ʒ] M **de rechange** Ersatz..., Reserve...
réchaud [reʃo] M Kocher; **réchaud à alcool** Spirituskocher; **réchaud à gaz** Gaskocher
réchauffer [reʃofe] aufwärmen
recherche [r(ə)ʃɛrʃ] F Forschung; Nachforschung
rechercher [r(ə)ʃɛrʃe] erforschen; fahnden (**qn** nach j-m)
récif [resif] M Riff *n*
réciproque [resiprɔk] gegenseitig
récit [resi] M Erzählung *f*
récital [resital] M Konzert *n*
réclamation [reklamasjõ] F Reklamation, Beschwerde
réclamer [reklame] fordern
récolte [rekɔlt] F Ernte
récolter [rekɔlte] ernten
recommandé [r(ə)kɔmɑ̃de] M *Post* Einschreiben *n*; **recommander** empfehlen; *Brief* einschreiben lassen
recommencer [r(ə)kɔmɑ̃se] wieder anfangen
récompense [rekõpɑ̃s] F Belohnung
réconciliation [rekõsiljasjõ] F Versöhnung

reconnaissance [r(ə)kɔnɛsɑ̃s] F Anerkennung; Dankbarkeit
reconnaître [r(ə)kɔnɛtrə] anerkennen; (wieder)-erkennen
reconstruire [r(ə)kõstrɥir] wiederaufbauen
record [r(ə)kɔr] M Rekord; **record du monde** Weltrekord
recourir [r(ə)kurir] **recourir à qn** sich an j-n wenden
récréation [rekreasjõ] F Erholung; *Schule* Pause
reçu [r(ə)sy] M Quittung *f*
recueil [r(ə)kœj] M Sammlung *f*
recueillir [r(ə)kœjir] (ein)sammeln
reculer [r(ə)kyle] rückwärtsfahren; zurückgehen, -weichen
récupérer [rekypere] wiedererlangen
recyclable [r(ə)siklablə] wiederverwertbar; **déchets** *mpl* **non recyclables** Restmüll *m*
recyclage [r(ə)siklaʒ] M Umschulung *f*; ÖKOL Recycling *n*
rédacteur [redaktœr] M, **rédactrice** [-tris] F Redakteur(in) *m(f)*
redoubler [r(ə)duble] verdoppeln; **redoubler une classe** *Schule* sitzen bleiben
redoutable [r(ə)dutablə] furchtbar
réduction [redyksjõ] F Ermäßigung; **réduction pour enfants** Kinderermäßigung
réduit [redɥi] ermäßigt
rééducation [reedykasjõ] F MED Rehabilitation
réel [reɛl] wirklich, tatsächlich

réévaluation [reevalɥasjõ] F *Währung* Aufwertung
réexpédier [reɛkspedje] *Post* nachsenden; **réexpédition** [reɛkspedisjõ] F **adresse** F **de réexpédition** Nachsendeadresse
refaire [r(ə)fɛr] noch einmal machen; umarbeiten; ausbessern
référer [refere] **se référer à** sich berufen auf
réfléchir [refleʃir] überlegen, nachdenken (**à** über)
reflet [r(ə)flɛ] M Widerschein; Spiegelbild *n*
refléter [r(ə)flete] widerspiegeln
reflex [reflɛks] M Spiegelreflexkamera *f*
réflexe [reflɛks] M Reflex, Reaktion *f*
réflexion [reflɛksjõ] F Überlegung; Spiegelung
refluer [r(ə)flye] zurückfließen
réforme [refɔrm] F Reform
réfrigérateur [refriʒeratœr] M Kühlschrank
refroidir [r(ə)frwadir] **se refroidir** sich abkühlen; MED sich erkälten
refroidissement [r(ə)frwadismã] M Abkühlung *f*; AUTO Kühlung *f*; MED Erkältung *f*
refuge [r(ə)fyʒ] M *im Gebirge* Schutzhütte *f*
réfugier [refyʒje] **se réfugier** (sich) flüchten
refuser [r(ə)fyze] ablehnen; sich weigern (**de** zu)
regard [r(ə)gar] M Blick; **regarder** [r(ə)garde] (an)sehen, (an)schauen; **regarder la télé** fernsehen
régates [regat] FPL Regatta *f*
régime [reʒim] M Diät *f*; Regierungsform *f*

région [reʒjõ] F Gegend, Gebiet *n*, Region; **région vinicole** Weingegend
régional [reʒjɔnal] regional
réglage [reglaʒ] M Regulierung *f*, Einstellung *f*
règle [rɛglə] F Regel, Vorschrift; **règlements** [rɛgləmɑ̃] MPL Bestimmungen *fpl*
régler [regle] regeln; einstellen; bezahlen
règles [rɛglə] FPL Periode *f*, Regel *f*
régner [reɲe] regieren; herrschen
regret [r(ə)grɛ] M Bedauern *n*
regretter [r(ə)grɛte] bedauern
régulier [regylje] regelmäßig
réhabilitation [reabilitasjõ] F Rehabilitierung
rein [rɛ̃] M Niere *f*
reine [rɛn] F Königin
reins [rɛ̃] MPL MED Kreuz *n*
rejaillir [r(ə)ʒajir] hochspritzen
rejeter [rəʒ(ə)te] ablehnen, verwerfen
rejoindre [r(ə)ʒwɛ̃drə] (wieder) einholen, treffen
réjouir [reʒwir] **se réjouir de** sich freuen über
relâche [r(ə)lɑʃ] F THEAT keine Vorstellung; **sans relâche** unablässig
relais [r(ə)lɛ] M **relais routier** Rasthaus *n*
relatif [r(ə)latif] **relatif à qc** auf etw bezüglich
relation [r(ə)lasjõ] F Beziehung, Verhältnis *n*
relativement [r(ə)lativmɑ̃] vergleichsweise; **relativement à** im Verhältnis zu
relax(e) [r(ə)laks] *umg* ungezwungen
relaxer [r(ə)lakse] **se relaxer** sich entspannen
relief [rəljɛf] M Profil *n*, Relief *n*

relier [rəlje] verbinden, verknüpfen (**à** mit)
religieuse [r(ə)liʒjøz] F Nonne
religieux[1] [r(ə)liʒjø] religiös, kirchlich
religieux[2] [r(ə)liʒjø] M Mönch
religion [r(ə)liʒjõ] F Religion
relique [r(ə)lik] F Reliquie
reliure [rəljyr] F Einband *m*
remarier [r(ə)marje] **se remarier** sich wieder verheiraten
remarquable [r(ə)markablə] bemerkenswert
remarque [r(ə)mark] F Bemerkung; **remarquer** [r(ə)marke] bemerken, wahrnehmen
rembobiner [rãbɔbine] *Film etc* zurückspulen
remboursement [rãbursəmã] M Rückerstattung *f*; **contre remboursement** per Nachnahme; **rembourser** [rãburse] zurückzahlen, rückerstatten
remède [r(ə)mɛd] M (Heil)Mittel *n*, Arznei *f*; **remède pour la circulation** Kreislaufmittel; **remède contre la toux** Hustenmittel
remercier [r(ə)mɛrsje] **remercier qn de** (*od* **pour**) **qc** j-m für etw danken
remettre [r(ə)mɛtrə] *Vorhaben* verschieben; **remettre à neuf** instand setzen; **remettre qc à qn** j-m etw aushändigen, übergeben; **se remettre (au beau)** *Wetter* wieder besser (schöner) werden; **se remettre de qc** sich von etw erholen
remise [r(ə)miz] F **remise des bagages** Gepäckausgabe
remonte-pente [r(ə)mõtpãt] M Skilift

remords [r(ə)mɔr] MPL Gewissensbisse
remorque [r(ə)mɔrk] F Anhänger *m*; **remorquer** [r(ə)mɔrke] abschleppen
rémoulade [remulad] F Remoulade(nsoße)
rempart [rɑ̃par] M Wall
remplaçant [rɑ̃plasɑ̃] M, **remplaçante** [-sɑ̃t] F (Stell)Vertreter(in) *m(f)*
remplacement [rɑ̃plasmɑ̃] M Ersatz; **remplacer** [rɑ̃plase] ersetzen; vertreten
remplir [rɑ̃plir] füllen (**de** mit), nachfüllen; *Formular* ausfüllen
remporter [rɑ̃pɔrte] *Sieg, Preis etc* erringen
remuer [rəmɥe] (sich) bewegen; umrühren
renaissance [r(ə)nɛsɑ̃s] F Wiederaufleben *n*
renard [r(ə)nar] M Fuchs
rencontre [rɑ̃kõtrə] F Begegnung; **rencontrer** [rɑ̃kõtre] treffen, begegnen (**qn** j-m)
rendez-vous [rɑ̃devu] M Verabredung *f*; Treffpunkt; Termin; **se donner rendez-vous** sich verabreden; **avoir rendez-vous avec qn** mit j-m verabredet sein; **prendre rendez-vous** *beim Arzt, Friseur etc* sich anmelden
rendormir [rɑ̃dɔrmir] **se rendormir** wieder einschlafen
rendre [rɑ̃drə] zurückgeben; **rendre compte de qc** von etw berichten; **rendre visite à qn** j-n besuchen; **se rendre à** sich begeben nach
rêne [rɛn] F Zügel *m*
renforcer [rɑ̃fɔrse] verstärken
rengaine [rɑ̃gɛn] F Schlager *m*

renier [rənje] verleugnen
renommé [r(ə)nɔme] berühmt
renoncer [r(ə)nõse] verzichten (**à** auf)
renouveler [r(ə)nuvle] erneuern; *Ausweis* verlängern
renseignement [rãsɛɲmã] M Auskunft *f*; **donner des renseignements sur** Auskunft erteilen über
renseigner [rãsɛɲe] Auskunft geben; **se renseigner** sich erkundigen
rentrée [rãtre] F Heimreise, -fahrt; **rentrée (des classes)** *nach den Ferien* Schuljahresbeginn *m*
rentrer [rãtre] zurückkehren, nach Hause gehen; hineinbringen
renverser [rãvɛrse] umwerfen, umstoßen
renvoyer [rãvwaje] zurückschicken; *zeitlich* verschieben
répandre [repãdrə] vergießen; **se répandre** sich verbreiten; **répandu** [repãdy] verbreitet, üblich
réparation [reparasjõ] F Reparatur; **réparer** [repare] reparieren
repartir [r(ə)partir] wieder abfahren
répartir [repartir] ver-, einteilen
repas [r(ə)pɑ] M Mahlzeit *f*, Essen *n*
repasser [r(ə)pase] *Wäsche* bügeln; **fer à repasser** Bügeleisen *n*
repentir [r(ə)pãtir] **se repentir de qc** etw bereuen
répéter [repete] wiederholen; THEAT proben; **répétition** [repetisjõ] F Wiederholung; **répétition**

générale THEAT Generalprobe
replier [r(ə)plije] zusammenklappen
répondeur [repõdœr] M Anrufbeantworter *m*
répondre [repõdrə] antworten (**à** auf), beantworten
réponse [repõs] F Antwort
reportage [r(ə)pɔrtaʒ] M Reportage *f*
repos [r(ə)po] M Ruhe *f*, Erholung *f*; **repos au lit** Bettruhe
reposer [r(ə)poze] **se reposer** (sich) ausruhen, sich erholen
reprendre [r(ə)prɑ̃drə] zurücknehmen; wieder anfangen
représentant(e) [r(ə)prezɑ̃tɑ̃(t)] M(F) Vertreter(in) *m(f)*
représentation [r(ə)prezɑ̃tasjõ] F Darstellung; THEAT Vorstellung, Aufführung; **représentation diplomatique** diplomatische Vertretung
représenter [r(ə)prezɑ̃te] darstellen; vertreten; THEAT aufführen; **se représenter qc** sich etw vorstellen
reprise [r(ə)priz] F Wiederaufnahme
reproche [r(ə)prɔʃ] F Vorwurf *m*
reprocher [r(ə)prɔʃe] vorwerfen (**qc à qn** j-m etw)
reptile [rɛptil] M Reptil *n*
république [repyblik] F Republik
répugnant [repyɲɑ̃] widerlich, ekelhaft
réputation [repytasjõ] F (guter) Ruf
requin [r(ə)kɛ̃] M Hai
requis [rəki] erforderlich

RER [ɛrəɛr] M (= **Réseau express régional**) *in Paris* S-Bahn *f*
rescapé [rɛskape] überlebend
réseau [rezo] M *a.* IT Netz *n*; **réseau fixe** TEL Festnetz; **réseau routier** Straßennetz; **ne pas avoir de réseau** *auf dem Handy* kein Netz haben
réservation [rezɛrvasjõ] F Reservierung, Buchung
réserve [rezɛrv] F Vorrat *m*; Naturschutzgebiet *n*; **réserve de chasse, de pêche** Gebiet *n*, in dem nicht gejagt, gefischt werden darf
réservé [rezɛrve] *a. fig* reserviert; **réserver** reservieren, buchen, vorbestellen
réservoir [rezɛrvwar] M Behälter, AUTO Tank; Reservoir *n*
résidence [rezidɑ̃s] F Wohnsitz *m*; **résidence principale** Hauptwohnsitz; **résidence secondaire** Zweitwohnung *f*
résider [rezide] seinen (ständigen) Wohnsitz haben, ansässig sein
résidu [rezidy] M Rest; Rückstand
résilier [rezilje] *Vertrag* kündigen
résine [rezin] F Harz *n*
résistance [rezistɑ̃s] F Widerstand *m*
résolu [rezɔly] entschlossen (**à** zu)
résolution [rezɔlysjõ] F Beschluss *m*; Entschlossenheit
résoudre [rezudrə] *Problem* lösen; **résoudre de** beschließen zu; **se résoudre à faire qc** sich entschließen etw zu tun

respect [rɛspɛ] M Respekt, (Hoch)Achtung *f*
respecter [rɛspɛkte] achten, respektieren; *Vorfahrt* beachten
respiration [rɛspirasjõ] F Atmung; **respiration artificielle** künstliche Beatmung
respirer [rɛspire] (ein)atmen
responsabilité [rɛspõsabilite] F Verantwortung
responsable [rɛspõsablə] verantwortlich, zuständig (**de** für)
resquiller [rɛskije] schwarzfahren; **resquilleur** [rɛskijœr] M, **resquilleuse** [-jøz] F Schwarzfahrer(in) *m(f)*
ressemblance [r(ə)sɑ̃blɑ̃s] F Ähnlichkeit; **ressembler** [r(ə)sɑ̃ble] ähneln, gleichen
ressemelage [r(ə)səmlaʒ] M Schuhreparatur *f*; **ressemeler** [r(ə)səmle] *Schuhe* neu besohlen
ressentir [r(ə)sɑ̃tir] (ver)spüren, empfinden
ressources [r(ə)surs] FPL (Geld)Mittel *npl*
restaurant [rɛstɔrɑ̃] M Restaurant *n*
restaurer [rɛstɔre] wiederherstellen, restaurieren
reste [rɛst] M Rest
rester [rɛste] bleiben
restoroute [rɛstɔrut] M (Autobahn)Raststätte *f*
restriction [rɛstriksjõ] F Be-, Einschränkung
résultat [rezylta] M Ergebnis *n*; Befund; **résulter** [rezylte] sich ergeben (**de** aus)
rétablir [retablir] **se rétablir** *nach Krankheit* sich erholen; **rétablissement** [retablismɑ̃] M Genesung *f*
retard [r(ə)tar] M Verspätung *f*; **être en retard** zu

spät kommen, Verspätung haben; *Uhr* nachgehen; **le train est en retard d'une heure** der Zug hat eine Stunde Verspätung

retenir [rətnir] zurückhalten; reservieren, vorbestellen

rétine [retin] F Netzhaut

retirer [r(ə)tire] herausziehen; *Geld* abheben; **se retirer** sich zurückziehen

retour [r(ə)tur] M Rückfahrt *f*, -reise *f*, -kehr *f*; **bon retour!** gute Heimreise!; **de retour** zurück

retourner [r(ə)turne] zurückkehren; zurücksenden

retraite [r(ə)trɛt] F Ruhestand *m*, Pension, Rente; **prendre sa retraite** in Ruhestand gehen

retrouver [r(ə)truve] wiederfinden, wieder treffen

rétroviseur [retrɔvizœr] M AUTO Rückspiegel

réunion [reynjõ] F Versammlung, Zusammenkunft

réunir [reynir] **se réunir** sich versammeln, zusammenkommen

réussir [reysir] Erfolg haben; **réussir à un examen** e-e Prüfung bestehen; **réussite** [reysit] F Gelingen *n*, Erfolg *m*

rêve [rɛv] M Traum

réveil [revɛj] M Erwachen *n*; Wecker; **réveiller** [revɛje] aufwecken; **se réveiller** aufwachen; **réveillon** [revɛjõ] M Weihnachts-, Silvesterfestessen *n*

revendication [r(ə)vɑ̃dikasjõ] F Forderung

revenir [rəvnir] wieder-, zurückkommen
revenu [rəvny] M Einkommen *n*
rêver [rɛve] träumen (**de** von)
rêverie [rɛvri] F Träumerei
revers [r(ə)vɛr] M Rückseite *f*
revient [rəvjɛ̃] M **prix de revient** Selbstkostenpreis
réviser [revize] TECH überholen, warten
revoir [r(ə)vwar] wiedersehen; *m* **au revoir!** Auf Wiedersehen!
révolution [revɔlysjõ] F Revolution
revue [r(ə)vy] F Revue; Zeitschrift, Illustrierte; **revue de mode** Modezeitschrift
rez-de-chaussée [redʃose] M Erdgeschoss *n*
Rhin [rɛ̃] M Rhein
rhubarbe [rybarb] F Rhabarber *m*
rhum [rɔm] M Rum
rhumatisme [rymatismə] M Rheuma *n*
rhume [rym] M Schnupfen, Erkältung *f*; **rhume des foins** Heuschnupfen
riche [riʃ] reich (**en** an)
richesse [riʃɛs] F Reichtum *m*
ride [rid] F Falte, Runzel
rideau [rido] M Vorhang, Gardine *f*
ridicule [ridikyl] lächerlich
rien [rjɛ̃] **(ne …) rien** nichts; **de rien!** bitte!
rigoler [rigɔle] *umg* Spaß machen; lachen; **rigolo** [rigɔlo] *umg* lustig; komisch
rigoureux [rigurø] streng
rigueur [rigœr] F **à la rigueur** notfalls

rimmel® [rimɛl] M Wimperntusche *f*
rinçage [rɛ̃saʒ] M **faire un rinçage** *Haare* tönen
rincer [rɛ̃se] (nach-, ab)spülen
rire [rir] lachen; **rire** M Lachen *n*, Gelächter *n*
ris [ri] M **ris de veau** GASTR Kalbsbries *n*
risque [risk] M Gefahr *f*, Risiko *n*
risquer [riske] wagen, riskieren
rivage [rivaʒ] M Küste *f*
rive [riv] F Ufer *n*
riverain [rivrɛ̃] M **réservé aux riverains** nur für Anlieger
rivière [rivjɛr] F Fluss *m*
riz [ri] M Reis
roaming [romiŋ] M Roaming *n*
robe [rɔb] F Kleid *n*; **robe de chambre** Morgenrock *m*; **robe du soir** Abendkleid
robinet [rɔbinɛ] M (Wasser)Hahn
robot [rɔbo] M Roboter
rocade [rɔkad] F Umgehungsstraße
rocher [rɔʃe] M Felsen
rognon [rɔɲõ] M GASTR Niere *f*
roi [rwa] M König
rôle [rol] M THEAT *etc* Rolle *f*; **rôle principal** Hauptrolle; **à tour de rôle** der Reihe nach
roman [rɔmã] romanisch; **église romane** romanische Kirche; **roman** M Roman; **roman policier** Krimi(nalroman)
romantique [rɔmãtik] romantisch
rompre [rõprə] (ab-, durch)brechen
romsteck [rɔmstɛk] M GASTR Rumpsteak *n*

rond [rõ] rund
ronde [rõd] F Runde
ronfler [rõfle] schnarchen; brummen
rosbif [rɔzbif] M Roastbeef *n*
rose [roz] F Rose
rosé [roze] M Rosé(wein)
rossignol [rɔsiɲɔl] M Nachtigall *f*
rôti [rɔti] gebraten; **rôti** [rɔti] M Braten; **rôti d'agneau** Lammbraten; **rôti de porc** Schweinebraten; **rôtir** [rɔtir] braten; **rôtisserie** [rɔtisri] F Grillrestaurant *n*
rotule [rɔtyl] F Kniescheibe
roue [ru] F Rad *n*; **roue arrière, avant** Hinter-, Vorderrad; **roue de rechange, de secours** Ersatz-, Reserverad
rouge [ruʒ] rot; **rouge** M Rotwein; **rouge à lèvres** Lippenstift
rougeole [ruʒɔl] F Masern *pl*
rougir [ruʒir] rot werden, erröten
rouille [ruj] F Rost *m*
rouillé [ruje] rostig
rouleau [rulo] M Lockenwickler
rouler [rule] fahren; **rouler au pas** Schrittgeschwindigkeit fahren
roulotte [rulɔt] F Wohnwagen *m*
Roumanie [rumani] F **la Roumanie** Rumänien *n*
rousseur [rusœr] F **taches de rousseur** Sommersprossen
roussir [rusir] **faire roussir** GASTR bräunen
route [rut] F (Land)Straße; SCHIFF Kurs *m*; **route**

à grande circulation Hauptverkehrsstraße; **route à péage** Mautstraße; **route à priorité** Vorfahrtsstraße; **en route** unterwegs; **en route!** los!; **bonne route!** gute Fahrt!
routier [rutje] Straßen…
roux [ru], **rousse** [rus] rothaarig
royal [rwajal] königlich
royaume [rwajom] M Königreich *n*
ruban [rybɑ̃] M Band *n*; **ruban adhésif** Klebeband
rubéole [rybeɔl] F MED Röteln *pl*
ruche [ryʃ] F Bienenstock *m*
rue [ry] F *im Ort* Straße; **dans la rue** auf der Straße; **rue latérale, principale** Seiten-, Hauptstraße; **rue à sens unique** Einbahnstraße
ruelle [rɥɛl] (enge) Gasse
ruines [rɥin] FPL Ruine(n) *f*, Trümmer *pl*
ruisseau [rɥiso] M Bach; Gosse *f*
rumeur [rymœr] F Lärm *m*; Gerücht *n*
rupture [ryptyr] F Bruch *m*; Riss *m*; **rupture d'essieu** Achsenbruch
rural [ryral] ländlich
rusé [ryze] listig, schlau
Russie [rysi] F **la Russie** Russland *n*
rustique [rystik] rustikal; Bauern…
rythme [ritmə] M Rhythmus

S

sa [sa] seine; ihre
sable [sablə] M Sand
sablonneux [sablɔnø] sandig
sabot [sabo] M Holzschuh
sac [sak] M Sack; Tasche *f*, Tüte *f*; **sac de couchage** Schlafsack; **sac à dos** Rucksack; **sac à main** Handtasche; **sac en plastique** Plastiktüte; **sac de voyage** Reisetasche *f*; **sac gonflable** Airbag
saccharine [sakarin] F Süßstoff *m*
sachet [saʃɛ] M **sachet de thé** Teebeutel
sacoche [sakɔʃ] F Umhängetasche; Schulmappe
sacré [sakre] heilig; *vorangestellt umg* verdammt
sacrifice [sakrifis] M Opfer *n*
sacristain [sakristɛ̃] M Küster
safari [safari] M Safari *f*
sage [saʒ] weise; *Kinder* artig
sage-femme [saʒfam] F Hebamme
sagesse [saʒɛs] F Weisheit, Klugheit
saignant [sɛɲɑ̃] blutend; GASTR *Steak* englisch
saignement [sɛɲmɑ̃] M **saignement de nez** Nasenbluten *n*; **saigner** [sɛɲe] bluten
sain [sɛ̃] gesund
saindoux [sɛ̃du] M Schweineschmalz *n*
saint [sɛ̃] heilig; **vendredi saint** Karfreitag

Saint-Gall [sɛ̃gal] Sankt Gallen *n*; **Saint-Sylvestre** [sɛ̃silvɛstrə] F **la Saint-Sylvestre** Silvester *m od n*
saisir [sezir] ergreifen, packen, fassen
saison [sɛzõ] F Jahreszeit; Saison; **pleine saison** Hauptsaison
salade [salad] F Salat *m*; **salade de fruits** Obstsalat; **salade verte** grüner Salat
salaire [salɛr] M Gehalt *n*, Lohn
salami [salami] M Salami *f*
salarié(e) [salarje] M(F) Arbeitnehmer(in) *m(f)*
sale [sal] schmutzig, dreckig
salé [sale] salzig, gesalzen
saler [sale] salzen
salière [saljɛr] F Salzstreuer *m*
salir [salir] schmutzig machen
salle [sal] F Saal *m*, Zimmer *n*; **salle d'attente** Wartesaal, -zimmer, -halle; **salle de bains** Badezimmer; **salle de classe** Klassenzimmer; **salle d'embarquement** FLUG Wartehalle; **salle à manger** Esszimmer; **salle de séjour** Wohnzimmer
salmonella [salmɔnɛla] F Salmonellen *fpl*
salon [salõ] M **salon de thé** Café *n*
salopette [salɔpɛt] F Latzhose
salubre [salybrə] gesund, heilsam
saluer [salɥe] (be)grüßen
salut [saly] **salut!** *umg* grüß dich!; tschüs(s)!; **salut** M Gruß; Wohl *n*
salutations [salytasjõ] FPL *am Briefschluss* viele Grüße

samedi [samdi] M Sonnabend, Samstag
S.A.M.U. [samy] M (= **service d'aide médicale d'urgence**) Notarzt
sandale [sɑ̃dal] F Sandale
sandre [sɑ̃dʀə] M *od* F Zander *m*
sandwich [sɑ̃dwitʃ] M belegtes Brötchen, Sandwich *n*; **sandwich au fromage, au jambon** Käse-, Schinkensandwich
sang [sɑ̃] M Blut *n*; **pur sang** Vollblut(pferd); **sang-froid** [sɑ̃fʀwa] M Kaltblütigkeit *f*
sanglant [sɑ̃glɑ̃] blutig
sanglier [sɑ̃glije] M Wildschwein *n*
sanglots [sɑ̃glo] MPL Schluchzen *n*
sanitaire [sanitɛʀ] Gesundheits…
sans [sɑ̃] ohne; **sans doute** wahrscheinlich; **sans aucun doute** zweifellos; **sans quoi** sonst; **sans que** ohne dass
santé [sɑ̃te] F Gesundheit; **être en bonne santé** *Person* gesund sein; **à votre santé!** zum Wohl!, prost!
sapeur-pompier [sapœʀpɔ̃pje] M Feuerwehrmann
sapin [sapɛ̃] M Tanne *f*
Sardaigne [saʀdɛɲ] F **la Sardaigne** Sardinien *n*
sardine [saʀdin] F Sardine; **sardine à l'huile** Ölsardine
Sarre [saʀ] F Saar *f*
satellite [satelit] M Satellit
satiété [sasjete] F Übersättigung; **à satiété** bis zum Überdruss

satisfaction [satisfaksjõ] F Zufriedenheit; **satisfait** [satisfɛ] zufrieden (**de** mit)
sauce [sos] F Soße; **sauce tomate** Tomatensoße
saucisse [sosis] F Würstchen *n*
saucisson [sosisõ] M Wurst *f*; **saucisson sec** Salami *f*
sauf [sof] außer
sauge [soʒ] F Salbei *m od f*
saule [sol] M *Baum* Weide *f*; **saule pleureur** Trauerweide
saumon [somõ] M Lachs
sauna [sona] M Sauna *f*
saut [so] M Sprung; **saut en hauteur, en longueur** Hoch-, Weitsprung
sauter [sote] springen, hüpfen
sauterelle [sotrɛl] F Heuschrecke
sauvage [sovaʒ] wild; scheu
sauvegarder [sovgarde] bewahren; schützen; IT speichern
sauver [sove] retten; **se sauver** davonlaufen, sich davonmachen
sauvetage [sovtaʒ] M Rettung *f*, Bergung *f*; **sauveteur** [sovtœr] M Retter
Savoie [savwa] F **la Savoie** Savoyen *n*
savoir [savwar] wissen; (*gelernt haben*) können; **savoir nager** schwimmen können; **faire savoir** mitteilen
savoir-faire [savwarfɛr] M Know-how *n*
savoir-vivre [savwarvivrə] M Lebensart *f*
savon [savõ] M Seife *f*; **savon à barbe** Rasierseife

savoureux [savurø] schmackhaft
Scandinavie [skɑ̃dinavi] F **la Scandinavie** Skandinavien *n*
scanner[1] [skane] (ein)scannen
scanner[2] [skanɛr], **scanneur** [skanœr] M Scanner
scaphandre [skafɑ̃drə] M Taucheranzug; **scaphandrier** [skafɑ̃drije] M Taucher
scarlatine [skarlatin] F Scharlach *m*
scénario [senarjo] M Drehbuch *n*
scène [sɛn] F Szene; Bühne; Bühnenbild *n*; **mettre en scène** inszenieren
Schaffhouse [ʃafuz] Schaffhausen *n*
Schwytz [ʃvits] Schwyz *n*
sciatique [sjatik] F Ischias *m od n*
scie [si] F Säge
science [sjɑ̃s] F Wissenschaft; **sciences** FPL Naturwissenschaften
scier [sje] (ab-, zer)sägen
scierie [siri] F Sägewerk *n*
scolaire [skɔlɛr] Schul…
scooter [skutœr] M Motorroller
scout [skut] M Pfadfinder
scrutin [skrytɛ̃] M Abstimmung *f*, Wahl *f*; **scrutin de ballottage** Stichwahl
sculpter [skylte] in Stein hauen; **sculpter sur bois** schnitzen; **sculpteur** [skyltœr] M Bildhauer; **sculpture** [skyltyr] F Skulptur; **sculptures** *pl* Reifenprofil *n*
se [s(ə)] sich

séance [seɑ̃s] F Sitzung; *Kino etc* Vorstellung, Darbietung; **séance de rayons** Bestrahlung
seau [so] M Eimer
sec [sɛk] trocken (*a. Wein*)
séché [seʃe] getrocknet
sèche-cheveux [sɛʃʃəvø] M Föhn; **sécher au sèche-cheveux** föhnen
sécher [seʃe] trocknen; **sécher un cours** *umg* e-e Stunde schwänzen; **séchoir** [seʃwar] M Wäschetrockner
second [s(ə)gõ] zweite; zweiter Stock
secondaire [s(ə)gõdɛr] nebensächlich; **enseignement secondaire** höheres Schulwesen
seconde [s(ə)gõd] F Sekunde; BAHN zweite Klasse
secouer [s(ə)kwe] schütteln
secourir [s(ə)kurir] zu Hilfe kommen
secouriste [s(ə)kurist] M Sanitäter
secours [s(ə)kur] M Hilfe *f*; **au secours!** Hilfe!; **appeler au secours** um Hilfe rufen; **poste de secours** Rettungsstelle *f*; **sortie de secours** Notausgang *m*
secret¹ [səkrɛ] geheim
secret² [səkrɛ] M Geheimnis *n*
secrétaire [s(ə)kretɛr] M/F Sekretär(in) *m(f)*; **secrétaire médicale** Sprechstundenhilfe
sécréter [sekrete] MED absondern
section [sɛksjõ] F Teilstrecke, Fahrpreiszone
séculaire [sekylɛr] hundertjährig; jahrhundertealt

sécurité [sekyrite] F Sicherheit; **sécurité routière** Verkehrssicherheit; **Sécurité sociale** Sozialversicherung
sédatif [sedatif] M Beruhigungsmittel *n*
séduire [sedɥir] verführen; verlocken
seiche [sɛʃ] F Tintenfisch *m*
seigle [sɛglə] M Roggen
seigneur [sɛɲœr] M Herr
sein [sɛ̃] M Brust *f*; **seins** *pl* Busen *m*
seize [sɛz] sechzehn
séjour [seʒur] M Aufenthalt; **salle de séjour** Wohnzimmer [n]
sel [sɛl] M Salz *n*
self-service [sɛlfsɛrvis] M Selbstbedienungsladen, -restaurant *n*
selle [sɛl] F Sattel *m*; **selles** *pl* Stuhlgang *m*
selon [s(ə)lõ] gemäß, nach
semaine [s(ə)mɛn] F Woche; **en semaine** werktags; **semaine sainte** Karwoche
semblable [sɑ̃blablə] ähnlich
semblant [sɑ̃blɑ̃] **faire semblant** so tun, als ob;
sembler [sɑ̃ble] scheinen
semelle [s(ə)mɛl] F (Schuh)Sohle
semer [s(ə)me] säen
semestre [s(ə)mɛstrə] M Semester *n*, Halbjahr *n*
Sénégal [senegal] M **le Sénégal** der Senegal *m*
sens [sɑ̃s] M Sinn; Bedeutung *f*; Richtung *f*; **sens giratoire** Kreisverkehr; **(rue à) sens unique** Einbahnstraße *f*
sensation [sɑ̃sasjõ] F Empfindung; Sensation

sensationnel [sɑ̃sasjɔnɛl] *umg* fantastisch, toll
sensibilité [sɑ̃sibilite] F Empfindungsvermögen *n*
sensible [sɑ̃siblə] empfänglich (**à** für)
sensualité [sɑ̃sɥalite] F Sinnlichkeit
sentier [sɑ̃tje] M Pfad, Fußweg
sentiment [sɑ̃timɑ̃] M Gefühl *n*, Empfindung *f*
sentimental [sɑ̃timɑ̃tal] Gefühls...; Liebes...
sentir [sɑ̃tir] fühlen, spüren; riechen; **se sentir bien, mal** sich wohlfühlen, sich elend fühlen; **sentir qc** nach etw riechen, schmecken; **sentir bon, mauvais** gut, schlecht riechen
séparation [separasjɔ̃] F Trennung, Teilung; **séparément** [separemɑ̃] getrennt, einzeln; **séparer** [separe] trennen
sept [sɛt] sieben
septembre [sɛptɑ̃brə] M September; **en septembre** im September
septicémie [sɛptisemi] F Blutvergiftung
Serbie [sɛrbi] F **la Serbie** Serbien *n*
serein [sərɛ̃] ruhig; heiter
série [seri] F Serie, Reihe; **en série** serienmäßig
sérieusement [serjøzmɑ̃] ernstlich, im Ernst; **sérieux** [serjø] ernst; *Person* zuverlässig
seringue [s(ə)rɛ̃g] F MED Spritze
serpent [sɛrpɑ̃] M Schlange *f*
serrer [sɛre] (zusammen)drücken, (-)pressen; **serrer les dents** die Zähne zusammenbeißen; **serrer la main à qn** j-m die Hand geben; **serrer à droite, gauche** *Verkehr* sich rechts, links einordnen

serrure [sɛryr] F (Tür- *etc*) Schloss *n*; **serrure de sûreté** Sicherheitsschloss
serrurier [sɛryrje] M Schlosser
serveur [sɛrvœr] M, **serveuse** [-vøz] F Kellner(in) *m(f)*
service [sɛrvis] M Dienst(stelle *f*), Abteilung *f*; Bedienung *f*, Bedienungsgeld *n*; *Krankenhaus* Station *f*; **service après-vente** Kundsenservice; **service d'autocar** Busverbindung *f*; **service des chambres** Zimmerservice; **service de dépannage** Pannenhilfe *f*; **service de garde** Bereitschaftsdienst; **service en ligne** Onlinedienst; **service militaire** Wehrdienst; **service de nuit** *Apotheken etc* Nachtdienst; **service de réanimation** Intensivstation *f*; **service religieux** Gottesdienst; **service d'urgence** Rettungsdienst; **être de service** Dienst haben; **service compris** einschließlich Bedienung; **à votre service!** bitte sehr!; **hors service** außer Betrieb; **rendre service à qn** j-m e-n Gefallen tun
serviette [sɛrvjɛt] F Aktentasche, Mappe; **serviette de bain** Badetuch *n*; **serviette (de table)** Serviette; **serviette (de toilette)** Handtuch *n*; **serviette hygiénique** (Damen)Binde
servir [sɛrvir] bedienen; servieren; nützen, dienen (à zu); **servir qn, qc** j-m, e-r Sache dienen; **cela ne sert à rien** das nützt nichts; **se servir de** etw benutzen, gebrauchen
ses [se] seine, ihre
seuil [sœj] M (Tür)Schwelle *f*
seul [sœl] allein, einzig; **seulement** [sœlmɑ̃]

nur
sévère [sevɛr] streng, hart
sexe [sɛks] M Geschlecht *n*; Sex
shampooing [ʃɑ̃pwɛ̃] M Shampoo *n*; Haarwäsche *f*
short [ʃɔrt] M Shorts *pl*
si [si] wenn, falls, ob; so; doch
Sibérie [siberi] F **la Sibérie** Sibirien *n*
Sicile [sisil] F **la Sicile** Sizilien *n*
sida [sida] M **le sida** Aids *n*
siècle [sjɛklə] M Jahrhundert *n*
siège [sjɛʒ] M Sitz; **siège arrière, avant** Rück-, Vordersitz; **siège pour enfants** Kindersitz
sien [sjɛ̃] seiner, ihrer
sieste [sjɛst] F Mittagsschlaf *m*
siffler [sifle] pfeifen
sifflet [siflɛ] M Pfeife *f*; **coup de sifflet** Pfiff
signal [siɲal] M Signal *n*; **signal d'alarme** Notbremse *f*; **signal de détresse** Notsignal, Warnblinkanlage *f*; **signal de priorité** Vorfahrtsschild *n*
signalisation [siɲalizasjõ] F **feux de signalisation** Verkehrsampel; **panneau de signalisation** Verkehrszeichen *n*
signaliser [siɲalize] anzeigen, hinweisen (auf)
signature [siɲatyr] F Unterschrift
signe [siɲ] M Zeichen *n*; **signes particuliers** *im Pass* besondere Kennzeichen
signer [siɲe] unterschreiben
signification [siɲifikasjõ] F Bedeutung, Sinn *m*
signifier [siɲifje] bedeuten

silence [silɑ̃s] M Stille *f*, Schweigen *n*
similitude [similityd] F Ähnlichkeit
simple [sɛ̃plə] einfach; **simple** M *Tennis* Einzel *n*
simulateur [simylatœr] M Simulator
simultané [simyltane] gleichzeitig
sincère [sɛ̃sɛr] aufrichtig, ehrlich
singe [sɛ̃ʒ] M Affe
single [siŋgl] M *Schlafwagen* Einzelabteil *n*
sinistré [sinistre] von e-r Katastrophe betroffen; geschädigt
sinon [sinõ] sonst
sinusite [sinyzit] F Stirnhöhlenentzündung
sirop [siro] M Sirup; **sirop contre la toux** Hustensaft
site [sit] M Landschaft *f*; **site protégé** Landschaftsschutzgebiet *n*
situation [sitɥasjõ] F Lage, Situation
situé [sitɥe] gelegen; **être situé** liegen
six [si(s)] sechs
ski [ski] M Ski; Skifahren *n*; **faire du ski** Ski fahren; **ski de fond** Langlauf; **ski nautique** Wasserski
skieur [skjœr] M, **skieuse** [-øz] F Skifahrer(in) *m(f)*
slip [slip] M Unterhose *f*, Slip; **slip de bain** Badehose
Slovaquie [slovaki] F **la Slovaquie** die Slowakei *f*
Slovénie [sloveni] F **la Slovénie** Slowenien *n*
snack(-bar) [snak(bar)] M Schnellgaststätte *f*, Snackbar *f*
S.N.C.F. [ɛsɛnseɛf] F (= **Société nationale des**

chemins de fer français) französische Eisenbahn
sociable [sɔsjablə] gesellig
social [sɔsjal] sozial, gesellschaftlich
société [sɔsjete] F Gesellschaft; **société anonyme** Aktiengesellschaft; **société de consommation** Konsumgesellschaft
socquette [sɔkɛt] F Söckchen *n*
sœur [sœr] F Schwester
software [softwɛr] M IT Software *f*
soi [swa] sich
soie [swa] F Seide
soif [swaf] F Durst *m*; **avoir soif** durstig sein
soigner [swaɲe] pflegen; behandeln
soin [swɛ̃] M Sorgfalt *f*; **soins** *pl* Pflege *f*; Behandlung *f*; **premiers soins** Erste Hilfe
soir [swar] M Abend; **ce soir** heute Abend; **hier soir** gestern Abend; **le soir** abends, am Abend
soirée [sware] F Abend *m*, Abendstunden *fpl*; **soirée dansante** Tanzabend *m*
soixante [swasɑ̃t] sechzig; **soixante-dix** [swasɑ̃tdis] siebzig
sol [sɔl] M Boden, Erdboden
solarium [sɔlarjɔm] M Solarium *n*
soldat [sɔlda] M Soldat
soldes [sɔld] MPL Ausverkauf *m*; **soldes d'hiver** Winterschlussverkauf
sole [sɔl] F Seezunge
soleil [sɔlɛj] M Sonne *f*; **il fait du soleil** die Sonne scheint; **coucher du soleil** Sonnenuntergang *m*; **coup de soleil** Sonnenbrand *m*; **lever du soleil**

Sonnenaufgang *m*; **prendre un bain de soleil** sich sonnen
Soleur [sɔlœr] Solothurn *n*
solide [sɔlid] fest, solide
solitaire [sɔlitɛr] einsam; abgelegen; **solitude** [sɔlityd] F Einsamkeit
soluble [sɔlyblə] löslich
solution [sɔlysjõ] F (Auf)Lösung
sombre [sõbrə] dunkel, finster
somme [sɔm] F Summe
sommeil [sɔmɛj] M Schlaf; **avoir sommeil** schläfrig sein, müde sein
sommelier [sɔməlje] M Kellermeister; Weinkellner
sommet [sɔmɛ] M Gipfel; Wipfel
somnifère [sɔmnifɛr] M Schlafmittel *n*
son¹ [sõ] sein, ihr
son² [sõ] M Laut, Klang; **son et lumière** *mit Licht- und Toneffekten untermalte Darstellung der Geschichte e-s Bauwerks*
songer [sõʒe] **songer à** denken an
sonner [sɔne] läuten, klingeln; *Uhr* schlagen; **sonnette** [sɔnɛt] F Klingel
sonore [sɔnɔr] tönend, klangvoll
sorbet [sɔrbɛ] M Halbgefrorene(s) *n*
sorcier [sɔrsje] M, **sorcière** [-sjɛr] F Zauberer, Hexe
sort [sɔr] M Schicksal *n*; Los *n*
sorte [sɔrt] F Art, Sorte
sortie [sɔrti] F Ausgang *m*; Ausstieg *m*; Ausfahrt;

Ausreise; **sortie d'autoroute** Autobahnausfahrt; **sortie de secours** Notausgang, -ausstieg *m*
sortir [sɔrtir] hinausgehen; herauskommen; herausholen; **sortir le soir** abends ausgehen
sot [so] dumm; **sottise** [sɔtiz] F Dummheit
souci [susi] M Sorge *f*; Bemühen *n* (**de** um)
soucier [susje] **se soucier de** sich kümmern um
soucoupe [sukup] F Untertasse
soudain [sudɛ̃] plötzlich
souder [sude] löten, schweißen
souffle [suflə] M Atem; **à bout de souffle** außer Atem
soufflé [sufle] M GASTR Auflauf
souffler [sufle] blasen, wehen, hauchen
soufflet [suflɛ] M Blasebalg
souffrir [sufrir] leiden (**de** an)
souhaiter [swɛte] wünschen
soûl [su] betrunken
soulager [sulaʒe] erleichtern, lindern
soulever [sulve] hochheben
soulier [sulje] M Schuh
soumettre [sumɛtrə] **se soumettre à** sich fügen
soupape [supap] F TECH Ventil *n*
soupçonner [supsɔne] verdächtigen; vermuten
soupe [sup] F Suppe; **soupe à l'oignon** Zwiebelsuppe; **soupe au poisson** Fischsuppe
souper [supe] *nach dem Theater* zu Abend essen
source [surs] F Quelle; **source minérale** *od* **médicinale** Heilquelle
sourcil [sursi] M Augenbraue *f*

sourd [sur] schwerhörig, taub; **sourd-muet** [surmɥɛ] taubstumm
sourire [surir] lächeln; **sourire** M Lächeln *n*
souris [suri] F *a.* IT Maus
sous [su] unter; **sous peu** binnen Kurzem
sous-locataire [sulɔkatɛr] M/F Untermieter(in) *m(f)*; **sous-sol** [susɔl] M Untergeschoss *n*; **sous-titré** [sutitre] *Film* mit Untertiteln; **sous--vêtements** [suvɛtmɑ̃] MPL Unterwäsche *f*
souteneur [sutnœr] M Zuhälter
soutenir [sutnir] stützen
souterrain [sutɛrɛ̃] M Unterführung *f*
soutien-gorge [sutjɛ̃gɔrʒ] M Büstenhalter
souvenir¹ [suvnir] **se souvenir de** sich erinnern an
souvenir² [suvnir] M Erinnerung *f*; Andenken *n*, Souvenir *n*; **souvenir de voyage** Mitbringsel *n*
souvent [suvɑ̃] oft
spa [spa] M Spa *m od n*, Wellnesscenter *n*
spaghetti [spageti] MPL Spaghetti *pl*
sparadrap [sparadra] M Heftpflaster *n*
spasme [spasmə] M Krampf
spatial [spasjal] (Welt)Raum...
speaker [spikœr] M, **speakerine** [spikrin] F TV Ansager(in) *m(f)*, Sprecher(in) *m(f)*
spécial [spesjal] speziell; Sonder...; **spécialement** [spesjalmɑ̃] besonders
spécialiste [spesjalist] M/F Fachmann *m*, Spezialist(in) *m(f)*; Facharzt *m*, -ärztin *f* (**de** für); **spécialiste des maladies internes** Internist(in) *m(f)*

spécialité [spesjalite] F Spezialität; Fachgebiet *n*; Besonderheit
spectacle [spɛktaklə] M Schauspiel *n*; Vorstellung *f*
spectateur [spɛktatœr] M, **spectatrice** [-tris] F Zuschauer(in) *m(f)*
spiritueux [spiritɥø] MPL Spirituosen *pl*
splendeur [splɑ̃dœr] F Glanz *m*; Pracht
sport [spɔr] M Sport, Sportart *f*; **faire du sport** Sport treiben; **sport de compétition** Leistungssport; **sports d'hiver** Wintersport
sportif [spɔrtif] sportlich; Sport...; **sportif** [spɔrtif] M, **sportive** [-tiv] F Sportler(in) *m(f)*
spray [sprɛ] M Spray *n od m*
stable [stablə] fest; *Wetter* beständig
stade [stad] M Stadion *n*, Sportplatz; Stadium *n*
stage [staʒ] M Praktikum *n*; **stagiaire** [staʒjɛr] M/F Praktikant(in) *m(f)*
standard [stɑ̃dar] M TEL Zentrale *f*
starter [startɛr] M **starter automatique** AUTO Startautomatik *f*
station [stasjõ] F Station, Haltestelle; **station de métro** U-Bahn-Station; **station de taxis** Taxistand *m*; **station balnéaire** Seebad; **station de sports d'hiver** Wintersportort *m*; **station thermale** Thermalbad *n*
stationnement [stasjɔnmɑ̃] M Parken *n*; **stationnement interdit** Parkverbot
stationner [stasjɔne] parken
station-service [stasjõsɛrvis] F Tankstelle

statue [staty] F Statue
steak [stɛk] M Steak *n*; **steak dans le filet** Filetsteak
sténodactylo [stenɔdaktilo] F Stenotypistin *f*
stéréo [stereo] **chaîne stéréo** Stereoanlage
steward [stiward] M SCHIFF Steward, FLUG Flugbegleiter
St-Gall [sɛ̃gal] St. Gallen *n*
stimulateur [stimylatœr] M **stimulateur cardiaque** Herzschrittmacher
stop [stɔp] stopp!, halt!; **stop** M Stoppschild *n*; Trampen *n*; **(feu) stop** Bremslicht *n*; **faire du stop** per Anhalter fahren; **stopper** [stɔpe] anhalten
store [stɔr] M Markise *f*, Rollo *n*
Strasbourg [strasbur] Straßburg *n*
structure [stryktyr] F Struktur, (Auf)Bau *m*
studio [stydjo] M Einzimmerwohnung *f*, Appartement *n*
stupéfiant [stypefjɑ̃] M Rauschgift *n*
stupide [stypid] dumm
style [stil] M Stil
stylo [stilo] M Füller; **stylo (à) bille** Kugelschreiber
subir [sybir] erleiden
submerger [sybmɛrʒe] unter Wasser setzen
substantiel [sypstɑ̃sjɛl] *Nahrung* kräftig
subtropical [sybtrɔpikal] subtropisch; **suburbain** [sybyrbɛ̃] vorstädtisch, Vorstadt…
succès [syksɛ] M Erfolg; **avec succès** erfolgreich; **sans succès** erfolglos

successeur [syksɛsœr] M Nachfolger; **successivement** [syksɛsivmɑ̃] nacheinander
succulent [sykylɑ̃] köstlich, schmackhaft
succursale [sykyrsal] F Filiale
sucette [sysɛt] F Lutscher *m*; Schnuller *m*
sucre [sykrə] M Zucker; **sucre en morceaux** Würfelzucker; **sucre en poudre** Kristallzucker
sucré [sykre] süß
sucreries [sykrəri] FPL Süßigkeiten
sud [syd] südlich; **sud** M Süden; **au sud de** südlich von
Suède [sɥɛd] F **la Suède** Schweden *n*
suer [sɥe] schwitzen
sueur [sɥœr] F Schweiß *m*
suffire [syfir] genügen, reichen; **ça suffit** das genügt; **suffisant** [syfizɑ̃] genügend, ausreichend
suggérer [sygʒere] **suggérer qc** etw anregen
suicide [sɥisid] M Selbstmord
Suisse [sɥis] M Schweizer; **Suisse** F Schweiz; Schweizerin
suisse schweizerisch
suite [sɥit] F Folge; Fortsetzung; **tout de suite** sofort
suivant [sɥivɑ̃] folgend
suivre [sɥivrə] folgen (**qn, qc** j-m, auf etw); **faire suivre!** bitte nachsenden!; **à suivre** Fortsetzung folgt
sujet [syʒɛ] M Thema *n*
super [sypɛr] M Super(benzin) *n*
superflu [sypɛrfly] überflüssig

supérieur [syperjœr] höhere(r, -s), obere(r, -s); überlegen
supermarché [sypɛrmarʃe] M Supermarkt
supplément [syplemɑ̃] M Ergänzung *f*; Zuschlag; **supplémenter** [syplemɑ̃te] **supplémenter un billet** BAHN nachlösen
supporter [sypɔrte] ertragen; stützen
supposer [sypoze] annehmen, vermuten
suppositoire [sypozitwar] M MED Zäpfchen *n*
supprimer [syprime] beseitigen
suppurer [sypyre] eitern
suprême [syprɛm] höchste(r, -s), oberste(r, -s)
sur [syr] auf, über
sûr [syr] sicher, gewiss; **bien sûr!** sicher!, natürlich!
surcharge [syrʃarʒ] F Übergewicht *n*
surdité [syrdite] F Taubheit, Schwerhörigkeit
sûrement [syrmɑ̃] sicher, bestimmt; **sûreté** [syrte] F Sicherheit
surf [sœrf] M Surfen *n*
surface [syrfas] F Oberfläche; **grande surface** Verbrauchermarkt *m*
surgelé [syrʒəle] tiefgekühlt, -gefroren
surgir [syrʒir] plötzlich auftauchen
surmonter [syrmõte] überwinden, bezwingen
surprendre [syrprɑ̃drə] überraschen
surprise [syrpriz] F Überraschung; **surprise-partie** F Überraschungsparty
surtaxe [syrtaks] F Strafporto *n*
surtout [syrtu] vor allem, besonders

survêtement [syrvɛtmɑ̃] M Trainingsanzug
suspension [syspɑ̃sjõ] F AUTO Federung
svelte [svɛlt] schlank
syllabe [silab] F Silbe
sympathique [sɛ̃patik] sympathisch
synagogue [sinagɔg] F Synagoge
syndicat [sɛ̃dika] M Gewerkschaft *f*; Verband; **syndicat d'initiative** Fremdenverkehrsamt *n*
Syrie [siri] F **la Syrie** Syrien *n*
système [sistɛm] M System *n*; **système d'allumage** AUTO Zündanlage *f*; **système d'exploitation** IT Betriebssystem; **système de navigation** AUTO Navigationssystem, -gerät *n*; **système monétaire** Währungssystem

T

ta [ta] deine
tabac [taba] M Tabak
tabagisme [tabaʒismə] übermäßiger Tabakkonsum; **tabagisme passif** Passivrauchen *n*
table [tablə] F Tisch *m*; Tafel; **mettre la table** den Tisch decken; **table de chevet** Nachttisch
tableau [tablo] M Gemälde *n*, Bild *n*
tablette [tablɛt] F **tablette de chocolat** Tafel Schokolade

tabou [tabu] M Tabu *n*
tache [taʃ] F Fleck *m*; **taches de rousseur** Sommersprossen
tâche [taʃ] F Aufgabe
taciturne [tasityrn] schweigsam
taille [taj] F (Körper)Größe
taille-crayon(s) [tajkrɛjõ] M Bleistiftspitzer
tailleur [tajœr] M Schneider; Kostüm *n*
taire [tɛr] **se taire** schweigen
talc [talk] M Körperpuder
talon [talõ] M Ferse *f*; (Schuh)Absatz
tambour [tãbur] M Trommel *f*; Trommler
Tamise [tamiz] F Themse *f*
tampon [tãpõ] M Tampon
tamponnement [tãpɔnmã] M Zusammenstoß
tamponneuse [tãpɔnøz] **auto tamponneuse** (Auto)Skooter *m*
tandis que [tãdi(s)kə] während, wo(hin)gegen
tank [tãk] M Panzer
tant [tã] so (viel, viele), so sehr; **tant mieux** umso besser; **tant pis!** schade!, dann eben nicht!; **tant que** solange
tante [tãt] F Tante
Tanzanie [tãzani] F **la Tanzanie** Tansania *n*
tapage [tapaʒ] M **tapage nocturne** nächtliche Ruhestörung
tapis [tapi] M Teppich; **tapis roulant** Transport-, Rollband *n*; **tapis de souris** IT Mauspad *n*
tapisserie [tapisri] F Wandteppich *m*
tard [tar] spät; **plus tard** später

tarif [tarif] M Tarif; Platzmiete *f*; **tarif spécial** Sondertarif
tarte [tart] F (Obst)Torte
tartine [tartin] F bestrichene Brotschnitte; **tartine de beurre** Butterbrot *n*
tas [tɑ] M Haufen
tasse [tɑs] F Tasse; **une tasse de café** e-e Tasse Kaffee
tâter [tɑte] befühlen, betasten
tatouer [tatwe] tätowieren
taureau [tɔro] M Stier
tauromachie [tɔrɔmaʃi] F Stierkampf *m*
taux [to] M **taux d'alcoolémie** Promillegrenze *f*
taxe [taks] F Gebühr; **taxe de séjour** Kurtaxe; **taxe de stationnement** Parkgebühr; **taxe à la valeur ajoutée** Mehrwertsteuer
taxi [taksi] M Taxi *n*; **taximètre** [taksimɛtrə] M Taxameter; **taxiphone** [taksifɔn] M Münzfernsprecher
Tchad [tʃad] M **le Tchad** der Tschad
tchèque [tʃɛk] **la République tchèque** die Tschechische Republik
te [t(ə)] dir, dich
technicien [tɛknisjɛ̃] M, **technicienne** [-sjɛn] F Techniker(in) *m(f)*
technique[1] [tɛknik] technisch
technique[2] [tɛknik] F Technik
teindre [tɛ̃drə] färben
teinter [tɛ̃te] tönen
teinture [tɛ̃tyr] F **teinture d'iode** Jodtinktur

teinturerie [tɛ̃tyrri] F chemische Reinigung
tel [tɛl] so ein, solcher
télé [tele] F Fernsehen *n*; Fernseher *m*
télécarte [telekart] F Telefonkarte
télécharger [teleʃarʒe] IT herunterladen
télécommande [telekɔmɑ̃d] F Fernsteuerung; TV Fernbedienung
télécopie [telekɔpi] F Fax *n*
téléférique → téléphérique
télégramme [telegram] M Telegramm *n*; **télégramme de félicitations** Glückwunschtelegramm
téléobjectif [teleɔbʒɛktif] M Teleobjektiv *n*
téléphérique [teleferik] M (Draht)Seilbahn *f*
téléphone [telefɔn] M Telefon *n*; **coup de téléphone** Anruf *m*; **téléphone portable** *od* **mobile** Handy *n*, Mobiltelefon; **téléphoner** [telefɔne]: **téléphoner à qn** j-n anrufen, mit j-m telefonieren; **téléphonie** [telefɔni] F Telefonie; **téléphonie mobile** Mobilfunk *m*; **téléphonique** [telefɔnik] **cabine téléphonique** Fernsprechzelle
téléscopage [teleskɔpaʒ] M Auffahrunfall; **télésiège** [telesjɛʒ] M Sessellift; **téléski** [teleski] M Skilift
téléspectateur [telespɛktatœr] M, **téléspectatrice** [-tris] F Fernsehzuschauer(in) *m(f)*
télévisé [televize] im Fernsehen übertragen; **téléviseur** [televizœr] M Fernsehgerät *n*; **télévision** [televizjõ] F Fernsehen *n*, Fernsehgerät *n*; **télévision par câble** Kabelfernsehen; **télévision numérique** Digitalfernsehen

tellement [tɛlmɑ̃] so (sehr); so viel(e)
témoignage [temwaɲaʒ] M Zeugenaussage *f*; Beweis
témoin [temwɛ̃] M Zeuge *m*, Zeugin *f*
tempe [tɑ̃p] F Schläfe
température [tɑ̃peratyr] F Temperatur
tempête [tɑ̃pɛt] F Sturm *m*; Unwetter *n*
temple [tɑ̃plə] M protestantische Kirche
temporaire [tɑ̃pɔrɛr] zeitweilig
temps [tɑ̃] M Zeit *f*; Wetter *n*; **temps partiel** Teilzeit; Teilzeitjob *m*; **main d'œuvre à temps partiel** Teilzeitkraft *f*; **temps pluvieux** Regenwetter; **il fait beau, mauvais temps** es ist schönes, schlechtes Wetter; **à temps** rechtzeitig
tendon [tɑ̃dõ] M Sehne *f*
tendre [tɑ̃drə] zart, zärtlich
tendresse [tɑ̃drɛs] F Zärtlichkeit
ténèbres [tenɛbrə] FPL Finsternis *f*
tenir [t(ə)nir] halten; **tenir au frais** kühl aufbewahren
tennis [tenis] M Tennis *n*
tension [tɑ̃sjõ] F *a.* ELEK Spannung; MED Blutdruck *m*
tentative [tɑ̃tativ] F Versuch *m*
tente [tɑ̃t] F Zelt *n*; **dresser, démonter une tente** ein Zelt aufbauen, abbauen
tenue [t(ə)ny] F **tenue de route** AUTO Straßenlage
ter [tɛr] *bei Hausnummern* b, *auch* c
terme [tɛrm] M Frist *f*; Fachausdruck

terminer [tɛrmine] beenden; **se terminer** enden;
terminus [tɛrminys] M Endstation *f*
terrain [tɛrɛ̃] M Gelände *n*; Grundstück *n*; **terrain à bâtir** Bauplatz; **terrain de camping, de golf** Camping-, Golfplatz
terrasse [tɛras] F Terrasse
terre [tɛr] F Erde; Land *n*; **la Terre de Feu** Feuerland *n*; **Terre-Neuve** [tɛrnœv] F **la Terre-Neuve** Neufundland *n*
terre-plein [tɛrplɛ̃] M **terre-plein central** *Autobahn* Mittelstreifen
terrible [tɛriblə] schrecklich, furchtbar
territoire [tɛritwar] M Gebiet *n*
tes [te] deine *pl*
Tessin [tɛsɛ̃] M **le Tessin** das Tessin
tétanos [tetanos] M Wundstarrkrampf; **piqûre contre le tétanos** Tetanusspritze
tête [tɛt] F Kopf *m*; Verstand *m*
tête-à-tête [tɛtatɛt] M Gespräch *n* unter vier Augen
téter [tete] saugen
tétine [tetin] F Schnuller *m*
texte M Text
textiles [tɛkstil] MPL Textilien *fpl*
texto [tɛksto] M SMS *f*; **envoyer un texto** simsen
T.G.V. [teʒeve] M (= **train à grande vitesse**) Hochgeschwindigkeitszug; *etwa* ICE
Thaïlande [tajlɑ̃d] F **la Thaïlande** Thailand *n*
thé [te] M Tee; **thé au lait** Tee mit Milch
théâtre [teɑtrə] M Theater *n*; **théâtre en plein**

air Freilichtbühne *f*
théière [tejɛr] F Teekanne
thermal [tɛrmal] Thermal...; **station thermale** Kurort *m*
thermomètre [tɛrmɔmɛtrə] M Thermometer *n*; **thermomètre (médical)** Fieberthermometer
thermos [tɛrmos] M *od* F Thermosflasche® *f*
thon [tõ] M Thunfisch
thorax [tɔraks] M Brustkorb
Thurgovie [tyrgɔvi] F **la Thurgovie** der Thurgau
thym [tɛ̃] M Thymian
thyroïde [tirɔid] F Schilddrüse
tibia [tibja] M Schienbein *n*
ticket [tikɛ] M Eintrittskarte *f*; Fahrschein; Ticket *n*; **ticket de caisse** Kassenzettel; **ticket de vestiaire** Garderobenmarke *f*
tiède [tjɛd] lauwarm
tien [tjɛ̃] deiner
tiers [tjɛr] **le tiers monde** die Dritte Welt; **tiers** M Drittel *n*
tigre [tigrə] M Tiger
tilleul [tijœl] M Linde *f*; Lindenblütentee
timbre [tɛ̃brə] M Briefmarke *f*; **timbre d'édition spéciale** Sondermarke
timide [timid] schüchtern
tique [tik] F Zecke
tir [tir] M Schießen *n*
tire-bouchon [tirbuʃõ] M Korkenzieher
tirer [tire] ziehen; schießen; **tirez** *an Türen* ziehen
tiroir [tirwar] M Schublade *f*

tisane [tizan] F Kräutertee *m*
tissu [tisy] M Gewebe *n*, Stoff
titre [titrə] M Titel; Überschrift *f*
titulaire [titylɛr] M *Pass etc* Inhaber
toast [tost] M Toast
toi [twa] du, dir, dich
toile [twal] F Leinen *n*; *Malerei* Leinwand; (Öl)Gemälde *n*; **toile d'araignée** Spinngewebe *n*
toilettes [twalɛt] FPL WC *n*
toit [twa] M Dach *n*; **toit ouvrant** AUTO Schiebedach
tôle [tol] F **tôles froissées** Blechschaden *m*
tomate [tɔmat] F Tomate
tombe [tõb] F Grab *n*
tomber [tõbe] fallen; **tomber malade** krank werden; **ça tombe mal** das trifft sich schlecht
ton [tõ] dein
tonne [tɔn] F *Gewicht* Tonne
tonneau [tɔno] M Fass *n*
tonnerre [tɔnɛr] M Donner
torche [tɔrʃ] F Fackel; Stablampe
tordre [tɔrdrə] *Wäsche* auswringen; **se tordre le pied** mit dem Fuß umknicken
torréfier [tɔrefje] *Kaffee* rösten, brennen
torrent [tɔrã] M Sturzbach; **torrentiel** [tɔrãsjɛl] Wildwasser…
torse [tɔrs] M Oberkörper
tort [tɔr] M Unrecht *n*; **avoir tort** unrecht haben
tortue [tɔrty] F Schildkröte
tôt [to] früh; **plus tôt** früher

toucher [tuʃe] berühren, anfassen; *Geld* bekommen, erhalten
toujours [tuʒur] immer; immer noch
tour[1] [tur] F Turm *m*
tour[2] [tur] M Rundgang, -fahrt *f*, Tour *f*, Ausflugsfahrt *f*; Reihenfolge *f*
tourbillon [turbijõ] M Strudel
tourisme [turismə] M Tourismus; **tourisme de masse** Massentourismus
touriste [turist] M/F Tourist(in) *m(f)*
tourne-disque [turnədisk] M Plattenspieler
tournée [turne] F **payer une tournée** e-e Runde ausgeben
tourner [turne] drehen, wenden; abbiegen; **tourner à droite** rechts abbiegen
tournesol [turnəsɔl] M Sonnenblume *f*
tournevis [turnəvis] M Schraubenzieher
tous [tus *od* tu] alle; **tous les deux** beide
tousser [tuse] husten
tout [tu] ganz; jeder; alles; **tout à coup** plötzlich; **tout à fait** ganz (und gar), vollkommen; **tout à l'heure** (so)eben; gleich; **à tout à l'heure!** bis gleich!; **tout de suite** sofort; **tout droit** geradeaus; **tout le monde** jeder(mann)
toutefois [tutfwa] jedoch
toux [tu] F Husten *m*
toxique [tɔksik] giftig; **toxique** M Schadstoff
trace [tras] F Spur; **trace de freinage** Bremsspur
trachée [traʃe] F Luftröhre
traction [traksjõ] F **traction avant** Vorderradan-

trieb *m*
traduction [tradyksjõ] F Übersetzung
traduire [tradɥir] übersetzen
trafic [trafik] M **trafic à grande distance** Fernverkehr; **trafic voyageurs** Reiseverkehr
trafiquant [trafikɑ̃] M **trafiquant de drogue(s)** Rauschgifthändler
trahir [trair] verraten
trahison [traizõ] F Verrat *m*
train [trɛ̃] M Zug; **train auto-couchettes** Autoreisezug; **train de banlieue** Nahverkehrszug; **train direct** Eilzug; **train interville** Intercity(zug); **train de nuit** Nachtzug; **être en train de faire qc** im Begriff sein etw zu tun
traîneau [trɛno] M Schlitten
traîner [trɛne] schleppen, ziehen
trait [trɛ] M Strich; Merkmal *n*
traité [trɛte] M Vertrag
traitement [trɛtmɑ̃] M MED Behandlung *f*; Gehalt *n*; **traitement mensuel** Monatsgehalt
traiter [trɛte] behandeln
trajet [traʒɛ] M Strecke *f*; Fahrt *f*
tram(way) [tram(wɛ)] M Straßenbahn *f*
tranchant [trɑ̃ʃɑ̃] *Klinge* scharf
tranche [trɑ̃ʃ] F Scheibe, Schnitte; **trancher** [trɑ̃ʃe] (durch-, zer)schneiden
tranquille [trɑ̃kil] ruhig; friedlich; **tranquillisant** [trɑ̃kilizɑ̃] M Beruhigungsmittel *n*; **tranquillité** [trɑ̃kilite] F Ruhe, Stille
transfert [trɑ̃sfɛr] M Transfer

transformer [trɑ̃sfɔrme] umwandeln
transistor [trɑ̃zistɔr] M Kofferradio *n*, Transistorgerät *n*
transit [trɑ̃zit] M Transit
transmettre [trɑ̃smɛtrə] weitergeben; übertragen
transparaître [trɑ̃sparɛtrə] durchscheinen
transpirer [trɑ̃spire] schwitzen
transport [trɑ̃spɔr] M Beförderung *f*; **transports publics** öffentliche Verkehrsmittel
transporter [trɑ̃spɔrte] befördern, transportieren
travail [travaj] M Arbeit *f*; **travail à domicile** Heimarbeit
travailler [travaje] arbeiten, berufstätig sein; **travailleur** [travajœr] M, **travailleuse** [-jøz] F Arbeiter(in) *m(f)*
travaux [travo] MPL Bauarbeiten *fpl*; **travaux de voirie** Straßenarbeiten
travers [travɛr] **à travers de** quer durch
traversée [travɛrse] F Überfahrt; **traverser** über-, durchqueren, durchfahren
treize [trɛz] dreizehn
trekking [trɛkiŋ] M Trekking *n*
tremblement [trɑ̃bləmɑ̃] M **tremblement de terre** Erdbeben *n*
trembler [trɑ̃ble] zittern (**de** vor)
trente [trɑ̃t] dreißig
très [trɛ] sehr
trésor [trezɔr] M Schatz; Finanzbehörden *pl*

tresse [trɛs] F Zopf *m*
triage [trijaʒ] M ÖKOL **triage des déchets** Mülltrennung *f*
triangle [trijɑ̃glə] M Dreieck *n*; **triangle de présignalisation** Warndreieck
tribord [tribɔr] M Steuerbord *n*
tribu [triby] F (Volks)Stamm *m*
tribunal [tribynal] M Gericht *n*
tricher [triʃe] betrügen; mogeln, schummeln
tricolore [trikɔlɔr] dreifarbig; **drapeau tricolore** Trikolore *f*
tricot [triko] M Strickjacke *f*
tricoter [trikɔte] stricken
trimestre [trimɛstrə] M Trimester *n*, Quartal *n*
trinquer [trɛ̃ke] *beim Trinken* anstoßen (**avec qn** mit j-m; **à qc** auf etw)
tripes [trip] FPL Kaldaunen, Kutteln
triple [triplə] dreifach
triste [trist] traurig
tristesse [tristɛs] F Traurigkeit
trois [trwa] drei; **trois quarts** drei Viertel
trolley [trɔlɛ] M Obus
trompe [trõp] F Rüssel *m*
tromper [trõpe] täuschen, betrügen; **se tromper** sich irren, sich täuschen
tronc [trõ] M (Baum)Stamm
trop [tro] zu viele, zu (sehr)
tropical [trɔpikal] tropisch
trot [tro] M **aller au trot** Trab reiten
trottoir [trɔtwar] M Gehsteig

trou [tru] M Loch *n;* **trou d'air** Luftloch
trouble [trublə] trübe; unklar; **trouble** M Aufregung *f*, Verwirrung *f*; *pl* Störungen; **troubles cardiaques** Herzbeschwerden; **troubles circulatoires, digestifs** Kreislauf-, Verdauungsstörungen
troubler [truble] stören; verwirren
troupeau [trupo] M Herde *f*
troupes [trup] FPL Truppen
trousse [trus] F Etui *n;* **trousse de couture** Nähzeug *n;* **trousse de pansement** Verbandszeug *n;* **trousse de toilette** Kulturbeutel *m*
trouver [truve] finden; **se trouver** sich befinden
truc [tryk] M *umg* Ding(s) *n*, Dingsda *n*
truite [trɥit] F Forelle
truquage [trykaʒ] M Fälschung *f*; *Film* Trickaufnahme *f*
tu [ty] du
tube [tyb] F Tube
tubeless [tyblɛs] schlauchlos
tuer [tɥe] töten; **se tuer** umkommen, ums Leben kommen
tumeur [tymœr] F Geschwulst, Tumor *m*
tumultueux [tymyltɥø] lärmend, tobend
Tunisie [tynizi] F **la Tunisie** Tunesien *n*
tunnel [tynɛl] M Tunnel
turbot [tyrbo] M Steinbutt
turf [tœrf] M Pferderennsport; Rennbahn *f*
Turquie [tyrki] F **la Turquie** Türkei *f*
tutoyer [tytwaje] duzen
tuyau [tɥijo] M Rohr *n;* Gartenschlauch; Tipp;

tuyau d'écoulement Abfluss; **tuyau d'échappement** Auspuffrohr
TVA [teveɑ] F (= **taxe à la valeur ajoutée**) Mehrwertsteuer
tympan [tɛ̃pɑ̃] M Trommelfell *n*
type [tip] M *umg* Kerl
typhoïde [tifɔid] F Typhus *m*
tzigane → tsigane

U

UE F (= **Union européenne**) EU
Ukraine [ykrɛn] F **l'Ukraine** die Ukraine
ulcère [ylsɛr] M Geschwür *n*
ultraviolet [yltravjɔlɛ] **rayons ultraviolets** UV-Strahlen *mpl*
un [ɛ̃] ein, einer; **un à un** einzeln; **un et demi** eineinhalb; **l'un l'autre** einander
une [yn] eine
union [ynjõ] M **Union européenne** Europäische Union *f*; **Union soviétique** *f* Sowjetunion *f*
unique [ynik] einzig; **(rue à) sens unique** Einbahnstraße
unité [ynite] F Einheit
univers [ynivɛr] M Weltall *n*
université [ynivɛrsite] F Universität

urbain [yrbɛ̃] städtisch; Stadt...
urgence [yrʒɑ̃s] F Dringlichkeit; **en cas d'urgence** in dringenden Fällen; **service des urgences** *Krankenhaus* Unfallstation
urgent [yrʒɑ̃] dringend
Uri [yri] Uri *n*
urine [yrin] F Urin *m*
urologue [yrɔlɔg] M Urologe
usage [yzaʒ] M Gebrauch; Brauch; **à usage externe** äußerlich anzuwenden
usager [yzaʒe] M Benutzer, Teilnehmer
USB [yɛsbe] M **câble** M **USB** USB-Kabel *n*; **clé** *f* **USB** USB-Stick *m*; **port** *m* **USB** USB-Anschluss
user [yze] abnutzen, verbrauchen; **user de qc** etw gebrauchen, anwenden
usine [yzin] F Fabrik
usuel [yzɥɛl] gebräuchlich, üblich
utile [ytil] nützlich
utilisateur [ytilizatœr] M Benutzer; IT User; **utilisation** [ytilizasjõ] F Verwendung, (Be)Nutzung; **utiliser** [ytilize] benutzen, verwenden

V

vacances [vakɑ̃s] FPL Ferien *pl*, Urlaub *m*; **vacances de bien-être** Wellnessurlaub *m*; **vacances**

d'été Sommerferien; **vacances scolaires** Schulferien

vacancier [vakɑ̃sje] M, **vacancière** [-sjɛr] F Urlauber(in) *m(f)*

vaccin [vaksɛ̃] M Impfstoff

vaccination [vaksinasjõ] F Impfung; **vaccination antitétanique** Tetanusschutzimpfung; **vacciner** [vaksine] impfen (**contre** gegen)

vache [vaʃ] F Kuh

vachement [vaʃmɑ̃] *umg* toll; unheimlich; saumäßig

va-et-vient [vaevjɛ̃] M Kommen und Gehen *n*

vague [vag] F Welle

vain [vɛ̃] **en vain** vergeblich

vaincre [vɛ̃krə] (be)siegen

vainqueur [vɛ̃kœr] M Sieger(in) *m(f)*

vaisselle [vɛsɛl] F Geschirr *n*; **faire la vaisselle** das Geschirr spülen

valable [valablə] gültig; annehmbar, brauchbar

Valais [valɛ] M **le Valais** das Wallis *n*

valeur [valœr] F Wert *m*; **objet de valeur** Wertgegenstand

valise [valiz] F Koffer *m*; **valise à roulettes** Rollkoffer *m*; **faire ses valises** (seine Koffer) packen

vallée [vale] F Tal *n*

vallonné [valɔne] hügelig

valoir [valwar] wert sein; **il vaut mieux** es ist besser; **ça vaut la peine** es lohnt sich

vanille [vanij] F Vanille

vaniteux [vanitø] eitel, eingebildet

vanter [vɑ̃te] **se vanter de** prahlen mit
vapeur [vapœr] F Dampf *m*; **vapeur** M Dampfer
vaporisateur [vapɔrizatœr] M Zerstäuber
variable [varjablə] *Wetter* wechselhaft
varicelle [varisɛl] F Windpocken *pl*
varié [varje] verschiedenartig
vaste [vast] weit, ausgedehnt
Vatican [vatikɑ̃] M **le Vatican** der Vatikan; **la cité du Vatican** die Vatikanstadt
Vaud [vot] Waadt *f*
vaut → valoir
veau [vo] M Kalb *n*; Kalbfleisch *n*
vedette [vədɛt] F *Film etc* Star *m*
végétalien [veʒetaljɛ̃] vegan; **végétalien** [veʒetaljɛ̃] M, **végétalienne** [-jɛn] F Veganer(in) *m(f)*
végétarien [veʒetarjɛ̃] vegetarisch; **végétarien** [veʒetarjɛ̃] M, **végétarienne** [-jɛn] F Vegetarier(in) *m(f)*
véhicule [veikyl] M Fahrzeug *n*; **véhicule automobile** Kraftfahrzeug
veille [vɛj] F Tag *m* zuvor, Vorabend *m*; **la veille de Noël** der Heilige Abend; **à la veille de** kurz vor
veiller [vɛje] wachen; achten (**à** auf)
veine [vɛn] F Ader, Vene; **avoir de la veine** *umg* Schwein haben
véliplanchiste [veliplɑ̃ʃist] M/F Surfer(in) *m(f)*
vélo [velo] M Fahrrad *n*; **faire du vélo** Rad fahren
vélomoteur [velɔmɔtœr] M Moped *n*

venaison [vənɛzõ] F Wild(bret) *n*
vendange [vãdãʒ] F Weinlese
vendeur [vãdœr] M, **vendeuse** [-døz] F Verkäufer(in) *m(f)*
vendre [vãdrə] verkaufen
vendredi [vãdrədi] M Freitag; **vendredi saint** Karfreitag
vénéneux [venenø] *Pflanzen* giftig
vénérien [venerjɛ̃] **maladie vénérienne** Geschlechtskrankheit
venir [v(ə)nir] kommen; **venir voir qn** j-n besuchen; **venir chercher** (ab)holen
vent [vã] M Wind; **coup de vent** Windstoß; **il fait du vent** es ist windig
vente [vãt] F Verkauf *m*; **vente de billets** Kartenverkauf
ventilateur [vãtilatœr] M Ventilator
ventre [vãtrə] M Bauch
ver [vɛr] M Wurm; **ver de terre** Regenwurm
verbal [vɛrbal] mündlich
verglas [vɛrgla] M Glatteis *n*
vérifier [verifje] (nach)prüfen, nachrechnen; **se vérifier** sich bestätigen
véritable [veritablə] wahr, echt
vérité [verite] F Wahrheit
vermicelles [vɛrmisɛl] MPL Fadennudeln *fpl*
vermine [vɛrmin] F Ungeziefer *n*
vernis [vɛrni] M **vernis (à ongles)** Nagellack
verre [vɛr] M *Material, Gefäß* Glas *n*; **un verre de vin** ein Glas Wein

verrou [vɛru] M Riegel
vers [vɛr] gegen, nach
versement [vɛrsəmɑ̃] M (Ein-, Aus)Zahlung *f*
verser [vɛrse] (ver)gießen; **verser (à boire)** einschenken
vert [vɛr] grün; *Obst* unreif
vertébral [vɛrtebral] **colonne vertébrale** Wirbelsäule *f*
vertige [vɛrtiʒ] M Schwindel(gefühl *n*); **j'ai le vertige** mir ist schwindlig
vertu [vɛrty] F Tugend; Kraft
veste [vɛst] F Jacke; **veste en tricot** Strickjacke
vestiaire [vɛstjɛr] M Garderobe *f*; Umkleideraum
veston [vɛstõ] M Jackett *n*
Vésuve [vezyv] M Vesuv
vêtements [vɛtmɑ̃] MPL (Be)Kleidung *f*, Kleider *npl*; **vêtements pour enfants** Kinderkleidung; **vêtements pour femmes** Damenoberbekleidung
vétérinaire [veterinɛr] M/F Tierarzt *m*, -ärztin *f*
veuf [vœf] verwitwet
viande [vjɑ̃d] F Fleisch *n*; **viande hachée** Hackfleisch; **viande froide** kalter Braten
victime [viktim] F Opfer *n*
victoire [viktwar] F Sieg *m*
vidange [vidɑ̃ʒ] F AUTO Ölwechsel *m*
vide [vid] leer
vidéo [video] F Video *n*; **caméra vidéo** Videokamera; **vidéocassette** [videokasɛt] F Videokassette
vider [vide] leeren

vie [vi] F Leben *n*
vieille → vieux
vieillesse [vjɛjɛs] F hohes Alter
Vienne [vjɛn] *in Österreich* Wien *n*
vierge [vjɛrʒ] jungfräulich; **forêt vierge** Urwald *m*; **laine vierge** Schurwolle *f*
Viêt-nam [vjɛtnam] M **le Viêt-nam** Vietnam *n*
vieux [vjø], **vielle** [vjɛj] alt
vif [vif] lebhaft
vigne [viɲ] F Weinstock *m*; Weinberg *m*; **vigneron** [viɲərõ] M, **vigneronne** [-rɔn] F Winzer(in) *m(f)*
vignoble [viɲɔblə] M Weinberg
vilain [vilɛ̃] unartig, böse
villa [vila] F Villa
village [vilaʒ] M Dorf *n*; **village de pêcheurs** Fischerdorf; **village de vacances** Feriendorf
ville [vil] F Stadt; **vieille ville** Altstadt; **ville d'eau** Kurort *m*; **ville jumelée** Partnerstadt; **ville de province** Kleinstadt; **hôtel de ville** Rathaus *n*; **aller en ville** in die Stadt gehen
vin [vɛ̃] M Wein; **vin blanc, rosé, rouge** Weiß-, Rosé-, Rotwein; **vin de pays, de table** Land-, Tafelwein; **vin en bouteille** Flaschenwein; **vin en carafe** offener Wein
vinaigre [vinɛgrə] M Essig
vingt [vɛ̃] zwanzig
vinicole [vinikɔl] Wein(bau)...
viol [vjɔl] M Vergewaltigung *f*
violation [vjɔlasjõ] F **violation de domicile**

Hausfriedensbruch *m*
violence [vjɔlɑ̃s] F Gewalt
violent [vjɔlɑ̃] heftig
violon [vjɔlõ] M Geige *f*
virage [viraʒ] M Kurve *f*; **virage en épingle à cheveux** Haarnadelkurve
virement [virmɑ̃] M Geldüberweisung *f*
virer [vire] *Geld* überweisen
virgule [virgyl] F Komma *n*
viril [viril] männlich, mannhaft
virulent [virylɑ̃] MED virulent
virus [virys] M Virus *n od m*
vis [vis] F Schraube
visa [viza] M Visum *n*; **visa d'entrée, de sortie** Einreise-, Ausreisevisum; **visa de transit** Transitvisum
visage [vizaʒ] M Gesicht *n*
visagiste [vizaʒist] M/F Visagist(in) *m(f)*, Kosmetiker(in) *m(f)*
vis-à-vis [vizavi] **vis-à-vis de** gegenüber von
viseur [vizœr] M FOTO Sucher
visite [vizit] F Besuch *m*; Besichtigung; **visite guidée** *Museum etc* Führung; **visite médicale** ärztliche Untersuchung
visiter [vizite] besuchen; besichtigen
visiteur [vizitœr] M, **visiteuse** [-tøz] F Besucher(in) *m(f)*
vitamine [vitamin] F Vitamin *n*
vite [vit] schnell
vitesse [vitɛs] F Geschwindigkeit, Tempo *n*; AUTO

Gang *m*; **vitesse maximum** Höchstgeschwindigkeit; **changer de vitesse** schalten
viticulture [vitikyltyr] F Weinbau *m*
vitrail [vitraj] M Kirchenfenster *n*
vitre [vitrə] F (Fenster)Scheibe
vitrine [vitrin] F Schaufenster *n*
vivant [vivɑ̃] lebend
vivre [vivrə] leben; **vivres** MPL Lebensmittel *npl*
vocabulaire [vɔkabylɛr] M Wortschatz
vodka [vɔdka] F Wodka *m*
vœux [vø] MPL (Glück)Wünsche
voici [vwasi] hier ist, hier sind
voie [vwa] F Weg *m*; Gleis *n*; Straße; **voie express** Schnellstraße; **voie d'en face** Gegenfahrbahn
voilà [vwala] da ist, da sind
voile [vwal] F Segel *n*; Segeln *n*, Segelsport *m*; **faire de la voile** segeln; **vol à voile** Segelfliegen *n*
voilier [vwalje] M Segelboot *n*
voir [vwar] sehen; **aller voir** besuchen; besichtigen; **faire voir** herzeigen
voisin [vwazɛ̃] M, **voisine** [-zin] F Nachbar(in) *m(f)*
voisinage [vwazinaʒ] M Nachbarschaft *f*, Nähe *f*
voiture [vwatyr] F Wagen *m*, Auto *n*; **voiture décapotable** Cabrio(let) *n*; **voiture d'enfant** Kinderwagen; **voiture de location** Mietwagen; **voiture tout terrain** Geländewagen; **en voiture!** einsteigen!
voiture-couchettes [vwatyrkuʃɛt] F BAHN Liegewagen *m*

voix [vwa] F Stimme; **à haute, basse voix** mit lauter, leiser Stimme
vol [vɔl] M Diebstahl; Flug; **vol à main** Raub; **vol à bas prix** Billigflug; **vol aller** Hinflug; **vol charter** Charterflug; **vol direct** Direktflug; **vol intérieur** Inlandsflug; **vol régulier** Linienflug; **vol de nuit** Nachtflug; **vol de retour** Rückflug; **vol sans escale** Nonstop-Flug
volaille [vɔlaj] F Geflügel *n*
volant [vɔlɑ̃] M AUTO Lenkrad *n*
volcan [vɔlkɑ̃] M Vulkan
voler¹ [vɔle] stehlen, rauben
voler² [vɔle] fliegen
volet [vɔlɛ] M Fensterladen; **volet roulant** Rollladen
voleur [vɔlœr] M, **voleuse** [-løz] F Dieb(in) *m(f)*; **voleur à la tire** Taschendieb
volonté [vɔlɔ̃te] F Wille *m*
volontiers [vɔlɔ̃tje] gern(e)
volt [vɔlt] M Volt *n*; **voltage** [vɔltaʒ] M Spannung *f*
volume [vɔlym] M TV Lautstärke *f*
vomir [vɔmir] sich übergeben
vomissement [vɔmismɑ̃] M Erbrechen *n*
vomitif [vɔmitif] M MED Brechmittel *n*
vos [vo] eure, Ihre
Vosges [voʒ] FPL Vogesen *pl*
vote [vɔt] M Wahl *f*, Abstimmung *f*; Stimme *f*
voter [vɔte] wählen, abstimmen
votre [vɔtrə] euer, Ihr

vôtre [votrə] eurer, Ihrer
vouloir [vulwar] wollen; **je voudrais** ich möchte; **en vouloir à qn** j-m böse sein; **ça veut dire** das bedeutet
vous [vu] ihr, Sie, euch, Ihnen, sich
voyage [vwajaʒ] M Reise *f*, Fahrt *f*; **voyage d'affaires** Geschäftsreise; **voyage en avion** Flugreise; **voyage en groupe** Gruppenreise; **voyage autour du monde** Weltreise; **voyage en train** Bahnfahrt; **bon voyage!** gute Reise!; **en voyage** verreist; **partir en voyage** verreisen
voyager [vwajaʒe] reisen; **voyageur** [vwajaʒœr] M, **voyageuse** [-ʒøz] F Reisende(r) *m*/*f*(*m*)
vrai [vrɛ] wahr
vraiement [vrɛmɑ̃] wirklich
VTC [vetese] M (= **vélo tout chemin**) Trekkingrad *n*
VTT [vetete] M (= **vélo tout terrain**) Mountainbike *n*
vue [vy] F Anblick *m*; Aussicht

W

wagon [vagõ] M Eisenbahnwagen, Waggon; **wagon-lit** [vagõli] M Schlafwagen; **wagon-restaurant** [vagõrɛstɔrɑ̃] M Speisewagen

Wallonie [valɔni] F **la Wallonie** Wallonien *n*
W.C. [(dublə)vese] MPL WC *n*, *umg* Klo *n*
Web [wɛb] M IT Web *n*
week-end [wikɛnd] M Wochenende *n*
Wi-Fi® [wifi] M IT WLAN *n*

X

X [iks] M **rayons X** Röntgenstrahlen
xérès [kserɛs] M Sherry

Y

y [i] da, dort, dahin, dorthin, daran, darauf; **il y a** es gibt
yacht [jɔt] M Jacht *f*; **yacht à voiles** Segelboot *n*
yaourt [jaurt] M Joghurt
Yémen [jemɛn] M **le Yémen** der Jemen
yeux [jø] MPL Augen *npl*
Yougoslavie [jugɔslavi] F HIST **la Yougoslavie** Jugoslawien *n*

Z

zapper [zape] TV zappen
zéro [zero] M Null *f*
zone [zon] F Zone, Gebiet *n*; **zone bleue** Kurzparkzone; **zone interdite** Sperrzone; **zone piétonne** Fußgängerzone
zoo [zo] M Zoo
Zoug [zug] Zug *n*
Zurich [zyrik] Zürich *n*; **le lac de Zurich** der Zürichsee
zut! [zyt] *umg* verflixt!, verdammt!

Deutsch – Französisch

A

Aal M anguille *f*
ab de; *zeitlich* à partir de; dès; *Knopf abgegangen* parti
abbestellen décommander; *Zimmer* annuler la réservation de
abbiegen tourner (**nach rechts** à droite)
Abbiegespur F voie de présélection
Abbildung F illustration
abblenden AUTO baisser les phares
Abblendlicht N feux *mpl* de croisement
abbrechen *Beziehungen* rompre; *Reise, Spiel* arrêter
Abend M soir; **am Abend** le soir; **heute Abend** ce soir; **gestern Abend** hier soir; **guten Abend!** bonsoir!; **zu Abend essen** dîner; **Abendessen** N dîner *m*; **Abendkleid** N robe *f* du soir; **abends** le soir
Abenteuer N aventure *f*
aber mais
abfahren partir (**nach** pour)
Abfahrt F départ *m*; *Ski* descente; **Abfahrtszeit**

F heure du départ

Abfall M déchets *mpl*; **Abfallbeseitigung** F traitement *m* des déchets; **Abfalleimer** M poubelle *f*

Abflug M départ; **Abflugzeit** F heure du départ

Abfluss M écoulement; **Abflussrohr** N tuyau *m* d'écoulement

Abführmittel N laxatif *m*

abgasarm à gaz d'échappement réduits; **Abgasuntersuchung** F contrôle *m* antipollution

abgeben *Gepäck* mettre à la consigne

abgelaufen *Pass etc* périmé

Abgeordnete(r) M/F(M) député *m*, femme *f* député

Abgrund M abîme

abgucken *umg* copier (**von j-m** sur qn)

abhalten empêcher (**von etw** de qc)

Abhang M pente *f*

abhängig dépendant (**von** de); **Abhängigkeit** F dépendance (**von** de)

abheben *Geld* retirer; *Hörer* décrocher; FLUG décoller

abholen aller *od* venir chercher

Abholmarkt M grande surface *f*

Abitur N baccalauréat *m*

abkühlen refroidir

Abkürzung F *Weg* raccourci *m*; *Wort* abréviation

Ablauf M *Verlauf* déroulement; **ablaufen** *Frist* expirer; *verlaufen* se dérouler

ablegen *Mantel* enlever; *Prüfung* passer; **ablehnen** refuser
ABM F mesure pour la création d'emplois
abmessen mesurer
Abmessungen FPL mesures
abnehmen diminuer; *an Gewicht* maigrir; *Hörer* décrocher
Abneigung F aversion (**gegen** pour)
abrechnen: **mit j-m abrechnen** régler les comptes avec qn; **Abrechnung** F *a. fig* règlement *m* de comptes
Abreise F départ *m* (**nach** pour); **abreisen** partir (**nach** pour); **Abreisetag** M jour de départ
abreißen arracher; *Haus* démolir
Abrüstung F désarmement *m*
ABS N système *m* A.B.S.
Absage F réponse négative; **absagen** décommander
Absatz M *Schuh* talon; *Text* alinéa
abschaffen abolir; supprimer
abschalten *Motor* arrêter; TV fermer; *umg fig* ne plus écouter
abscheulich abominable; affreux
abschicken envoyer; expédier
Abschied M adieux *mpl*
Abschleppdienst M service de dépannage; **abschleppen** remorquer; **Abschleppseil** N câble *m* de remorquage; **Abschleppwagen** M dépanneuse *f*
abschließen *Tür* fermer à clé

Abschluss M *Ende* fin *f*; *e-s Buchs, Studiums* achèvement
Abschnitt M *Coupon* talon; *Zeitabschnitt* période *f*
abschreiben copier
Absender M expéditeur
Absicht F intention; **absichtlich** exprès
absolut absolument
abspeichern IT mémoriser
abspielen *Band* passer; **sich abspielen** se dérouler
abspülen laver; *Geschirr* rincer
abstammen descendre (**von** de)
Abstand M distance *f*; *zeitlich* intervalle *m*
Abstecher M: **e-n Abstecher machen** faire un crochet (**nach** jusqu'à)
absteigen descendre
abstellen *Gerät, Motor* arrêter; *Rad* fermer; *Auto* garer
Abstieg M descente *f*
abstimmen *bei e-r Wahl* voter
Abstimmung F *Wahl* vote *m*
abstoßend repoussant
abstürzen tomber; FLUG s'abattre
Abteil N BAHN compartiment *m*; **Abteilung** F *Kaufhaus* rayon *m*
Abtreibung F avortement *m*
abtrennen séparer; **abtrocknen** essuyer; **abwarten** attendre
abwärts en bas

abwaschen laver; *Geschirr* faire la vaisselle
abwechseln alterner; **sich abwechseln** alterner (**mit** avec); **abwechselnd** à tour de rôle
Abwechslung F *Zerstreuung* distraction; **abwechslungsreich** varié
abwehren *Schlag* parer
abwerten dévaluer
Abwertung F dévaluation
abwesend absent
Abwesenheit F absence
abwischen essuyer
abziehen MATH soustraire (**von** de)
Abzocke F *umg* arnaque
Abzug M FOTO épreuve *f*
abzüglich moins; **abzüglich der Kosten** tous frais déduits
Abzweigung F bifurcation
Achse F essieu *m*; MATH axe *m*
Achsel F aisselle
acht huit
Achterbahn F grand huit *m*
achtgeben faire attention (**auf** à)
Achtung! attention!
achtzehn dix-huit
achtzig quatre-vingt
Acker M champ
Adapter M adaptateur
addieren additionner
Ader F veine
Adler M aigle

Adresse F adresse
adressieren mettre l'adresse sur
Affe M singe
Afrika N l'Afrique *f*
aggressiv agressif
Ägypten N l'Égypte *f*
ahnen pressentir
ähnlich semblable; **Ähnlichkeit** F ressemblance
Ahnung F *Vorahnung* pressentiment *m*; *Vorstellung* idée; **keine Ahnung!** aucune idée!
Aids N sida *m*; **Aidshilfe** F association antisida; **aidsinfiziert** séropositif; **aidskrank** atteint du sida; **Aidstest** M test de dépistage du sida
Airbag M airbag; sac gonflable
akklimatisieren: **sich akklimatisieren** s'acclimater
Akt M *Handlung*, THEAT acte; *Zirkus* numéro
Akte F dossier *m*
Aktie F action; **Aktiengesellschaft** F société anonyme
Aktionär M actionnaire
aktiv actif
Aktivitäten FPL activités
aktualisieren mettre à jour *a.* IT; **aktuell** actuel
AKW N centrale *f* atomique
Akzent M accent
akzeptabel acceptable
Alarm M alarme *f*
Alge F algue

Algerien N l'Algérie *f*
Alkohol M alcool; **alkoholfrei** nonalcoolisé; **Alkoholiker(in)** M(F) alcoolique *m/f*; **Alkoholtest** M alcootest
alle tous, toutes; **alles** tout; **alle Menschen** tous les hommes; **alle beide** tous les deux; **alle zwei Tage** tous les deux jours; **vor allem** avant tout
Allee F avenue
allein seul; *einsam* solitaire; **von allein** tout seul; **alleinerziehend**: **alleinerziehend sein** être parent unique; **alleinerziehende Mutter** mère célibataire
allerdings pourtant; **allerdings!** en effet!
Allergie F Allergie
allergisch allergique (**gegen** à)
allgemein général; **Allgemeinarzt** M médecin généraliste
All-inclusive-Urlaub M forfait vacances tout compris
allmählich peu à peu
Alltag M vie *f* quotidienne
alltäglich de tous les jours; banal
als *zeitlich* quand; *Vergleich* que; de
also donc
alt vieux, vieil, vieille; *Person a.* âgé; **wie alt sind Sie?** quel âge avez-vous?; **alt aussehen** *umg* avoir l'air con
Altar M autel
Alter N âge *m*; *hohes* vieillesse *f*
alternativ alternatif; *umweltbewusst* écolo

Altglascontainer M conteneur à verre; **altmodisch** passé de mode; démodé; **Altstadt** F vieille ville
Ameise F fourmi; **Ameisenhaufen** M fourmilière *f*
Amerika N l'Amérique *f*
Ampel F feux *mpl* (de signalisation)
Amt M fonction *f*; *Behörde* office *m*; **amtlich** officiel
amüsieren amuser; **sich amüsieren** s'amuser
Ananas F ananas *m*
Anbau M *Gebäude* annexe *f*; *Landwirtschaft* culture *f*
anbieten offrir
anbinden attacher (**an** à)
Anblick M aspect; vue *f*
Andenken N mémoire *f*; souvenir *m*
andere autre
andererseits d'autre part
ändern changer; *Kleidung* retoucher; **Änderung** F changement *m*; *von Kleidung* retouche
Andeutung F allusion
Andorra N l'Andorre *f*
Andrang M affluence *f*
aneinander l'un à l'autre
anerkannt reconnu
anerkennen reconnaître
Anerkennung F reconnaissance
Anfall M MED attaque *f*
Anfang M début; commencement; **Anfang Mai**

début mai; **zu Anfang** au début; au commencement; **anfangen** commencer
anfangs au début; d'abord
anfassen toucher
anfreunden: **sich mit j-m anfreunden** se lier d'amitié avec qn
Angabe F indication; *Prahlerei* vantardise; **Angaben** *pl* renseignements *mpl*
angeben indiquer; *prahlen* se vanter
Angeber(in) M(F) vantard(e) *m(f)*
angeblich à ce qu'on dit
Angebot N offre *f*
Angehörige MPL proches
Angeklagte(r) M/F(M) accusé(e) *m(f)*
Angel F ligne
Angelegenheit F affaire
angeln pêcher à la ligne
Angelschein M permis de pêche
angemessen approprié; convenable
angenehm agréable; **angenehm!** enchanté!
Angestellte(r) M/F(M) employé(e) *m(f)*
angewiesen: **angewiesen sein auf** dépendre de
angewöhnen: **sich angewöhnen zu** s'accoutumer à
Angewohnheit F habitude
Angina F angine
angreifen attaquer
Angriff M attaque *f*
Angst F peur (**vor** de)
ängstlich craintif

anhalten arrêter; *stehen bleiben* s'arrêter
Anhalter(in) M(F) auto-stoppeur *m*, -euse *f*; **per Anhalter reisen** faire de l'auto-stop
Anhang M *Buch* appendice
Anhänger M AUTO remorque *f*; *Schmuck* pendentif
Anker M ancre *f*
Anklage F accusation
anklagen accuser
anklicken IT cliquer sur
anklopfen frapper (à la porte)
ankommen arriver
ankündigen annoncer
Ankunft F arrivée; **Ankunftstag** M jour d'arrivée; **Ankunftszeit** F heure d'arrivée
Anlass M *Gelegenheit* occasion *f*; *Grund* cause *f*
anlassen *Motor* faire démarrer; *Mantel* garder (sur soi)
Anlasser M démarreur
anlegen *Schiff* accoster
Anlegeplatz M débarcadère
Anleitung F instructions *fpl*
anmachen *Licht etc* allumer; *umg aufreißen* **j-n anmachen** draguer qn
Anmeldeformular N formulaire *m* d'inscription
anmelden: **sich anmelden** *bei Arzt, Friseur* prendre rendez-vous; *zu Ausflug, Kurs* s'inscrire; **Anmeldung** F inscription
Annahme F *von Geschenken, Waren* réception;

Vermutung supposition
Annahmestelle F réception
annehmbar acceptable; **annehmen** accepter; *vermuten* supposer
annoncieren passer une annonce
Anorak M anorak
anprobieren essayer
anreden aborder; **mit Sie anreden** vouvoyer
Anreise F arrivée; **Anreisetag** M jour de l'arrivée
Anruf M coup de téléphone; **Anrufbeantworter** M répondeur; **anrufen** appeler
anschalten allumer
anscheinend apparemment
anschieben *Auto* pousser
anschließen ELEK brancher (**an** sur)
Anschluss M ELEK branchement; BAHN, FLUG correspondance *f*; **Anschluss finden** faire connaissance; **Anschlussflug** M correspondance *f*; **Anschlusszug** M (train de) correspondance *f*
anschnallen: **sich anschnallen** *im Auto* mettre sa ceinture
Anschrift F adresse
ansehen regarder
Ansehen N *Ruf* réputation *f*
Ansicht F vue; *Meinung* opinion
Ansichtskarte F carte postale
Ansprache F allocution
ansprechen adresser la parole à
Ansprechpartner(in) M(F) interlocuteur *m*, -tri-

ce f
anspringen *Motor* démarrer
Anspruch M droit (**auf** à)
anständig décent
anstatt au lieu de
anstecken MED infecter; **sich anstecken** contracter une maladie contagieuse; **ansteckend** contagieux
anstellen *Motor* mettre en marche; *Radio* allumer; **sich anstellen** faire la queue
anstrengen fatiguer; **sich anstrengen** s'efforcer; **anstrengend** fatigant
Anstrengung F effort *m*; fatigue
Ansturm M ruée *f*; rush *m*
Anteil M part *f*
Antenne F antenne
Antibabypille F pilule (contraceptive); **Antibiotikum** N antibiotique *m*; **Antiblockiersystem** N système *m* de freinage anti-blocage; système *m* A.B.S.
Antiquitäten FPL antiquités; **Antiquitätengeschäft** N magasin *m* d'antiquités
Antivirensoftware F logiciel *m* antivirus
Antrag M demande *f*
antreten: **die Reise antreten** partir en voyage
Antwort F réponse; **antworten** répondre
Anwalt M avocat; **Anwältin** F avocate
anwenden employer; utiliser
Anwendung F emploi *m*
anwesend présent

Anwesenheit F présence
Anzahl F nombre *m*
anzahlen verser un acompte
Anzahlung F acompte *m*
Anzeichen N indice *m*
Anzeige F JUR plainte; *Zeitung* annonce; **anzeigen** JUR dénoncer
anziehen *Kleidung* mettre; **sich anziehen** s'habiller
Anzug M costume
anzünden allumer
Apfel M pomme *f*; **Apfelmus** N compote *f* de pommes; **Apfelsaft** M jus de pommes; **Apfelsine** F orange; **Apfelwein** M cidre
Apotheke F pharmacie
App F appli *umg*
Apparat M appareil
Appetit M: **guten Appetit!** bon appétit!
Aprikose F abricot *m*
April M avril
Äquator M équateur
Arbeit F travail *m*; **arbeiten** travailler
Arbeiter(in) M(F) ouvrier *m*, -ière *f*
Arbeitgeber(in) M(F) patron *m*, -onne *f*; **Arbeitnehmer(in)** M(F) salarié(e) *m(f)*
Arbeitsagentur F agence pour l'emploi; office *m* du travail
arbeitslos en *od* au chômage; **Arbeitslose** PL chômeurs; **Arbeitslosigkeit** F chômage *m*
Argentinien N l'Argentine *f*

Ärger M irritation *f*; ennuis *mpl*; **ärgerlich** fâché; *Sache* fâcheux; **ärgern** ennuyer; **sich ärgern** se fâcher
Arktis F l'Arctique *m*
arm pauvre
Arm M bras
Armaturenbrett N tableau *m* de bord
Armbanduhr F montre-bracelet
Ärmel M manche *f*
Ärmelkanal M la Manche
Armut F pauvreté
Art F manière; façon
Artenschutz M protection *f* des espèces
Arterie F artère
Artikel M article
Artischocke F artichaut *m*
Arznei(mittel N) F médicament *m*
Arzt M médecin
Arzthelferin F assistante médicale
Ärztin F (femme *f*) médecin *m*
ärztlich médical
Asche F cendre; **Aschenbecher** M cendrier
Asien N l'Asie *f*
Ast M branche *f*
Asthma N asthme *m*
Asylbewerber(in) M(F) demandeur *m*, -euse *f* d'asile; **Asylrecht** N droit *m* d'asile
Atem M haleine *f*; **Atembeschwerden** FPL troubles *mpl* respiratoires
Äthiopien N l'Éthiopie *f*

Atlantik M l'Atlantique
atmen respirer
Atmosphäre F atmosphère; *fig a.* ambiance
Atmung F respiration
Atom N atome *m*; **atomar** atomique; nucléaire; **Atomenergie** F, **Atomkraft** F énergie nucléaire; **Atomkraftwerk** N centrale *f* nucléaire
Attest N: **ärztliches Attest** certificat *m* (médical)
AU F contrôle *m* antipollution
Aubergine F aubergine
auch aussi
Audioguide M audioguide
auf sur; à; en; *geöffnet* ouvert; **auf Französisch** en français
aufbewahren conserver; **Aufbewahrung** F *für Gepäck etc* consigne
aufblasbar gonflable; **aufblasen** gonfler
aufbrechen *Tür* forcer; *weggehen* se mettre en route
Aufbruch M départ
Aufenthalt M séjour; BAHN arrêt
Aufenthaltsgenehmigung F permis *m* de séjour; **Aufenthaltsraum** M salle *f* commune
auffahren AUTO tamponner (**auf j-n** qn); **Auffahrunfall** M télescopage
Auffassung F opinion
auffordern inviter (**zu** à)
Aufforderung F invitation
Aufführung F représentation
Aufgabe F *Auftrag* tâche; *Pflicht* devoir *m*; *Haus-*

aufgabe devoir *m*
aufgeben *Brief etc* expédier; *Gepäck a.* (faire) enregistrer
aufgehen *Gestirn* se lever; *Tür* s'ouvrir
aufhängen suspendre; *Bild* accrocher; *Wäsche* étendre
aufheben *vom Boden* ramasser; *aufbewahren* garder
aufholen *Zeit* rattraper
aufhören cesser (**zu** de)
Aufkleber M autocollant
aufladen *Batterie* recharger
aufmerksam attentif; **j-n auf etw aufmerksam machen** attirer l'attention de qn sur qc; **Aufmerksamkeit** F attention
Aufnahme F FOTO photo
aufnehmen FOTO prendre (en photo)
aufpassen faire attention (**auf** à)
aufräumen ranger
aufrecht droit; *stehend* debout
aufregen: **sich aufregen** s'affoler
Aufregung F affolement *m*
Aufruf M appel
aufschließen *öffnen* ouvrir
Aufschnitt M charcuterie *f*
aufschreiben noter
Aufschrift F inscription
Aufschwung M WIRTSCH essor; redressement
aufsehenerregend sensationnel
Aufseher M gardien

aufsetzen *Brille, Hut* mettre
Aufsicht F surveillance
aufstehen se lever
auftanken AUTO faire le plein
auftauen *Kühlkost* décongeler
aufteilen partager; répartir (**unter** entre)
Auftrag M ordre; commission *f*
aufwachen se réveiller
aufwärts en haut
aufwecken réveiller
aufwerten réévaluer
Aufzug M ascenseur
Auge N œil *m* (*pl* yeux); **ins Auge gehen** *umg* tourner mal
Augenarzt M oculiste; **Augenblick** M moment; **e-n Augenblick!** un moment!; **Augenbraue** F sourcil *m*; **Augenfarbe** F couleur des yeux; **Augenlid** N paupière *f*
August M août
Aupairmädchen N fille *f* au pair
aus de; *vorbei* fini; *Licht* éteint; **aus Holz** en bois; **aus Paris** de Paris
ausatmen expirer
ausbessern réparer
Ausblick M vue *f* (**auf** sur)
ausbrechen *Vulkan* faire éruption; *Feuer, Krankheit* se déclarer
ausbreiten *Arme etc* étaler; *Feuer, Epidemie* se propager
Ausbruch M *Vulkan* éruption *f*

auschecken FLUG régler les formalités d'arrivée, de débarquement
Ausdauer F persévérance
ausdehnen *zeitlich* prolonger; **sich ausdehnen** s'étendre
Ausdruck M expression *f*; IT listage *m*; **ausdrucken** IT imprimer
ausdrücken *Zitrone* presser; *Zigarette* écraser; **sich ausdrücken** s'exprimer
Auseinandersetzung F dispute; querelle
Ausfahrt F sortie
ausfallen *Konzert etc* ne pas avoir lieu; **gut (schlecht) ausfallen** être bon (mauvais)
Ausflug M excursion *f*
Ausfuhr F exportation
ausführen exécuter; WIRTSCH exporter
ausführlich détaillé
ausfüllen remplir
Ausgabe F *von Gepäck* remise; *von Geld* dépense
Ausgang M sortie *f*; *Ergebnis* issue *f*
ausgeben *Geld* dépenser
ausgehen *Licht* s'éteindre; **abends ausgehen** sortir le soir
ausgezeichnet excellent
Ausgrabungen FPL fouilles
ausgrenzen exclure
aushalten supporter
Auskunft F renseignement *m a.* TEL
ausladen[1] décharger
ausladen[2] *Gast* décommander

Ausland N étranger *m*; **Ausländer(in)** M(F) étranger *m*, -ère *f*
ausländerfeindlich xénophobe; **ausländerfreundlich** xénophile
Auslandsgespräch N communication *f* internationale
auslaufen *Schiff* appareiller; *Gefäß* se vider; **ausleeren** vider; **ausleihen** *j-m* prêter; *von j-m* emprunter; **ausmachen** *Licht* éteindre; *Radio etc* fermer
Ausnahme F exception
ausnahmsweise exceptionnellement
auspacken *Koffer* défaire
auspressen *Zitrone* presser
Auspuff M échappement; **Auspuffrohr** N tuyau *m* d'échappement
ausrechnen calculer
Ausrede F excuse
Ausreise F départ *m* (pour l'étranger); **Ausreisevisum** N visa *m* de sortie
ausrenken: **sich den Arm ausrenken** se démettre le bras
ausruhen se reposer
ausrutschen glisser
Aussage F JUR déposition; **aussagen** JUR déposer
ausschalten éteindre
Ausschlag M MED éruption *f*
ausschließen exclure
ausschließlich exclusivement

Ausschnitt M *Kleid* décolleté; *e-s Buchs, Films* extrait
Ausschuss M comité
aussehen avoir l'air (**wie** de)
Aussehen N apparence *f*; air *m*
außen dehors; **außen vor sein** *umg* être laissé à l'écart
Außenborder M (moteur) hors-bord; **Außenminister** M ministre des Affaires étrangères; **Außenpolitik** F politique extérieure; **Außenspiegel** M rétroviseur extérieur
außer hors de; *neben* en dehors de
außerdem en outre
äußerlich: **äußerlich anzuwenden** pour l'usage externe
außerordentlich extraordinaire
äußerst extrêmement
Äußerung F *Bemerkung* remarque
Aussicht F vue
Aussprache F prononciation
aussprechen prononcer
Ausstattung F équipement *m*; *vom Zimmer* ameublement *m*
aussteigen descendre (**aus** de)
Ausstellung F exposition
aussterben disparaître
aussuchen choisir
Austausch M échange; **austauschen** échanger; **Austauschschüler(in)** M(F) élève *m/f* qui fait un échange

austeilen distribuer
Auster F huître
Australien N l'Australie *f*
Ausverkauf M soldes *mpl*
ausverkauft épuisé
Auswahl F choix *m*
auswählen choisir
auswandern émigrer
auswärts à l'extérieur
auswechseln remplacer (**gegen** par)
Ausweis M carte *f* d'identité; **ausweisen**: **sich ausweisen** montrer ses papiers
auswendig par cœur
ausziehen: **sich ausziehen** se déshabiller
Auto M voiture *f*; auto *f*; **Auto fahren** faire de la voiture; *am Steuer* conduire; **mit dem Auto fahren** aller en voiture
Autobahn F autoroute; **Autobahnausfahrt** F sortie d'autoroute; **Autobahngebühr** F péage *m*; **Autobahnraststätte** F restoroute *m*; **Autobahnzubringer** M bretelle *f*
Autobus M autobus; *Reisebus* car; **Autofähre** F car-ferry *m*; **Autofahrer(in)** M(F) automobiliste *m/f*; **Autokarte** F carte routière
Automat M distributeur
Automatik F AUTO boîte automatique; **automatisch** automatique
Automechaniker M garagiste; **Autonummer** F numéro *m* d'immatriculation; **Autopanne** F panne de voiture

Autor(in) M(F) *auteur m*
Autoradio N autoradio *f*; **Autoreisezug** M train auto-couchettes; **Autoschlüssel** MPL clés *fpl* de la voiture; **Autoskooter** M auto *f* tamponneuse; **Autotelefon** N téléphone *m* de voiture; **Autounfall** M accident de voiture; **Autovermietung** F location de voitures; **Autowaschanlage** F lavage *m* automatique de voitures
Axt F hache

B

Baby N bébé *m*; **Babyflasche** F biberon *m*; **Babysitter(in)** M(F) baby-sitter
Bach M ruisseau
Backbord N bâbord *m*
Backe F joue
Bäcker M boulanger; **Bäckerei** F boulangerie
Bad N bain *m*; *Schwimmbad* piscine *f*
Badeanzug M maillot de bain; **Badehose** F slip *m* de bain; **Badekappe** F bonnet *m* de bain; **Bademantel** M peignoir; **Bademeister** M maître-nageur
baden baigner
Baden-Württemberg N le Bade-Wurtemberg

Badeort M station *f* balnéaire; **Badeschuhe** MPL chaussures *fpl* de bain; **Badestrand** M plage *f*; **Badewanne** F baignoire; **Badezeug** N affaires *fpl* de bain; **Badezimmer** N salle *f* de bains

Bahn F chemin *m* de fer; **mit der Bahn fahren** aller en train; **Bahnfahrt** F voyage *m* en train; **Bahnhof** M gare *f*; **Bahnsteig** M quai; **Bahnübergang** M passage à niveau

bald bientôt

Balkon M balcon

Ball[1] M balle *f*; *Fußball* ballon

Ball[2] M *Tanz* bal

Ballaststoffe MPL fibres *fpl*

Ballon M ballon

Baltikum: **das Baltikum** les pays *mpl* baltes

Banane F banane

Band[1] M *Buch* volume

Band[2] N *aus Stoff* ruban *m*

Band[3] F *Musikband* groupe *m*

Bank[1] F *Sitzbank* banc *m*; banquette *f*

Bank[2] F banque; **Bankkonto** N compte *m* en banque; **Bankleitzahl** F code *m* banque; **Banknote** F billet *m* de banque; **Bankverbindung** F identité bancaire

bar: **in bar** au comptant

Bar F boîte de nuit; *Theke* bar *m*

Bargeld N argent *m* liquide

Barock M *od* N baroque *m*

barrierefrei accessible aux handicapés

Bart M barbe *f*
Barzahlung F paiement *m* au comptant *od* en espèces
Baskenland: **das Baskenland** le Pays basque
Batterie F batterie; *Taschenlampe* pile
Bauarbeiten FPL travaux *mpl*
Bauch M ventre; **Bauchnabel** M nombril; **Bauchschmerzen** MPL mal *m* au ventre
bauen bâtir; construire
Bauer M paysan
Bäuerin F paysanne
Bauernhaus N ferme *f*
Baujahr N année *f* de construction; *Auto* année *f* de fabrication
Baum M arbre; **Baumstamm** M tronc (d'arbre); **Baumwolle** F coton *m*
Baustelle F chantier *m*
Bayern N la Bavière
bayrisch bavarois
beachten faire attention à; observer
Beamer M projecteur digital
Beamte(r) M, **Beamtin** F fonctionnaire *m/f*
beanspruchen revendiquer
beanstanden incriminer; *Zustand* critiquer; **Beanstandung** F *Ware* réclamation
beantworten répondre à
Becher M gobelet
Becken N bassin *m*
bedanken: **sich bei j-m bedanken für** remercier qn de *od* pour

Bedarf M besoins *mpl*
bedauern: **etw bedauern** regretter qc; **j-n bedauern** plaindre qn
bedeckt couvert
bedeuten signifier; **Bedeutung** F signification; *Wichtigkeit* importance
bedienen servir
Bedienung F service *m*; *Kellnerin* serveuse; **Bedienung inbegriffen** service compris
Bedingung F condition
beeilen: **sich beeilen** se dépêcher
beeindrucken impressionner
beeinflussen influencer
beenden finir; terminer
Beere F baie
befahren *Straße* emprunter; **stark befahren** très fréquenté
Befehl M ordre; IT commande *f*; **befehlen** ordonner
befestigen fixer; attacher (**an** à)
befinden: **sich befinden** se trouver
befördern transporter
befürchten craindre
begabt doué (**für** pour)
Begabung F talent *m*
begegnen rencontrer (**j-m** qn)
Begeisterung F enthousiasme *m*
Beginn M commencement; début
beginnen commencer; débuter
begleiten accompagner

beglückwünschen féliciter
Begräbnis N enterrement *m*
begreifen comprendre
Begriff M notion *f*; idée *f*
begrüßen saluer; accueillir
behalten garder; *im Gedächtnis* retenir
Behälter M récipient; *größerer* conteneur
behandeln traiter; MED *a.* soigner; **Behandlung** F traitement *m*; MED soins *mpl*
behaupten affirmer; **Behauptung** F affirmation
beherrschen dominer; *Sprache* maîtriser
behindern gêner
Behinderte(r) M/F(M) handicapé(e) *m(f)*; **behindertengerecht** adapté aux handicapés
Behörde F autorité
bei chez; *in der Nähe* près de
beide les deux
Beifahrer(in) M(F) passager *m*, -ère *f*
Beifall M applaudissements *mpl*
Beil N hache *f*; *kleines* hachette *f*
Bein N jambe *f*
beinah(e) presque
Beinbruch M fracture *f* de la jambe
Beispiel N exemple *m*; **zum Beispiel** par exemple
beißen mordre
bekannt connu; **bekannt geben** annoncer
Bekannte(r) M/F(M) connaissance *f*; **Bekanntmachung** F publication; avis *m*

Bekleidung F vêtements *mpl*
bekommen recevoir; obtenir; *Krankheit* attraper; **wo bekommt man ...** où peut-on trouver ...
belästigen déranger; importuner
Belästigung F ennuis *fpl*; *Störung* dérangement *m*; **sexuelle Belästigung** harcèlement *m* sexuel
belebt animé; *Straße* mouvementé
Beleg M *Quittung* reçu
belegen *Platz* retenir; *Brot* garnir
belegt *Zimmer*, TEL occupé; *Hotel* complet; **belegtes Brötchen** sandwich *m*
beleidigen offenser; **Beleidigung** F offense
Belgien N la Belgique
belichten FOTO exposer
Belichtungsmesser M posemètre; **Belichtungszeit** F temps *m* de pose
beliebt populaire
bellen aboyer
Belohnung F récompense
bemerken remarquer; **bemerkenswert** remarquable
Bemerkung F remarque
benachrichtigen informer
benehmen: **sich benehmen** se conduire
Benehmen N conduite *f*
benötigen avoir besoin de
benutzen utiliser; employer
Benutzer M utilisateur; *Bibliothek, Verkehrsmittel* usager
benutzerfreundlich *Gerät* pratique; IT convivial

Benutzerhandbuch N manuel *m*; **Benutzerkonto** N compte *m* utilisateur; **Benutzername** M nom d'utilisateur; **Benutzeroberfläche** F interface *m* d'utilisateur
Benzin N essence *f*; **Benzinkanister** M bidon d'essence; **Benzintank** M réservoir d'essence; **Benzinuhr** F jauge d'essence
beobachten observer
bequem commode; confortable; **Bequemlichkeit** F commodité; confort *m*
beraten conseiller
berechnen calculer; *in Rechnung stellen* facturer; **Berechnung** F calcul *m*
berechtigen autoriser (**zu** à); **Berechtigung** F autorisation; droit *m*
bereit prêt (**zu** à)
bereits déjà
Berg M montagne *f*; **bergab** en descendant; **bergauf** en montant; **Bergsteiger(in)** M(F) alpiniste *m/f*
Bericht M rapport; **berichten** rapporter
Berlin N Berlin
Beruf M profession *f*; métier
Berufserfahrung F expérience *f* professionnelle
beruhigen calmer; **Beruhigungsmittel** N sédatif *m*
berühmt célèbre; **Berühmtheit** F célébrité
berühren toucher
beschädigen endommager
beschäftigen: **sich beschäftigen** s'occuper (**mit**

de)
Bescheid M: **j-m Bescheid geben** informer qn
bescheinigen certifier
Bescheinigung F certificat *m*
bescheißen *umg betrügen* entuber
bescheuert *umg Personen* dingue; *Sachen* stupide
beschließen décider
beschreiben décrire
Beschreibung F description
Beschwerde F réclamation
beschweren: **sich bei j-m über etw beschweren** se plaindre de qc à qn
Besen M balai
besetzt occupé
besichtigen visiter; aller voir
Besichtigung F visite
besitzen posséder; avoir
Besitzer(in) M(F) propriétaire *m/f*
besondere spécial
besonders spécialement
besorgen *beschaffen* procurer; **sich etw besorgen** se procurer qc
besser meilleur; mieux; **mir geht es besser** je vais mieux
Besserung F amélioration; **gute Besserung!** bon rétablissement!
beständig *Wetter* stable
bestätigen confirmer; **Bestätigung** F confirmation
beste meilleur

bestechen corrompre
Bestechung F corruption
Besteck N couvert *m*
bestellen commander; *Zimmer* réserver; *Taxi* appeler
Bestellung F commande
Bestimmungen FPL règlements *mpl*
Besuch M visite *f*; **besuchen** aller voir; *Museum, Land* visiter; **Besucher(in)** M(F) visiteur *m*, -euse *f*; **Besuchszeit** F heures *fpl* de visite
betätigen actionner
beten prier
Beton M béton
betonen *fig hervorheben* mettre en relief; souligner
betrachten regarder
Betrag M montant; **betragen** *Rechnung* s'élever à
Betrieb M *Firma* entreprise *f*; **außer Betrieb** hors service; **Betriebssystem** N IT système *m* d'exploitation
Betrug M escroquerie *f*; *im Spiel* tricherie *f*
betrügen tromper; *im Spiel* tricher
Betrüger(in) M(F) escroc *m*; *im Spiel* tricheur *m*, -euse *f*
betrunken ivre; soûl
Bett N lit *m*; **Bettdecke** F couverture de lit; **Bettwäsche** F draps *mpl*
Beule F bosse
Beutel M sachet

Bevölkerung F population
bevor avant de; avant que
bevorzugen préférer
bewachen garder; **bewacht** gardé
bewegen *räumlich* remuer
bewegt *Meer* agité; *fig gerührt* ému
Bewegung F mouvement *m*
Beweis M preuve *f*; **beweisen** prouver
Bewerbung F candidature
bewohnen habiter
Bewohner(in) M(F) occupant(e) *m(f)*; *Land, Stadt* habitant(e) *m(f)*
bewusst *absichtlich* voulu; intentionnel; **bewusstlos** sans connaissance
Bewusstsein N: **wieder zu Bewusstsein kommen** reprendre connaissance
bezahlen payer; **Bezahlung** F paiement *m*
Bezeichnung F qualification
Beziehung F relation
Bezirk M district
BH M soutien-gorge
Bibel F bible
Bibliothek F bibliothèque
biegen plier
Biene F abeille; **Bienenstich** M *Stich* piqûre *f* d'abeille
Bier N bière *f*; **Bier vom Fass** bière pression
Bikini M bikini
Bild N photo *f*; *Gemälde* tableau *m*
bilden former

Bilderbuch N livre *m* d'images
Bildhauer(in) M(F) sculpteur *m*, (femme *f*) sculpteur *m*
Bildschirm M écran; **Bildschirmarbeitsplatz** M *poste* de travail sur écran; **Bildschirmschoner** M économiseur d'écran
Bildung F *Ausbildung* formation; *Schulbildung* éducation; *geistige a.* culture
billig bon marché; **Billigflieger** M compagnie *f* aérienne économique; **Billigflug** M vol à bas prix
Binde F bande; *Damenbinde* serviette hygiénique; **Bindehautentzündung** F conjonctivite
binden attacher; *zusammenbinden* lier
Bindfaden M ficelle *f*
Bindung F *Ski* fixation
Bioladen M ÖKOL magasin de produits naturels, biologiques
biologisch biologique
Biorhythmus M biorythme
Biotechnik F biotechnologie *f*
Biotop N biotope *m*
Birne F poire; ELEK ampoule
bis jusqu'à
Bischof M évêque
bisher jusqu'à présent
Biss M morsure *f*
bisschen: **ein bisschen** un peu (de)
bitte s'il vous plaît *od* s'il te plaît; *als Antwort* pas de quoi; **wie bitte?** comment?; pardon?; **ja bitte**

oui, merci; **Bitte** F demande; **bitten**: **j-n um etw bitten** demander qc à qn
bitter amer
Blähungen FPL ballonnements *mpl*
Blase F MED vessie; *Haut* ampoule; *Luftblase* bulle; **blasen** souffler; MUS jouer de
Blaskapelle F fanfare; harmonie
blass pâle
Blatt N feuille *f*
blättern: **in etw blättern** feuilleter *qc*; IT dérouler
Blätterteig M pâte *f* feuilletée
blau bleu; **Blauhelm** M casque bleu; **blaumachen** *umg Arbeit* ne pas aller bosser
Blech N tôle *f*; **Blechschaden** M tôles *fpl* froissées
Blei N plomb *m*; **bleifrei** sans plomb; **bleihaltig** plombifère; **Bleistift** M crayon
Blende F FOTO diaphragme *m*
Blick M regard; *Ausblick* vue *f* (**auf** sur)
blind aveugle
Blinddarm M appendice; **Blinddarmentzündung** F appendicite
blinken AUTO clignoter
Blinker M clignotant
Blitz M éclair; FOTO flash; **blitzen**: **es blitzt** il y a un éclair; **Blitzlicht** N flash *m*
blöd(e) *umg* bête; idiot
blond blond
bloß *nur* seulement
blühen être en fleur(s); fleurir

Blume F fleur
Blumengeschäft N fleuriste *m*; **Blumenkohl** M chou-fleur; **Blumenstrauß** M bouquet de fleurs
Bluse F chemisier *m*
Blut N sang *m*; **Blutdruck** M tension *f*
Blüte F fleur
bluten saigner
Bluterguss M hématome; **Blutgruppe** F groupe *m* sanguin; **blutig** sanglant; **Blutkonserve** F sang *m* conservé; **Blutspender(in)** M(F) donneur *m*, -euse *f* de sang; **blutstillend**: **blutstillendes Mittel** N hémostatique *m*; **Blutung** F saignement *m*; **Blutvergiftung** F septicémie
Bock: **keinen Bock haben** *umg* avoir la flemme; **Bock auf etw haben** *umg* avoir envie de qc
Boden M *Erdboden* sol; terre *f*; *Fußboden* plancher
Body M justaucorps
Bodybuilding N culturisme *m*
Bogen M ARCH arc; **Bogengang** M arcade *f*
Bohne F haricot *m*; **grüne Bohnen** haricots verts
Bohrer M *Zahnarzt* fraise *f*
Boje F bouée
Bombe F bombe
Bonbon M *od* N bonbon *m*
Boot N bateau *m*; canot *m*; **Bootsfahrt** F promenade en bateau; **Bootsverleih** M location *f* de bateaux
Bord M: **an Bord** à bord; **Bordkarte** F FLUG car-

te *f* d'accès à bord
borgen *verleihen* prêter; **sich etw von j-m borgen** emprunter qc à qn
Bosnien N la Bosnie; **Bosnien-Herzegowina** N la Bosnie-Herzégovine
bosnisch bosniaque
Botschaft F ambassade; **Botschafter(in)** M(F) ambassadeur *m*, -drice *f*
Boxershorts PL boxer *m*
Brand M incendie
Brandenburg N le Brandebourg
Brandsalbe F liniment *m* contre les brûlures
Brandung F ressac *m*
Brasilien N le Brésil
braten faire cuire; *am Grill* rôtir
Braten M rôti; **Bratkartoffeln** FPL pommes de terre sautées; **Bratpfanne** F poêle; **Bratröhre** F four *m*; **Bratrost** M gril
Brauch M usage; **brauchen** avoir besoin de
braun brun; marron; *Haut* bronzé; **braun gebrannt** bronzé
Bräune F bronzage *m*
brechen casser; rompre; briser; *sich übergeben* vomir; **Brechreiz** M nausée *f*; envie *f* de vomir
Brei M purée *f*; bouillie *f*
breit large
Bremen N Brême
Bremse F AUTO frein *m*; **bremsen** freiner; **Bremsflüssigkeit** F liquide *m* pour freins; **Bremsleuchte** F feu *m* stop; **Bremspedal** N

pédale *f* de frein
brennen brûler; *Licht* être allumé; **brennend** en feu; *heiß* brûlant; *Interesse* vif, vive; **Brenner** M IT *graveur*
Brett N planche *f*; **Schwarzes Brett** panneau *m* d'affichage
Brief M lettre *f*; **Briefkasten** M boîte *f* aux lettres; **Briefmarke** F timbre *m*; **Briefpapier** N papier *m* à lettres; **Brieftasche** F portefeuille *m*; **Briefträger** M facteur; **Briefumschlag** M enveloppe *f*
Brille F lunettes *fpl*
bringen *mitbringen Dinge* apporter; *Person* amener; *hinbringen Dinge* (em)porter; *Person* (em)mener
Brokkoli PL brocoli *m*
Brot N pain *m*
Brötchen N petit pain *m*
Bruch M *Knochenbruch* fracture *f*
Brücke F pont *m*
Bruder M frère; **Brüderschaft**: **mit j-m Brüderschaft trinken** trinquer avec qn
Brunnen M *Springbrunnen* fontaine *f*
Brüssel N Bruxelles
Brust F poitrine
BSE N E.S.B. *f*
Buch N livre *m*
buchen *Reise, Zimmer* réserver
Bücherei F bibliothèque
Buchhandlung F librairie

Büchse F boîte; **Büchsenmilch** F lait *m* condensé; **Büchsenöffner** M ouvre-boîtes
Buchstabe M lettre *f*; **buchstabieren** épeler
Bucht F baie
Buchung F réservation
Büfett N: **kaltes Büfett** buffet *m*
Bügeleisen N fer *m* à repasser
bügeln repasser
Bulgarien N la Bulgarie
Bullauge N hublot *m*
Bummelstreik M grève *f* du zèle
Bundeskanzler(in) M(F) chancelier *m* fédéral, chancelière *f* fédérale; **Bundesrepublik** F: **Bundesrepublik Deutschland** République fédérale d'Allemagne (R.F.A.)
Bungalow M bungalow
bunt multicolore; varié
Burg F château *m* fort
Burgenland N le Burgenland
Bürger MPL citoyens; **Bürgermeister(in)** M(F) maire *m*, -esse *f*; **Bürgersteig** M trottoir
Burgund N la Bourgogne
Büro N bureau *m*
Bürste F brosse
Bus M bus; *Reisebus* (auto-)car; **Busbahnhof** M gare *f* routière
Busen M seins *mpl*
Busfahrer(in) M(F) conducteur *m*, -trice *f* de bus; **Bushaltestelle** F arrêt *m* d'autobus; **Busreise** F voyage *m* en car

Bußgeld N amende *f*
Büstenhalter M soutien-gorge
Butter F beurre *m*; **Butterbrot** N tartine *f* beurrée; **Buttermilch** F petit-lait *m*

C

Cabrio N (voiture *f*) décapotable *f*
Café N salon *m* de thé
campen camper; **Camper** M campeur; **Camping** N camping *m*; **Campingbus** M camping-car; **Campingplatz** M camping
CD F (disque) compact *m*; **CD-Brenner** M graveur de CD; **CD-Player** M lecteur de CD; **CD-ROM** F CD-ROM *m*; disque *m* optique compact
Cent M cent; *von Euro* (euro)cent
Champignon M champignon de Paris
Chance F chance
Chanson N chanson *f*
Chaot M *Radikaler* casseur; **chaotisch** *unordentlich* bordélique
Charterflug M vol charter; **Chartermaschine** F charter *m*
chatten *Internet* chatter
checken *kontrollieren* vérifier; *umg begreifen* piger
Check-in M FLUG enregistrement

Chef M chef; patron
chemisch chimique
Chemotherapie F chimiothérapie
Chicorée M *od* F endives *fpl*
Chile N le Chili
China N la Chine
Chips MPL *Kartoffelchips* chips
Chirurg M chirurgien
Chor M *a.* ARCH chœur
Christ(in) M(F) chrétien *m*, -enne *f*; **christlich** chrétien
circa environ
Cola F coca *m*
Comic M bande *f* dessinée
Computer M ordinateur
cool *umg gelassen* cool; *toll* super
Creme F crème
Croissant N croissant *m*
Cursor M curseur

D

da *dort* là
Dach N toit *m*; **Dachgepäckträger** M galerie *f*
dagegen contre (cela)

daheim chez moi, toi *etc*; à la maison
dahinten là-bas
dahinter (là-)derrière
damals à l'époque; alors
Dame F dame; **Damen** FPL dames; **Damenbinde** F serviette hygiénique; **Damenkleidung** F vêtements *mpl* pour *od* de femme; **Damenrad** N vélo *f* (de) dame; **Damentoilette** F toilettes *fpl* pour dames
Dämmerung F crépuscule *m*
Dampf M vapeur *f*
Dampfer M (bateau à) vapeur
danach puis; après; **daneben** à côté
Dänemark N le Danemark
Dank M remerciement; **dankbar** reconnaissant (für de); **Dankbarkeit** F reconnaissance; gratitude
danke: **danke!** merci!
danken: **j-m danken für** remercier qn de
dann alors; puis
Darm M intestin
darum *deshalb* pour cela
das *Artikel* le, la
Datei F fichier *m*
Daten PL IT données *fpl*; **Datenschutz** M protection *f* contre les abus de l'informatique
Datum N date *f*
Dauer F durée; **Dauerkarte** F abonnement *m*
dauern durer; **wie lange dauert es?** combien de temps faut-il?

dauernd constamment
Dauerwelle F permanente
Daumen M pouce
davor *räumlich* devant
dealen *Drogen* faire le trafic de drogues; **Dealer** M revendeur de drogues
Deck N pont *m*
Decke F *Zudecke* couverture
dein(e) ton, ta, tes; **das ist deines** c'est le tien, la tienne
Delikatesse F mets *m* fin
demnächst sous peu; prochainement
Demokratie F démocratie
denken penser (**an** à)
Denkmal N monument *m*; **Denkmalschutz** M protection *f* des monuments
dennoch cependant; pourtant
Deo, **Deodorant** N désodorisant *m*; **Deoroller** M déodorant à bille; **Deospray** M déodorant en aérosol
der *Artikel* le
deshalb à cause de cela; pour cela
desinfizieren désinfecter
Detail N détail *m*
deutlich distinct; clair; net
deutsch allemand; **sprechen Sie Deutsch?** parlez-vous allemand?
Deutsche(r) M/F(M) Allemand(e) *m(f)*
deutsch-französisch franco-allemand
Deutschland N l'Allemagne *f*

deutschsprachig en allemand
Devisen FPL devises
Dezember M décembre
Dia N diapo *f*
Dialekt M dialecte
Diät F régime *m*
Diavortrag M conférence *f* avec projections
dicht *Verkehr, Nebel* dense; *wasserdicht, luftdicht* étanche; **Dichtung** F TECH joint *m*
dick épais; *Person* gros
die *Artikel* la
Dieb(in) M(F) voleur *m*, -euse *f*
Diebstahl M vol; **Diebstahlversicherung** F assurance contre le vol
Dienst M service
Dienstag M mardi
dies ce, cet, cette
Diesel M *Motor* diesel; *Treibstoff* gasoil *od* gazole
Digitalfernsehen N télévision *f* numérique; **Digitalkamera** F appareil *m* photo numérique
Ding N chose *f*; *Dingsda* machin *m*
Dinosaurier M dinosaure
direkt directement
Direktflug M vol direct
Direktor(in) M(F) directeur *m*, -trice *f*
Diskette F disquette; **Diskettenlaufwerk** N lecteur *m* de disquettes
Disko F disco; *umg* boîte
Doktor(in) M(F) docteur *m*
Dokument N document *m a.* IT

dolmetschen servir d'interprète
Dolmetscher(in) M(F) interprète *m/f*
Dom M cathédrale *f*
Donner M tonnerre
donnern: **es donnert** il tonne
Donnerstag M jeudi
dopen SPORT doper; **Doping** N SPORT dopage; **Dopingkontrolle** F contrôle *m* antidopage
Doppel N double *m*; **Doppelbett** N lit *m* à deux personnes; **doppelt** double; **Doppelzimmer** N chambre *f* à deux lits
Dorf N village *m*
dort là; à cet endroit-là
Dose F boîte; **Dosenbier** N bière *f* en boîte; **Dosenöffner** M ouvre-boîtes
Dosis F dose
Drachen M cerf-volant; SPORT deltaplane *m*; **Drachenfliegen** N deltaplane *m*
Draht M fil (de fer)
draußen dehors; *im Freien* en plein air
Dreck M saleté *f*; *auf der Straße* boue *f*; **dreckig** *umg a. fig* sale
drei trois; **Dreibettzimmer** N chambre *f* à trois personnes; **Dreieck** N triangle *m*; **dreißig** trente; **dreizehn** treize
dringend urgent; pressant
drinnen dedans
Droge F drogue; **drogenabhängig** drogué; **Drogenszene** F milieu *m* de la drogue; **Drogentote(r)** M/F(M) victime *f* de la drogue

Drogerie F droguerie
Drohung F menace
drüben de l'autre côté
Druck[1] M pression *f*
Druck[2] M *Buchdruck* impression *f*; *Kunstdruck* gravure *f*; estampe *f*; **drucken** imprimer
drücken presser; **j-m die Hand drücken** serrer la main de qn
Drucker M IT imprimante *f*
DSL N TEL DSL *m*
du tu; toi
Duft M parfum; **duften** sentir bon
dumm bête; stupide
dunkel sombre; obscur; *Farbe* foncé
Dunkelheit F obscurité
dünn mince; *Kleid, Kaffee* léger
Dunst M *Dampf* vapeur *f*; *in der Luft* brume *f*
durch par; à travers
durchbrennen *Glühbirne* griller
durcheinander en désordre; **Durcheinander** N confusion *f*; désordre *m*
Durchfahrt F: **auf der Durchfahrt** de passage
Durchfall M diarrhée *f*
Durchgang M passage; **Durchgang verboten** passage interdit
durchgebraten bien cuit
durchlassen laisser passer
Durchmesser M diamètre
Durchreise F passage *m*; *durch ein Land* transit *m*; **auf der Durchreise sein** être de passage

Durchsage F annonce; message *m*
Durchschnitt M moyenne *f*; **im Durchschnitt** en moyenne; **durchschnittlich** en moyenne
durchsichtig transparent
durchstreichen barrer; rayer
Durchwahl F numéro *m* de poste
dürfen avoir le droit *od* la permission; pouvoir; *verneint* devoir; **darf ich ...?** puis-je ...; est-ce que je peux ...?
Durst M soif *f* (**nach** de)
durstig: **durstig sein** avoir soif
Dusche F douche; **duschen** prendre une douche
düsen *umg* foncer; filer
Dutzend N douzaine *f*
duzen tutoyer
DVD F DVD *m*; **DVD-Brenner** M graveur DVD; **DVD-Player** M lecteur (de) DVD; **DVD-Rekorder** M graveur DVD

E

Ebbe F marée basse
Ebene F plaine; *fig* niveau *m*
ebenfalls de même; également
ebenso de même

Echo N écho *m*
echt véritable
EC-Karte F carte EC
Ecke F coin *m*; SPORT corner *m*
Economyclass F classe touriste
effizient efficace
egal: **das ist egal** ça revient au même; **das ist mir egal** ça m'est égal
Ehe F mariage *m*; **eheähnlich**: **eheähnliche Gemeinschaft** F concubinage *m*; **Ehefrau** F femme; épouse
ehemalig ex-...
Ehemann M mari; **Ehepaar** N couple *m*
eher *früher* plus tôt; *lieber* plutôt
Ehering M alliance *f*
Ehre F honneur *m*
ehrlich honnête; *aufrichtig* sincère; **Ehrlichkeit** F honnêteté; sincérité
Ei N œuf *m*; **weiches Ei** œuf à la coque; **hartes Ei** œuf dur
Eiche F chêne *m*
Eid M serment
Eierbecher M coquetier
Eifersucht F jalousie
eifersüchtig jaloux (**auf** de)
eigen propre; à soi
eigenartig étrange; bizarre
Eigenschaft F qualité; *Merkmal* caractéristique
eigentlich en réalité; au fond
Eigentum N propriété *f*

eignen: **sich eignen** convenir (**für** à)
Eilbrief M lettre *f* exprès
Eile F hâte
eilig *Sache* pressant; **es eilig haben** être pressé; **eilig sein** presser
Eimer M seau
ein *unbestimmter Artikel* un, une
einatmen inspirer; *Rauch etc* inhaler
Einbahnstraße F sens *m* unique
Einbildung F illusion; *Überheblichkeit* prétention; vanité
einbrechen: **in ein Haus einbrechen** cambrioler une maison
Einbrecher(**in**) M(F) cambrioleur *m*, -euse *f*
einbringen: **sich einbringen** s'intégrer
Einbruch M cambriolage *m*
einchecken enregistrer
Eindruck M impression *f*
einerseits: **einerseits … andererseits** d'un côté … de l'autre
einfach simple; *leicht* facile; **einfache Fahrkarte** aller *m*
Einfahrt F entrée
Einfall M idée *f*
Einfluss M influence *f* (**auf** sur); **einflussreich** puissant
Einfuhr F importation; **einführen** importer; *vorstellen* introduire; **Einführung** F introduction
Eingang M entrée *f*
eingebildet *Person* prétentieux

eingeschrieben *Postsendung* recommandé
einheimisch indigène; *Produkt* du pays; **Einheimische(r)** M/F(M) autochtone *m/f*
Einheit F unité
einig: **sich einig sein** être d'accord (**über** sur)
einige quelques
einigen: **sich einigen** tomber d'accord (**über** sur)
Einkauf M achat; **einkaufen** acheter; **Einkaufsbummel** M lèche-vitrines; **Einkaufswagen** M chariot; caddie; **Einkaufszentrum** M centre *m* commercial
Einkommen N revenus *mpl*; **einkommensschwach** à faible revenu; **einkommensstark** à haut revenu
einladen *Gäste* inviter; *Koffer* charger; **Einladung** F invitation
einlegen *Film* mettre; *Pause* intercaler; *Gang* passer une vitesse
Einleitung F introduction
einloggen IT **sich einloggen** se connecter
einmal une fois; **auf einmal** *plötzlich* tout à coup; *mit e-m Schlag* d'un seul coup; **einmalig** unique; exceptionnel
einmischen: **sich einmischen** se mêler (**in** de)
einnehmen prendre
einpacken envelopper; emballer; *in den Koffer* mettre dans la valise
Einreibemittel N liniment *m*
einreiben frictionner
einreichen présenter

Einreise F entrée; **einreisen** entrer; **Einreisevisum** N visa *m* d'entrée
Einrichtung F ameublement *m*
eins un
einsam solitaire; isolé; **Einsamkeit** F solitude
Einsatz M *beim Spiel* enjeu
einscannen scanner
einschalten *Licht etc* allumer; *Gerät* mettre en marche
einschenken verser (à boire)
einschlafen s'endormir; *Glieder* s'engourdir
einschließen enfermer
einschließlich (y) compris
Einschreib(e)brief M lettre *f* recommandée
einschreiben: *Brief* **einschreiben lassen** recommander; **sich einschreiben** se faire inscrire
einseitig d'un (seul) côté
einsenden envoyer
einsprachig monolingue
einspurig à une seule voie
einsteigen monter (**in** en)
einstellen TECH, *Radio*, TV régler; *Arbeitskräfte* engager
einstweilen en attendant
eintragen inscrire; enregistrer; **sich eintragen** s'inscrire; **Eintragung** F inscription; enregistrement *m*
eintreffen arriver
eintreten entrer (**in** dans)
Eintritt M entrée *f*; **Eintrittsgeld** N (prix *m*

d')entrée *f*; **Eintrittskarte** F billet *m*
einverstanden: **einverstanden sein** être d'accord (**mit** avec); **einverstanden!** d'accord!
Einwand M objection *f* (**gegen** à)
einwandern immigrer; **Einwanderung** F immigration; **Einwanderungsland** N pays *m* d'immigration
einwandfrei impeccable; parfait
einwerfen *Brief* mettre à la boîte; *Münze* introduire
einwickeln envelopper
Einwohner(in) M(F) habitant(e) *m(f)*
einzahlen verser; **Einzahlung** F versement *m*
Einzel N *Tennis* simple *m*; **Einzelbett** N *Schlafwagen* single *m*; **Einzelheit** F détail *m*; **Einzelkabine** F SCHIFF cabine individuelle; **Einzelkind** N enfant *m* unique
einzeln seul; **einzeln eintreten** entrer un à un
Einzelzimmer N chambre *f* à un lit; **Einzelzimmerzuschlag** M supplément pour une chambre individuelle
einzig unique
Einzimmerwohnung F studio *m*
Eis N glace *f*; **Eisdiele** F glacier *m*
Eisen N fer *m*; **Eisenbahn** F chemin *m* de fer
eisig glacial *a. fig*
Eispickel M piolet; **Eiswürfel** M glaçon
Eiter M pus; **eitern** suppurer
Ekel M nausée *f*; dégoût
ekelhaft dégoutant

elastisch élastique; **elastische Binde** bande *f* élastique
Elefant M éléphant
elegant élégant
Elektriker(in) M(F) électricien *m*, -enne *f*; **elektrisch** électrique
Elektrizität F électricité
Elektrogeschäft N magasin *m* d'appareils électriques; **Elektroherd** M cuisinière *f* électrique
elend misérable; **sich elend fühlen** se sentir mal; **Elend** N misère *f*
elf onze
Ellbogen M coude
Eltern PL parents *mpl*; **Elternzeit** F congé *m* parental
E-Mail F courrier *m* électronique; **E-Mail-Adresse** F adresse e-mail
Emanze F *umg* féministe
Empfang M accueil; *im Hotel* réception *f*; **empfangen** recevoir
Empfänger M *Person* destinataire
empfehlen recommander
empfindlich sensible (**gegen** à)
empörend choquant; scandaleux
Ende N fin; **enden** finir; se terminer; **endgültig** définitif
Endivie F chicorée
endlich enfin; **endlos** sans fin; interminable; **Endspiel** N finale *f*; **Endstation** F terminus *m*
Energie F énergie; **energiesparend** à faible

consommation d'énergie; **Energiesparlampe** F ampoule à faible consommation
eng étroit; serré; **etw eng sehen** *umg* prendre qc trop au sérieux
England N l'Angleterre *f*
Enkel(in) M(F) petit-fils, petite-fille; **die Enkel** *pl* les petits-enfants *mpl*
Entbindung F accouchement *m*
entdecken découvrir; **Entdeckung** F découverte
Ente F canard *m*
Entertaste F touche d'entrée
entfernen: **sich entfernen** s'éloigner
Entfernung F distance
entführen *Person* enlever; *Flugzeug* détourner; **Entführer** M ravisseur; FLUG pirate de l'air; **Entführung** F enlèvement *m*; kidnapping *m*; *Flugzeug* détournement *m*
entgegengesetzt opposé; **entgegenkommen** *j-m* venir à la rencontre de; *fig* faire des concessions à
entgleisen dérailler
enthaltsam abstinent
entladen décharger
entlang le long de; **die Straße entlang** le long de la rue; **hier entlang** par ici
entlassen *Arbeitnehmer* congédier; renvoyer; **Entlassung** F renvoi *m*
entlegen éloigné
entmutigen décourager

entschädigen dédommager (**für** de)
Entschädigung F dédommagement *m*; *Summe* indemnité
entscheiden décider (**über** de); **sich entscheiden** se décider; **entscheidend** décisif
Entscheidung F décision
entschließen: **sich zu etw entschließen** se décider à faire qc
entschlossen résolu
Entschluss M résolution *f*
entschuldigen excuser; **sich entschuldigen** s'excuser; **entschuldigen Sie!** excusez-moi!
Entschuldigung F excuse; **Entschuldigung!** pardon!
Entsetzen N effroi *m*
entsetzlich effroyable
entsorgen *Müll* évacuer; **Atommüll entsorgen** traiter les déchets radioactifs
entspannen: **sich entspannen** se détendre *a. fig*; *sich erholen a.* se relaxer
Entspannung F détente *a. fig*
enttäuschen décevoir
Enttäuschung F déception
entweder: **entweder ... oder** ou ... ou
entwerten *Fahrkarte* composter
Entwerter M *Fahrkarten* composteur
entwickeln développer *a. Film*
er il; **da ist er** le voilà; **er auch** lui aussi
Erbe N héritage *m*; **erben** hériter
erblicken apercevoir

erbrechen: **sich erbrechen** vomir
Erbsen FPL pois *mpl*
Erdbeben N tremblement *m* de terre
Erdbeere F fraise
Erdboden M terre *f*; sol
Erde F terre; **erden** ELEK mettre à la terre
Erdgas N gaz *m* naturel
Erdgeschoss N rez-de-chaussée *m*
Erdhalbkugel F hémisphère *m*
Erdnüsse FPL cacahuètes
Erdöl N pétrole *m*
Erdteil M continent
ereignen: **sich ereignen** se produire; avoir lieu
Ereignis N événement *m*
erfahren[1] apprendre
erfahren[2] *bewandert* expérimenté
Erfahrung F expérience
erfinden inventer
Erfinder(in) M(F) inventeur *m*, -trice *f*
Erfindung F invention
Erfolg M succès
erforderlich nécessaire
erfordern demander; exiger
erfreulich satisfaisant
erfrieren mourir de froid; *Glied* geler
erfrischen rafraîchir; **sich erfrischen** se rafraîchir; **Erfrischung** F rafraîchissement *m*
ergänzen compléter
Ergebnis N résultat *m*
ergreifen *Gegenstand, Gelegenheit* saisir; *Beruf*

embrasser
erhalten recevoir; *bewahren* conserver
erhöhen augmenter (**um** de)
erholen: **sich erholen** se reposer; *nach Krankheit* se rétablir; **Erholung** F repos *m*; rétablissement *m*
erinnern: **j-n an etw erinnern** rappeler qc à qn; **sich erinnern an** se rappeler; se souvenir de; **Erinnerung** F souvenir *m*; *Gedächtnis* mémoire; **zur Erinnerung an** en souvenir de
erkälten: **sich erkälten** s'enrhumer; prendre froid; **Erkältung** F refroidissement *m*; *Schnupfen* rhume *m*
erkennen reconnaître (**an** à)
erklären expliquer; **Erklärung** F explication
erkundigen: **sich erkundigen nach** s'informer de; se renseigner sur
Erkundigung F: **Erkundigungen einziehen** prendre des renseignements
erlauben permettre
Erlaubnis F permission
Erlebnis N événement *m*
erledigen *Aufgabe* terminer; *Angelegenheit* régler
ermäßigt réduit
Ermäßigung F réduction
ermorden assassiner
ernähren nourrir
Ernährung F alimentation
ernst sérieux; grave; **Ernst** M: **im Ernst** sérieusement; sans plaisanter

Ernte F récolte; **ernten** récolter
Eröffnung F ouverture
erpressen faire chanter; **Erpresser(in)** M(F) maître-chanteur *m*; **Erpressung** F chantage *m*
Erreger M MED agent pathogène
erreichen atteindre; parvenir à; *Zug* attraper; *am Telefon* joindre
Ersatz M: **zum Ersatz für** en remplacement de; **Ersatzreifen** M pneu de rechange; **Ersatzteil** N pièce *f* de rechange
erscheinen *Buch* paraître; *Personen* apparaître
erschießen tuer d'un coup de feu
erschöpft épuisé
erschrecken s'effrayer (**über** de)
erschüttern ébranler; *fig* bouleverser; **Erschütterung** F ébranlement *m*; *fig* bouleversement *m*
erschweren compliquer
ersetzen remplacer; *Schaden* indemniser; *Unkosten* rembourser
erstaunlich étonnant
erste premier; **Erste Hilfe** premiers soins *mpl*; **das erste Mal** la première fois; **zum ersten Mal** pour la première fois; **erste Klasse** BAHN première *f*; **die Erste** la première; **erstens** premièrement
ersticken étouffer
erstrecken: **sich erstrecken** s'étendre
ertragen supporter
ertrinken se noyer
erwachsen adulte; **Erwachsene(r)** M/F(M) adulte

erwähnen mentionner
erwarten attendre; **Erwartung** F attente; *Hoffnung* espérance
erwidern répliquer; répondre
erwischen *ertappen* (sur)prendre; *Zug* attraper
erzählen raconter
Erzähler(in) M(F) narrateur *m*, -trice *f*
Erzählung F récit *m*
erzeugen produire
Erzeugnis N produit *m*
erziehen élever; éduquer
Erziehung F éducation
es: **es gibt** il y a; **es regnet** il pleut
Esel M âne
essbar mangeable; comestible
essen manger; **zu Mittag essen** déjeuner; **zu Abend essen** dîner
Essen N *Mahlzeit* repas *m*; **Essenszeit** F heure des repas
Essig M vinaigre; **Essiggurke** F cornichon *m* au vinaigre
Esszimmer N salle *f* à manger
Estland N l'Estonie *f*
Etage F étage *m*
Ethik F éthique
E-Ticket N billet *m* électronique
Etui N étui *m*
etwa environ; **etwas** quelque chose
EU F Union européenne
euer votre; *pl* vos

EU-Erweiterung F agrandissement *m* de l'Union
Eule F hibou *m*
eure: **der, die, das eure** le, la vôtre
Euro M *Währung* euro
Eurocheque M eurochèque; **Eurochequekarte** F carte eurochèque
Europa N Europe *f*; **Europäer(in)** M(F) Européen *m*, -enne *f*; **europäisch** européen
evangelisch protestant
eventuell éventuellement
ewig éternel; **Ewigkeit** F éternité
Examen N examen *m*
Exemplar N exemplaire *m*
existieren exister
explodieren exploser
extra *gesondert* à part

F

fabelhaft formidable
Fabrik F usine
Fach N *Schrankfach, Regalfach* rayon *m*; *fig Berufszweig* branche *f*; *Schulfach* matière *f*; **Facharbeiter** M ouvrier qualifié; **Facharzt** M, **Fachärztin** F spécialiste *m/f*; **Fachmann** M expert

Fackel F flambeau *m*; **Fackelzug** M retraite *f* aux flambeaux
Faden M fil
Fahne F drapeau *m*
Fahrbahn F chaussée
Fähre F bac *m*; *Autofähre* ferry *m*
fahren aller (**nach Frankreich** en France; **nach Paris** à Paris; **mit der Bahn** en train); *lenken* conduire
Fahrer(in) M(F) conducteur *m*, -trice *f*
Fahrerflucht F délit *m* de fuite
Fahrgast M passager *m*, -ère *f*; voyageur *m*, -euse *f*; **Fahrgeld** N argent *m* pour le bus, le tram, *etc*; **Fahrgelegenheit** F moyen *m* de transport
Fahrkarte F billet *m*; **Fahrkartenautomat** M distributeur de billets; **Fahrkartenschalter** M guichet de billets
Fahrplan M horaire; **Fahrplanauszug** M fiche-horaire *f* des trains; **fahrplanmäßig**: **fahrplanmäßige Ankunft** arrivée prévue
Fahrpreis M prix du billet, du trajet; **Fahrpreisermäßigung** F réduction du prix du billet, du ticket
Fahrrad M vélo; bicyclette *f*; **Fahrradverleih** M location *f* de vélos; **Fahrradweg** M piste *f* cyclable
Fahrschein M billet; ticket; **Fahrscheinautomat** M billetterie *f*
Fahrschule F auto-école
Fahrspur F voie; file

Fahrstuhl M ascenseur
Fahrt F *Reise* voyage *m*; *Ausflug* excursion; **einfache Fahrt** *Fahrkarte* aller *m* (simple); **Fahrt ins Blaue** excursion surprise; **in voller Fahrt** à toute allure
Fahrzeug N véhicule *m*; **Fahrzeughalter** M détenteur d'un véhicule
fair loyal; **Fairness** F fair-play *m*
Fall M chute *f*; *fig Angelegenheit* cas; **auf keinen Fall** en aucun cas
fallen tomber; *Temperatur* baisser
fällig échéant; *Flugzeug etc* attendu
falls au cas où; *wenn* si
Fallschirm M parachute; **Fallschirmspringer(in)** M(F) parachutiste *m/f*
falsch faux, fausse
fälschen falsifier; contrefaire
Fälschung F *Gegenstand* faux *m*
fälschungssicher infalsifiable
Familie F famille; **Familienname** M nom de famille; **Familienstand** M état civil
fangen *Ball, Person, Tier* attraper; *Fisch* prendre
Fantasie F imagination
fantastisch fantastique
Farbe F couleur; *Malfarbe* peinture
färben *Haare* teindre
Farbfernsehen N télévision *f* en couleurs; **Farbfilm** M film en couleur
farbig coloré
Fasching M carnaval

Fass N tonneau *m*; **Fassbier** N bière *f* pression
fassen prendre; saisir (**beim Arm** par le bras)
Fassung F *e-r Glühbirne* douille; *fig Beherrschung* contenance
fast presque; *Anzahl* près de
fasten jeûner
Fastfood N fast-food *m*
faul *Person* paresseux; *Obst* pourri
Faust F poing *m*
Fax N télécopie *f*; *a. Gerät* fax *m*
faxen envoyer un fax; **etw faxen** faxer qc
Faxnummer F numéro *m* de fax; **Faxpapier** N papier *m* pour fax
Februar M février
Feder F plume; TECH ressort *m*; **Federball** M *Spiel* badminton; *Ball* volant
fehlen manquer; **was fehlt Ihnen?** qu'est-ce que vous avez?
Fehler M faute *f*; erreur *f*; *Defekt* défaut; **Fehlermeldung** F IT message *m* d'erreur
Feier F cérémonie; fête; **Feierabend** M **Feierabend machen** finir de travailler
feiern *offiziell* célébrer; fêter
Feiertag M jour férié; fête *f*
feige lâche
Feige F figue
Feigling M lâche; poltron
fein fin; *vornehm* distingué
Feind M ennemi; **feindlich** ennemi; hostile
Feld N champ *m*; **Feldweg** M chemin (rural);

chemin de terre
Felge F jante
Fell N peau *f*; *Haarkleid* pelage *m*
Felsen M rocher
Fenster N fenêtre *f*; AUTO glace *f*; **Fensterladen** M volet; **Fensterplatz** M coin fenêtre; **Fensterscheibe** F vitre
Ferien PL vacances *fpl*; **Feriendorf** N village *m* de vacances; **Ferienhaus** N location *f*; **Ferienjob** M job de vacances; **Ferienkurs** M cours de vacances; **Ferienlager** N colonie *f* de vacances; **Ferienort** M station *f*; **Ferienwohnung** F chalet *m*, location *f* (de vacances)
fern loin (**von** de)
Fernbedienung F télécommande
Ferne F: **aus der Ferne** de loin; **in der Ferne** au loin
Ferngespräch N communication *f* interurbaine; **Fernglas** N jumelles *fpl*; **Fernlicht** N feux *mpl* de route; **Fernreise** F voyage *m* dans un pays lointain
Fernsehen N télévision *f*; *umg* télé *f*
Fernseher M téléviseur; *umg* télé *f*
Fernsehsatellit M satellite *m* de télévision
Fernsteuerung F télécommande
Ferse F talon *m*
fertig *bereit* prêt; *beendet* fini; achevé; **fertig machen** terminer; **Fertiggericht** N plat *m* cuisiné; **Fertighaus** N maison *f* préfabriquée
fest ferme; solide; *Wohnsitz, Preis* fixe; **fester**

Freund, feste Freundin copain, copine
Fest N fête *f*
festhalten tenir; *fig* fixer; **sich festhalten** s'accrocher (**an** à)
Festiger M fixateur
Festland N terre *f* ferme
festlich solennel
festnehmen: **j-n festnehmen** arrêter qn
Festnetz N TEL réseau *m* fixe
Festplatte F IT disque *m* dur
Festpreis M prix fixe
Festspiele NPL festival *m*
feststellen *Tatsache etc* constater; *Personalien* vérifier
fett gras, grasse
Fett N graisse *f*; **fettarm** pauvre en matière grasse; *Joghurt* maigre; *Milch* écrémé; **fettig** graisseux
feucht humide
Feuchtigkeit F humidité; **Feuchtigkeitscreme** F crème hydratante
Feuer N feu *m*; *Brand* incendie *m*; **feuergefährlich** inflammable; **Feuerlöscher** M extincteur; **Feuerwehr** F pompiers *mpl*; **Feuerwerk** N feu *m* d'artifice; **Feuerzeug** N briquet *m*
Fieber N fièvre *f*; **Fiebermittel** N fébrifuge *m*
Figur F silhouette
Filet N filet *m*
Filiale F succursale

Film M film; FOTO pellicule *f*; **filmen** filmer; tourner; **Filmstar** M vedette *f*
Filter M filtre; **Filterkaffee** M café filtre
Filzschreiber M, **Filzstift** M (crayon)feutre
Finanzen PL finances *fpl*
finanziell financier
finden trouver
Finger M doigt
Finnland N la Finlande
Firma F maison; entreprise
Fisch M poisson; **Fische** ASTROL Poissons; **sie ist Fisch** elle est Poissons; **fischen** pêcher
Fischer M pêcheur; **Fischerboot** N barque de pêche; **Fischerdorf** N village *m* de pêcheurs
Fischgeschäft N poissonnerie *f*; **Fischmarkt** M marché aux poissons; **Fischsuppe** F soupe de poisson; bouillabaisse
fit en forme; bien entraîné
Fitness F (pleine) forme; **Fitnessstudio** N centre *m* de remise en forme
FKK nudisme *m*; **FKKler** M nudiste; **FKK--Strand** M plage *f* nudiste
flach plat; **Flachbildschirm** M écran plat
Fläche F surface; **flächendeckend** global
Flachland N pays *m* plat
Flagge F *Fahne* drapeau *m*; *Nationalflagge* couleurs *fpl*
Flamme F flamme
Flasche F bouteille
Flaschenbier N bière *f* en bouteille(s); **Fla-**

schenöffner M ouvre-bouteilles; **Flaschenpfand** N consigne *f*
Flatrate F IT, TEL forfait *m* illimité
Fleck M tache *f*; **Fleckenentferner** M détachant
Fleisch N viande *f*; **Fleischbrühe** F consommé *m*; bouillon *m*; **Fleischer** M boucher; charcutier; **Fleischerei** F boucherie; charcuterie
fleißig appliqué
flicken rapiécer; *Fahrradschlauch* réparer
Flieder M lilas
Fliege F mouche; *Krawatte* nœud *m* papillon
fliegen voler; *mit Flugzeug* aller en avion; **Flieger** M *umg Flugzeug* avion
fliehen fuir (**vor j-m, vor etw** qn, qc)
fließen couler; **fließend Französisch sprechen** parler couramment français
flippern *umg* jouer au flipper
flippig *umg* excentrique
Flirt M flirt; **flirten** flirter
Flitterwochen FPL lune *f* de miel
Floh M puce *f*; **Flohmarkt** M marché aux puces
Flop M *Misserfolg* bide
Floß N radeau *m*
Flosse F nageoire
Fluch M *Kraftwort* juron; **fluchen** jurer
Flucht F fuite
flüchten s'enfuir (**vor** devant)
Flug M vol; **Flugbegleiter** M steward; **Flugbegleiterin** F hôtesse de l'air

Flügel M aile *f;* MUS piano *m* à queue
Fluggesellschaft F compagnie aérienne; **Flughafen** M aéroport; **Flugkapitän** M commandant de bord; **Fluglotse** M aiguilleur du ciel; **Flugnummer** F numéro *m* de vol; **Flugplan** M horaire (d'avions); **Flugplatz** M aérodrome; **Flugschein** M billet d'avion; **Flugschreiber** M boîte *f* noire; **Flugsteig** M porte *f*; **Flugticket** N billet *m* d'avion
Flugzeug N avion *m*; **Flugzeugentführer** M pirate de l'air; **Flugzeugentführung** F détournement *m* d'avion
Fluss M rivière *f*; *großer* fleuve
flüssig liquide; **Flüssigkeit** F liquide *m*
Flut F *Gezeiten* marée haute
Föhn M séche-cheveux
Folge F suite; conséquence; **folgen** suivre (**j-m** qn)
fordern exiger; revendiquer
Forderung F revendication
Forelle F truite
Form F forme
Formalitäten FPL formalités
formatieren IT formater
Formular N formulaire *m*
forschen faire des recherches
fort parti; absent; pas ici *od* là; **fortbleiben** ne pas venir; **fortbringen** emporter; **fortfahren** *wegfahren* partir; *weitermachen* continuer; **fortgehen** s'en aller

Fortschritt M progrès
fortsetzen continuer
Fortsetzung F suite; **Fortsetzung folgt** à suivre
Foto N photo *f*; **Fotoapparat** M appareil photo; **Fotograf** M photographe; **Fotografie** F photographie; **fotografieren** photographier; prendre des photos; **Fotohandy** N photophone *m*; **Fotokopie** F photocopie; **Fotokopierer** M photocopieur
Fracht F chargement *m*; marchandise *f*; *Gebühr* prix *m* de transport
Frage F question; **fragen** demander (**j-n etw, j-n nach etw** qc à qn)
Franken M (**Schweizer**) **Franken** franc suisse
Frankfurt N Francfort
frankieren affranchir
Frankreich N la France
Franzose M Français
Französin F Française
französisch français; **Französisch sprechen** parler français
Frau F femme; *Ehefrau* femme; épouse; *in der Anrede* madame
Frauenarzt M gynécologue
frauenfeindlich misogyne
Fräulein M demoiselle *f*; *in der Anrede* mademoiselle
frech insolent; **Frechheit** F insolence
frei libre; **frei halten** *Platz* réserver
Freibad N piscine *f* en plein air

Freiburg N *Stadt, Kanton* Fribourg
Freigepäck N bagages *mpl* en franchise; **freihaben** avoir congé; **freihalten** *j-n* inviter qn; **Freiheit** F liberté; **Freikarte** F billet *m* gratuit
Freitag M vendredi
freiwillig volontaire
Freiwillige(r) M/F(M) volontaire *m/f*
Freizeit F loisir *m*; **Freizeitgesellschaft** F société *f* de loisirs; **Freizeitgestaltung** F organisation de loisir
fremd étranger; **Fremde(r)** M/F(M) étranger *m*, -ère *f*; **fremdenfeindlich** xénophobe
Fremdenführer(in) M(F) guide *m/f*
Fremdenverkehr M tourisme; **Fremdenverkehrsbüro** N office *m* du tourisme; syndicat *m* d'initiative
Fremdenzimmer N chambre *f* à louer
Fremdsprache F langue étrangère
fressen manger; *umg* bouffer
Freude F joie
freuen: **sich freuen** être content *od* heureux (**über** de)
Freund(in) M(F) ami(e) *m(f)*
freundlich aimable; gentil (**zu** avec)
Freundschaft F amitié
Frieden M paix *f*; **Friedensinitiative** F démarches *fpl* de paix
Friedhof M cimetière
friedlich pacifique; *ruhig* paisible
frieren avoir froid; **es friert** il gèle

Frisbee(scheibe)® F frisbee® *m*
frisch frais
Friseur(in) M(F) coiffeur *m*, -euse *f*
frisieren *Haare* coiffer; *Motor* gonfler
Frisur F coiffure
froh content (**über** de)
fröhlich gai; joyeux
Fronleichnam M Fête-Dieu *f*
Frosch M grenouille *f*
Frost M gelée *f*; *Kälte* froid; **Frostschutzmittel** N antigel *m*
Frucht F fruit *m*; **Fruchtsaft** M jus de fruits
früh de bonne heure; tôt; **heute früh** ce matin; **gestern früh** hier matin; **früher** plus tôt; *ehemals* autrefois
Frühling M printemps *m*
Frühstück N petit déjeuner *m*; **frühstücken** prendre le petit déjeuner; **Frühstücksraum** M salle *f* du petit déjeuner
Fuchs M renard
fühlen sentir
führen conduire; *Gruppe* guider; *leiten* diriger
Führer M guide *Person u. Buch*; **Führerschein** M permis de conduire
Führung F *Museum etc* visite guidée
Führungskraft F cadre *m* (supérieur)
füllen *Getränk* verser (**in** dans); *Gefäß* remplir; GASTR farcir
Fundbüro N bureau *m* des objets trouvés; **Fundsache** F objet *m* trouvé

fünf cinq
fünfzehn quinze; **fünfzig** cinquante
Funk M radio *f*
Funktion F fonction; **funktionieren** fonctionner; **funktionsfähig** fonctionnant
Furcht F crainte; peur (**vor** de)
furchtbar terrible
fürchten: **sich fürchten** avoir peur (**vor** de)
Fuß M pied; **zu Fuß** à pied; **Fußball** M ballon (de football); *Spiel* football; **Fußboden** M plancher
Fußgänger M piéton; **Fußgängerüberweg** M passage clouté; **Fußgängerzone** F zone piétonne
Futter N nourriture *f*; *Kleiderfutter* doublure *f*
füttern donner à manger

G

Gabel F fourche; *Essgabel* fourchette
gähnen bâiller
Galerie F *Kunstgalerie* galerie
Galle F bile; **Gallenblase** F vésicule biliaire; **Gallenkolik** F colique hépatique
Gameshow F jeu *m* télévisé
Gang M *Flur* couloir; AUTO vitesse *f*; GASTR plat;

Verlauf cours; **Gangschaltung** F changement *m* de vitesse
Ganove M *umg* malfaiteur
Gans F oie
ganz entier; tout; *nicht kaputt* intact; **ganz Frankreich** toute la France
gar[1] *Essen* (assez) cuit; à point
gar[2]: **gar nicht** pas du tout; **gar nichts** rien du tout
Garage F garage *m*
Garantie F garantie; **garantieren** garantir (**für** etw qc); **Garantieschein** M bon de garantie
Garderobe F *Kleider* vêtements *mpl*; *Raum* vestiaire *m*; **Garderobenmarke** F numéro *m* de vestiaire
Garn N fil *m*
Garnelen FPL crevettes
Garten M jardin
Gärtner(in) M(F) jardinier *m*, -ière *f*
Gärtnerei F établissement *m* horticole; jardinerie
Gas N gaz *m*; **Gas geben** *a. fig* accélérer; **Gasfeuerzeug** N briquet à gaz; **Gasflasche** F bouteille de gaz; **Gasherd** M cuisinière *f* à gaz; **Gaskocher** M réchaud à gaz; **Gaspedal** N accélérateur *m*
Gasse F ruelle
Gast M hôte *m/f*; *Hotel etc* client(e) *m(f)*
Gästezimmer N chambre *f* d'amis
Gastfreundschaft F hospitalité

Gastgeber(in) M(F) hôte *m*, -esse *f*
Gasthaus N restaurant *m*; **Gasthof** M auberge *f*; **Gastlichkeit** F hospitalité; **Gaststätte** F restaurant *m*
Gaszähler M compteur *m* à gaz
Gate N FLUG porte *f*
Gauner M escroc; filou; **Gaunerin** F rusée
Gebäck N pâtisserie *f*; *Plätzchen* petits gâteaux *mpl*; biscuits *mpl*
gebacken cuit au four
Gebäude N bâtiment *m*
geben donner; **es gibt** il y a; **was gibt es (zu essen)?** qu'est-ce qu'il y a (à manger)?
Gebet N prière *f*
Gebiet N territoire *m*; région *f*
Gebirge N montagnes *fpl*; **gebirgig** montagneux; **Gebirgspass** M col
Gebiss N dents *fpl*; *künstliches* dentier *m*
Gebläse N AUTO ventilateur *m*
geboren né
gebraten rôti; grillé; frit
Gebrauch M usage; *Verwendung* emploi; **gebrauchen** utiliser; employer
Gebrauchsanleitung F, **Gebrauchsanweisung** F mode *m* d'emploi
gebraucht utilisé; *aus 2. Hand* d'occasion; **Gebrauchtwagen** M voiture *f* d'occasion
Gebühr F taxe; *Autobahn* péage *m*; **gebührenpflichtig** *Straße* à péage
Geburt F naissance

geburtenschwach à faible taux de natalité; **geburtenstark** à taux de natalité élevé
Geburtsdatum N date *f* de naissance; **Geburtsort** M lieu de naissance; **Geburtstag** M anniversaire
Gedächtnis N mémoire *f*
Gedanke M pensée *f*; idée *f*
Gedeck N couvert *m*
Gedicht N poème *m*; poésie *f*
Geduld F patience; **geduldig** patient
gedünstet étuvé
geeignet approprié; *Person* qualifié; apte (**für** à)
Gefahr F danger *m*
gefährden mettre en danger
gefährlich dangereux
Gefälle N pente *f*
gefallen plaire; **das gefällt mir** ça me plaît
Gefallen M service; **j-m e-n Gefallen tun** rendre un service à qn
Gefangene(r) M/F(M) prisonnier *m*, -ière *f*
Gefängnis N prison *f*
Gefäß N vase *m*; récipient *m*
gefasst: **auf etw gefasst sein** s'attendre à qc
Geflügel N volaille *f*
gefrieren (con)geler; **Gefrierfach** N compartiment *m* congélateur
Gefühl N sentiment *m*; **gefühllos** *a. fig* insensible (**gegen** à)
gefüllt GASTR farci
gegen contre; *zeitlich* vers

Gegend F région; *Nähe* voisinage *m*
Gegenfahrbahn F voie opposée
Gegensatz M contraste; **im Gegensatz zu** contrairement à; **gegensätzlich** opposé; contraire; **gegenseitig** mutuel; réciproque
Gegenstand M objet
Gegenteil N contraire *m*; **im Gegenteil** au contraire
gegenüber en face (de)
Gegenverkehr M circulation *f* en sens inverse
Gegenwart F temps *m* présent; *Anwesenheit* présence; **in Gegenwart von** en présence de
Gegenwind M vent contraire
Gegner(in) M(F) adversaire *m/f*
gegrillt grillé
Gehalt[1] M teneur *f* (**an** en); *Inhalt* contenu
Gehalt[2] N salaire *m*
geheim secret; **Geheimnis** N secret *m*
Geheimnummer F *Bank* code *m* confidentiel; *Telefon* numéro *m* sur la liste rouge; **Geheimzahl** F code *m* confidentiel
gehen aller (à pied); marcher; *weggehen* s'en aller; *Zug* partir; **wie geht es Ihnen?** comment allez-vous?
Gehirn N cerveau; **Gehirnerschütterung** F commotion cérébrale
Gehör N ouïe *f*
gehorchen obéir
gehören appartenir à; être à; **gehören zu** faire partie de

Gehsteig M, **Gehweg** M trottoir
Geige F violon *m*
geil *umg toll* cool
Geisel F otage *m*
Geist M esprit
geisteskrank aliéné; **ein Geisteskranker** un malade mental
geistig intellectuel; mental; **geistig Behinderter** handicapé *m* mental
geistreich spirituel
geizig avare
Gel N gel *m*
Gelächter N rire *m od* rires *mpl*
Gelände N terrain *m*
gelaunt: **gut (schlecht) gelaunt sein** être de bonne (mauvaise) humeur
gelb jaune; **Gelbsucht** F jaunisse
Geld N argent *m*; **Geldautomat** M distributeur de billets; **Geldbeutel** M, **Geldbörse** F porte-monnaie *m*; bourse *f*; **Geldbuße** F amende; **Geldkarte** F *etwa* carte Moneo®; **Geldschein** M billet de banque; **Geldstrafe** F amende; **Geldstück** N pièce *f* de monnaie; **Geldwechsel** M change
gelegen *örtlich* situé; *fig* **das kommt mir gelegen** cela m'arrange
Gelegenheit F occasion
Gelenk M articulation *f*; jointure *f*
Geliebte(r) M/F(M) amant *m*, maîtresse *f*
gelingen réussir; **es gelingt mir zu ...** je réussis à

…
gelten *wert sein* valoir; *gültig sein Gesetz, Regel* être en vigeur
Gemälde N peinture *f*; **Gemäldegalerie** F galerie de peinture
gemein commun; *niederträchtig* méchant; infâme
Gemeinde F commune; municipalité; REL paroisse
Gemeinheit F méchanceté
gemeinsam commun; *zusammen* ensemble
gemischt mixte; mélangé
Gemüse N légumes *mpl*; **Gemüsesuppe** F potage *m* julienne
gemütlich confortable; intime
Gen N gène *m*
genau exact; précis; **Genauigkeit** F exactitude; précision
genehmigen autoriser
Genehmigung F autorisation
Genetik F génétique; **genetisch** génétique
Genf N Genève
genial génial; de génie
Genick N nuque *f*
Genie N génie *m*
genießen *fig* jouir de
genug assez; suffisamment; **genug!** assez!
Genuss M *Vergnügen* plaisir *m*
geöffnet ouvert
Gepäck N bagages *mpl*; **Gepäckannahme** F enregistrement *m* des bagages; **Gepäckaufbe-**

wahrung F consigne; **Gepäckausgabe** F remise des bagages; **Gepäckband** N FLUG tapis roulant (pour bagages); **Gepäckschein** M bulletin de bagages; **Gepäckstück** N colis *m*; **Gepäckträger** M porteur; *am Fahrrad etc* porte-bagages; **Gepäckwagen** M fourgon (à bagages)
gerade droit; *soeben* juste(ment)
Gerade F droite; **geradeaus** tout droit
Gerät N *Apparat* appareil *m*; *Radio*, TV poste *m*; *Werkzeug* outil *m*
geräuchert fumé
Geräusch N bruit *m*
gerecht juste; **Gerechtigkeit** F justice
Gericht[1] N GASTR plat *m*
Gericht[2] N JUR tribunal *m*; cour *f*
gern volontiers; **gern geschehen**! il n'y a pas de quoi!
geröstet grillé *a. Brot*
Geruch M odeur *f*
Gerücht N bruit *m*
gesalzen salé
Gesang M chant
Geschäft N magasin *m*; **geschäftlich** pour affaires
Geschäftsfrau F femme d'affaires; **Geschäftsführer** M gérant; **Geschäftsmann** M homme d'affaires; **Geschäftsreise** F voyage *m* d'affaires; **Geschäftszeit** F heures *fpl* d'ouverture des magasins *od* des bureaux
geschehen avoir lieu; se passer

Geschenk N cadeau *m*
Geschichte F histoire
geschickt adroit; habile
geschieden divorcé
Geschirr N vaisselle *f*; **Geschirr spülen** faire la vaisselle
Geschlecht N sexe *m*; **geschlechtlich** sexuel
Geschlechtskrankheit F maladie vénérienne; **Geschlechtsverkehr** M rapports *mpl* sexuels
geschlossen fermé
Geschmack M goût; **geschmacklos** *Essen* sans goût; *fig* de mauvais goût; **geschmackvoll** de bon goût
Geschoss N projectile *m*; *Stockwerk* étage *m*
Geschrei N cris *mpl*
Geschwätz N bavardage *m*
Geschwindigkeit F vitesse
Geschwindigkeitsbegrenzung F limitation de vitesse; **Geschwindigkeitsüberschreitung** F excès *m* de vitesse
Geschwister PL frères *mpl* et sœurs *fpl*
geschwollen enflé; *fig* pompeux
Geschwulst F tumeur
Geschwür N ulcère *m*
gesellig *Person* sociable
Gesellschaft F société; *Begleitung* compagnie; **gesellschaftlich** mondain; *sozial* social
Gesetz N loi *f*; **gesetzlich** légal; **gesetzwidrig** illégal
Gesicht N figure *f*; *seltener* visage *m*

Gesichtscreme F crème pour le visage; **Gesichtspunkt** M point de vue;
gespannt: **ich bin gespannt, ob…** je suis curieux de savoir si …
gespickt entrelardé
Gespräch N conversation *f*; TEL communication *f*; **gesprächig** loquace; *umg* causeur
Gestalt F forme; *Person* figure
Gestank M puanteur *f*
gestatten permettre; **gestatten?** permettez?
Geste F geste *m*
Gestell N *Brille* monture *f*
gestern hier; **gestern früh** hier matin
gesund bien portant; sain
Gesundheit F santé
Getränk N boisson *f*
Getränkeautomat M distributeur de boissons; **Getränkekarte** F carte des boissons
getrennt séparé; **getrennt zahlen** *in e-m Lokal* régler l'addition séparément
Getriebe N AUTO boîte *f* de vitesses; **Getriebeöl** N huile *f* de graissage
getrocknet séché
Gewalt F force; violence
gewaltig énorme; colossal
gewaltlos non-violent **gewalttätig** violent; **Gewaltverbrechen** N crime *m* (de sang)
gewandt adroit; habile
Gewehr N fusil *m*
Gewerbegebiet N zone *f* industrielle

Gewerkschaft F syndicat *m*; **Gewerkschafter(in)** M(F) syndicaliste *m/f*
Gewicht N poids *m*
Gewinn M gain *a. Lotterie*; profit; **gewinnen** gagner; **Gewinner** M vainqueur; gagnant
gewiss sûr; certain
Gewissen N conscience *f*; **gewissenhaft** scrupuleux
Gewissheit F certitude
Gewitter N orage *m*
gewöhnen: **sich gewöhnen an** s'habituer à
Gewohnheit F habitude
gewöhnlich *normal* ordinaire; *ordinär* commun; vulgaire; *im Allgemeinen* d'habitude; d'ordinaire
Gewürz N épice *f*; **Gewürzgurken** FPL cornichons *mpl*
Gezeiten PL marées *fpl*
Gier F avidité; **gierig** avide (**nach** de)
gießen verser; *Pflanzen* arroser
Gift N poison *m*; ZOOL venin *m*; **giftig** toxique; *Pilz* vénéneux; *Schlange* venimeux
gigantisch géant; génial
Gipfel M sommet; **das ist der Gipfel!** c'est le comble!
Gips M plâtre; **Gipsbein** N jambe *f* plâtrée; **Gipsverband** M plâtre
Girokonto N compte *m* courant
Gitarre F guitare
Gitter N grille *f*
Glanz M éclat; splendeur *f*

glänzen briller
Glas N verre *m*; **Glascontainer** M ÖKOL conteneur à verres
glatt lisse; poli; *Straße* glissant
Glätte F *Fahrbahn* état *m* glissant
Glatteis N verglas *m*
Glatze F tête chauve
Glaube M croyance *f*; REL foi *f*; **glauben** croire (j-m qn; **an Gott** en Dieu)
gläubig croyant
gleich égal; *sofort* à l'instant; **bis gleich!** à tout à l'heure!; **Gleichberechtigung** F égalité des droits
gleichen ressembler (à)
gleichfalls de même; pareillement
gleichgeschlechtlich de même sexe; **gleichgeschlechtliche Ehe** mariage *m* homosexuel *od* entre conjoints de même sexe; **Gleichgewicht** N équilibre *m*; **Gleichheit** F égalité; **gleichmäßig** *regelmäßig* régulier; *Verteilung* égal
Gleichstrom M courant continu
gleichzeitig en même temps
Gleis N voie *f*; *Bahnsteig* quai *m*
gleiten glisser
Gletscher M glacier
Glied N membre *m*; *männliches* pénis *m*
glitzern étinceler; scintiller
Globalisierung F mondialisation; **Globalisierungsgegner** M antimondialiste
Glocke F cloche; *Klingel* sonnette

Glotze *umg* F télé
Glück N chance *f*; *Zustand* bonheur *m*; **viel Glück!** bonne chance!; **Glück haben** avoir de la chance; **zum Glück** heureusement; **glücken** réussir
glücklich heureux; **glücklicherweise** heureusement
Glückwunsch M félicitations *fpl*; **herzlichen Glückwunsch zum Geburtstag!** joyeux anniversaire!
Glühbirne F ampoule
Glut F braise; *Sonnenglut* ardeur
Gluten N gluten *m*; **glutenfrei** sans gluten
Gnade F grâce
Gold N or *m*; **golden** d'or
Golf[1] M *Bucht* golfe
Golf[2] N SPORT golf *m*; **Golfplatz** M terrain de golf; **Golfschläger** M crosse *f* de golf
Gotik F style *m od* époque gothique
Gott M Dieu; **Gott sei Dank!** Dieu merci!; grâce à Dieu!; **Gottesdienst** M service religieux; messe *f*
Grab N tombe *f*; tombeau *m*
graben creuser
Graben M fossé
Grad M degré
Gramm N gramme *m*
Grapefruit F pamplemousse *m*
Gras N herbe *f*
grässlich affreux

Gräte F arête
gratis gratis; gratuitement
gratulieren: **j-m zu etw gratulieren** féliciter qn de qc; **j-m zum Geburtstag gratulieren** souhaiter bon anniversaire à qn
grau gris; **Graubrot** N pain *m* de seigle
grauenhaft horrible; épouvantable
grausam cruel
greifen saisir; prendre
grell *Licht* cru; *Farbe* criard
Grenze F limite; *Landesgrenze* frontière
Grenzkontrolle F contrôle *m* à la frontière; **Grenzübergang** M poste frontière; **Grenzübertritt** M passage de la frontière
Griechenland N la Grèce
Griff M *Messer* manche *f*; *Tür* poignée *f*
Grill M gril; barbecue; **vom Grill** sur le gril; **grillen** griller
Grippe F grippe; **Grippe bekommen** attraper la grippe
grob gros; grossier; *Person* brutal
groß grand; **großartig** magnifique
Großbritannien N la Grande-Bretagne
Größe F grandeur; *Ausmaße* dimensions *fpl*; *Kleidung* taille; *Schuhe* pointure
Großeltern PL grands-parents *mpl*
Großmarkt M hypermarché
Großmutter F grand-mère
Großstadt F grande ville
Großvater M grand-père

großzügig généreux
Grufti M *umg* ringard
grün vert; **die Grünen** les Verts *mpl*
Grünanlage F parc *m*
Grund M raison *f*; *Ursache* cause *f*; *eines Gewässers* fond; → zugrunde
gründen fonder
Grundgesetz N constitution *f*; **Grundkurs** M cours de base; **Grundlage** F base
gründlich à fond
Gründonnerstag M jeudi saint
Grundsatz M principe
grundsätzlich par principe
Grundschule F école primaire
Grundstück N terrain *m*
Gründung F fondation
Gruppe F groupe *m*; **Gruppenarbeit** F travail *m* en groupe; **Gruppenreise** F voyage *m* organisé
Gruß M salut; *Briefschluss* salutations *fpl*; **herzliche Grüße!** amitiés!; *an j-n* compliments *mpl*
grüßen saluer
gucken regarder
gültig valable
Gummi M *od* N caoutchouc *m*; *Radiergummi* gomme *f*; **Gummiband** N élastique *m*; **Gummistiefel** MPL bottes *fpl* en caoutchouc
Gunst F faveur; → zugunsten
günstig *Preis* avantageux; **günstige Gelegenheit** bonne occasion *f*

Gurke F concombre *m*
Gürtel M ceinture *f*
gut bon; bien; **sehr gut** très bien
Gute N: **alles Gute!** bonne chance!
Güte F bonté; *e-r Ware* bonne qualité
Güterwagen M wagon de marchandises; **Güterzug** M train de marchandises
Guthaben N avoir *m*
gutmütig (d'un naturel) bon
Gutschein M bon
Gymnasium N lycée *m*
Gymnastik F gymnastique

H

Haar N cheveux *mpl*; *einzelnes* cheveu *m*; **Haarbürste** F brosse à cheveux; **Haargel** N gel *m*; **Haarklemme** F pince à cheveux; **Haarschnitt** M coupe *f* (de cheveux); **Haarspange** F barrette; **Haarspray** N laque *f*; **haarsträubend** inouï; monstrueux; **Haarwaschmittel** N shampooing *m*
haben avoir
Hackbraten M hachis
Hackfleisch N viande *f* hachée
Hafen M port; **Hafenrundfahrt** F tour *m* du

port en bateau; **Hafenstadt** F ville portuaire; **Hafenviertel** N quartier *m* du port
Hafer M avoine *f*; **Haferflocken** FPL flocons *mpl* d'avoine
Haft F détention
haften répondre (**für** de)
Haftpflichtversicherung F assurance au tiers
Hagel M grêle *f*
hageln: **es hagelt** il grêle
Hahn M ZOOL coq; *Wasserhahn* robinet
Hai M requin
Haken M crochet; *Kleiderhaken* portemanteau
halb demi; **ein halber Liter** un demi-litre; **um halb zehn** à neuf heures et demie; **halbieren** partager en deux
Halbinsel F presqu'île
Halbjahr N semestre *m*; six mois *mpl*
Halbpension F demi-pension
Halbschuh M soulier bas
Halbzeit F SPORT mi-temps
Hälfte F moitié; **zur Hälfte** à moitié
Halle F *Bahnhofshalle, Hotelhalle* hall *m*; *Sporthalle* salle des sports; **Hallenbad** N piscine *f* couverte
Halogenlampe F lampe halogène
Hals M cou; **Halsentzündung** F laryngite; **Halskette** F collier *m*; **Halsschmerzen** MPL mal *m* de gorge; **Halsschmerzen haben** avoir mal à la gorge; **Halstabletten** FPL pastilles pour la gorge; **Halstuch** N écharpe *f*; foulard *m*
halt! stop!; halte!; **Halt** M *Anhalten* arrêt; **ohne**

Halt sans arrêt
haltbar *Lebensmittel* qui se conserve bien; **Haltbarkeitsdatum** N date-limite *f*
halten tenir; *anhalten* s'arrêter
Haltestelle F *Bus* arrêt *m*; BAHN station; **Halteverbot** N arrêt *m* interdit
haltmachen s'arrêter
Hamburg N Hambourg
Hamburger M GASTR hamburger
Hammel M mouton
Hammer M marteau
Hand F main; **Handarbeit**: **es ist Handarbeit** c'est fait main; **Handbremse** F frein *m* à main; **Handcreme** F crème pour les mains
Handel M commerce; **handeln** agir; *feilschen* marchander; **es handelt sich um …** il s'agit de …
Handfeger M balayette *f*
Handgelenk N poignet *m*
Handgepäck N bagages *mpl* à main
Handheld M assistant électronique
handlich maniable
Handlung F action; **Handlungsweise** F façon de faire
Handschellen FPL menottes
Handschrift F écriture; *Text* manuscrit *m*; **handschriftlich** écrit à la main
Handschuh M gant; **Handschuhfach** N boîte *f* à gants
Handtasche F sac *m* à main
Handtuch N essuie-mains *m*; serviette *f* de toi-

lette; ***das Handtuch werfen*** jeter l'éponge
Handwerk N métier *m*; **Handwerker** M artisan
Handy N portable *m*; **Handynummer** F numéro *m* du portable
Hängematte F hamac *m*
hängen être suspendu (**an** à); *aufhängen* accrocher (**an** à)
Hardware F IT matériel *m*, hardware *m*
harmlos *ungefährlich* inoffensif
Harmonie F harmonie
Harpune F harpon *m*
hart dur; **hartnäckig** opiniâtre
Hase M lièvre
Hass M haine *f*; **hassen** haïr
hässlich laid
Hast F hâte; **hastig** en toute hâte
hauchen souffler
hauen battre; frapper
Haufen M tas; *Menschen* foule *f*
häufig souvent
Haupt... principal; **Hauptbahnhof** M gare *f* centrale; **Haupteingang** M entrée *f* principale; **Hauptgericht** N plat *m* principal; plat *m* de résistance; **Hauptgewinn** M gros lot; **Hauptreisezeit** F pleine saison des voyages; **Hauptrolle** F rôle *m* principal; **Hauptsache** F principal *m*; essentiel *m*; **hauptsächlich** avant tout; principalement; **Hauptsaison** F pleine saison; **Hauptstadt** F capitale; **Hauptstraße** F rue

principale; grand-rue; **Hauptverkehrsstraße** F artère; **Hauptverkehrszeit** F heures *fpl* de pointe

Haus N maison *f*; **nach Hause** à la maison; **zu Hause** chez soi; *bei mir* chez moi

Hausfrau F femme au foyer; **Haushalt** M ménage; **Hausherr(in)** M(F) maître *m*, maîtresse *f* de maison; **Hausmann** M homme au foyer; **Hausnummer** F numéro *m* (d'une maison); **Hausratsversicherung** F assurance *f* habitation; **Hausschlüssel** M clé *f* de la maison; **Hausschuhe** MPL pantoufles *fpl*; **Haustier** N animal *m* domestique; **Haustür** F porte d'entrée

Haut F peau; **Hautarzt** M dermatologue

hauteng collant

heben *Last* soulever; *Arm* lever

Hecht M brochet

Heck N arrière *m*; SCHIFF poupe *f*

Hecke F haie

Heckscheibe F lunette arrière

Hefe F levure (de boulanger)

Heft N *Schreibheft* cahier *m*

heftig violent

Heftpflaster N pansement *m* adhésif

Heide[1] F lande; bruyère

Heide[2] M païen

Heidekraut N bruyère *f*

Heidelbeeren FPL myrtilles

Heidin F païenne

heilen guérir

heilig saint **Heiligabend** M veille *f* de Noël; **Heilige(r)** M/F(M) saint(e) *m(f)*
Heilquelle F source minérale *od* médicinale
Heim N foyer *m*; chez-soi *m*; **Heimarbeit** F travail *m* à domicile
Heimat F pays *m* natal; patrie; **Heimatadresse** F adresse du lieu d'origine
Heimfahrt F retour *m*
heimlich secret; clandestin
Heimreise F retour *m*
heimtückisch perfide; sournois
Heimweg M chemin du retour; **Heimweh** N mal *m* du pays; nostalgie *f*
heiraten se marier (**j-n** avec qn)
heiser enroué
heiß chaud; *Flüssigkeit* bouillant; *Klima* torride
heißen s'appeler; **ich heiße ...** je m'appelle ...; **das heißt** c'est-à-dire; **was heißt ... auf Französisch?** comment dit-on ... en français?
heiter gai; serein; *Wetter* beau
heizen chauffer
Heizkörper M radiateur
Heizung F chauffage *m*; **die Heizung anstellen (abstellen)** ouvrir (fermer) le chauffage
hektisch fébrile; fiévreux
Held M héros *m*; **Heldin** F héroïne *f*
helfen aider (**j-m** qn)
hell clair; **hellblau** bleu clair; **hellblond** blond très clair
Helm M casque

Hemd N chemise *f*
Hemmschwelle F blocage *m*
Hemmung F: **Hemmungen haben** avoir des complexes
Henne F poule
herab en bas; **herabsetzen** *Preise* baisser; réduire
herauf en haut
heraus (en) dehors; **herausbekommen** *Fleck* faire sortir; *erfahren* arriver à comprendre; **herausfinden** découvrir
herausfordern provoquer; défier; **Herausforderung** F provocation; défi *m*
herausgeben *Geld* rendre la monnaie (**auf** sur); **herauskommen** sortir
Herbst M automne
Herd M cuisinière *f*
Herde F troupeau *m*
herein (en) dedans; **herein!** entrez!; **hereinfallen** se laisser prendre
Hering M hareng; *Zelthering* piquet
Herkunft F provenance; origine
Heroin N héroïne *f*
Herpes M herpès
Herr M monsieur
Herren MPL messieurs; **Herrenbekleidung** F vêtements *mpl* d'hommes; **Herrenrad** N vélo *m* d'homme; **Herrentoilette** F toilettes *fpl* pour messieurs
herrlich magnifique; splendide

herstellen produire; *fabriquer;* **Herstellung** F fabrication; production
herüber de ce côté-ci
herum: **um ... herum** autour de
herunter en bas
herunterfahren IT éteindre; **herunterladen** IT télécharger
hervorragend excellent; **hervorrufen** *verursachen* provoquer; causer
Herz N cœur *m;* **Herzanfall** M crise *f* cardiaque; **Herzbeschwerden** FPL troubles *mpl* cardiaques; **Herzinfarkt** M infarctus du myocarde; **Herzklopfen** N MED palpitations *fpl*; battement *mpl* de cœur; **herzkrank** cardiaque
herzlich: **herzliche Grüße** *im Brief* sincères amitiés; **herzlichen Glückwunsch!** toutes mes (*od* nos) félicitations!
Herzschrittmacher M stimulateur cardiaque
Hessen N l'Hesse *f*
heterosexuell hétérosexuel
heulen *Hund etc* hurler; *umg weinen* pleurer; chialer
Heuschnupfen M rhume des foins
Heuschrecke F sauterelle
heute aujourd'hui; **heute Morgen (Abend)** ce matin (soir); **heute in 8 Tagen** (d')aujourd'hui en huit; **heute vor 8 Tagen** il y a huit jours
heutig d'aujourd'hui; *jetzig* actuel
Hexe F sorcière; **Hexenschuss** M lumbago
Hieb M coup

hier ici; **hier bin ich** me voilà; **hierher** par ici; de ce côté-ci
Hi-Fi-Anlage F chaîne hi-fi
Hilfe F aide; secours *m*; assistance; **Hilfe!** au secours!; **mit Hilfe von** → mithilfe
hilflos désemparé
Himbeere F framboise
Himmel M ciel; **Himmelfahrt** F *Christi* Ascension
hin: **hin und her** dans un sens et dans l'autre; **hin und zurück** aller et retour; **hin und wieder** de temps à autre
hinab en bas; en descendant
hinauf en haut; en montant; **hinaufbringen** *Gepäck* monter
hinaus dehors
hindern empêcher (**j-n an etw** qn de faire qc); **Hindernis** N obstacle *m*
hinein dedans; **hineingehen** entrer
hinfallen tomber (par terre)
Hinflug M (vol) aller
hinken boiter
hinlegen poser; **sich hinlegen** se coucher
hinten derrière; à l'arrière; **nach hinten** en arrière; **von hinten** par derrière
hinter derrière; *in der Reihe* après; **Hintergrund** M arrière-plan; THEAT fond; **hinterher** *zeitlich* après; **hinterlassen** *Nachricht* laisser; **hinterlegen** *Geld* déposer
Hintern *umg* M derrière

Hinterrad N *roue f* arrière; **Hintertür** F porte de derrière; *fig* porte de sortie
Hin- und Rückflug M aller (et) retour (par avion)
hinunter en bas; en descendant; **hinunterbringen** *Gepäck* descendre
Hinweg M aller; **auf dem Hinweg** en y allant; à l'aller
Hinweis M indication *f*; *Anzeichen* indice; **hinweisen** indiquer (**auf etw** qc); **Hinweisschild** N panneau *m* indicateur
Hirn N GASTR cervelle *f*; *Organ* cerveau *m*
Hirsch M cerf
Hitze F chaleur
Hitzschlag M coup de chaleur
Hobby N hobby *m*
hoch haut; *Preis* élevé
Hoch N anticyclone *m*; **Hochaltar** M maître-autel; **hochfahren** IT initialiser; **Hochhaus** N building *m*; **Hochsaison** F pleine saison; **Hochschulabschluss** M diplôme d'études supérieures; **Hochschule** F université; **Hochsommer** M plein été
höchstens tout au plus; au maximum; **Höchstgeschwindigkeit** F vitesse maximum
Hochwasser N crue *f*; *Überschwemmung* inondation *f*
Hochzeit F *Fest* noces *fpl*; *Trauung* mariage *m*
Hocker M escabeau
Hof M cour *f*; *Bauernhof* ferme *f*

hoffen espérer (**auf etw** qc)
hoffentlich: **hoffentlich kommt er** espérons *od* j'espère qu'il viendra
Hoffnung F espérance; espoir *m*
höflich poli; **Höflichkeit** F politesse
Höhe F hauteur; *über dem Meeresspiegel* altitude; *e-r Summe* montant *m*
Höhenkrankheit F mal *m* des hauteurs; **Höhenmesser** M altimètre
Höhepunkt M point culminant
Höhle F caverne; grotte
holen aller *od* venir chercher
Holland N l'Hollande *f*
Holz N bois *m*; **aus Holz** en bois
Homoehe F mariage *m* homosexuel
homosexuell homosexuel
Honig M miel; **Honigmelone** F melon *m* d'Antibes
hören entendre; *zuhören* écouter
Hörer M TEL récepteur
Hörer(in) M(F) auditeur *m*, -trice *f*
Hörgerät N appareil *m* de correction auditive
Horizont M horizon; **horizontal** horizontal
Horn N corne *f*; MUS cor *m*
Hornisse F frelon *m*
Horror M horreur *f*; **Horrorfilm** M film d'horreur
Hose F *lange* pantalon *m*; *kurze* culotte *f*
Hosenanzug M tailleur-pantalon; **Hosenrock** M jupe-culotte *f*; **Hosentasche** F poche (de

pantalon); **Hosenträger** MPL bretelles *fpl*
Hotel N hôtel *m*; **Hotelhalle** F hall *m* (de l'hôtel); **Hotelreservierung** F réservation d'un hôtel; **Hotelverzeichnis** N liste *f* des hôtels; **Hotelzimmer** N chambre *f* d'hôtel
hübsch joli
Hubschrauber M hélicoptère; **Hubschrauberlandeplatz** M héliport
Hüfte F hanche
Hügel M colline *f*; **hügelig** vallonné
Huhn N poule *f*
Hühnchen N poulet *m*
Hülle F enveloppe
Hummel F bourdon *m*
Hummer M homard
Humor M humour; **Humor haben** avoir (le sens) de l'humour; **humorvoll** plein d'humour
humpeln boiter
Hund M chien
Hundemarke F plaque d'identité du chien; **hundemüde** *umg* crevé
hundert cent
Hunger M faim *f*; **Hunger haben** avoir faim
hungrig: **hungrig sein** avoir faim
Hupe F klaxon *m*; **hupen** klaxonner; **Hupen verboten** interdiction *f* de klaxonner
Hure F *umg* putain
husten tousser
Husten M toux *f*; **Hustenbonbon** M *od* N bonbon *m od* pastille *f* contre la toux; **Husten-**

mittel N remède *m* contre la toux; **Hustensaft** M sirop contre la toux
Hut M chapeau
Hütte F cabane; *Schutzhütte* refuge *m*
Hybridauto N voiture *f* hybride; **Hybridfahrzeug** N véhicule *m* hybride
Hygiene F hygiène
hygienisch hygiénique

I

IC® M train rapide interville
ICE® M *etwa* TGV
ich je; moi; **ich bin's** c'est moi
ideal idéal
Idee F idée
Idiot M idiot; **idiotisch** idiot
idyllisch idyllique
Igel M hérisson
ihm lui; à lui
ihnen leur; (à) eux *m*; (à) elles *f*
Ihnen vous; à vous
illegal illégal
Illustrierte F revue; magazine *m*
im → in
Imbiss M casse-croûte; **Imbissbude** F, **Im-**

bissstube F snack *m*
immer toujours; **immer noch** encore; *toujours;* **immer mehr** de plus en plus
Immobilien FPL immeubles *mpl*; **Immobilienmakler** M agent immobilier
immun immunisé (**gegen** contre)
Immunkrankheit F syndrome *m* immuno-déficitaire; **Immunschwäche** F déficience immunitaire; **Immunsystem** N système *m* immunitaire
impfen vacciner (**gegen** contre)
Impfpass M certificat de vaccination
Impfstoff M vaccin
Impfung F vaccination
Import M importation *f*; **importieren** importer
in dans; à; en; **in der Küche** dans la cuisine; **in der Schule** à l'école; **in Paris** à Paris; **in Frankreich** en France; **in der Stadt** en ville; **ins Kino (Theater) gehen** aller au cinéma (théâtre); **im April** en avril
inbegriffen compris
Indien N l'Inde *f*
Indonesien N l'Indonésie *f*
Industrie F industrie; **Industrieroboter** M robot industriel
Infektion F infection
Inflation F inflation
Info F *umg* info
Information F information; **Informationsbüro** N bureau *m* de renseignements
informieren: **j-n informieren über** informer qn

de; **sich informieren über** s'informer de
Infostand M stand d'information
Ingenieur M ingénieur
Inhaber(in) M(F) propriétaire *m/f*
Inhalt M contenu
Inlandsflug M vol intérieur; **Inlandsporto** N port *m* en régime intérieur
Inlineskates PL patins *mpl* en ligne
innen dedans; à l'intérieur; **nach innen** en dedans; **Innenminister** M ministre de l'Intérieur; **Innenstadt** F centre *m* ville
innere intérieur; **innere Verletzungen** lésions internes
innerhalb *zeitlich* en; *örtlich* dans; à l'intérieur de
innerlich interne; **innerlich anzuwenden** pour l'usage interne
Innovation F innovation; **innovativ** innovateur
inoffiziell non officiel; *halbamtlich* officieux
Insasse M, **Insassin** F occupant(e) *m(f)*
insbesondere surtout
Inschrift F inscription
Insekt N insecte *m*
Insektenschutzmittel N insectifuge *m*; **Insektenspray** N bombe *f* insecticide; **Insektenstich** M piqûre *f* d'insecte
Insektizid N insecticide *m*
Insel F île
Insider M initié
installieren *a.* IT installer
Instrument N MUS instrument *m* (de musique);

ein *Instrument* spielen jouer d'un instrument
Insulin N insuline *f*
intelligent intelligent
Intelligenz F intelligence
intensiv intense; intensif; **Intensivkurs** M cours intensif; **Intensivstation** F service *m* de réanimation
Intercity® M train rapide interville; **Intercity-express®** M *etwa* TGV
interessant intéressant
Interesse N intérêt *m* (**an** à, **für** pour); **Interesse für etw haben** s'intéresser à qc
interkulturell interculturel
international international
Internet N Internet *m*; **im Internet surfen** naviguer dans l'Internet; **Internetadresse** F adresse Internet; **Internetanbieter** M fournisseur d'accès; **Internetanschluss** M connexion *f* Internet; **Internetcafé** N cybercafé *m*; **Internetzugang** M accès à Internet
Internist(in) M(F) spécialiste *m/f* des maladies internes
Intervall N intervalle *m*
inzwischen en attendant; entretemps
Irak (der) Irak l'Irak
Iran (der) Iran l'Iran
irgendein un … quelconque; **irgendetwas** quelque chose; n'importe quoi; **irgendjemand** quelqu'un; n'importe qui; **irgendwann** un jour; **irgendwer** quelqu'un; **irgendwie** n'importe

comment; de n'importe quelle façon; **irgendwo** quelque part
Irland N l'Irlande *f*
irren errer (**durch** dans); **sich irren** se tromper (**in etw** de qc; **in j-m** sur qn); **Irrtum** M erreur *f*
Ischias M *od* N sciatique *f*
Islam M islam
Island N l'Islande *f*
Israel N Israël *m*
Italien N l'Italie *f*
Italiener(in) M(F) Italien *m*, -enne *f*
italienisch italien

J

ja oui; **ich glaube ja** je crois que oui
Jacht F yacht *m*
Jacke F veste
Jackett N veston *m*
Jagd F chasse; **auf die Jagd gehen** aller à la chasse
Jäger(in) M(F) chasseur *m*, -euse *f*
Jahr N an *m*; année *f*; **das ganze Jahr** toute l'année; **einmal im Jahr** une fois par an
jahrelang pendant des années
Jahrestag M anniversaire

Jahreszeit F saison
Jahrgang M année *f*; *von Wein* millésime; **Jahrhundert** N siècle *m*
jährlich annuel; par an; *jedes Jahr* chaque année
Jahrmarkt M foire *f*
Januar M janvier
Japan N le Japon
je *pro* par; *bei Personen* chacun; **je Monat** par mois; **je zur Hälfte** chacun la moitié; **5 Euro je Kilo** 5 euros le kilo; **je … desto …** plus … plus …
Jeans PL jean *m*
jede chaque; *jedermann* chacun(e) *m(f)*; **jeden Tag** chaque jour; tous les jours; **jeden Augenblick** à tout instant
jedesmal → Mal
jedoch cependant
jemals jamais
jemand quelqu'un
jene ce… -là, cet …-là, cette …-là, ces … -là
jenseits au-delà de; **jenseits der Grenze** au-delà de la frontière
jetzt maintenant; à présent; **bis jetzt** jusqu'à présent; **von jetzt an** désormais
Job M *umg* job; boulot; IT travail; tâche *f*
jobben *umg vorübergehend* faire des petits boulots; *länger* bosser
Jodtinktur F teinture d'iode
Joga N yoga *m*
joggen faire du jogging
Jogger(in) M(F) joggeur *m*, -euse *f*

Jogginganzug M survêtement de jogging
Joghurt M *od* N yaourt *m*
Johannisbeeren FPL *Rote* groseilles *fpl*; *Schwarze* cassis *mpl*
Jordanien N la Jordanie
Journalist(in) M(F) journaliste *m/f*
Juckreiz M démangeaison *f*
Jugend F jeunesse; *Jugendliche* jeunes *mpl*
Jugendherberge F auberge de (la) jeunesse; **Jugendherbergsausweis** M carte *f* des auberges de jeunesse
Jugendliche(r) M/F(M) jeune *m/f*; **für Jugendliche unter achtzehn Jahren nicht zugelassen** interdit aux (mineurs de) moins de dix-huit ans
Juli M juillet
jung jeune
Junge[1] M garçon
Junge[2] N petit *m*
Jungfrau F vierge; ASTROL Vierge
Juni M juin
Junkfood N bouffe *f* industrielle
Jura[1] PL droit *m*; **Jura studieren** faire des études de droit
Jura[2] M *Gebirge, Kanton* Jura
Justiz F justice
Juwelen NPL bijoux *mpl*; joyaux *mpl*
Juwelier M bijoutier; joaillier

K

Kabel N câble *m*; **Kabelfernsehen** N télévision par câble
Kabeljau M cabillaud
Kabine F cabine
Käfer M coléoptère
Kaffee M café; **Kaffee mit Milch** café au lait; **Kaffeekanne** F cafetière; **Kaffeepause** F pause-café; **Kaffeetasse** F tasse à café
Käfig M cage *f*
kahl *Kopf* chauve; *Wand* nu; *Baum, Gelände* dénudé
Kahn M barque *f*
Kai M quai
Kaiser M empereur *m*; **Kaiserin** F impératrice *f*
Kajak M kayak
Kakao M cacao; *Getränk* chocolat *m*
Kaktus M cactus
Kalb N veau *m*; **Kalbfleisch** N veau *m*; **Kalbsbraten** M rôti de veau; **Kalbsschnitzel** N escalope *f* de veau
Kalender M calendrier; *Taschenkalender* agenda
Kalorie F calorie; **kalorienarm** peu calorique; hypocalorique
kalt froid; **es ist kalt** il fait froid; **mir ist kalt** j'ai froid

Kälte F froid *m*; **Kälteeinbruch** M coup de froid
Kamel N chameau *m*
Kamera F FOTO appareil *m* photo; *Film* caméra
Kamerad(in) M(F) camarade *m*/*f*
Kamillentee M (infusion *f* de) camomille *f*
Kamin M cheminée *f*
Kamm M peigne
kämmen peigner; **sich kämmen** se peigner
Kampf M combat; lutte *f*; SPORT *a.* match
kämpfen lutter (**für** pour)
kampieren camper
Kanada N le Canada
Kanal M canal; *Abwasserkanal* égout
Kaninchen N lapin *m*
Kanister M bidon
Kännchen N petit pot *m*
Kanne F pot *m*
Kanone F canon *m*
Kante F arête; *Rand* bord *m*
Kantine F cantine
Kanu N canoë *m*
Kanzel F chaire
Kanzler(in) M(F) chancelier *m*, -ière *f*
Kap N cap *m*; promontoire *m*
Kapelle F REL chapelle; MUS orchestre *m*
Kapern FPL câpres
Kapital N capital *m*
Kapitän M SCHIFF capitaine; FLUG commandant de bord

Kapitel N chapitre *m*
Kapsel F capsule
kaputt cassé; *Person* éreinté
Karaffe F carafe
Karfreitag M vendredi saint
kariert à carreaux
Karneval M carnaval
Karo N carreau *m*
Karosserie F carrosserie
Karotte F carotte
Karpfen M carpe *f*
Karriere F carrière; **Karriere machen** faire carrière; **Karrierefrau** F femme qui fait carrière; *abwertend* carriériste
Karte F *Landkarte* carte (géographique); *Eintrittskarte, Fahrkarte* billet *m*; ticket *m*; *Speisekarte* carte; menu *m*; *Spielkarte* carte à jouer
Kartenspiel N jeu *m* de cartes; **Kartentelefon** N téléphone *m* à cartes; **Kartenverkauf** M vente *f* de billets; **Kartenvorverkauf** M location *f* des billets
Kartoffel F pomme de terre; **Kartoffelbrei** M purée *f* de pommes de terre; **Kartoffelsalat** M salade *f* de pommes de terre
Karton M carton
Karussell N manège *m*
Käse M fromage; **Käsetoast** M croûte *f* au fromage
Kaskoversicherung F assurance tous risques
Kasse F caisse; THEAT bureau *m* de location;

Kassenzettel M ticket de caisse
Kassette F cassette; **Kassettenrekorder** M lecteur de cassettes
Kassierer(in) M(F) caissier *m*, -ière *f*
Kastanie F *Baum* châtaignier *m*; *Frucht* châtaigne; *Esskastanie* marron *m*
Katalysator M AUTO pot catalytique
Katarrh M catarrhe
katastrophal catastrophique
Katastrophe F catastrophe; **Katastrophengebiet** N région *f* sinistrée
Kater M matou; *fig* mal aux cheveux
Kathedrale F cathédrale
katholisch catholique
Katze F chat *m*; *weibliche* chatte
Katzensprung M: **bis dahin ist es nur ein Katzensprung** c'est à deux pas d'ici
kauen mâcher
Kauf M achat; **kaufen** acheter; **Kaufhaus** N grand magasin *m*
Kaugummi M chewing-gum
kaum à peine
Kegel M *Spiel* quille *f*; **Kegelbahn** F bowling *m*; **kegeln** jouer aux quilles
Kehle F gorge; **Kehlkopf** M larynx
kehren *fegen* balayer
Kehrschaufel F pelle à ordures
Keilriemen M courroie *f*
kein aucun; **ich habe kein Geld** je n'ai pas d'argent; **keiner, kein Mensch** personne; **kein einzi-**

ges Mal pas *une seule fois;* **keine Ursache!** il n'y a pas de quoi!
keine PL pas de
Keks M biscuit *m;* **j-m auf den Keks gehen** *umg* taper sur le système de qn
Kelle F *Schöpfkelle* louche
Keller M cave *f;* **Kellergeschoss** N sous-sol *m*
Kellner M garçon; serveur; **Kellnerin** F serveuse
kennen connaître; **kennenlernen** faire la connaissance (**j-n** de qn)
Kennzeichen N marque *f;* caractéristique *f;* AUTO numéro *m* minéralogique; **besondere Kennzeichen** signes *mpl* particuliers
Kerze F bougie
Ketchup N *od* M ketchup *m*
Kette F chaîne; *Halskette* collier *m*
Keuchhusten M coqueluche *f*
Keule F GASTR *Geflügel* cuisse; *Lammkeule* gigot *m*
Kfz-Schein M carte *f* grise; **Kfz-Steuer** F impôt *m* sur les véhicules automobiles; *in Frankreich* vignette *f* (automobile); **Kfz-Versicherung** F assurance automobile
Kiefer¹ M mâchoire *f*
Kiefer² F pin *m*
Kilo(gramm) N kilo(gramme) *m*
Kilometer M kilomètre; **Kilometergeld** N indemnité *f* kilométrique; **Kilometerzähler** M compteur kilométrique
Kind N enfant *m/f*

Kinderarzt M pédiatre; **Kinderbett** N lit *m* d'enfant; **Kinderermäßigung** F réduction pour enfants; **Kinderfahrkarte** F billet *m* demi-tarif; **Kindergarten** M jardin d'enfants; école *f* maternelle; **Kindergärtnerin** F jardinière d'enfants **Kinderkleidung** F vêtements *mpl* pour enfants; **Kindersitz** M AUTO siège pour enfants; **Kinderwagen** M landau
Kinn N menton *m*
Kino N cinéma *m*
Kiosk M kiosque
kippen *stürzen* faire basculer; *schütten* verser
Kirche F église; **Kirchenfenster** N vitrail *m*
Kirchturm M clocher
Kirsche F cerise
Kirschwasser N kirsch *m*
Kissen N coussin *m*; *Kopfkissen* oreiller *m*; **Kissenbezug** M taie *f* d'oreiller
Kiste F caisse
Kiwi F BOT kiwi *m*
Klappbett N lit *m* pliant
Klappstuhl M pliant
klar clair; *Himmel* dégagé; **na klar!** bien sûr!
Klasse F classe; *Hotel* catégorie; **erster, zweiter Klasse fahren** voyager en première, en deuxième; *umg* **das ist große Klasse!** c'est chouette!
Klassenarbeit F contrôle *m* **Klassenbuch** N journal *m* de classe; **Klassenfahrt** F voyage *m* scolaire; **Klassenkamerad(in)** M(F) camarade *m/f* de classe; **Klassenlehrer(in)** M(F) professeur

principal *m*; **Klassentreffen** N réunion *f* d'anciens élèves

klassisch classique

Klavier N piano *m*

kleben *befestigen* coller (**auf** sur); *haften* coller (**an** à)

Klebstoff M colle *f*

Klebstreifen M ruban adhésif

Kleeblatt N feuille *f* de trèfle; *fig* trio *m*

Kleid N robe *f*

Kleiderbügel M cintre; **Kleiderhaken** M patère *f*; **Kleiderschrank** M garde-robe *f*

Kleidung F vêtements *mpl*

klein petit; *Buchstabe* minuscule

Kleinbus M minibus; **Kleingeld** N monnaie *f*; **Kleinstadt** F petite ville; **Kleinwagen** M petite voiture *f*

Klementine F clémentine

klemmen *Tür* coincer

klettern grimper (**auf** sur); *Bergsport* escalader; **Klettern** N escalade *f*

Klettverschluss® M fermeture *f* velcro®

klicken IT cliquer

Klima N climat *m*; **Klimaanlage** F climatisation; climatiseur *m*; **Klimaschutz** M protection *f* du climat; **Klimawandel** M changement climatique

Klingel F sonnette; **klingeln** sonner (**j-m** qn); **es klingelt** on sonne

Klinik F clinique; hôpital *m*

Klippe F écueil *m*
Klo *umg* N toilettes *fpl*
klopfen frapper; *Herz* battre; *Motor* cogner
Klosett N W.-C. *mpl*; cabinets *mpl*
Kloß M boulette *f*
Kloster N couvent *m*; monastère *m*
Klub M club
klug intelligent; sensé
knapp *Kleidung* étroit; serré; *Geld, Vorräte* rare
Kneipe F bistro(t) *m*
Knie N genou *m*; **knien** être à genoux; **sich knien** se mettre à genoux; **Kniescheibe** F rotule; **Kniestrümpfe** MPL mi-bas
knipsen *umg* photographier
Knoblauch M ail; **Knoblauchzehe** F gousse d'ail
Knöchel M *Fußknöchel* cheville *f*; *Fingerknöchel* phalange *f*
Knochen M os; **Knochenbruch** M fracture *f*; **Knochenmark** N moelle *f* osseuse
Knopf M bouton; **Knopfloch** N boutonnière *f*
Knoten M nœud
Know-how N savoir-faire *m*
knurren gronder; grogner; *Magen* gargouiller
knutschen *umg* (se) bécoter
Koch M cuisinier
kochen *Essen* (faire) cuire; *Flüssigkeit* (faire) bouillir; *Kaffee, Tee* faire; *die Mahlzeit zubereiten* faire la cuisine; préparer les repas
Kocher M réchaud

Köchin F cuisinière
Kochnische F coin *m* cuisine
Köder M appât
koffeinfrei décaféiné
Koffer M valise *f*; **den Koffer packen** faire la valise; **Kofferkuli** M chariot; **Kofferraum** M coffre
Kohl M chou
Kohle F charbon *m*; **Kohletabletten** FPL pastilles de charbon
Kohlrabi M chou-rave
Koje F couchette
Kokosnuss F noix de coco
Kolben M AUTO piston
Kolibakterien FPL colibacilles *mpl*
Kolik F colique
Kollege M, **Kollegin** F collègue *m/f*
Köln N Cologne
Kolonne F colonne; *Autoschlange* file
Kolumbien N la Colombie
Koma N coma *m*
Kombi M AUTO break; commerciale *f*
Komfort M confort; **komfortabel** confortable
komisch comique; *sonderbar* drôle
kommen venir; *ankommen* arriver; **durch** (*od* **über**) **Lyon kommen** passer par Lyon; **zu spät kommen** arriver trop tard; **wie komme ich zum Bahnhof?** quel est le chemin de la gare?; **kommende Woche** la semaine prochaine
Komödie F comédie

Kompass M boussole *f*
kompatibel IT compatible
kompliziert compliqué
Kompost M compost
Kompostierung F compostage *m*
Kompott N compote *f*
Kompromiss M compromis
Kondensmilch F lait *m* condensé
Konditorei F pâtisserie
Kondom N préservatif *m*
Konfekt N confiserie *f*; chocolats *mpl*
Konferenzschaltung F téléconférence
Konfitüre F confiture
König M roi; **Königin** F reine
konkret concret
Konkurrent M concurrent
Konkurrenz F concurrence; **Konkurrenzkampf** M compétition *f*
können pouvoir; *Sprache etc* savoir; **können Sie Deutsch?** savez-vous l'allemand?; **ich kann nicht schwimmen** je ne sais pas nager; **können Sie mir helfen?** pouvez-vous m'aider?; **könnten Sie mir sagen, wo die Post ist?** pourriez-vous m'indiquer le chemin du bureau de poste?; **kann sein** c'est possible
Konsequenz F conséquence
konservativ conservateur
Konserve F conserve; **Konservenbüchse** F, **Konservendose** F boîte de conserve
Konservierungsstoff M conservteur

Konsul M consul; **Konsulat** N consulat *m*
Konsum M consommation *f*
Kontakt M contact; **mit j-m in Kontakt stehen, sein** être en contact avec qn; **Kontaktlinsen** FPL lentilles de contact; **Kontaktperson** F contact *m*; *Ansprechpartner* interlocuteur *m*
Kontinent M continent; **Kontinentalklima** N climat *m* continental
Konto N compte *m*; **Kontonummer** F numéro *m* de compte; **Kontostand** M solde de compte
Kontrast M contraste; **Kontrastregler** M TV, IT réglage *m* de contraste
Kontrolle F contrôle *m*
Kontrolleur M contrôleur
kontrollieren contrôler
Kontrolllampe F lampe-témoin
konvertieren IT convertir
Konzert N concert *m*; **ins Konzert gehen** aller au concert; **Konzertsaal** M salle *f* de concert
Kopf M tête *f*; **pro Kopf** par personne; **Kopfhörer** M casque; **Kopfkissen** N oreiller *m*; **Kopfsalat** M laitue *f*; **Kopfschmerzen** MPL mal *m* de tête; **Kopfschmerztabletten** FPL comprimés *mpl* contre le mal de tête; **Kopfstütze** F AUTO repose-tête *m*; **Kopftuch** N foulard *m*
Kopie F copie; **kopieren** *a. fig* copier
Koralle F corail *m*
Korb M corbeille *f*; *Henkelkorb* panier *m*; **Korbball** M basket(-ball) *m*
Korken M bouchon; **Korkenzieher** M tirebou-

chon

Körper M corps; **Körperbehinderte** M handicapé physique; **körperlich** physique; corporel; **Körperpflege** F hygiène corporelle; **Körperpuder** M talc

korrekt correct

korrigieren corriger

Korsika N la Corse

Kosmetik F cosmétique; **Kosmetika** NPL produits *mpl* de beauté; **Kosmetikkoffer** M vanity-case; **Kosmetiksalon** M institut de beauté; **Kosmetiktuch** N kleenex® *m*

Kost F nourriture

kostbar précieux

kosten coûter; *Essen* goûter; déguster; **was kostet ...?** combien coûte ...?; **viel kosten** coûter cher

Kosten PL frais *mpl*; **auf Kosten von** aux frais de; **Kostenerstattung** F restitution des frais; **kostenlos** gratuit

köstlich délicieux; *umg lustig* amusant

Kostüm N costume *m*; *Damenkostüm* tailleur *m*

Kotelett N côtelette *f*

Koteletten PL pattes *fpl*

Kotflügel M garde-boue

Krabben FPL *Garnelen* crevettes; *Krebse* crabes *mpl*

Krach M fracas; *Lärm* vacarme; *umg Streit* brouille *f*

Kraft F force; vigueur; **Kraftbrühe** F consommé *m*

Kraftfahrzeug N véhicule *m* automobile;

Kraftfahrzeugschein M carte *f* grise; **Kraftfahrzeugversicherung** F assurance automobile
kräftig fort; vigoureux; *Suppe etc* substantiel
Kraftstoff M carburant
Kraftwerk N centrale *f* électrique
Kragen M col
Krampf M crampe *f*; spasme; **Krampfader** F varice; **krampflösend**: **krampflösendes Mittel** antispasmodique *m*
Kran M grue *f*
Kranich M grue *f*
krank malade; **krank werden** tomber malade
Krankenhaus N hôpital *m*; **Krankenkasse** F caisse (de) maladie; **Krankenpfleger** M infirmier; **Krankenschein** M feuille *f* de maladie; **Krankenschwester** F infirmière; **Krankenversicherung** F assurance maladie; **Krankenwagen** M ambulance *f*
Krankheit F maladie
Krater M cratère
kratzen gratter; **sich am Kopf kratzen** se gratter la tête
Kratzer M égratignure *f*
kraulen caresser; *Schwimmen* nager le crawl
Kraut N herbe *f*; *Kohl* chou *m*
Kräuterkäse M fromage aux fines herbes; **Kräutertee** M infusion *f*
Krawatte F cravate
kreativ créatif; **Kreativität** F créativité *f*

Krebs M ZOOL écrevisse *f*; MED cancer; *Sternzeichen* Cancer; **Krebsvorsorge** F dépistage *f* du cancer
Kredit M crédit; **Kreditkarte** F carte de crédit
Kreis M cercle; *Verwaltungsbezirk* district; canton; arrondissement
Kreislauf M circulation *f*; **Kreislaufmittel** N remède *m* pour la circulation; **Kreislaufstörungen** FPL troubles *mpl* circulatoires
Kreisverkehr M sens giratoire
Kreuz N croix *f*; ANAT reins *mpl*; *Karten* trèfle *m*; **Rotes Kreuz** Croix Rouge
kreuzen croiser; **sich kreuzen** se croiser
Kreuzfahrt F croisière
Kreuzgang M cloître
Kreuzung F croisement *m*; *Straßenkreuzung* carrefour *m*
Kreuzworträtsel N mots *mpl* croisés
kriechen ramper; **Kriechspur** F file destinée aux véhicules lents
Krieg M guerre *f*
kriegen *umg* avoir; recevoir; *Krankheit* attraper
Krimi M *Roman* (roman) policier; *Film* film policier
Kriminalpolizei F police judiciaire
Kriminalroman M roman policier
Krise F crise
Krisengebiet N point *m* chaud; **Krisenstab** M état-majeur *m* de crise
Kristall M *u.* N cristal *m*
Kritik F critique; **Kritiker** M critique; **kritisch**

critique; **kritisieren** critiquer
Kroatien N la Croatie
Kroketten FPL croquettes
Krone F couronne *a. Zahnkrone*
Krug M cruche *f*; pichet; *Bierkrug* chope *f*
krumm courbe; *gebogen* courbé; *verbogen* tordu
Kruste F croûte
Kruzifix N crucifix *m*
Krypta F crypte
Küche F cuisine; **kalte Küche** repas *mpl* froids; **gutbürgerliche Küche** cuisine bourgeoise
Kuchen M gâteau; *Obstkuchen* tarte *f*
Küchenchef M chef de cuisine
Kuchengabel F fourchette à gâteau
Kugel F boule; *Billardkugel* bille; *Gewehrkugel* balle; SPORT poids *m*; **Kugellager** N roulement *m* à billes; **Kugelschreiber** M stylo (à) bille
Kuh F vache
kühl frais; **es ist kühl** il fait frais; **kühl aufbewahren** tenir au frais
kühlen *Lebensmittel* réfrigérer
Kühler M radiateur; **Kühlerhaube** F capot *m*
Kühlflüssigkeit F liquide *m* de refroidissement; **Kühlschrank** M réfrigérateur; **Kühltruhe** F congélateur *m*
kühn hardi
Kuli M *umg* stylo
Kult M culte; **Kultfigur** F idole *m*; **Kultfilm** M film *m* culte
Kultur F culture; *e-s Volkes* civilisation; **Kultur-**

beutel M trousse *f* de toilette
kulturell culturel
Kümmel M cumin; *Getränk* kummel
Kummer M chagrin; affliction *f*; soucis *mpl*
kümmern: **sich kümmern um** s'occuper de; prendre soin de
Kunde M client; **Kundenservice** M service après-vente
Kündigung F congé *m*; *Geld* préavis *m*
Kundschaft F clientèle
künftig futur; *in Zukunft* à l'avenir
Kunst F art *m*; **die bildenden Künste** les arts plastiques; **Kunstausstellung** F exposition d'œuvres d'art; **Kunstgeschichte** F histoire de l'art; **Kunsthandwerk** N artisanat *m* d'art
Künstler(in) M(F) artiste *m/f*
künstlich artificiel; **künstliche Intelligenz** intelligence *f* artificielle
Kunststoff M matière *f* plastique; **kunststoffbeschichtet** recouvert d'une matière synthétique
Kunstwerk N œuvre *f* d'art
Kupfer N cuivre *m*; **Kupferstich** M estampe *f*; gravure *f*
Kupplung F AUTO embrayage *m*; **Kupplungspedal** N pédale *f* d'embrayage
Kur F cure; **Kuraufenthalt** M séjour dans une ville d'eaux
Kurbelwelle F vilebrequin *m*
Kürbis M courge *f*

Kurhaus N casino *m*
Kurort M station *f* thermale
Kurs M *Wechselkurs; Lehrveranstaltung* cours; SCHIFF route *f*; **Kurswagen** M voiture *f* directe
Kurtaxe F taxe de séjour
Kurve F courbe; AUTO virage *m*
kurz court; *zeitlich* bref; **vor Kurzem** récemment; **kurzärmelig** à manches courtes
kürzen *Kleidung* raccourcir
kurzfristig à bref délai
Kurzparkzone F zone bleue
Kurzschluss M court-circuit
kurzsichtig myope; **Kurzsichtigkeit** F myopie *f*
Kurzwahl F TEL numérotation abrégée; **Kurzwaren** FPL mercerie *f*; **Kurzwelle** F *Radio* ondes *fpl* courtes
Kuss M baiser
küssen embrasser
Küste F côte; littoral *m*
Kutsche F carrosse *m*

L

labil instable
Labor N laboratoire *m*

Labyrinth N labyrinthe *m*
lächeln sourire; **Lächeln** N sourire *m*
lachen rire; **Lachen** N rire *m*
lächerlich ridicule
Lachs M saumon
Lack M AUTO peinture *f*; *Nagellack* vernis
Ladegerät N ELEK chargeur *m*
laden charger *a. Batterie, a.* IT
Laden M boutique *f*; magasin; *Fensterladen* volet; *Rollladen* volet roulant; **Ladenöffnungszeit** F heure d'ouverture; **Ladenschlusszeit** F heure de fermeture; **Ladentisch** M comptoir
Ladung F chargement *m*; cargaison
Lage F situation; position; **in der Lage sein, etw zu tun** être en mesure de faire qc
Lager N *Warenlager* entrepôt *m*; TECH palier *m*; *Zeltlager* camping *m*; **Lagerfeuer** N feu *m* de camp
lagern *hinlegen* coucher; **kühl lagern** conserver au frais
lahm paralysé; *hinkend* boiteux
Laken N drap *m*
Laktose F lactose *m*; **laktosefrei** sans lactose
Lamm N agneau *m*; **Lammfleisch** N (viande *f* d')agneau *m*; **Lammkeule** F gigot *m* d'agneau
Lampe F lampe
Land N *Staat* pays *m*; *nicht Stadt* campagne *f*; *Acker* terre *f*; **auf dem Land** à la campagne; **an Land gehen** descendre à terre
Landebahn F piste d'atterrissage

landen FLUG atterrir; se poser; SCHIFF accoster
Länderspiel N match *m* international
Landesinnere N intérieur *m* (du pays); **Landessprache** F langue nationale; **Landeswährung** F monnaie nationale
Landhaus N maison *f* de campagne; *kleines* chalet *m*; **Landkarte** F carte; **Landschaft** F paysage *m*
Landsleute: **wir sind Landsleute** nous sommes du même pays; **Landsmann** M, **Landsmännin** F compatriote *m/f*
Landstraße F route
Landung F FLUG atterrissage *m*; SCHIFF accostage *m*; **Landungsbrücke** F SCHIFF débarcadère *m*
Landweg M: **auf dem Landweg** par voie de terre; **Landwein** M vin du pays; **Landwirt** M agriculteur; **Landwirtschaft** F agriculture; **Landzunge** F langue de terre; presqu'île
lang long; **vor langer Zeit** il y a longtemps de cela; **drei Wochen lang** pendant trois semaines; **die Straße lang** le long de la rue; **langärmelig** à longues manches
lange longtemps; **schon lange** depuis longtemps; **so lange ... bis** aussi longtemps que ...; **wie lange sollen wir noch warten?** jusqu'à quand devons-nous attendre?
Länge F longueur; GEOG longitude; **sich in die Länge ziehen** se traîner en longueur
langen *ausreichen* suffire; **mir langt's** *umg* j'en ai

marre
länger plus long; *zeitlich* plus longtemps; **zwei Tage länger** deux jours de plus; *Kleid* **länger machen** rallonger
Langeweile F ennui
langfristig à long terme
Langlauf M course *f* de fond; **Langlaufski** M ski de fond
langsam lent; **langsam sprechen** parler lentement; **langsamer werden** ralentir
längst depuis longtemps
Languste F langouste
langweilen ennuyer; **sich langweilen** s'ennuyer; **langweilig** ennuyeux
Langwelle F grandes ondes *fpl*
Lappen M chiffon; torchon
Laptop M IT portable
Lärm M bruit; vacarme; **Lärmschutz** M protection *f* contre le bruit; **Lärmschutzwall** M écran *m* antibruit
Laser M laser; **Laserdrucker** M imprimante *f* laser; **Laserstrahl** M rayon laser
lassen *zulassen* laisser; *veranlassen* faire; *unterlassen* renoncer à; **j-n warten lassen** faire attendre qn; **lassen Sie sich nicht stören!** ne vous dérangez pas!; **lasst uns gehen!** partons!; **das Rauchen lassen** renoncer à fumer
Last F charge; fardeau *m*
Lastauto N, **Laster** M, **Last(kraft)wagen** M camion *m*; poids *m* lourd

Last-Minute-Flug M *vol m* de dernière minute
Lastwagenfahrer M conducteur de camion
Laterne F *Straßenlaterne* réverbère *m*
Latzhose F salopette
lau tiède; *Luft, Wetter* doux
Laub N feuillage *m*; **Laube** F tonnelle
Lauch M poireau
laufen courir; *nicht fahren* marcher; *Motor* marcher
Läufer M SPORT coureur; *Schach* fou; *Teppich* passage
Laufwerk N IT lecteur *m*
Laune F humeur; **gute Laune haben** être de bonne humeur
Laus F pou *m*
laut bruyant; *Stimme* haut; fort; **laut sprechen** parler à haute voix; **lauter sprechen** parler plus fort
läuten sonner
Lautsprecher M haut-parleur; **Lautsprecherbox** F baffle *m*
Lautstärke F *Radio*, TV volume *m*
lauwarm tiède
Lava F lave
Lawine F avalanche; **Lawinengefahr** F danger *m* d'avalanche
Layout N mise *f* en page
leasen acheter en crédit-bail
Leasing N crédit-bail *m*; leasing *m*
leben vivre; *am Leben sein* être en vie; *wohnen* ha-

biter (**in Paris** à Paris); **Leben** N vie *f*
lebendig vivant; *lebhaft* vif
Lebensgefahr F danger *m* de mort; **unter Lebensgefahr** au péril de ma (sa *etc* vie)
lebensgefährlich très dangereux; mortel; **lebensgefährlich verletzt** grièvement blessé
Lebensmittel NPL vivres *mpl*; alimentation *f*; **Lebensmittelabteilung** F rayon *m* de l'alimentation; **Lebensmittelgeschäft** MN épicerie *f*; magasin *m* d'alimentation; **Lebensmittelvergiftung** F intoxication alimentaire
Lebenspartner(in) M(F) compagnon *m*, compagne *f*; **Lebenspartnerschaft** F partenariat *m* de vie; **Lebensversicherung** F assurance vie
Leber F foie *m*; **Leberpastete** F pâté *m* de foie
Lebewesen N être *m* vivant
lebhaft vif
lecker délicieux; appétissant
Leckerbissen M friandise *f*
Leder N cuir *m*; *weiches* peau *f*; **Lederwaren** FPL articles *mpl* de cuir; maroquinerie *f*
ledig célibataire
leer vide; *Batterie a.* déchargé; *Blatt Papier* blanc; **leeren** vider; **den Briefkasten leeren** faire la levée du courrier; **Leerlauf** M AUTO point mort; **Leertaste** F IT barre *f* d'espacement; **Leerung** F *des Briefkastens* levée
legal légal
legen mettre; *Person* coucher; **sich legen** s'allonger (**aufs Bett** sur son lit); *Wind* s'abattre; **sich**

schlafen legen se coucher
Leggings PL caleçon *m*
Lehre F *Lehrzeit* apprentissage *m*
lehren enseigner (**j-n etw** qc à qn)
Lehrer(in) M(F) professeur *m a. bei Frauen; Grundschullehrer* instituteur *m*, -trice *f*
Leib M corps; *Bauch* ventre
Leibesvisitation F fouille
Leiche F mort *m*; corps *m* mort
leicht léger; *nicht schwierig* facile; **Leichtathletik** F athlétisme *m*; **leichtsinnig** étourdi; insouciant
Leid N chagrin *m*
leiden souffrir (**an, unter** de); **ich kann ihn leiden** il m'est sympathique
Leiden N souffrance *f*; MED affection *f*
Leidenschaft F passion
leider malheureusement; **leider!** hélas!
leidtun: **das tut mir leid** j'en suis désolé; **sie tut mir leid** elle me fait pitié
Leihbücherei F bibliothèque de prêt; **leihen**: **j-m etw leihen** prêter qc à qn; **sich etw leihen** emprunter qc (**von j-m** à qn); **Leihgebühr** F frais *mpl* de location; **Leihwagen** M voiture *f* de location; **leihweise** à titre de prêt
Leinwand F toile; *Kino* écran *m*
leise bas; **mit leiser Stimme** à voix basse; **leise sprechen** parler bas; *Radio*, TV **leiser stellen** baisser
leisten faire; accomplir; **Gesellschaft leisten** te-

nir compagnie (**j-m** à qn); **Hilfe leisten** prêter assistance; **sich etw leisten** se payer qc
Leistung F travail *m* (accompli); **Leistungskurs** M *Schule etwa* option *f* renforcée; **Leistungssport** M sport de compétition
leiten *Unternehmen etc* diriger
Leiter F échelle
Leiter(in) M(F) directeur *m*, -trice *f*
Leitplanke F glissière de sécurité
Leitung F *e-r Firma etc* direction; TEL, ELEK ligne; *für Gas, Wasser* conduite
Leitungswasser N eau *f* du robinet
Lektüre F lecture
Lende F GASTR longe; filet *m*
lenken *Auto* conduire
Lenker M *Fahrrad* guidon; **Lenkrad** N volant *m*; **Lenkradschloss** N antivol *m*; **Lenkstange** F guidon *m*
Lenkung F AUTO direction
lernen apprendre
Lesebuch N livre *m* de lecture; **Leselampe** F lampe de lecture; **lesen** lire
leserlich lisible
Lettland N la Lettonie
letzte dernier, dernière
Leuchtstift M surligneur
Leuchtturm M phare
Leukoplast® N sparadrap *m*
Leute PL gens *mpl*; **die jungen Leute** les jeunes; **viele Leute** beaucoup de monde

Libanon der Libanon le Liban
liberal libéral
Libero M SPORT libéro
Libyen N la Libye
Licht N lumière *f*; **Lichtbild** N photo *f*; *Dia* diapositif *m*; **lichtempfindlich** sensible à la lumière; **Lichthupe** F avertisseur *m* lumineux; **Lichtschalter** M interrupteur; **Lichtschutzfaktor** M indice de protection (solaire)
Lichtung F clairière
Lid N paupière *f*; **Lidschatten** M ombre *f* à paupières
lieb cher; *nett, artig* gentil; **das ist lieb von dir** c'est gentil à toi
Liebe F amour *m*
lieben aimer
liebenswürdig aimable; gentil; **das ist liebenswürdig von Ihnen** c'est très aimable à vous
lieber plutôt; **etw lieber tun** aimer mieux faire qc; **ich gehe lieber zu Fuß** je préfère aller à pied; **es wäre mir lieber, wenn …** j'aimerais mieux que …
Liechtenstein N le Liechtenstein
Lied N chanson *f*; **Liedermacher** M compositeur de chansons
lieferbar disponible
liefern livrer; fournir; **Lieferwagen** M camionnette *f*; fourgonnette *f*
Liege F divan *m*
liegen *Person* être couché (**auf dem Sofa** sur le di-

van); *sich befinden* se trouver; être; **liegen an** *abhängen von* dépendre de; **im Krankenhaus liegen** être à l'hôpital; *Zimmer* **zum Garten hin liegen** donner sur le jardin; **das liegt bei Ihnen** il dépend de vous; **es liegt mir viel daran** j'y tiens beaucoup; **liegen lassen** *vergessen* oublier

Liegestuhl M chaise *f* longue; **Liegewagen** M voiture-couchettes *f*; **Liegewiese** F pelouse

Lift M *Aufzug* ascenseur; *Skilift* téléski; *Sessellift* télésiège

Likör M liqueur *f*

lila lilas; mauve

Linie F ligne; **in erster Linie** en premier lieu

Linienbus M autobus de ligne; **Linienflug** M vol régulier; **Linienmaschine** F avion *m* de ligne

linke gauche; POL de la gauche; *von Stoff* **linke Seite** envers *m*

linken *umg* rouler; baiser

links à gauche; **nach links** à gauche; **von links** de gauche; **sich links halten** tenir sa gauche; **Linksabbieger** M celui qui tourne à gauche

Linse F lentille

Lippe F lèvre

Lippenstift M rouge à lèvres; *Pflegestift* pommade *f* pour les lèvres

Liste F liste; **sich in e-e Liste eintragen** s'inscrire sur une liste

Litauen N la Lituanie

Liter M *od* N litre *m*

Lkw M camion; poids lourd; **Lkw-Fahrer** M conducteur de camion; **Lkw-Maut** F péage *m* pour poids lourds
Loch N trou *m*
Locke F boucle
locken: *Angebot* **j-n locken** attirer qn
Lockenwickler M bigoudi
locker *Seil* lâche; *Schraube* desserré
lockern relâcher
Löffel M cuiller *f od* cuillère *f*
logisch logique
Lohn M salaire; paye *od* paie *f*; **lohnen** *und* **sich lohnen** valoir la peine; **das lohnt (sich) nicht** cela ne vaut pas la peine; **Lohnerhöhung** F augmentation (de salaire)
Lohnsteuer F impôt *m* sur le(s) salaire(s); **Lohnsteuerkarte** F fiche fiscale
lokal local
Lokal N restaurant *m*; café *m*; **Lokalzeitung** F journal *m* local
Lokomotive F locomotive
London N Londres
los *abgetrennt* détaché; *Schraube* desserré; **was ist hier los?** qu'est-ce qu'il y a?; **hier ist nicht viel los** il ne se passe pas grand-chose ici; **ich muss jetzt los** il faut que je m'en aille; **los!** allez!; allons(-y)!
Los N *Lotterielos* billet *m* de loterie
löschen *Feuer, Licht* éteindre; *Durst* étancher; *Tonband, Diskette* effacer; *Datei* supprimer

Löschtaste F IT touche *f* de suppression
lose → locker
lösen *Fahrkarte* prendre; acheter; *Problem* résoudre; *Rätsel* deviner; *abmachen* détacher (**von** de); *auflösen* dissoudre; **sich lösen** *Knopf* se détacher; *Zucker* se dissoudre
losgehen *beginnen* commencer; *weggehen* s'en aller; partir
loslassen lâcher
löslich soluble; **Lösung** F solution
Lotion F lotion
Lotse M pilote; *Fluglotse* aiguilleur du ciel
Löwe M lion; ASTROL Lion
Lücke F lacune; *Zahnlücke* brèche
Luft F air *m*; **an der frischen Luft** au grand air; en plein air; **frische Luft schöpfen** prendre l'air; **Luftballon** M ballon; **Luftdruck** M pression *f* atmosphérique
lüften aérer
luftig *Zimmer* bien aéré; *Kleidung* léger
Luftkissenfahrzeug N aéroglisseur *m*; **Luftkurort** M station *f* climatique; **Luftloch** N trou *m* d'air; FLUG poche *f* d'air; **Luftmatratze** F matelas *m* pneumatique; **Luftpost** F: **per Luftpost** par avion; **Luftpumpe** F pompe (à pneus); **Lufttemperatur** F température de l'air
Lüftung F aération
Luftveränderung F changement *m* d'air; **Luftverschmutzung** F pollution de l'air; **Luftweg** M: **auf dem Luftweg** par air

lügen mentir
Lügner(**in**) M(F) menteur *m*, -euse *f*
Lunchpaket N casse-croûte *m*
Lunge F poumon *m*
Lungenentzündung F pneumonie
Lupe F loupe
Lust F: **Lust auf etw haben** avoir envie de qc; **Lust haben, etw zu tun** avoir envie de faire qc
lustig gai; *unterhaltend* amusant
Lutscher M sucette *f*
Luxemburg N le Luxembourg
luxuriös luxueux
Luxus M luxe; **Luxushotel** N hôtel *m* de luxe

M

machen faire; **sich etw machen lassen** se faire faire qc; **Licht machen** allumer; **wie viel macht das?** ça fait combien?; **das macht nichts** cela ne fait rien; **mach's gut!** bonne chance!
Macho M *umg* macho
Macht F pouvoir *m*
mächtig puissant; énorme
machtlos impuissant
Mädchen N fille *f*; **Mädchenname** M nom de jeune fille

Mafia F maffia
Magazin N *Zeitschrift* magazine *m*
Magen M estomac; **sich den Magen verderben** se gâter l'estomac; **Magenbitter** M bitter; **Magenschmerzen** MPL maux d'estomac; **Magenverstimmung** F embarras *m* gastrique
mager maigre; **Magermilch** F lait *m* écrémé; **Magersucht** F anorexie; **magersüchtig** anorexique
Magnet M aimant; **Magnetband** N bande *f* magnétique; **Magnetkarte** F carte magnétique; **Magnetstreifen** M piste *f* magnétique
Mahlzeit F repas *m*; **Mahlzeit!** bon appétit!
Mai M mai
Mail F IT mail *m*; **Mailbox** F IT boîte aux lettres; *Handy* boîte vocale
mailen envoyer par courrier électronique
Mailing N mailing *m*
Mais M maïs; **Maiskolben** M épi de maïs
Majoran M marjolaine *f*
Make-up N maquillage *m*
Makkaroni PL macaronis *mpl*
Makrele F maquereau *m*
mal MATH fois; **zwei mal drei ist sechs** deux fois trois font six
Mal N fois *f*; **das erste Mal** la première fois; **zum letzten Mal** pour la dernière fois; **jedes Mal**(**, wenn**) chaque fois (que); **ein paar Mal** plusieurs fois
malen peindre

Maler M peintre; **Malerei** F peinture
Malerin F femme peintre
malerisch pittoresque
Mama F, **Mami** F *maman*
man: **man spricht Deutsch** on parle allemand; **man muss** ... il faut ...
Management N management *m*; direction *f*; **das mittlere Management** les cadres *mpl* moyens
managen *umg Geschäft etc zustande bringen* arranger; *Krise bewältigen* gérer
Manager M manager
manche PL plusieurs; certains
manchmal quelquefois
Mandarine F mandarine
Mandelbaum M amandier
Mandelentzündung F angine
Mandeln FPL BOT amandes; ANAT amygdales
Manege F *Zirkus* piste
Mangel M *Fehlen* absence *f* (**an** de); *Knappheit* manque; pénurie *f* (**an** de); *e-r Ware etc* **Mängel** défauts *mpl*; **aus Mangel an** faute de; **mangelhaft** *fehlerhaft* défectueux
Mango F BOT mangue
Mangold M bette *f*
Maniküre F manucure
Mann M homme; *Ehemann* mari; **alter Mann** vieillard *m*
männlich mâle
Mannschaft F SCHIFF équipage *m*; SPORT équipe

Manschette F manchette
Mantel M manteau
Mappe F *Aktenmappe* serviette
Märchen N conte *m* (de fée)
Margarine F margarine
mariniert mariné
Mark[1] F: **Deutsche Mark** HIST mark *m* allemand
Mark[2] N moelle *f*
Marke F *Briefmarke* timbre *m*; WIRTSCH marque
Marketing N marketing *m*
Markise F store *m*
Markt M marché; **Markthalle** F marché *m* couvert; **Marktplatz** M place *f* du marché
Marmelade F confiture; marmelade
Marmor M marbre
Marokko N le Maroc
Maronen FPL marrons *mpl*
Marsch M marche *f*; **marschbereit** prêt à partir; **marschieren** marcher; **Marschroute** F itinéraire *m*
März M mars
Marzipan N pâte *f* d'amandes
Masche F maille
Maschine F machine; *Flugzeug* appareil *m*; **mit der Maschine schreiben** taper à la machine; **maschinenlesbar** TECH lisible par la machine
Masern PL MED rougeole *f*
Maske F masque *m*; **Maskenball** M bal masqué
Maß N mesure *f*; **Maß nehmen** prendre les mesu-

res (**bei j-m** de qn); **nach Maß** sur mesure
Massage F massage *m*
Masse F masse; *Menschenmasse* foule
Massenarbeitslosigkeit F chômage *m* de masse; **Massenkarambolage** F carambolage *m* en série; **Massenmedien** NPL mass media *mpl*; **massenweise** en masse
Masseur(in) M(F) masseur *m*, -euse *f*; **massieren** masser
mäßig *mittelmäßig* médiocre; *Preis* modique; modéré
Massiv N *Bergmassiv* massif *m*
Maßnahme F mesure
Maßstab M *e-r Landkarte* échelle *f*
Mast M SCHIFF mât; *Leitungsmast* pylône
Material N *Werkstoff* matériau *m*
Mathematik F mathématiques *fpl*
Matinee F séance ayant lieu dans la matinée
Matratze F matelas *m*
matt FOTO mat; *Person* épuisé; faible; *Schach* mat
Matte F natte; *Fußmatte* paillasson *m*
Mauer F mur *m*; *Stadtmauer* murs *mpl*
Maul N gueule *f*; *Pferd* bouche *f*; **Maulesel** M mulet *m*, mule *f*; **Maulkorb** M muselière *f*; **Maultier** N mulet *m*, mule *f*
Maurer M maçon
Maus F *a.* IT souris; **Mauspad** N IT tapis *m* (de souris)
Maut(gebühr) F péage *m*; **Mautstraße** F route à péage

Mayonnaise F mayonnaise
Mechaniker M mécanicien
Mecklenburg-Vorpommern N le Mecklembourg et la Poméranie occidentale
Medaille F médaille
Medien NPL média *mpl*; **medienwirksam** médiatique
Medikament N médicament *m*
Medizin F médecine; *Arznei* remède *m*; **medizinisch** médical
Meer N mer *f*; **Meerblick** M: *Zimmer* **mit Meerblick** avec vue sur la mer; **Meerenge** F détroit *m*
Meeresfrüchte FPL fruits *mpl* de mer
Meeresspiegel M: **über dem Meeresspiegel** audessus du niveau de la mer
Meerrettich M raifort
Mehl N farine *f*
mehr plus (**als** que, de); **nicht mehr** ne ... plus; **nichts mehr** plus rien; **nie mehr** plus jamais; **noch mehr** encore plus; **viel mehr** beaucoup plus; **umso mehr als** d'autant plus que; **je mehr ... desto mehr** ... plus ..., plus ...
mehrere plusieurs
Mehrfahrtenkarte F titre *m* de transport pour plusieurs trajets
Mehrheit F majorité
mehrmals plusieurs fois
mehrsprachig *Text* plurilingue; *Mensch* polyglotte

Mehrwertsteuer F taxe à la valeur ajoutée (T.V.A.)
meiden éviter
Meile F *Seemeile* mille *m* marin
mein(e) mon, ma; *pl* mes; **der, die, das meinige** le mien, la mienne
meinen être d'avis; *glauben* croire; *denken* penser; **was meinen Sie dazu?** qu'en pensez-vous?; **wie meinen Sie das?** qu'est-ce que vous entendez par là?
meinetwegen pour moi; **meinetwegen!** soit!
Meinung F opinion; avis *m*; **meiner Meinung nach** à mon avis
meist: **die meisten ...** la plupart de
meistens le plus souvent
Meister(in) M(F) maître *m*, -esse *f*; SPORT champion *m*, -onne *f*
Meisterschaft F championnat *m*
melden *bei e-r Behörde* déclarer; **sich melden** *am Telefon* répondre; *für etw* se faire inscrire; TEL **es meldet sich niemand** personne ne répond
Meldung F *Radio*, TV information
Melodie F mélodie
Melone F BOT melon *m*
Memorystick M carte *f* mémoire
Menge F quantité; *Menschenmenge* foule
Mensch M homme; être humain; **die Menschen** les hommes; **kein Mensch** personne; **Menschenkette** F chaîne humaine; **menschenleer** désert; **menschenverachtend** inhu-

main; **Menschheit** F humanité; genre *m* humain; **menschlich** humain
Menü N menu *m*
Merkblatt N notice *f*
merken remarquer; s'apercevoir de; **sich etw merken** retenir qc
Merkmal N marque *f*; *Eigenart* caractéristique *f*; **merkwürdig** étrange
Messe F REL messe; WIRTSCH foire; exposition; **Messegelände** N terrain *m* de la foire; **Messehalle** F palais *m* de la foire
messen mesurer
Messer N couteau *m*
Messestand M stand
Messing N laiton *m*
Metall N métal *m*
Meter M *od* N mètre *m*; **Metermaß** N mètre *m*
Metro F métro *m*
Metzger M boucher; **Metzgerei** F boucherie
Mexiko N le Mexique
MEZ heure *f* de l'Europe centrale
mich me; moi; **für mich** pour moi
mies *umg* moche; **miese Laune** mauvaise humeur; **sich mies fühlen** se sentir mal
Miesmuscheln FPL moules
Mietauto N voiture *f* de louage
Mietdauer F durée de la location
Miete F loyer *m*; *für Auto, Boot etc* location
mieten louer
Mieter(in) M(F) locataire *m*/*f*

Mietvertrag M contrat de location
Mietwagen M → Mietauto
Migräne F migraine
Mikro N *umg* micro *m*
Mikrochip M puce *f*
Mikrofon N microphone *m*
Mikrowelle F micro-onde; **mikrowellengeeignet**: **mikrowellengeeignetes Geschirr** vaisselle *f* micro-onde; **Mikrowellenherd** M four à micro-ondes
Milbe F acarien *m*
Milch F lait *m*; **Milchflasche** F bouteille à lait; *für Säuglinge* biberon *m*; **Milchkaffee** M café au lait; **Milchmixgetränk** N milk-shake *m*; **Milchpulver** N lait *m* en poudre
mild doux; *Klima a.* tempéré
Militär N troupes *fpl*; armée *f*; **zum Militär gehen** entrer dans l'armée
Milliarde F milliard *m*
Millimeter M millimètre *m*
Million F million *m*
Millionär(in) M(F) millionnaire *m/f*
Mimose F BOT mimosa; *fig* personne hypersensible
Minarett N minaret *m*
minderjährig mineur
Mindestalter N âge *m* minimum
mindestens au moins
Mindesthaltbarkeitsdatum N date *f* limite de conservation

Mineral N minéral *m*; **Mineralwasser** N eau *f* minérale
Minibikini M minibikini; **Minibus** M minibus *m*; **Minigolf** N golf *m* miniature; **Minikleid** N robe *f* tunique; **Minirock** M mini-jupe *f*
Minister M ministre; **Ministerpräsident** M président du Conseil
minus MATH moins; **es sind fünf Grad minus** il fait moins cinq
Minute F minute; **Minutenzeiger** M aiguille *f* des minutes
mir me; moi; à moi; **mit mir** avec moi; **ein Freund von mir** un de mes amis
Mischbrot N pain *m* bis; **mischen** mêler; mélanger; *Karten* battre; **Mischgemüse** N jardinière *f*
Mischung F mélange *m*
Missbrauch M abus; **missbrauchen** abuser (**etw** de qc); **Misserfolg** M échec; **Missernte** F mauvaise récolte; **misshandeln** maltraiter; **Misshandlung** F mauvais traitements *mpl*
misstrauen se méfier (**j-m** de qn)
Misstrauen N méfiance *f*
Missverständnis N malentendu *m*
Mist M fumier; **so ein Mist!** *umg* zut!
mit avec; **mit der Post** par la poste; **mit zehn Jahren** à dix ans; **mit der Bahn fahren** aller en train
mitbringen amener; *Sache* apporter
Mitbringsel N petit cadeau *m*; souvenir *m* de voyage

Mitfahrzentrale F *etwa* Allô Stop *m*
Mitglied N membre
Mitgliedsausweis M carte *f* de membre; **Mitgliedsbeitrag** M cotisation *f*
mithilfe à l'aide de
Mitleid N pitié *f*
mitmachen prendre part (**bei** à)
mitnehmen prendre avec soi; *Personen* emmener; *Sachen* emporter; *emotional* exténuer
Mitreisende(r) M/F(M) compagnon *m/f* de voyage
Mittag M midi; **gegen Mittag** vers midi; **Mittagessen** N déjeuner *m*
mittags à midi; **12 Uhr mittags** midi; **Mittagshitze** F chaleur de midi; **Mittagsschlaf** M sieste *f*
Mitte F milieu *m*; centre *m*; **Mitte März** à la mi-mars; **in der Mitte** au milieu; **Mitte dreißig sein** être dans les trente ans
mitteilen communiquer; apprendre (**j-m etw** qc à qn); **Mitteilung** F communication; *amtliche* notification
Mittel N moyen *m*; *Arznei* remède *m*; *pl Gelder* ressources *fpl*
Mittelalter N Moyen Âge *m*; **mittelalterlich** médiéval; du Moyen-Âge
Mittelklasse F AUTO *etc* catégorie moyenne
mittelmäßig moyen; médiocre
Mittelmeer N Méditerranée *f*
Mittelohrentzündung F otite
Mittelpunkt M centre

Mittelstreifen M terre-plein central
mitten: **mitten in, mitten auf, mitten unter** au milieu de; **mitten in der Nacht** en pleine nuit
Mitternacht F minuit *m*; **um Mitternacht** à minuit
mittlere du milieu; *durchschnittlich* moyen; **mittleren Alters** entre deux âges; d'un certain âge
Mittwoch M mercredi; **mittwochs** le mercredi
mitwirken collaborer; participer (**bei, an etw** à qc)
Mitwirkung F participation
Mixbecher M shaker; **Mixer** M *Person* barman; *Gerät* mixeur; **Mixgetränk** N cocktail *m*
Möbel NPL meubles *mpl*
mobil mobil; **Mobilfunk** M téléphonie *f* mobile; **Mobilfunkanbieter** M opérateur de téléphonie mobile; **Mobiltelefon** N téléphone *m* portable *od* mobile
möbliert meublé
Mode F mode; **die neueste Mode** le dernier cri; **in Mode sein** être en vogue; **Modefarbe** F couleur à la mode; **Modegeschäft** N magasin *m* de modes
Modell N modèle *m*; **Modellversuch** M projet-pilote
Modem N IT modem *m*
Modenschau F défilé *m* de mode
modern moderne; à la mode
Modeschmuck M bijoux *mpl* (de) fantaisie; **Modewort** N mot *m* à la mode; **Modezeitschrift**

F revue de mode
Mofa N cyclomoteur *m*
mögen aimer; *wünschen* vouloir; **lieber mögen** aimer mieux; **ich möchte gern** j'aimerais bien; **ich möchte** je voudrais (**etw** qc)
möglich possible; **so bald** (*od* **schnell**) **wie möglich** aussi tôt que possible; le plus tôt possible; **so viel wie möglich** autant que possible; **Möglichkeit** F possibilité
Mohn M *Klatschmohn* coquelicot *m*
Möhre F, **Mohrrübe** F carotte
Mole F môle *m*
Moment M moment; instant; **jeden Moment** d'un moment à l'autre; **Moment bitte!** un instand, s'il vous plaît!
momentan pour le moment
Monat M mois; **der Monat April** le mois d'avril; **zweimal im Monat** deux fois par mois; **monatlich** mensuel; tous les mois
Monatsbinde F serviette hygiénique; **Monatsblutung** F règles *fpl*; **Monatsgehalt** N traitement *m* mensuel; **Monatskarte** F carte mensuelle; **Monatsrate** F mensualité
Mönch M moine
Mond M lune *f*; **Mondfinsternis** F éclipse de lune; **Mondschein** M clair de lune; **bei Mondschein** au clair de la lune
monegassisch monegasque
Montag M lundi; **montags** le lundi
Moonboots PL après-ski *mpl*

Moor N marais *m*; **Moorbad** N bain *m* de boue
Moped N mobylette *f*; vélomoteur *m*
Morast M bourbe *f*; fange *f*
Mord M meurtre; assassinat
Mörder(in) M(F) meurtrier *m*, -ière *f*; assassin *m*
morgen demain; **morgen früh** demain matin; **morgen Abend** demain soir; **morgen in acht Tagen** de demain en huit; **bis morgen!** à demain!
Morgen M matin; *Vormittag* matinée *f*; **heute Morgen** ce matin; **guten Morgen!** bonjour!; **Morgengrauen** N aube *f*; **im Morgengrauen** à l'aube; au point du jour
morgens le matin; **um sechs Uhr morgens** à six heures du matin
Moschee F mosquée
Moskito M moustique
Moslem M musulman
Most M moût; *Apfelwein* cidre
Motel N motel *m*
Motiv N motif *m*; *Tatmotiv* mobile *m*
Motor M moteur; **Motorboot** N canot *m* à moteur; **Motorhaube** F capot *m*; **Motoröl** N huile *f* moteur; **Motorpanne** F panne de moteur; **Motorrad** N moto *f*; **Motorradfahrer** M motocycliste; **Motorroller** M scooter; **Motorschaden** M avarie *f* de moteur
Mountainbike N vélo *m* tout terrain, V.T.T. *m*
Möwe F mouette
MP3 MP3 *m*; **MP3-Player** M baladeur MP3
Mücke F moustique *m*

müde fatigué; las
Mühe F peine; effort *m*; **machen Sie sich keine Mühe!** ne vous dérangez pas!
Mühle F moulin *m*
Müll M ordures *fpl*; **Müllabfuhr** F voirie
Mullbinde F bande de gaze
Müllcontainer M benne *f* d'ordures ménagères; **Mülldeponie** F décharge publique; **Mülleimer** M poubelle *f*; **Mülltonne** F poubelle; **Mülltrennung** F ÖKOL triage *m* des déchets; **Müllverbrennungsanlage** F incinérateur *m*
Multi M *umg* multinationale *f*
multikulturell multiculturel
Multimedia... multimédia
München N Munich
Mund M bouche *f*; **Mundart** F dialecte *m*
münden *Fluss* se jeter dans; *Straße* déboucher dans
mündlich verbal; oral; **etw mündlich ausrichten** dire qc de vive voix
Mündung F embouchure
Mundwasser N eau *f* dentifrice
Mund-zu-Mund-Beatmung F bouche-à-bouche *m*
munter *frisch* gaillard; *lebendig* alerte; *wach* éveillé
Münze F monnaie
Münzfernsprecher M taxiphone
Mus N marmelade *f*; *Apfelmus* compote *f*; *Kartoffelmus* purée *f*

Muschel F *Muschelschale* coquille; GASTR *Miesmuschel* moule
Museum N musée *m*
Musical N comédie *f* musicale
Musik F musique; **Musikbox** F juke-box *m*; **Musikinstrument** N instrument *m* de musique; **Musikkassette** F musicassette
Muskatnuss F muscade
Muskel M muscle; **Muskelkater** M courbatures *fpl*
Müsli N mu(e)sli *m*
müssen devoir; **ich muss arbeiten** je dois travailler; il faut que je travaille
Mut M courage; **den Mut verlieren** perdre courage; **mutig** courageux
Mutter F mère; **Muttermal** N envie *f*; **Muttersprache** F langue maternelle
Mutti F maman
Mütze F bonnet *m*
MwSt. F T.V.A.

N

na: **na ja!** allons!; **na und?** et puis après?; **na gut!** d'accord!
Nabel M nombril

nach *bei Ortsnamen* à; *bei Ländern* en; *in Richtung* pour, vers; *zeitlich* après; *gemäß* d'après; **nach Paris** à Paris; **nach Frankreich** en France; **nach Süden** vers le sud; **nach Hause** à la maison; *Uhrzeit* **es ist fünf nach vier** il est quatre heures cinq; **nach und nach** petit à petit; **nach wie vor** toujours
Nachbar(in) M(F) voisin(e) *m(f)*
Nachbarschaft F voisinage *m*
nachdem après que; **je nachdem** cela dépend
nachdenken réfléchir (**über** à *od* sur)
nacheinander l'un après l'autre; successivement
Nachfolger M successeur
Nachfrage F WIRTSCH demande
nachfüllen remplir à nouveau
Nachfüllpackung F écorecharge
nachgeben céder
nachgehen *Uhr* retarder
nachher après; **bis nachher!** à tout à l'heure!
nachlässig négligent
nachlösen BAHN *für e-e höhere Klasse* supplémenter un billet
nachmachen imiter
Nachmittag M après-midi; **heute Nachmittag** cet après-midi; **nachmittags** l'après-midi
Nachnahme F remboursement *m*; **per Nachnahme schicken** envoyer contre remboursement
Nachname M nom de famille
nachrechnen vérifier

Nachricht F nouvelle; **Nachrichten** FPL actualités; TV journal *m*; *Radio* bulletin *m* d'informations
nachrüsten IT, TECH équiper ultérieurement (**mit** de)
Nachsaison F arrière-saison
nachschicken *Post* faire suivre
nachsehen *prüfen* vérifier; **im Fahrplan nachsehen** consulter l'horaire
Nachsendeadresse F adresse de réexpédition; **nachsenden** faire suivre
Nachspeise F dessert *m*
nächste *räumlich* le *od* la plus proche; *zeitlich* prochain; **der nächste Weg** le chemin le plus court; **in den nächsten Tagen** dans les prochains jours; **am nächsten Tag** le lendemain; **nächstes Mal** la prochaine fois; **nächstes Jahr** l'an prochain
Nacht F nuit; **heute Nacht** cette nuit; **gestern Nacht** la nuit dernière; **spät in der Nacht** tard dans la nuit; **gute Nacht!** bonne nuit!; **Nachtcreme** F crème de nuit; **Nachtdienst** M service de nuit
Nachteil M désavantage
Nachtflug M vol de nuit; **Nachthemd** N chemise *f* de nuit
Nachtigall F rossignol *m*
Nachtisch M dessert
Nachtleben N vie *f* nocturne; **Nachtlokal** N boîte *f* de nuit; **Nachtportier** M concierge de nuit

nachts la nuit
Nachtschicht F poste *m* de nuit; **Nachtschwester** F infirmière de nuit; **Nachttisch** M table *f* de chevet; **Nachttischlampe** F lampe de chevet; **Nachtzug** M train de nuit
Nachweis M preuve *f*; **nachweisen** prouver; démontrer
Nachwuchs M nouvelle génération *f*; *Familie* progéniture *f*
Nacken M nuque *f*; **Nackenstütze** F appui-tête *m*
nackt nu; **Nacktbaden** N nudisme *m*; **Nacktbadestrand** M plage *f* nudiste
Nadel F aiguille; *Stecknadel* épingle; *Brosche* broche; **Nadelbaum** M conifère
Nagel M clou; *Fingernagel, Zehennagel* ongle; **Nagelfeile** F lime à ongles; **Nagellack** M vernis à ongles; **Nagellackentferner** M dissolvant; **nagelneu** flambant neuf
nah proche; **nahe Angehörige** les proches parents; **ganz nah** tout près; **nah bei** près de; **nah beieinander** tout près l'un de l'autre
Nähe F proximité; **in der Nähe von** près de; à proximité de; **ganz in der Nähe** tout près
nähen coudre
nähern: **sich nähern** approcher; se rapprocher
Nähmaschine F machine à coudre
nahrhaft substantiel
Nahrung F nourriture; **Nahrungskette** F chaîne *f* alimentaire; **Nahrungsmittel** NPL aliments

mpl; comestibles *mpl*
Naht F couture; **nahtlos** sans couture
Nahverkehr M trafic local; **Nahverkehrszug** M train de banlieue
Nähzeug N trousse *f* de couture
naiv naïf
Name M nom; **wie ist Ihr Name?** quel est votre nom? **mein Name ist ...** je m'appelle ...; **Namenstag** M fête *f*
nämlich c'est-à-dire; c'est que
Narbe F cicatrice
Narkose F anesthésie
naschen manger par gourmandise
Naschkatze F gourmand(e) *m(f)*
Nase F nez *m*; **Nasenbluten** N saignement *m* de nez; **er hat Nasenbluten** il saigne du nez
nass mouillé; **nasse Füße haben** avoir les pieds trempés; **nass werden** se mouiller
Nässe F humidité
nasskalt froid et humide
Nation F nation
national national; **Nationalfeiertag** M fête *f* nationale; **Nationalgericht** N plat *m* national; **Nationalpark** M parc national; **Nationaltracht** F costume *m* national
Natur F nature
natürlich naturel; **natürlich!** bien sûr!
Naturpark M parc *m* naturel
Naturschutz M protection *f* de la nature; **Naturschutzgebiet** N réserve *f*; site *m* protégé

Navi N *umg* GPS *m*; **Navigationsgerät** N AUTO système *m* de navigation; **Navigationssystem** N système *m* de navigation

Nebel M brouillard; *Dunst* brume *f*; **Nebelscheinwerfer** M antibrouillard; **Nebelschlussleuchte** F feu *m* arrière antibrouillard

neben à côté de; *außer* outre; **nebenan** à côté; **nebenbei** *außerdem* en outre; *beiläufig* en passant; **nebeneinander** l'un à côté de l'autre

Nebeneingang M entrée *f* latérale; **Nebenfluss** M affluent; **Nebengebäude** N annexe *f*; **Nebensaison** F basse saison *f*; **Nebenstraße** F rue latérale; *Landstraße* route secondaire

neblig brumeux; **es ist neblig** il fait du brouillard

Neffe M neveu

Negativ N FOTO négatif *m*

nehmen prendre; **mit sich nehmen** emmener; *Sache* emporter

Neid M envie *f*

Neigung F *fig* inclination (**zu** pour); penchant *m* (**zu** à *od* pour); tendance (**zu** à)

nein non

Nektarine F brugnon *m*

Nelke F œillet *m*; *Gewürznelke* clou *m* de girofle

nennen appeler; nommer; **sich nennen** s'appeler; se nommer

Nepp M *umg* arnaque *f*

Nerv M nerf; **j-m auf die Nerven gehen** agacer qn; énerver qn; **Nervenzusammenbruch** M crise *f* des nerfs

nervös nerveux; énervé; **j-n nervös machen** énerver qn
Nest N nid *m*
nett gentil; *hübsch* joli; mignon; **das ist sehr nett von Ihnen** c'est très gentil à vous
netto net; **Nettopreis** M prix *m* net
Netz N IT réseau *m*; **ans Netz gehen** être mis en service; **kein Netz haben** *auf dem Handy* ne pas avoir de réseau
Netzwerk N IT réseau *m*
neu nouveau; *fabrikneu* neuf, neuve; **Neubau** M construction *f* nouvelle *od* récente; **Neugier** F curiosité; **neugierig** curieux (**auf etw** de savoir qc); **Neuigkeit** F nouvelle
Neujahr N jour *m* de l'an; nouvel an *m*; **prosit Neujahr!** bonne année!
Neujahrsabend M la Saint-Sylvestre
neulich l'autre jour; récemment
neun neuf
neunzehn dix-neuf
neunzig quatre-vingt-dix
Neuseeland N la Nouvelle-Zélande
neutral neutre
nicht pas; ne … pas: **gar nicht, überhaupt nicht** pas du tout; **nicht mehr** ne … plus; **nicht einmal** même pas; **ich auch nicht** moi non plus; **wenn nicht** sinon; **warum nicht?** pourquoi pas?; **nicht wahr?** n'est-ce pas?; **nicht schlecht!** pas mal!
Nichte F nièce
Nichtraucher M non-fumeur

nichts rien; ne ... rien; **nichts Neues** rien de nouveau; **das macht nichts** cela ne fait rien; pas de quoi; **nichts mehr** (ne ...) plus rien; **nichts zu danken!** (il n'y a) pas de quoi!
Nichtschwimmer M non-nageur; **Nichtschwimmerbecken** N petit bassin *m*
nicken faire un signe de tête
Nickerchen N *umg* roupillon *m*
nie jamais; ne ... jamais; **nie mehr** (ne ...) plus jamais
Niederlage F défaite; **Niederlande** PL le Pays-Bas; **Niederösterreich** N la Basse-Autriche; **Niedersachsen** N la Basse-Saxe; **Niederschläge** MPL précipitations *fpl*
niedrig bas
niemals (ne ...) jamais
niemand ne ... personne; personne; **es ist niemand da** il n'y a personne
Niere F ANAT rein *m;* GASTR rognon *m*; **Nierenkolik** F colique néphrétique; **Nierenstein** M calcul rénal
nieseln: **es nieselt** il bruine
Nieselregen M bruine *f*
niesen éternuer
nirgends nulle part
nobel *Hotel etc* luxueux; de luxe; *Person freigebig* généreux; **Nobelhotel** N hôtel *m* de luxe
noch encore; **heute noch, noch heute** aujourd'hui même; **noch einmal** encore une fois; **noch mehr** encore plus; **noch immer** toujours; **noch**

nicht pas encore; **sonst noch etwas?** vous désirez autre chose?; **noch ein Kaffee** un autre café
nochmals encore une fois
Nonne F religieuse
Nonstop-Flug M vol sans escale
Nordamerika N l'Amérique *f* du Nord
Norden M nord; **im Norden von** au nord de; **nach Norden** vers le nord; **von Norden** du nord
Nordkorea N la Corée du Nord
nördlich du nord; septentrional; **nördlich von** au nord de
Nordrhein-Westfalen N la Rhénanie(du-Nord)-Westphalie
Nordsee F mer du Nord
Nordseite F côté *m* nord; *von Bergen* versant *m* nord
Nordwind M *in der Provence* mistral
normal normal; **Normal**, **Normalbenzin** N (essence *f*) ordinaire; **normalerweise** normalement
Norwegen N la Norvège
Not F *Notlage* détresse; *Elend* misère; **in Not sein** être dans le besoin; **zur Not** à la rigueur; **Notarzt** M S.A.M.U.; **Notarztwagen** M voiture *f* du S.A.M.U.; **Notausgang** M sortie *f* de secours; **Notbremse** F signal *m* d'alarme
Note F MUS note
Notebook N IT portable *m*
Notfall M cas d'urgence; **im Notfall** au besoin; en cas de besoin; **notfalls** au besoin; en cas

de besoin
notieren noter; marquer; **sich etw notieren** prendre note de qc
nötig nécessaire; **wenn nötig** si nécessaire; **etw nötig haben** avoir besoin de qc
Notiz F note; **sich Notizen machen** prendre des notes; **Notizblock** M blocnotes; **Notizbuch** N carnet *m*; calepin *m*
Notlage F détresse; embarras *m*; **notlanden** faire un atterrissage forcé; **Notruf** M appel d'urgence; **Notrufsäule** F poste *m* d'appel d'urgence; **Notwehr** F légitime défense; **notwendig** nécessaire
November M novembre
nüchtern à jeun; *nicht betrunken* qui n'est pas gris; **auf nüchternen Magen** à jeun; **nicht mehr nüchtern** déjà ivre
Nudeln FPL nouilles
null zéro; **es sind zehn Grad über (unter) null** il fait dix degrés au-dessus (au-dessous) de zéro
numerisch numérique
Nummer F numéro *m*; **nummerieren** numéroter; **Nummernblock** M IT pavé numérique; **Nummernschild** N plaque *f* d'immatriculation
nun maintenant; *dann* alors; **nun gut!** soit!; **und was nun?** et maintenant?
nur seulement; ne … que; **nicht nur …, sondern auch** non seulement …, mais aussi
Nuss F noix; **Nussbaum** M noyer; **Nussknacker** M casse-noisettes

nutzen, **nützen** servir; être utile (**j-m** à qn); **was nützt das?** à quoi bon?; **das nützt nichts** cela ne sert à rien
Nutzen M utilité *f*; *Gewinn* profit; *Vorteil* avantage; **von Nutzen sein** être utile
nützlich utile
nutzlos inutile

O

ob si; **und ob!** et comment!; tu penses!
oben en haut; **nach oben** en haut; vers le haut; **links oben** en haut à gauche; **von oben herab** d'en haut; **von oben bis unten** du haut jusqu'en bas; *umg* **oben ohne** seins nus
Ober M garçon; **Herr Ober!** garçon!
obere supérieur
Oberfläche F surface; **oberflächlich** superficiel
Obergeschoss N étage *m* (supérieur)
oberhalb au-dessus de
Oberhemd N chemise *f*; **Oberkörper** M buste; torse; **Oberösterreich** N la Haute-Autiche; **Oberstufe** F *Schule etwa* second cycle *m*; **Oberteil** N *e-s Kleids etc* corsage *m*; buste *m*
Objektiv N FOTO objectif *m*

Obst N fruits *mpl*; **Obstgarten** M verger; **Obsthändler** M marchand de fruits; **Obstkuchen** M tarte *f*; **Obstplantage** F plantation d'arbres fruitiers; **Obstsaft** M jus de fruits; **Obstsalat** M macédoine *f* de fruits
obwohl quoique; bien que
Ochse M bœuf
oder ou
Ofen M *Zimmerofen* poêle; *Herd* fourneau; *Backofen* four
offen ouvert; *Person freimütig* franc; *Arbeitsstelle* vacant; **offener Wein** vin *m* en carafe
offensichtlich évident
öffentlich public; **Öffentlichkeit** F: **in der Öffentlichkeit** en public; **in aller Öffentlichkeit** publiquement
offiziell officiel
Offizier M officier
öffnen ouvrir
Öffner M *Dosenöffner* ouvre-boîte; *Flaschenöffner* ouvre-bouteille
Öffnung F ouverture; *Loch* trou *m*; **Öffnungszeiten** FPL heures d'ouverture
oft souvent; **wie oft?** combien de fois?
ohne sans; **ohne mich!** ne comptez pas sur moi!; **ohne Weiteres** sans plus
ohnmächtig MED évanoui; **ohnmächtig werden** s'évanouir
Ohr N oreille *f*
Ohrenarzt M oto-rhino; **Ohrenentzündung**

F otite; **Ohrenschmerzen** MPL mal *m* à l'oreille
Ohrfeige F gifle; claque
Ohrring M boucle *f* d'oreille
ökologisch écologique
Ökosystem N écosystème *m*
Oktanzahl F indice *m* d'octane
Oktober M octobre
Öl N huile *f*; *Erdöl* pétrole *m*; *Heizöl* fuel *m*; mazout *m*; **Ölbaum** M olivier; **Ölgemälde** N peinture *f* à l'huile; **Ölheizung** F chauffage *m* au mazout
Olive F olive; **Olivenöl** N huile *f* d'olives
Ölpest F marée noire; **Ölsardinen** FPL sardines à l'huile; **Ölstand** M niveau d'huile; **Ölteppich** M marée *f* noire; **Ölwechsel** M vidange *f*
Olympiade F olympiades *fpl*
olympisch: **Olympische Spiele** jeux *mpl* Olympiques
Omnibus M autobus; *Reiseomnibus* autocar; → *a.* Bus
Onkel M oncle
online IT en ligne
Online-Check-in M enregistrement en ligne; **Onlinedienst** M service en ligne; **Onlineshop** M boutique *f* en ligne
Oper F opéra *m a. Haus*
Operation F opération; **Operationssaal** M salle *f* d'opérations
Operette F opérette
operieren opérer; **operiert werden** être opéré;

sich operieren lassen se faire opérer (**am Fuß** *etc* au pied *etc*)
Opernglas N jumelles *fpl* de théâtre
Opfer N *e-s Überfalls* victime *f*
Optiker M opticien
Orange F orange; **Orangeade** F orangeade
Orangensaft M jus d'orange
Orchester N orchestre *m*
ordentlich propre; *anständig* honnête
Ordnung F ordre *m*; **in Ordnung** en ordre; **wieder in Ordnung bringen** remettre en ordre; **etw ist nicht in Ordnung** qc ne marche pas; **in Ordnung!** d'accord!
Orgel F orgue *m*
orientieren: **sich orientieren** s'orienter
Orkan M ouragan
Ort M lieu; endroit; *Ortschaft* localité *f*; **an Ort und Stelle** sur place; **vor Ort** sur les lieux
örtlich local
Ortschaft F localité
Ortsgespräch N communication *f* locale; **ortskundig** connaissant les lieux; **Ortsschild** N panneau *m* d'agglomération; **Ortszeit** F heure locale
Osten M est; → *a.* Norden
Osterferien PL vacances *fpl* de Pâques
Ostern N *od pl* Pâques *fpl*; **frohe Ostern!** joyeuses Pâques!
Österreich N l'Autriche *f*
Österreicher(in) M(F) Autrichien *m*, -enne *f*; **ös-**

terreichisch autrichien
östlich de l'est; d'est; oriental
Ostsee F mer Baltique
Ostwind M vent d'est
Overall M combinaison *f*
Ozean M océan
Ozonloch N trou *m* (dans la couche) d'ozone; **Ozonschicht** F couche d'ozone

P

paar: **ein paar** quelques; **ein paar Tage** quelques jours
Paar N *Personen* couple *m*; *Dinge* paire *f*; **ein Paar** ... une paire de ...
paarmal → Mal
Päckchen N paquet; *Post* petit paquet; **ein Päckchen Zigaretten** un paquet de cigarettes
packen *j-n, et* saisir (**am Arm** par le bras); *Koffer* faire ses valises; *Waren* emballer
Packpapier N papier *m* d'emballage
Packung F paquet *m*; *Verpackung* emballage *m*; MED enveloppement *m*
Paddel N pagaie *f*; **Paddelboot** N *Faltboot* canot *m* pliant; *Kanu* canoë *m*; *Kajak* kayak *m*; **paddeln** pagayer

Page M *im Hotel* groom
Paket N colis *m*; paquet *m*; **Paketkarte** F bulletin *m* d'expédition
Palast M palais
Palme F palmier *m*
Palmsonntag M Rameaux *mpl*
Pampelmuse F pamplemousse *m*
Panda(**bär**) M panda
Pandemie F pandémie
Paniermehl N chapelure *f*
paniert pané
Panik F panique; **in Panik** affolé; **Panikstimmung** F affolement *m*
Panne F panne; **e-e Panne haben** être *od* tomber en panne; **Pannendienst** M, **Pannenhilfe** F dépannage *m*
Panorama N panorama *m*
Pantoffel M pantoufle *f*; babouche *f*
Papagei M perroquet
Papaya F BOT papaye
Papier N papier *m*; **Papiere** *pl* papiers *mpl*; **ein Blatt Papier** une feuille de papier; **Papierkorb** M corbeille *f* à papier; **Papiertaschentuch** N mouchoir *m* en papier
Pappe F carton *m*; **Pappschachtel** F carton *m*; boîte *f* en carton; **Pappteller** M assiette *f* en carton
Paprika M *Gewürz* piment; **Paprikaschoten** FPL poivrons *mpl*
Papst M pape

päpstlich papal; pontifical
Paradies N paradis *m*
Paragraf M JUR article; *Absatz* paragraphe
parallel parallèle (**zu** à); **Parallelstraße** F rue parallèle
Parfüm N parfum *m*
Park M parc
parken se garer; *Auto* stationner
Parken N stationnement *m*; **Parken verboten!** stationnement interdit!
Parkett N parquet *m*; THEAT parterre *m*
Parkgebühr F taxe de stationnement; **Parkhaus** N parking *m* à étages; **Parkleuchte** F feu *m* stationnement; **Parklücke** F créneau *m*
Parkplatz M parking; **bewachter (gebührenpflichtiger) Parkplatz** parking gardé (payant)
Parkscheibe F disque *m* de stationnement; **Parkuhr** F parcmètre *m*
Parkverbot N défense *f* de stationner; stationnement *m* interdit
Parlament N parlement *m*
Partei F POL parti *m*; JUR partie
Parterre N rez-de-chaussée *m*; THEAT parterre *m*
Partie F: **e-e Partie Schach** une partie d'échecs
Partner(in) M(F) partenaire *m/f*
Partnerstadt F ville jumelée
Party F surprise-partie; *umg* boum
Pass M *Ausweis* passeport; *im Gebirge* col
Passagier M passager
Passbild N photo *f* d'identité

passen *Kleidung* aller; être juste; *Kartenspiel* (**ich**) **passe** je passe; *fig* **das passt mir nicht** ça ne me convient pas; **passt es Ihnen morgen?** est-ce que cela vous convient demain?
passieren *geschehen* se passer, avoir lieu; *e-n Ort* passer
passiv passif
Passivrauchen N tabagisme *m* passif
Passkontrolle F contrôle *m* des passeports; **Passstraße** F col *m*; **Passwort** N mot *m* de passe
Pastete F paté *m*; terrine; *Blätterteigpastete* vol-au-vent *m*
Pate M parrain
Patentrezept N recette *f* miracle
Pater M père
Patient(in) M(F) malade *m/f*; client(e) *m(f)*
Patin F marraine
Patron M REL patron
pauschal *forfaitaire; global;* **Pauschale** F forfait *m*; **Pauschalreise** F voyage *m* à forfait
Pause F pause; *Schule* récréation; THEAT entracte *m*
Pay-TV N chaîne *f* cryptée
PC M micro-ordinateur *m*
Pech N malchance *f*; **Pech haben** avoir de la malchance
Pedal N pédale *f*
peinlich embarrassant; gênant; **das ist mir peinlich** j'ai honte

Pelz(mantel) M (manteau de) fourrure *f*
Penizillin N pénicilline *f*
Pension F *Gästehaus* pension; *Ruhestand* retraite; **in Pension gehen** prendre sa retraite; **Pensionszimmer** N chambre *f* dans une pension
perfekt parfait
Periode F *Zeitraum* période; *der Frau* règles *fpl*
Perle F perle; **Perlenkette** F collier *m* de perles
Perlmutt N nacre *f*
Person F personne; THEAT, *Film, Roman* personnage *m*; **ein Tisch für drei Personen** une table pour trois (personnes)
Personal N personnel *m*; **Personalausweis** M carte *f* d'identité
Personalien PL identité *f*
Personenwagen M voiture *f* de tourisme; **Personenzug** M omnibus
persönlich personnel; *in Person* en personne; **Persönlichkeit** F personnalité; *bedeutender Mensch* personnage *m*
Perücke F perruque
Pestizid N pesticide *m*
Petersilie F persil *m*
Pfad M sentier
Pfand N *Flaschenpfand* consigne *f*; **Pfandflasche** F bouteille consignée
Pfanne F poêle
Pfannkuchen M crêpe *f*; *Berliner* beignet (à la confiture)
Pfarrer M *katholischer* curé; *evangelischer* pasteur

Pfeffer M poivre; **Pfefferminztee** M infusion *f* de menthe; *menthe f*
pfeffern poivrer
Pfefferstreuer M poivrier
Pfeife F sifflet *m*; *Tabakspfeife* pipe; **Pfeife rauchen** fumer la pipe
pfeifen siffler
Pfeifenreiniger M cure-pipe *m*
Pferd N cheval *m*; **Pferderennen** N course *f* de chevaux
Pfiff M coup de sifflet
Pfifferlinge MPL chanterelles *fpl*; girolles *fpl*
Pfingsten N Pentecôte *f*
Pfirsich M pêche *f*
Pflanze F plante
Pflaster N *Straßenpflaster* pavé *m*; MED pansement *m*
Pflaume F prune
pflegeleicht d'un entretien facile; *Mensch* facile à vivre
pflegen soigner; *Freundschaften, Künste* cultiver; *Daten* tenir à jour
Pflegeversicherung F assurance dépendance
Pflicht F devoir *m* (**gegenüber** envers)
pflücken cueillir
Pförtner M portier; concierge
Pförtnerin F concierge
Pförtnerloge F loge
Pfosten M poteau
pfui! pouah!

Pfund N livre *f a. Währung*
Pfütze F flaque
Pharmaindustrie F industrie *f* pharmaceutique
Philippinen: **die Philippinen** les Philippines
Phosphat N phosphate *m*; **phosphatfrei** sans phosphate(s)
photo…, Photo… → foto…, Foto…
physikalisch physique
Pianist(in) M(F) pianiste *m/f*
Pickel M *Haut* bouton; *Eispickel* piolet
Picknick N pique-nique *m*
Pik N *Karten* pique *m*
Pille F pilule *a. Antibabypille*
Pilot M pilote
Pilz M champignon
PIN F *zum Geldabheben* code *m* confidentiel
Pinie F pin *m*; **Pinienkern** M pignon
Pinzette F pince (à épiler)
Pistazie F pistache
Piste F piste
Pizza F pizza
Pizzeria F pizzeria
Pkw M voiture *f* particulière
Plakat N affiche *f*
Plan M plan; *Vorhaben* projet; **planen** faire des projets; projeter
Planet M planète *f*
planmäßig méthodique; systématique; *Ankunft* comme prévu
Plantage F plantation

Plantschbecken N bassin *m* pour enfants
Plastik[1] F sculpture
Plastik[2] N plastique *m*
Plastiktüte F sac *m en plastique*
platt plat
Platte[1] F *Metall, Glas* plaque; *Stein* dalle; *flache Schüssel* plat *m*; *Herdplatte* plaque; *Schallplatte* disque *m*; GASTR **kalte Platte** assiette anglaise
Platte[2] M crevaison *f*; *umg* **e-n Platten haben** avoir crevé
Plattenspieler M tourne-disque
Plattform F plate-forme
Plattfuß M pied plat; *umg fig Reifenpanne* crevaison *f*
Platz M place *f*; *Sportplatz* terrain; **Platz nehmen** prendre place; **nehmen Sie Platz!** veuillez vous asseoir!; **Platz machen für** céder la place à; **Platzanweiser(in)** M(F) ouvreur *m*, -euse *f*
Plätzchen NPL petits gâteaux *mpl*; biscuits *mpl*
platzen éclater; crever
Platzkarte F place réservée
Platzregen M averse *f*
plaudern causer
pleite: **ich bin pleite** je suis fauché
Pleite F *fig Reinfall* échec *m*; fiasco *m*
Plombe F *Zahnplombe* plombage *m*
plötzlich tout à coup
plus MATH plus; **drei Grad plus** trois degrés au-dessus de zéro
PLZ F code *m* postal

Po M *umg* derrière
Pocken PL MED variole *f*; **Pockenimpfung** F vaccination antivariolique
Pokal M coupe *f*
Poker N poker *m*; **pokern** jouer au poker
Pol M pôle
Polen N la Pologne
polieren faire briller; astiquer
Poliklinik F policlinique
Politesse F contractuelle
Politik F politique
Polizei F police; **Polizeirevier** N commissariat *m* de police; **Polizeistunde** F heure de clôture; **Polizeiwache** F poste *m* de police
Polizist M agent de police; *umg* flic; **Polizistin** F femme agent de police
polnisch polonais
Pommes (frites) PL frites *fpl*
Pony[1] N poney *m*
Pony[2] M *Frisur* frange *f*
Popmusik F musique pop
Popo M *umg* derrière
populär populaire
Porno M film porno
Porree M poireau
Portier M portier
Portion F portion
Porto N port *m*; taxe postale *f*
Portugal N le Portugal
Portwein M porto

Porzellan N porcelaine *f*
Position F position; *beruflich* situation
positiv positif
Post® F poste; *Briefe* courrier *m*; **zur Post® bringen** poster; **Postamt** N poste *f*
Poster N poster *m*
Postfach N boîte *f* postale; **Postkarte** F carte postale; **postlagernd** poste restante; **Postleitzahl** F code *m* postal; **Postsparbuch** N livret *m* de caisse d'épargne postale
praktisch pratique; **praktischer Arzt** généraliste *m*
Pralinen FPL chocolats *mpl*
Präservativ N préservatif *m*
Präsident(in) M(F) président(e) *m(f)*
Praxis F pratique; *des Arztes* cabinet *m*; **Praxisgebühr** F taxe de cabinet médical
Preis M prix; **zum halben Preis** à moité prix; **Preisausschreiben** N concours *m*
Preiselbeeren FPL airelles rouges
Preiserhöhung F hausse; **Preisnachlass** M remise *f*; **Preissenkung** F réduction des prix; **preiswert** bon marché
Prellung F contusion
Premiere F première
Prepaidhandy N mobile *m* prépayé; **Prepaidkarte** F carte prépayée
Presse F *Zeitungen* presse
Priester M prêtre
prima formidable; *umg* chouette

Prinzip N: **aus Prinzip** par principe; **im Prinzip** en principe
privat *nicht öffentlich* privé; *persönlich* particulier; personnel
Privatbesitz M propriété privée; **Privatstrand** M plage *f* privée; **Privatweg** M chemin privé; **Privatzimmer** N chambre *f* chez l'habitant
pro: **pro Person** par personne; **pro Stück** la pièce
Probe F essai *m*; épreuve; THEAT répétition; WIRTSCH échantillon *m*
probieren essayer; GASTR goûter; déguster
Problem N problème *m*; **kein Problem!** pas de problème!
produzieren produire
Professor M professeur; **Professorin** F (femme *f*) professeur *m*
Profi M professionnel
Profil N profil *m*; *Reifenprofil* sculptures *fpl*
Profit M profit
Programm N programme *m*; *Radio*, TV chaîne *f*; **Programmheft** N programme *m*; **Programmvorschau** F *Kino* prochains films *mpl*
Promenade F promenade; **Promenadendeck** N pont *m* promenade
Promille N pour mille *m*; **Promillegrenze** F taux légal *m* d'alcoolémie
prompt immédiatement
Propangas N propane *m*
Prospekt M prospectus; *Faltprospekt* dépliant
prost! à votre santé!; à la vôtre!

Prostituierte F prostituée
Protest M protestation *f*; POL contestation
Protestant(in) M(F) protestant(e) *m(f)*
protestantisch protestant
protestieren protester
Prothese F prothèse
Protokoll N procès-verbal *m*
protzig ostentatoire; luxueux
Proviant M provisions *fpl*
Provider M *Internet* fournisseur d'accès
Provinz F province
Prozent N pour cent *m*
Prozess M JUR procès
Prozession F procession
prüfen examiner; *überprüfen* contrôler; vérifier
Prüfung F examen *m*
Prügel PL fessée *f*; *umg* raclée *f*
Prügelei F bagarre
prügeln battre; **sich prügeln** se battre
PS *ch* (cheval-vapeur *m*; *pl* chevaux-vapeur)
Publikum N public *m*; auditoire *m*
Pudding M flan; crème *f*
Puder M poudre *f*; *Körperpuder* talc; **Puderdose** F poudrier *m*
Pulli M, **Pullover** M pull
Puls M pouls
Pulver N poudre *f*; **Pulverkaffee** M café en poudre; **Pulverschnee** M neige *f* poudreuse
Pumpe F pompe
pumpen pomper; *umg fig* **j-m etw pumpen** prê-

ter qc à qn; **sich etw pumpen** emprunter qc (**von j-m** à qn); *Geld umg* taper qn de qc
Punkt M point; **Punkt zwei Uhr** à deux heures précises
pünktlich ponctuel; **pünktlich ankommen** arriver à l'heure
Puppe F poupée
Puppenspiel N marionettes *fpl*
pur pur
Püree N purée *f*; coulis *m*
Pute F dinde
Puter M dindon
putzen nettoyer; *Zähne* laver; *Gemüse* éplucher; **sich die Nase putzen** se moucher
Putzfrau F femme de ménage
Putzlappen M chiffon
Pyramide F pyramide
Pyrenäen PL Pyrénées *fpl*

Q

Quadrat N carrée *m*; **quadratisch** carré; **Quadratmeter** M mètre carré
Qual F supplice *m*; torture
quälen tourmenter; **sich quälen** se tourmenter
Qualität F qualité

Qualle F méduse
Quarantäne F quarantaine
Quark M fromage blanc
Quartier N logement *m*; gîte *m*
Quarzuhr F montre à quartz
Quatsch M bêtises *fpl*
Quecksilber N mercure *m*
Quelle F source
quer en travers; transversalement; **quer durch, quer über** à travers
Querschiff N transept *m*; **Querstraße** F rue transversale
Quetschung F contusion
quietschen *Bremsen, Tür* grincer
Quirl M moulinet
quitt: **wir sind quitt** nous sommes quittes
Quitte F coing *m*
quittieren *Rechnung* acquitter
Quittung F quittance; reçu *m*; **gegen Quittung** contre reçu
Quiz N quiz *m*

R

Rabatt M remise *f*; rabais; **drei Prozent Rabatt** un rabais de trois pour cent

Rache F vengeance
Rachen M gorge *f*
rächen: **sich rächen** se venger (**an j-m** de qn; **an j-m für etw** de qc sur qn)
Rad N roue *f*; *Fahrrad* vélo *m*; bicyclette *f*; **Rad fahren** faire du vélo
Radarfalle F, **Radarkontrolle** F contrôle *m* radar
radeln faire du vélo
Radfahrer(in) M(F) cycliste *m/f*
Radicchio M trévise *f*
Radieschen N radis *m*
Radio N radio *f*; **im Radio** à la radio; **Radio hören** écouter la radio
radioaktiv radioactif
Radioaktivität F radioactivité
Radiorekorder M radiocassette *f*
Radiowecker M radioréveil
Radkappe F enjoliveur *m*
Radler(in) M(F) cycliste *m/f*
Radlerhose F culotte *f* de cycliste
Radrennbahn F vélodrome *m*; **Radrennen** N course *f* cycliste; **Radtour** F randonnée en vélo; **Radweg** M piste *f* cyclable
Rafting N SPORT rafting *m*
Rahmen M *Bilderrahmen* cadre; *Fahrrad* cadre; *Auto* châssis; *fig* cadre
Rakete F fusée; *mil a.* missile *m*
Ramsch M camelote *f*
Rand M bord; *Stadtrand* périphérie *f*; *Waldrand* li-

sière *f*; **Randgebiet** N *e-r Stadt* banlieue *f*; périphérie *f*; **Randstreifen** M accotement
Rang M THEAT *balcon*; galeries *fpl*
Raps M colza
rar rare
Rarität F rareté; objet *m* de curiosité
rasch rapide; vite
rasen foncer; *Auto umg* rouler à tombeau ouvert
Rasen M gazon; pelouse *f*
rasend *Tempo* fou; *Schmerz* violent; *wütend* enragé; furieux
Rasenmäher M tondeuse *f*
Rasierapparat M rasoir; **Rasiercreme** F mousse à raser
rasieren: **sich rasieren** se raser
Rasierklinge F lame (de rasoir); **Rasierseife** F savon *m* à barbe; **Rasierwasser** N lotion *f* après-rasage
Rast F halte; **Rast machen** faire une halte; **rasten** faire une halte; **Rasthaus** N relais *m* routier; **Rastplatz** M aire *f* de repos; **Raststätte** F relais *m* routier; *an der Autobahn* restoroute® *m*
Rat M conseil; **j-n um Rat fragen** demander conseil à qn; **raten** conseiller; *erraten* deviner
Rathaus N hôtel *m* de ville; *in kleineren Orten* mairie *f*
Rätsel N *Rätselaufgabe* devinette *f*; *Geheimnis* énigme *f*
Ratte F rat *m*
rau *Haut* rêcher; *Klima* rude; *Stimme* rauque

Raub M vol à main; **rauben** voler
Räuber M brigand
Raubtier N fauve *m*
Raubüberfall M hold-up
Rauch M fumée *f*; **rauchen** fumer; **Rauchen verboten!** interdit de fumer!; **Raucher(in)** M(F) fumeur *m*, -euse *f*; **Rauchverbot** N défense *f* de fumer
Raum M espace; *Platz* place *f*; *Zimmer* pièce; *Räumlichkeit* local; *Saal* salle *f*
Rausch M ivresse *f*; **e-n Rausch haben** être ivre *od* soûl
Rauschgift N drogue *f*; **rauschgiftsüchtig** drogué
Ravioli PL ravioli *mpl*
Reaktion F réaction
real réel; **realistisch** réaliste
Realität F réalité
rechnen calculer; compter; **das rechnet sich nicht** ce n'est pas rentable; **mit etw rechnen** s'attendre à qc
Rechner M *Computer* ordinateur
Rechnung F WIRTSCH facture; *Hotel* note; *Restaurant* addition; **etw in Rechnung stellen** facturer qc; passer qc en compte; **das geht auf meine Rechnung** c'est à mon compte
recht: **das ist mir recht** cela me va; **wenn es Ihnen recht ist** si cela vous convient; **recht haben** avoir raison
Recht N droit *m*; **das Recht haben, etw zu tun**

avoir le droit de faire qc; **ein Recht auf etw haben** avoir droit à qc
rechte droit
Rechteck N rectangle *m*
rechts à droite; **nach rechts** à droite; **von rechts** de la droite; **sich rechts halten** tenir sa droite; **rechts einbiegen** prendre sur la droite
Rechtsanwalt M avocat; **Rechtsanwältin** F avocate; **Rechtsschutzversicherung** F assurance recours
rechtzeitig à temps
recyceln ÖKOL recycler
Recycling N ÖKOL recyclage *f*
Redakteur(in) M(F) rédacteur *m*, -trice *f*; **Redaktion** F rédaction
Rede F discours *m*; **e-e Rede halten** faire un discours; **reden** parler (**über** de); **ich möchte mit dir reden** je voudrais te parler
Redner M orateur; conférencier
Reederei F société d'armateurs; compagnie de transports maritimes
Reformhaus N magasin *m* de produits diététiques
Regal N étagère *f*; casier *m*
Regatta F régates *fpl*
Regel F règle; norme; *der Frau* règles *fpl*; **in der Regel** en règle générale
regelmäßig régulier
regeln régler
Regen M pluie *f*; **Regenbogen** M arc-en-ciel;

Regenmantel M imperméable; **Regenschauer** M averse *f*; **Regenschirm** M parapluie; **Regentag** M jour de pluie; **Regenwetter** N temps *m* pluvieux; **Regenwurm** M ver de terre
Regierung F gouvernement *m*
Region F région
regional régional
Regisseur M metteur en scène
regnen: **es regnet** il pleut
regnerisch pluvieux
Reh N chevreuil *m*; **Rehbraten** M rôti de chevreuil
reich riche (**an** en)
Reich N empire *m*
reichen *geben* donner; tendre; passer; offrir; *sich erstrecken* aller; s'étendre (**bis** jusqu'à); *genügen* suffire; **mir reicht's!** j'en ai assez!
reichlich abondant; *Essen* copieux; *Trinkgeld* généreux
Reichtum M richesse *f* (**an** en)
reif mûr
Reifen M AUTO pneu; **Reifendruck** M pression *f*; **Reifenpanne** F crevaison; **Reifenwechsel** M changement de pneu
Reihe F suite; série; *hintereinander* file; *nebeneinander* rang *m*; rangée; **in der ersten Reihe sitzen** être au premier rang; **der Reihe nach** l'un après l'autre; **ich bin an der Reihe** c'est mon tour
Reihenfolge F ordre *m*; **Reihenhaus** N mai-

son *f* de lotissement
rein pur; limpide; *sauber* propre
Reinfall M *umg* échec; fiasco
reinigen nettoyer
Reinigung F nettoyage *m*; **chemische Reinigung** nettoyage *m* à sec; *Geschäft* teinturerie
Reis M riz
Reise F voyage *m*; **gute Reise!** bon voyage!; **die Reise antreten** partir en voyage; **Reiseandenken** N souvenir *m*; **Reisebedarf** M articles *mpl* de voyage; **Reisebüro** N agence *f* de voyages; **Reisebus** M autocar; **Reisedokumente** PL documents *mpl* de voyage; **Reiseführer** M *Buch* guide; **Reisegruppe** F groupe *m* de voyageurs; **Reisekrankheit** F mal *m* des transports; **Reiseleiter(in)** M(F) guide *m*; **Reiselektüre** F lecture de voyage
reisen voyager (**mit dem Auto** en voiture); *verreisen* faire un voyage; aller (**nach** en, à)
Reisepass M passeport; **Reiseroute** F itinéraire *m*; **Reisescheck** M chèque de voyage; **Reisetasche** F sac *m* de voyage; **Reiseverkehr** M trafic voyageurs; **Reiseziel** N destination *f*
reißen déchirer; se déchirer
Reißnagel M punaise *f*
Reißverschluss M fermeture *f* éclair
Reißzwecke F punaise
reiten aller à cheval
Reiter(in) M(F) cavalier *m*, -ière *f*
Reitschule F école d'équitation

Reitsport M hippisme
Reitturnier N concours *m* hippique
Reitweg M piste *f* cavalière
reizen exciter; irriter; *verlocken* attirer; tenter
reizend charmant; adorable
Reizgas N gaz *m* irritant
Reizklima N climat *m* stimulant
Reizung F MED irritation
Reklamation F réclamation
Reklame F réclame; publicité
Rekord M record
Rekorder M *Kassettenrekorder* magnétophone; lecteur de cassettes; *Videorekorder* magnétoscope
relativ relatif
Religion F religion
religiös religieux; *fromm* pieux
Reling F rambarde
Remouladensoße F rémoulade
rennen courir
Rennen N course *f*
Rennrad N vélo *m* de course
Rente F retraite; pension
Rentner(in) M(F) retraité(e) *m(f)*
Reparatur F réparation; **Reparaturwerkstatt** F AUTO garage *m*
reparieren réparer; dépanner
Reporter M reporter; **Reporterin** F (femme *f*) reporter *m*
Republik F république
Reserve F réserve; **in Reserve haben** avoir en ré-

serve; **Reservekanister** M bidon de réserve; **Reserverad** N roue *f* de secours
reservieren réserver; retenir; **reserviert** réservé; **Reservierung** F réservation; **Reservierungsschalter** M guichet de réservation
Respekt M respect (**vor** pour); **respektieren** respecter
Rest M reste
Restaurant M restaurant
restaurieren restaurer
restlich restant
Restmüll M déchets *mpl* non recyclables; **Restrisiko** N risque *m* non évaluable
Resultat N résultat *m*
retten sauver; **j-m das Leben retten** sauver la vie à qn
Retter(in) M(F) sauveteur *m*
Rettung F sauvetage *m*
Rettungsboot N canot *m* de sauvetage; **Rettungshubschrauber** M hélicoptère de sauvetage; **Rettungsring** M bouée *f* de sauvetage; **Rettungswagen** M ambulance *f*; **Rettungsweste** F gilet *m* de sauvetage
Revolution F révolution
Revolver M revolver
Rezept N MED ordonnance *f*; prescription *f*; GASTR recette *f*; **rezeptfrei** délivré sans ordonnance
Rezeption F réception
rezeptpflichtig délivré seulement sur ordon-

nance

Rhabarber M rhubarbe *f*

Rheinland-Pfalz N la Rhénanie-Palatinat

Rheuma N rhumatisme *m*

richten *Aufmerksamkeit* diriger (**auf** sur); *Brief, Bitte* adresser (**an** à); *Zimmer* arranger; *reparieren* réparer

Richter M juge

Richtgeschwindigkeit F vitesse conseillée

richtig juste; correct; *Rechnung etc* juste; *Moment* bon; opportun; *Adresse etc* bon; **meine Uhr geht richtig** ma montre est à l'heure; **richtig**! c'est ça!, c'est juste!

Richtung F direction; sens *m*; *Zug* **in Richtung Paris** en direction de Paris; **aus Richtung Dijon** en provenance de Dijon; **in entgegengesetzter Richtung** en sens inverse

riechen: **an etw riechen** respirer l'odeur de qc; **nach etw riechen** sentir qc; **gut (schlecht) riechen** sentir bon (mauvais)

Riff N écueil *m*; récif *m*

Rind N bœuf *m*

Rinde F *Baumrinde* écorce; *Brotrinde* croûte

Rinderbraten M rôti de bœuf

Rinderwahnsinn M maladie *f* de la vache folle

Rindfleisch N bœuf *m*

Ring M anneau; *Fingerring* bague *f*; **Ringfinger** M annulaire; **Ringstraße** F boulevard *m* périphérique

Rippe F côte

Rippenfellentzündung F pleurésie
Rippenstück N entrecôte *f*
Risiko N risque *m*; **auf eigenes Risiko** à ses risques et périls
riskant risqué
riskieren risquer
Riss M fissure *f*; *im Stoff* déchirure *f*; *in der Haut* gerçure *f*
Ritter M chevalier
Roastbeef N rosbif *m*
Roaming N roaming *m*, itinérance *f*; **Roaminggebühren** FPL frais *mpl* d'itinérance
Robbe F phoque *m*
robust robuste; *Person* solide
Rock M jupe *f*; MUS rock *m*; **Rocksänger(in)** M(F) rocker *m*, -euse *f*
Rodel M luge *f*; **rodeln** faire de la luge
Roggen M seigle; **Roggenbrot** N pain *m* de seigle; **Roggenbrötchen** N petit pain *m* de seigle
roh *Nahrung* cru; *unbearbeitet* brut; *ungesittet* rude; **Rohkost** F crudités *fpl*
Rohr N tuyau *m*; *Leitungsrohr* conduit *m*; *Schilfrohr* roseau *m*
Röhre F tuyau *m*; *Backröhre* four *m*
Rohstoff M matière *f* première
Rollband N tapis *m* roulant
Rolle F rouleau *m*; *unter Möbeln* roulette; THEAT rôle *m*; **das spielt keine Rolle** cela ne joue aucun rôle

rollen rouler
Roller M patinette *f*; *Motorroller* scooter
Rollkoffer M valise *f* à roulettes; **Rollkragenpullover** M pull à col roulé; **Rollladen** M volet roulant
Rollschuh M patin à roulettes; **Rollschuh laufen** faire du patin à roulettes
Rollstuhl M fauteuil roulant
Rolltreppe F escalier *m* roulant
Roman M roman
romanisch ARCH roman
romantisch romantique
römisch romain
röntgen radiographier
Röntgenaufnahme F, **Röntgenbild** N radio *f*; **Röntgenstrahlen** MPL rayons X
rosa(farben) rose
Rose F rose
Rosé M *Wein* (vin) rosé
Rosenkohl M chou de Bruxelles
Rosenkranz M chapelet
Rosenmontag M lundi de carnaval
Rosine F raisin *m* sec
Rosmarin M romarin
Rost M rouille *f*; *Bratrost* gril; **vom Rost** grillé; **rosten** rouiller
rösten griller; *Kartoffeln* faire sauter
rostfrei inoxydable
rostig rouillé
rot rouge; *Haar* roux; **die Ampel steht auf Rot** le

feu est au rouge

Rotbarsch M sébaste; **Rotkohl** M chou rouge; **Rotwein** M (vin) rouge

Roulade F paupiette

Route F itinéraire *m*; **Routenplaner** M IT atlas routier électronique

Rübe F: **Gelbe Rübe** carotte; **Rote Rübe** betterave

rücken *Gegenstand* déplacer; *Person Platz machen* se pousser

Rücken M dos; GASTR selle *f*; **Rückenlehne** F dossier *m*; **Rückenmark** N moelle *f* épinière; **Rückenschmerzen** MPL mal *m* au dos; **Rückenschwimmen** N nage *f* sur le dos; **Rückenwind** M vent arrière

rückerstatten rembourser

Rückfahrkarte F aller-retour *m*

Rückfahrt F retour *m*; **auf der Rückfahrt** au retour

Rückflug M vol de retour; **Rückgabe** F restitution; **Rückgrat** N épine *f* dorsale; **Rückkehr** F retour *m*; **Rücklicht** N feu *m* arrière; **Rückreise** F → Rückfahrt

Rucksack M sac à dos

Rücksicht F considération; **mit Rücksicht auf** par égard pour; **Rücksichtnahme** F égards *mpl*; *Höflichkeit* politesse

rücksichtslos brutal

Rücksitz M siège arrière

Rückspiegel M rétroviseur

Rücktritt M *von e-r Reise* annulation *f*; **Rücktrittbremse** F frein *m* à rétropédalage
rückwärts en arrière; **rückwärtsfahren** faire marche arrière
Rückwärtsgang M marche *f* arrière
Rückweg M retour
Rückzahlung F remboursement *m*
Ruder N rame *f*; **Ruderboot** N canot *m* à rames; **rudern** ramer
Ruf M appel; *Schrei* cri; *Ansehen* réputation *f*
rufen appeler (**nach j-m** qn); *schreien* crier
Ruhe F calme *m*; tranquillité; *Erholung* repos *m*; **Ruhe!** silence!; **j-n in Ruhe lassen** laisser qn tranquille; **Ruhestörung** F: **nächtliche Ruhestörung** tapage *m* nocturne; **Ruhetag** M jour de fermeture; **Montag Ruhetag** fermé le lundi
ruhig calme; tranquille; *still* silencieux; **ruhig bleiben** rester calme
Rührei(er) *n(pl)* œufs *mpl* brouillés
Ruine F ruines *fpl*
ruinieren ruiner
Rum M rhum
Rumänien N la Roumanie
Rummelplatz M champ de foire
Rumpsteak N romsteck *m*
rund rond *a. Summe, Zahl*; **rund gerechnet** environ; **rund um die Stadt** tout autour de la ville; **Rundblick** M panorama
Runde F ronde; *Gesellschaft* compagnie; **eine Runde ausgeben** payer une tournée

Rundfahrt F tour *m*
Rundfunk M radio *f*
Rundgang M tour (**durch die Stadt** de la ville); **Rundreise** F circuit *m*
runterfahren IT éteindre; **runterladen** IT télécharger
Russland N la Russie
rüstig robuste; (encore) vert
Rüstung F armement *m*; *Ritterrüstung* armure
Rutschbahn F toboggan *m*
rutschen glisser; *Auto* déraper
rutschig glissant

S

Saal M salle *f*
Saarland N la Sarre
Sache F chose; *Angelegenheit* affaire; **meine Sachen** mes affaires
sachlich objectif
Sachschaden M dégâts *mpl* matériels
Sachsen N la Saxe; **Sachsen-Anhalt** N la Saxe-Anhalt
Sachverständiger M expert
Sack M sac; **Sackgasse** F cul-de-sac *m*
Safari F safari *m*

Safe M coffre-fort
Saft M jus; **saftig** juteux; plein de jus
Sage F légende
Säge F scie; **sägen** scier
sagen dire; **Ja (Nein) sagen** dire que oui (non); **wie sagt man auf Französisch?** comment dit-on en français?; **das hat nichts zu sagen** ce n'est rien
sagenhaft *umg* formidable
Sahne F crème; **Sahnetorte** F tarte à la crème
Saison F saison
Saite F corde
Sakko M veste *f*
Salami F saucisson *m* sec
Salat M salade *f*; **grüner Salat** laitue *f*
Salbe F pommade
Salmonellen FPL salmonelles
salopp relaxe; *Ausdruck* familier; **sich salopp kleiden** s'habiller décontracté
Salz N sel *m*
Salzburg N Salzbourg
salzig salé
Salzkartoffeln FPL pommes nature; **Salzstreuer** M salière *f*
sammeln *Pilze* ramasser; *Beeren* recueillir; *Briefmarken etc* collectionner
Sammlung F collection; *Geld, Spenden* collecte
Samstag M samedi; **am Samstag** samedi; **samstags** le samedi
Samt M velours
sämtliche tous les ...; **sämtliche Werke** œuvres

fpl complètes
Sanatorium N maison *f* de repos
Sand M sable
Sandalen FPL sandales
Sandbank F banc *m* de sable
Sandburg F château *m* de sable
Sandkasten M bac à sable
Sandstrand M plage *f* de sable
Sandwich N sandwich *m*
sanft doux; *leicht* léger
Sänger(in) M(F) chanteur *m*, -euse *f*
Sanierung F *Stadtsanierung* assainissement *m*
sanitär: **sanitäre Anlagen** installations *fpl* sanitaires
Sanitäter M secouriste
Sardelle F anchois *m*
Sardine F sardine
Satellit M satellite; **Satellitenschüssel** F *umg* antenne parabolique
satt rassassié
Sattel M selle *f*
satthaben: **etw satthaben** en avoir marre de qc
Satz M *Sprache* phrase *f*; *Sprung* saut; MUS mouvement; *Tennis* set; *von Geschirr, Werkzeugen etc* jeu; **ein Satz Reifen** un train de pneu
sauber propre; **sauber machen** nettoyer
Sauberkeit F propreté
sauer aigre; *Wein* vert; **saure Gurken** cornichons *mpl* au vinaigre; **saurer Regen** pluies *fpl* acides; **Sauerkraut** N choucroute *f*

Sauerstoff M oxygène; **Sauerstoffflasche** F bouteille d'oxygène
saufen *Tier, umg Mensch* boire
Säufer(in) M(F) ivrogne *m/f*
saugen sucer; *Säugling, junges Tier* téter; **Staub saugen** passer l'aspirateur
Sauger M tétine *f*
Säugetier N mammifère *m*
Saugflasche F biberon *m*
Säugling M nourrisson
Säule F colonne
Saum M *Kleidung* ourlet
Sauna F Sauna *m*
S-Bahn® F RER *m*
scannen scanner
Scanner M scanner
schäbig *Kleidung* râpé; *ärmlich* miteux; *Person* mesquin
Schach N échecs *mpl*; **Schach spielen** jouer aux échecs; **Schachbrett** N échiquier *m*
Schachtel F boîte; *Zigaretten* paquet *m*
schade! (c'est) dommage!
Schädel M crâne; **Schädelbruch** M fracture *f* du crâne
schaden nuire (**j-m** à qn)
Schaden M dommage; dégâts *mpl*; **für den Schaden aufkommen** réparer un dommage; **Schadenersatz** M indemnité *f*
schädlich nuisible; malfaisant
Schadstoff M polluant; toxique; **schadstoff-**

belastet pollué
Schaf N mouton *m*
Schäferhund M berger allemand
schaffen *machen* produire; *erschaffen* créer; **es schaffen** y arriver; **geschafft!** ça y est!
Schaffner M contrôleur *m*
Schafskäse M fromage de brebis
Schal M écharpe *f*; *für Kinder* cachenez *m*
Schale F *Frucht* peau; *Orange* écorce; *abgeschälte* pelure; *Eier, Nuss, Muschel* coquille; *für Kompott, Sekt* coupe; *zum Trinken* bol *m*
schälen *Obst, Kartoffeln* éplucher; peler; *Eier, Nüsse* écaler; **sich schälen** *Haut* peler
Schall M son; **Schalldämpfer** M AUTO silencieux; **Schallmauer** F mur *m* du son; **Schallplatte** F disque *m*
schalten AUTO changer de vitesse; **in den dritten Gang schalten** passer en troisième
Schalter M *Post, Bahn, Bank* guichet; *Lichtschalter* interrupteur
Schalthebel M levier de vitesse
Schaltjahr N année *f* bissextile
schämen: **sich schämen** avoir honte
Schande F honte
scharf *Klinge* tranchant; *Foto* net; *Essen* épicé; *Wind* âpre; *umg* **auf etw scharf sein** vouloir absolument posséder qc
Scharlach M MED scarlatine *f*
Schaschlik M *od* N brochette *f*
Schatten M ombre *f*; **im Schatten** à l'ombre

schattig ombragé
Schatz M trésor *a. Person*
schätzen *Wert, Entfernung* évaluer; *j-n, et* apprécier; **schätzungsweise** approximativement
schauderhaft horrible
schauen regarder
Schauer M *Regenschauer* averse *f*; *Graupelschauer* giboulée *f*; *Schauder* frisson
Schaufel F pelle
Schaufenster N vitrine *f*; **Schaufensterbummel** M: **e-n Schaufensterbummel machen** faire du lèche-vitrines
Schaukel F balançoire; **schaukeln** balancer
Schaum M écume *f*; *Bierschaum, Seifenschaum* mousse *f*; **Schaumbad** N bain *m* de mousse; **Schaumgummi** M caoutchouc mousse; **Schaumwein** M (vin) mousseux
Schauspiel N spectale *m*; THEAT drame *m*; **Schauspieler(in)** M(F) acteur *m*, actrice *f*
Scheck M chèque; **Scheckkarte** F carte eurochèque
Scheibe F *Brot, Fleisch, Wurst* tranche; *Fensterscheibe* vitre; **e-e Scheibe Brot** une tranche de pain; **in Scheiben schneiden** couper en tranches
Scheibenwaschanlage F lave-glace *m*; **Scheibenwischer** M essuie-glace
scheiden: **sich scheiden lassen** divorcer (**von** d'avec)
Scheidung F divorce *m*
Schein[1] M *Fahrschein, Geldschein* billet; *Bescheini-*

gung certificat; *Gepäckschein etc* bulletin
Schein² M *Lichtschein* lueur *f*; *Anschein* apparence *f*
scheinbar apparemment
scheinen *den Anschein haben* sembler; **die Sonne scheint** il fait du soleil
Scheinwerfer M projecteur; AUTO phare
Scheiße F *vulg* merde; **Scheiße!** merde!
scheißegal: *vulg* **das ist mir scheißegal** je m'en fous complètement
Scheitel M *Haarscheitel* raie *f*
scheitern échouer
Schenkel M cuisse *f*
schenken offrir
Schere F ciseaux *mpl*; **e-e Schere** une paire de ciseaux
Scherz M plaisanterie *f*; **zum Scherz** pour rire; **scherzen** plaisanter
Scheuerlappen M serpillière *f*
scheußlich horrible; affreux
Schi M → Ski
Schicht F couche; *Arbeitsschicht* équipe
schick chic
schicken envoyer; **nach dem Arzt schicken** faire venir le médecin
Schickeria F jet-set *m*
Schicksal N destin *m*; *Los* sort *m*
Schiebedach N toit *m* ouvrant
schieben pousser; *einschieben* glisser dans
Schiedsrichter(in) M(F) arbitre *m*

schief *geneigt* incliné; *Turm* penché; *Absätze* éculé
Schienbein N tibia *m*
Schiene F BAHN rail *m*; MED attelle
schießen tirer (**auf j-n** sur qn); *Ball* tirer; *Tor* marquer
Schiff N bateau *m*; *großes* navire *m*; *Kirchenschiff* nef *f*; **mit dem Schiff** par bateau
Schifffahrt F navigation; **Schifffahrtsgesellschaft** F compagnie maritime
Schiffsarzt M médecin de bord
Schiffsbesatzung F équipage *m*
Schiffsreise F voyage *m* en bateau
Schild N *Ladenschild* enseigne *f*; *Namensschild, Nummernschild* plaque *f*; *Verkehrsschild* panneau *m*
schildern décrire; (dé)peindre
Schilderung F description
Schildkröte F tortue
Schilf N roseau *m*
Schimmel[1] M *Pferd* cheval blanc
Schimmel[2] M *Pilz* moisi; **schimmelig** moisi
schimmeln moisir
schimpfen gronder (**mit j-m** qn); pester (**auf** contre)
Schimpfwort N injure *f*; gros mot *m*
Schinken M jambon; **roher (gekochter) Schinken** jambon cru (cuit)
Schirm M *Regenschirm* parapluie; *Lampenschirm* abat-jour; *Bildschirm* écran
Schlacht F bataille

schlachten tuer; abattre
Schlaf M sommeil; **Schlafanzug** M pyjama; **Schlafcouch** F canapé-lit *m*
schlafen dormir; **schlafen gehen** se coucher; **schlafen Sie gut!** dormez bien!
Schlafmittel N somnifère *m*
schläfrig: **ich bin schläfrig** j'ai sommeil
Schlafsack M sac de couchage
Schlaftablette F somnifère *m*
Schlafwagen M wagon-lit
Schlafzimmer N chambre *f* à coucher
Schlag M coup; *elektrischer* décharge *f*; **Schlag zehn (Uhr)** sur le coup de dix heures; **Schlagader** F artère; **Schlaganfall** M apoplexie *f*; **Schlagbaum** M barrière *f*
schlagen battre; *Uhr* sonner; *Eier, Sahne* fouetter; *Nagel* planter (**in die Wand** dans le mur); *besiegen* battre
Schlager M chanson *f* à succès; *umg* hit *m*
Schläger M *Tennisschläger* raquette *f*; *Golfschläger, Hockeyschläger* crosse *f*; *Person* bagarreur; **Schlägerei** F bagarre
Schlagersänger(in) M(F) chanteur *m*, -euse *f* de charme *od* à succès
Schlagloch N nid-de-poule *m*
Schlagsahne F crème Chantilly
Schlagzeile F manchette
Schlagzeug N batterie *f*
Schlamm M boue *f*
Schlange F serpent *m*; *Menschenschlange* queue;

file *a. Autoschlange*; **Schlange stehen** faire la queue
Schlangenlinie F ligne sinueuse
schlank mince; svelte
schlapp mou; **schlappmachen** *umg* flancher
schlau rusé
Schlauch M *Gartenschlauch* tuyau; *von Reifen* chambre *f* à air; **Schlauchboot** N canot *m* pneumatique; **schlauchlos** tubeless
schlecht mauvais; *Lebensmittel* gâté; *Wetter* mauvais; **mir ist schlecht** je me sens mal; **es ist schlechtes Wetter** il fait mauvais; **schlecht hören** entendre mal
Schleier M voile
schleifen aiguiser; *Glas* tailler
Schleimhaut F (membrane) muqueuse
schlemmen festoyer; *umg* faire ripaille
schleppen traîner; *mühsam tragen* porter avec peine
Schlepplift M téléski
Schleswig-Holstein N le Schleswig-Holstein
schleudern *Wäsche* essorer; *Auto* déraper
Schleuse F écluse
schließen fermer
Schließfach N *Gepäckschließfach* consigne *f* automatique; *Postschließfach* boîte *f* postale
schließlich finalement
schlimm mauvais; *Krankheit* grave; **schlimme Zeiten** des temps difficiles; **das ist nicht so schlimm** ce n'est pas si grave

Schlitten M *Pferdeschlitten* traîneau; *Rodelschlitten* luge *f*
Schlittschuh M patin; **Schlittschuh laufen** faire du patin; **Schlittschuhlaufen** N patinage *m*
Schloss N *Gebäude* château *m*; *Türschloss* serrure *f*
Schlosser M serrurier
Schlucht F gorge
Schluckauf M hoquet
schlucken avaler
Schlüpfer M culotte *f*
schlüpfrig *glatt* glissant; *anstößig* scabreux
Schluss M fin *f*; **Schluss machen mit etw** finir qc; arrêter de; **mit j-m Schluss machen** rompre avec qn
Schlüssel M clé *f*; **Schlüsselbein** N clavicule *f*; **Schlüsselbund** M *od* N trousseau *m* de clés; **Schlüsselloch** M trou *m* de la serrure
Schlusslicht N AUTO *etc* feu *m* arrière
Schlussverkauf M soldes *mpl*
schmal étroit; *Taille* mince; **Schmalfilm** M super-huit; **Schmalspurbahn** F chemin *m* de fer à voie étroite
schmecken: **gut schmecken** avoir bon goût; **nach etw schmecken** sentir qc; **das schmeckt mir** cela me plaît
schmeißen flanquer; balancer
schmelzen fondre
Schmelzkäse M fromage fondu
Schmerz M douleur *f*; **schmerzhaft** doulou-

reux; **Schmerzmittel** N analgésique *m*
Schmetterling M papillon
schminken: **sich schminken** se maquiller
Schmorbraten M daube *f*
Schmuck M *Juwelen* bijoux *mpl*; **Schmuckstück** N bijou *m*
Schmuggel M contrebande *f*
schmuggeln faire de la contrebande; **etw schmuggeln** passer qc en fraude
Schmutz M saleté *f*; *auf Wegen* boue *f*; **schmutzig** sale; **sich schmutzig machen** se salir
Schnäppchen N bonne affaire *f*
Schnappschuss M instantané
Schnaps M eau-de-vie *f*
schnarchen ronfler
Schnecke F escargot *m*; *Nacktschnecke* limace; **Schneckentempo** N *umg*: **im Schneckentempo** d'un pas de tortue
Schnee M neige *f*; **Schneeball** M boule *f* de neige; **Schneebesen** M fouet; **Schneefall** M chute *f* de neige; **Schneegestöber** N tourbillon *m* de neige; **Schneegrenze** F limite des neiges éternelles; **Schneeketten** FPL chaînes (antidérapantes); **Schneemann** M bonhomme de neige; **Schneepflug** M chasse-neige *a. beim Skilauf*; **Schneeverhältnisse** NPL enneigement *m*
schneiden couper *a. Kurve*; **sich schneiden** se couper (**in den Finger** au doigt)

Schneider M tailleur *m*; **Schneiderin** F couturière *f*
schneien: **es schneit** il neige
schnell rapide; vite; **schnell!** allons, vite!; **mach schnell!** dépêche-toi!
Schnellgericht N *Fertiggericht* plat *m* cuisiné; **Schnellimbiss** M snack; **Schnellstraße** F voie express; **Schnellzug** M express
Schnitt M coupe; **im Schnitt** en moyenne
Schnittlauch M ciboulette *f*
Schnittwunde F coupure
Schnitzel N *Kalb* escalope *f*; *Schwein* grillade *f*; **Wiener Schnitzel** escalope *f* à la viennoise
Schnorchel M schnorchel
Schnuller M sucette *f*; tétine *f*
Schnupfen M rhume *f*
Schnupftabak M tabac à priser
Schnur F cordon *m*; *Bindfaden* ficelle; ELEK fil *m*
Schnurrbart M moustache *f*
Schnürschuh M soulier à lacets
Schnürsenkel M lacet
Schock M choc
Schokolade F chocolat *m*; **e-e Tafel Schokolade** une tablette de chocolat
Scholle F ZOOL plie; carrelet *m*
schon déjà; **schon heute** aujourd'hui même; **schon wieder** de nouveau; **ich komme schon!** j'arrive!; **schon gut!** c'est bon!
schön beau, bel, belle; **schönes Wetter** beau temps; **es ist schön(es Wetter)** il fait beau; **bitte**

schön! je vous en prie!; **danke schön!** merci bien!
schonen ménager; **sich schonen** se ménager
Schönheit F beauté
Schonkost F régime *m*
Schotter M cailloux *mpl*
Schottland N l'Écosse *f*
Schrank M armoire *f*
Schranke F BAHN barrière
Schraube F vis
Schraubenschlüssel M clé *f*; **Schraubenzieher** M tournevis
Schraubverschluss M fermeture *f* à vis
Schrecken M terreur *f*
schrecklich terrible; *Verbrechen* affreux; **wie schrecklich!** quelle horreur!
Schrei M cri
schreiben écrire
Schreibmaschine F machine à écrire
Schreibpapier N papier *m* à écrire
Schreibtisch M bureau
Schreibwarengeschäft N papeterie *f*
schreien crier
Schrift F écriture; **schriftlich** par écrit
Schriftsteller M écrivain *m*; **Schriftstellerin** F femme *f* écrivain
Schritt M pas; **im Schritt fahren** rouler au pas; **Schrittmacher** M MED stimulateur cardiaque
schrottreif bon pour la casse
Schublade F tiroir *m*

schüchtern timide
schuften *umg* bosser
Schuh M chaussure *f*; *Halbschuh* soulier; **Schuhcreme** F cirage *m*; **Schuhgeschäft** N magasin *m* de chaussures; **Schuhgröße** F pointure; **Schuhgröße 39 haben** chausser du 39; **Schuhmacher** M cordonnier
Schuld F faute; *Geld* **Schulden** *fpl* dettes; **wer ist schuld?** à qui la faute?; **ich bin schuld, das ist meine Schuld** c'est ma faute
schulden: **j-m etw schulden** devoir qc à qn
schuldig coupable; **j-m etw schuldig sein** devoir qc à qn; **was bin ich Ihnen schuldig?** combien je vous dois?
Schule F école; *höhere* collège *m*; *Gymnasium* lycée *m*
Schüler(in) M(F) élève *m/f*
Schüleraustausch M échange d'élèves
Schulferien PL vacances *fpl* scolaires
Schuljahr N année *f* scolaire
Schulter F épaule; **Schulterblatt** N omoplate *f*
Schuppen FPL *Kopfschuppen* pellicules
Schuss M coup de feu; *Fußball* shoot; **ein Schuss Rum** un coup de rhum
Schüssel F *Salatschüssel* saladier *m*; *flache* plat *m*
Schuster M cordonnier
Schüttelfrost M frissons *mpl*
schütteln secouer; **vor Gebrauch schütteln** agiter avant de s'en servir

schütten verser; **es schüttet** *umg* il pleut à torrents
Schutz M protection *f* (**vor, gegen** contre); **vor Regen Schutz bieten** abriter de la pluie; **bei j-m Schutz suchen** se réfugier chez qn
Schütze M tireur; ASTROL Sagittaire
schützen protéger (**gegen, vor** contre *od* de)
Schutzheilige(r) M/F(M) patron *m*, -onne *f*; **Schutzhütte** F refuge *m*; **Schutzimpfung** F vaccination préventive
schwach faible
Schwäche F faiblesse; **Schwächeanfall** M défaillance *f*
Schwager M beau-frère
Schwägerin F belle-sœur
Schwalbe F hirondelle
Schwamm M éponge *f*
Schwan M cygne
schwanger enceinte
Schwangerschaft F grossesse; **Schwangerschaftstest** M test *m* de grossesse
Schwanz M queue *f*
schwänzen *umg* sécher; **die Schule schwänzen** *a.* faire l'école buissonnière
schwärmen: **für etw schwärmen** s'enthousiasmer pour qc
schwarz noir
Schwarzbrot N pain *m* bis; **schwarzfahren** resquiller; **Schwarzfahrer(in)** M(F) resquilleur *m*, -euse *f*; **Schwarzwurzel** F salsifis *m*

Schweden N la Suède
schweigen se *taire;* **Schweigen** N silence *m*
schweigsam taciturne
Schwein N cochon *m;* porc *m*
Schweinebraten M rôti de porc; **Schweinefleisch** N porc *m;* **Schweinegrippe** F grippe A
Schweinerei F cochonnerie
Schweiß M sueur *f*
Schweiz F la Suisse
Schweizer: **Schweizer Käse** gruyère *m*
Schweizer(in) M(F) Suisse *m/f*
schweizerisch suisse
Schwellung F enflure
schwer lourd; *schwierig* difficile; *Krankheit* grave; *Wein* lourd
Schwester F sœur; *Krankenschwester* infirmière; *Nonne* religieuse
Schwiegereltern PL beaux-parents *mpl;* **Schwiegermutter** F belle-mère; **Schwiegersohn** M beau-fils; **Schwiegertochter** F belle--fille; **Schwiegervater** M beau-père
schwierig difficile
Schwierigkeit F difficulté
Schwimmbad N piscine *f*
Schwimmbecken N bassin *m*
schwimmen nager; *Gegenstand* flotter; **schwimmen gehen** aller se baigner
Schwimmer(in) M(F) nageur *m*, -euse *f*
Schwimmflosse F palme; **Schwimmweste** F

gilet *m* de sauvetage
Schwindel M *Betrug* escroquerie *f*; MED vertige; **schwindelfrei**: **man muss schwindelfrei sein** il ne faut pas avoir le vertige
schwindeln *lügen* mentir
Schwindler(in) M(F) *Lügner* menteur *m*, -euse *f*; *Betrüger* escroc *m*
schwindlig: **mir ist schwindlig** j'ai le vertige
Schwips M: *umg* **e-n Schwips haben** être éméché
schwitzen suer; transpirer
schwören jurer
schwul *umg* pédé
schwül lourd; **es ist schwül** on étouffe
Schwule M *umg* gai; pédé
Schwüle F chaleur étouffante
Schwur M serment
Science-Fiction F science fiction
sechs six
sechzehn seize
sechzig soixante
See[1] M lac
See[2] F mer; **an die See fahren** aller à la mer; **in See stechen** prendre la mer; **auf hoher See** en haute mer
Seebad N station *f* balnéaire; **Seeblick** M: **mit Seeblick** avec vue sur le lac *bzw* sur la mer; **Seegang** M houle *f*; **hoher Seegang** grosse mer *f*; **Seehund** M phoque; **Seeigel** M oursin; **Seeklima** N climat *m* maritime

seekrank: **seekrank sein** avoir le mal de mer
Seele F âme
Seemann M marin
Seemeile F mille *m* marin
Seenot: **in Seenot** en détresse
Seerose F nénuphar *m*
Seestern M étoile *f* de mer
Seeteufel M lotte *f*
Seezunge F sole
Segel N voile *f*; **Segelboot** N bateau *m* à voiles; **Segelfliegen** N vol *m* à voile; **Segelflieger(in)** M(F) pilote *m* de planeur; **Segeljacht** F yacht *m* à voiles
segeln faire de la voile
Segelregatta F régate de voiliers; **Segelschiff** N voilier *m*; **Segelsport** M voile *f*; yachting *m*; **Segeltuch** N toile *f* (à voile)
sehbehindert malvoyant
sehen voir; **sich sehen** *sich treffen* se voir; **sehenswert** qui vaut la peine d'être vu; **Sehenswürdigkeit** F curiosité
Sehne F ANAT tendon *m*
Sehnsucht F désir *m* ardent (**nach** de); *Heimweh* nostalgie (**nach** de)
sehr très; bien, fort; **zu sehr** trop; **sehr gut** très bien; **sehr viel** beaucoup; **sehr gern** avec grand plaisir; **danke sehr!** merci bien!; **bitte sehr!** je vous en prie!; **sehr erfreut!** enchanté!
seicht *Wasser* peu profond
Seide F soie

Seife F savon *m*
Seil N corde *f*; **Seilbahn** F téléphérique *m*; *Standseilbahn* funiculaire *m*; **Seilschaft** F cordée; **Seiltänzer(in)** M(F) funambule *m/f*
sein être; **das ist** c'est; **das kann sein** c'est possible
sein(e) son, sa; *pl* ses
seit depuis; **seit heute** à partir d'aujourd'hui; **seit Kurzem (Langem)** depuis peu (longtemps); **seitdem** depuis
Seite F côté *m*; *im Buch* page; **auf der anderen Seite** de l'autre côté
Seitenairbag M airbag latéral; **Seitenaltar** M autel latéral; **Seitenschiff** N bas-côté *m*; **Seitenstechen** N point *m* de côté; **Seitenstraße** F rue latérale; **Seitenstreifen** M *e-r Straße* accotement; **Seitenwind** M vent latéral
Sekretär(in) M(F) secrétaire *m/f*
Sekt M vin mousseux
Sekunde F seconde
Sekundenzeiger M trotteuse *f*
selbst: **ich selbst** moi-même; **von selbst** tout seul; **etw selbst machen** faire qc soi-même
Selbstauslöser M déclencheur automatique
Selbstbedienung F libre-service *m*; **Selbstbedienungsrestaurant** N self(-service) *m*
Selbstmord M suicide; **Selbstmordanschlag** M attentat suicide; **Selbstmordattentäter** M auteur de l'attentat suicide
selbstständig indépendant

selbstverständlich: **das ist selbstverständlich** cela va de soi; **selbstverständlich!** naturellement!
Sellerie M céleri
selten rare; **Seltenheit** F rareté
seltsam étrange
Semester N semestre *m*; **Semesterferien** PL vacances *fpl* universitaires
Semmel F petit pain *m*; **Semmelbrösel** MPL chapelure *f*
senden *Post* envoyer; *Radio*, TV émettre
Sender M *Radio*, TV émetteur
Sendung F *Post* envoi *m*; *Radio*, TV émission
Senf M moutarde *f*
Senioren PL troisième âge *m*
senken *Kopf, Blick, Steuern* baisser
senkrecht vertical
Senkung F *von Preisen etc* réduction
Sensation F sensation
sensationell sensationnel
sensibel sensible; *Thema, Bereich* délicat
September M septembre
Serbien N la Serbie
Serie F série; feuilleton *m a.* TV
Serpentine F lacet *m*
Serum N sérum *m*
Service M service
servieren servir
Serviette F serviette
Servolenkung F servodirection
Sessel M fauteuil; **Sessellift** M télésiège

setzen mettre; *Glücksspiel* miser (**auf** sur); **sich setzen** s'asseoir; **setz dich!** assieds-toi!
Seuche F épidémie; **Seuchengefahr** F danger *m* d'épidémie
Sex M sexe; **sexuell** sexuel; **sexy** sexy
Shampoo N shampooing *m*
Shorts PL short *m*
Show F show *m*
Shuttle(**bus**) M navette *f*
sich se; soi; **bei sich haben** avoir sur soi
sicher sûr; certain; **sicher!** certainement!
Sicherheit F sûreté; *Gewissheit* certitude; *Gefahrlosigkeit* securité; **zur Sicherheit** pour plus de sûreté; **in Sicherheit bringen** mettre en sûreté *od* à l'abri
Sicherheitsbindung F fixation de sécurité; **Sicherheitsgurt** M ceinture de sécurité; **Sicherheitsnadel** F épingle de sûreté; **Sicherheitsschloss** N serrure *f* de sûreté
sicherlich sûrement
Sicherung F ELEK fusible *m*
Sicht F vue; **gute Sicht** bonne visibilité; **sichtbar** visible
sie elle; *pl* ils, elles; *betont* eux, elles; **ich sehe sie** je la vois; *pl* je les vois
Sie vous; **j-n mit Sie anreden** dire vous à qn
Sieb N crible *m*; GASTR passoire *f*
sieben sept
siebzehn dix-sept
siebzig soixante-dix

Sieg M victoire *f*
siegen vaincre
Sieger(in) M(F) vainqueur *m*; SPORT champion *m*, -onne *f*
Signal N signal *m*
Silber N argent *m*; *Tafelsilber* argenterie *f*; **silbern** d'argent
Silvester N Saint-Sylvestre *f*
SIM-Karte F TEL carte SIM
simsen envoyer un texto
Sinfonie F symphonie; **Sinfonieorchester** N orchestre *m* symphonique
singen chanter
Sinn M sens; **Sinn machen** être logique; **keinen Sinn machen** ne rimer à rien; **das hat keinen Sinn** c'est absurde
sinnlos absurde; insensé
sinnvoll raisonnable; satisfaisant
Sirup M sirop
Sitte F coutume; **Sitten und Gebräuche** us et coutumes
Situation F situation
Sitz M siège; *e-r Firma* siège social
sitzen être assis; *Kleidung* aller bien; **sitzen bleiben** *umg in der Schule* redoubler une classe
Sitzplatz M place *f* assise
Sitzung F *a. fig* séance
Skandal M scandale
Skat M skat
Skateboard N planche *f* à roulettes

Ski M ski; **Ski laufen** faire du ski; **Skianzug** M combinaison *f* de ski; **Skikurs** M cours de ski; **Skilanglauf** M ski de fond; **Skilaufen** N ski *m*; **Skiläufer(in)** M(F) skieur *m*, -euse *f*; **Skilehrer(in)** M(F) moniteur *m*, -trice *f* de ski; **Skilift** M téléski; **Skischule** F école de ski; **Skisport** M ski; **Skispringen** N saut *m* à skis; **Skistiefel** MPL chaussures *fpl* de ski; **Skistock** M bâton de ski; **Skitour** F excursion à skis; **Skiverleih** M location *f* de skis

Skizze F esquisse

Skorpion M scorpion; ASTROL Scorpion

Skulptur F sculpture

Slipeinlage F protège-slip *m*

Slowakei die ~ la Slovaquie

Slowenien N la Slovénie

Smog M smog

SMS F texto *m*

Snackbar F snack-bar *m*

Snowboard N snowboard *m*

so ainsi; **so sehr, so viel** tellement, tant; **so weit sein** être prêt; **so wenig** aussi peu; **so ein Glück!** quelle chance!; **ach so!** ah bon!

Socken FPL chaussettes

Sodbrennen N brûlures *fpl* d'estomac

Sofa N canapé *m*

sofort tout de suite

Softie M *umg* tendre

Software F IT logiciel *m*, software *m*

sogar même

sogenannt soi-disant
Sohle F *Schuhsohle* semelle; *Fußsohle* plante
Sohn M fils
Solarium N solarium *m*
Soldat M soldat
sollen devoir; **soll ich kommen?** est-ce que je dois venir?; **wenn es regnen sollte** s'il venait à pleuvoir
Sommer M été; **im Sommer** en été; **Sommerferien** PL vacances *fpl* d'été; **Sommerfrische** F villégiature; **Sommerkleid** N robe *f* d'été; **sommerlich** estival; **Sommersprossen** FPL taches de rousseur; **Sommerzeit** F heure d'été
Sonderangebot N offre *f* spéciale
Sondermüll M ÖKOL déchets *mpl* dangéreux
sondern mais
Sondertarif M tarif spécial; **Sonderzug** M train spécial
Sonnabend M samedi; **am Sonnabend** samedi
sonnabends le samedi
Sonne F soleil *m*; **die Sonne scheint** il fait du soleil; le soleil brille
sonnen: **sich sonnen** prendre un bain de soleil
Sonnenaufgang M lever du soleil; **Sonnenblende** F AUTO pare-soleil *m*; **Sonnenblume** F tournesol *m*; **Sonnenbrand** M coup de soleil; **Sonnenbrille** F lunettes *fpl* de soleil; **Sonnencreme** F crème solaire; **Sonnenenergie** F énergie solaire; **Sonnenfinsternis** F éclipse de soleil; **Sonnenhut** M chapeau de soleil;

Sonnenöl N huile *f* solaire; **Sonnenschirm** M parasol; **Sonnenschutzcreme** F crème solaire; **Sonnenstich** M MED insolation *f*; **Sonnenuhr** F cadran *m* solaire; **Sonnenuntergang** M coucher du soleil

sonnig ensoleillé

Sonntag M dimanche; **am Sonntag** le dimanche; **an Sonn- und Feiertagen** les dimanches et jours fériés

sonntags le dimanche

sonst autrement; sinon; *gewöhnlich* d'habitude; **sonst noch etwas?** vous désirez autre chose?; ce sera tout?; **sonst nichts** rien d'autre

Sorge F souci *m*; **sich Sorgen machen** se faire du soucis (**wegen, um** pour)

sorgen: **für etw sorgen** s'occuper de qc; **für j-n sorgen** prendre soin de qn; **sich sorgen** s'inquiéter (**um** pour)

Sorgfalt F soin *m*

sorgfältig soigneux

Sorte F sorte; espèce

Soße F sauce

Souvenir N souvenir *m*

soviel, **soweit, sowenig** → so

sowieso en tout cas

sowohl: **sowohl... als auch** aussi bien que

sozial social; **Sozialversicherung** F sécurité sociale

Spaghetti PL spaghetti *mpl*

Spalte F *im Gletscher* crevasse

Spam N pourriel *m*, spam *m*; **Spamfilter** M filtre pourriel
Spanferkel N cochon *m* de lait
Spange F *Haarspange* barrette
Spanien N l'Espagne *f*
Spanier(in) M(F) Espagnol(e) *m(f)*
spanisch espagnol
spannen tendre; *Kleidung* serrer
spannend passionnant
Spannung F *a.* ELEK tension; *in Filmen etc* suspense *m*
Sparbuch N livret *m* de caisse d'épargne
sparen épargner; économiser (**an** sur)
Spargel M asperge *f*
sparsam *Person* économe; *im Verbrauch* économique; **Sparsamkeit** F économie
Spaß M plaisanterie *f*; *Vergnügen* plaisir; **zum Spaß** pour rire; **viel Spaß!** amusez-vous bien!; **Spaß machen** *Vergnügen bereiten* faire plaisir
spät tard; **zu spät kommen** être en retard; **wie spät ist es?** quelle heure est-il?; **später** plus tard; **bis später!** à tout à l'heure!; **spätestens** au plus tard
spazieren: **spazieren gehen** (aller) se promener
Spaziergang M promenade *f*; **e-n Spaziergang machen** faire une promenade
Speck M lard; **Speckkuchen** M quiche *f*
Spediteur M transporteur routier; *Möbelspediteur* déménageur
Speiche F rayon *m*

Speicher M IT mémoire *f*; **speichern** IT sauvegarder
Speicherplatz M IT capacité *f* de mémoire
Speise F *Gericht* mets *m*; plat *m*; **Speisekarte** F menu *m*; carte; **Speiselokal** N restaurant *m*
Speisesaal M salle *f* à manger
Speisewagen M wagon-restaurant
spendieren offrir (**j-m etw** qc à qn)
sperren *Weg* barrer; *Konto* bloquer
Sperrstunde F heure de fermeture
Spesen PL frais *mpl*
Spezialist(in) M(F) spécialiste *m/f*
Spezialität F spécialité
Spiegel M miroir
Spiegelei N œuf *m* sur le plat
Spiegelreflexkamera F reflex *m*
Spiel N jeu *m*; SPORT match *m*; **ein Spiel Karten** un jeu de cartes; **Spielautomat** M machine *f* à sous
spielen jouer *a.* SPORT; *Instrument* jouer de; **Karten spielen** jouer aux cartes; **um etw spielen** jouer qc
Spieler(in) M(F) joueur *m*, -euse *f*
Spielfilm M long métrage; **Spielkasino** N casino *m*; **Spielplatz** M terrain de jeu; **Spielzeug** N *einzelnes* jouet *m*; *allgemein* jouets *mpl*
Spieß M GASTR broche *f*
Spinat M épinards *mpl*
Spinne F araignée
Spinnengewebe N toile *f* d'araignée

Spirituosen PL spiritueux *mpl*
Spiritus M alcool à brûler; **Spirituskocher** M réchaud à alcool
spitz pointu; *Winkel* aigu
Spitze F pointe; *Gipfel* sommet *m*; *Gewebe* dentelle; *umg* **das ist spitze!** super!; **Spitzengeschwindigkeit** F vitesse de pointe
Splitt M gravillon
Splitter M éclat; *in Haut* écharde *f*
spontan spontané
Sport M sport; **Sport treiben** faire du sport; **e-n Sport ausüben** pratiquer un sport; **Sportart** F sport *m*; **Sportgeschäft** N magasin *m* d'articles de sport; **Sporthalle** F salle des sports; **Sporthemd** N chemise *f* sport
Sportler(in) M(F) sportif *m*, -ive *f*
sportlich sportif; *Kleidung* sport
Sportplatz M stade; **Sportverein** M club sportif
Spott M raillerie *f*
spotten se moquer (**über** de)
Sprache F langue; **Sprachenschule** F école de langues (étrangères)
Sprachkurs M cours de langue
Sprachunterricht M enseignement d'une langue *od* des langues
Spray M *od* N spray *m*
sprechen parler; **Französisch sprechen** parler le français; **sprechen Sie Deutsch?** parlez-vous allemand?; **kann ich Frau X sprechen?** pourrais-je

parler à Mme X?; **ich möchte Sie sprechen** je voudrais vous parler
Sprechstunde F heures *fpl* de consultation; **Sprechstundenhilfe** F secrétaire médicale
Sprechzimmer N cabinet *m* de consultation
Sprengstoff M explosif, plastic; **Sprengstoffanschlag** M attentat à l'explosif
Springbrunnen M fontaine *f*
springen sauter; bondir; *beim Schwimmen* plonger; *Glas etc* se fêler
Springer M *Schwimmen* plongeur; *Schach* cavalier
Sprit *umg* M essence *f*
Spritze F *Instrument* seringue; *Einspritzung* piqûre; **j-m e-e Spritze geben** faire une piqûre à qn
Sprudel M eau *f* gazeuse
Sprung M saut; bond; *ins Wasser* plongeon; *fig* **das ist nur ein Sprung bis dorthin** c'est à deux pas d'ici; **Sprungbrett** N plongeoir *m*
Spucke F salive; **spucken** cracher
Spüle F évier *m*; **spülen** *Geschirr* laver; *Wäsche, Gläser, Mund* rincer
Spülmaschine F lave-vaisselle *m*
Spur F trace; *Fußspur* empreinte; *Tonband, Langlauf* piste; *Straße* file; **e-e Spur Salz** une pincée de sel; **keine Spur!** pas du tout!
spürbar sensible
spüren ressentir; sentir
Squash M SPORT squash; **Squash spielen** faire du squash; **Squashhalle** F salle de squash; **Squashschläger** M raquette *f* de squash

Staat M État; **staatlich** de l'État; public
Staatsangehörigkeit F nationalité; **Staatsanwalt** M procureur; **Staatsbürger(in)** M(F) citoyen *m*, -enne *f*
stabil stable
Stachel M BOT, ZOOL épine *f*; piquant; *Insekten* dard; **Stachelbeeren** FPL groseilles à maquereau; **Stacheldraht** M barbelé
Stadion N stade *m*
Stadium N phase *f*
Stadt F ville; **die Stadt Paris** la ville de Paris; **in die Stadt gehen** aller en ville
Städtepartnerschaft F jumelage *m* de villes
städtisch urbain; municipal
Stadtmauer F enceinte; muraille; **Stadtmitte** F centre *m* de la ville; **Stadtplan** M plan de la ville; **Stadtrundfahrt** F tour *m* de ville; **Stadtteil** M quartier; **Stadtzentrum** N centre *m* (de la) ville
Stahl M acier
Stamm M tronc
stammen: **ich stamme aus Berlin** je suis originaire de Berlin
Stammgast M habitué(e) *m(f)*
Stammkunde M, **Stammkundin** F client(e) *m(f)* fidèle
Stand M *der Dinge* état; *Markt* échoppe *f*; *Messe* stand; *Spiel* score
Standesamt N bureau *m* de l'état civil
ständig *Wohnsitz, Mitglied* permanent; *ununter-*

brochen constamment
Standlicht N feux *mpl* de position; **Standpunkt** M point de vue; **Standspur** F bande d'arrêt d'urgence
Stange F barre; perche; *von Zigaretten* cartouche
Stapel M pile *f*; **stapeln** empiler
Star[1] M ZOOL étourneau
Star[2] M *Filmstar* vedette *f*
Star[3] M MED: **grauer Star** cataracte *f*; **grüner Star** glaucome
stark fort (*a. Kaffee, Wind*); *Verkehr, Kälte* intense; *Raucher, Essen* gros; *Person dick* corpulent; *Motor* puissant
Stärke[1] F force
Stärke[2] F *Wäschestärke* amidon *m*
Stärkung F *Imbiss* collation
starr rigide; *Blick* fixe
Start M départ; FLUG décollage; AUTO démarrage; **Startautomatik** F starter *m*; **Startbahn** F piste d'envol
starten partir; FLUG décoller; AUTO démarrer
Starter M AUTO démarreur; **Starthilfekabel** N câble *m* de démarrage
Station F station; *im Krankenhaus* service *m*; **Station machen** faire halte (**in** à)
stattfinden avoir lieu
Statue F statue
Stau M *Verkehr* bouchon; embouteillage
Staub M poussière; **Staub saugen** passer l'aspirateur; **staubig** couvert de poussière; **Staubsau-**

ger M aspirateur
Staudamm M barrage
stauen: *Verkehr* **sich stauen** s'embouteiller
staunen s'étonner (**über** de)
Stausee M lac de retenue
Steak N steak *m*; **Steak mit Pommes frites** bifteck *m* frites
stechen piquer; *Mücke* mordre; *Sonne* être brûlant; **sich in den Finger stechen** se piquer le doigt
Stechmücke F moustique *m*
Steckdose F prise de courant
stecken: **der Schlüssel steckt** la clé est sur la porte; **stecken bleiben** rester bloqué; *im Schlamm* s'enliser
Stecker M fiche *f*
Stecknadel F épingle
Steg M passerelle *f*
stehen *nicht sitzen* être debout; *sich befinden* se trouver; *stillstehen* s'arrêter; *Kleidung* **j-m (gut) stehen** aller (bien) à qn; **stehen bleiben** s'arrêter
Stehkragen M col officier
Stehlampe F lampadaire *m*
stehlen voler
Stehplatz M place *f* debout
Steiermark F: **die Steiermark** la Styrie
steif raide; **steif vor Kälte** engourdi
steigen monter; *klettern* grimper; **ins Auto steigen** monter en voiture; **aus dem Zug steigen** descendre du train; **auf e-n Berg steigen** gravir

une montagne
steigern augmenter
Steigerung F augmentation
Steigung F *e-r Straße* montée
steil raide; escarpé; **Steilhang** M escarpement; **Steilküste** F falaise
Stein M pierre *f*; *kleinerer* caillou; *Brettspiel* pion; **Steinbock** M bouquetin; ASTROL Capricorne; **Steinbutt** M turbot; **Steingut** N faïence *f*; **steinig** pierreux; **Steinpilz** M cèpe; **Steinschlag** M chute *f* de pierres
Stelle F place; *Ort* lieu *m*; *bestimmte* endroit *m*; *Arbeitsstelle* place; poste *m*; *Dienststelle* service *m*
stellen mettre; poser; *Uhr* régler; *Wein etc* **kalt stellen** laisser refroidir; **sich stellen** *irgendwohin* se poster
Stellplatz M *Auto* place *f* de parking
Stellung F position; *beruflich* situation; **Stellungnahme** F prise de position
Stellvertreter(in) M(F) remplaçant(e) *m(f)*
Stempel M cachet *a. Post*
stempeln *Post* oblitérer
sterben mourir (**an** de)
Stereoanlage F chaîne hi-fi
Stern M étoile *f*; **Sternschnuppe** F étoile filante
Steuer[1] N SCHIFF barre *f*; AUTO volant *m*
Steuer[2] F impôt *m*; taxe
Steuermann M pilote
steuern *Auto* conduire; SCHIFF piloter; **Steue-**

rung F AUTO conduite
Steward M steward; **Stewardess** F hôtesse de l'air
Stich M morsure *f*; *Nadel, Insekt* piqûre *f*; *Schmerz* point; **Stichprobe** F contrôle *m* fait au hasard
Stickerei F broderie
stickig étouffant
Stiefbruder M demi-frère
Stiefel M botte *f*
Stiefmutter F belle-mère; **Stiefmütterchen** N BOT pensée *f*; **Stiefschwester** F demi-sœur; **Stiefvater** M beau-père
Stiel M manche; *Pfanne* queue *f*; *Stängel* tige *f*
Stier M taureau; ASTROL Taureau; **Stierkampf** M course *f* de taureaux
Stift M *Bleistift* crayon
Stil M style
still tranquille; calme; *schweigsam* silencieux; **Stille** F tranquillité; calme *m*; *Schweigen* silence *m*
stillen *Hunger, Durst, Schmerz* apaiser; *Blut* arrêter; *Kind* allaiter
Stillleben N nature *f* morte
Stimme F voix
stimmen: **das stimmt** c'est juste
Stimmung F atmosphère; *Laune* humeur; **in Stimmung sein** être de bonne humeur; **in schlechter Stimmung sein** être de mauvaise humeur
stinken puer (**nach etw** qc)
Stirn F front *m*; **Stirnhöhlenentzündung** F

sinusite
Stock M bâton; *Etage* étage; **im ersten Stock** au premier étage; **Stockfisch** M morue sèche *f*; **Stockwerk** N étage *m*
Stoff M tissu; étoffe *f*; *Materie* matière *f*
stolpern trébucher
stolz fier (**auf** de); **Stolz** M fierté *f*
stoppen stopper; *Zeit* chronométrer; **Stoppschild** N panneau *m* stop; **Stoppuhr** F chronomètre *m*
Stöpsel M bouchon
Storch M cigogne *f*
stören déranger; gêner; **störe ich?** je vous dérange?; **lassen Sie sich nicht stören!** ne vous dérangez pas!
stornieren annuler
Stornierung F annulation
Störung F dérangement *m a.* TEL; *Verkehr, Wetter, Radio* perturbation; **technische Störung** incident *m* technique
Stoß M coup; poussée *f*; *Stapel* pile *f*; **Stoßdämpfer** M amortisseur; **stoßen** pousser; *anstoßen* cogner (**gegen, an** contre); **Stoßstange** F pare-chocs *m*; **Stoßzeiten** FPL heures de pointe
Strafe F punition; JUR peine; *Geldstrafe* amende; **strafen** punir
Strafmandat N contravention *f*
Strafzettel M → Strafmandat
Strahl M rayon; *Wasser* jet

Strähne F mèche
Strand M plage *f*; **am Strand** sur la plage; **Strandhotel** N hôtel *m* de la plage; **Strandnähe** F: **in Strandnähe** près de la plage
Strapazen FPL fatigues
Straße F rue; *Landstraße* route; **auf der Straße** dans la rue; sur la route
Straßenarbeiten FPL travaux *mpl*
Straßenbahn F tram *m*; **Straßenbahnhaltestelle** F arrêt *m* du tram
Straßenbenutzungsgebühr F péage *m*; **Straßengraben** M fossé; **Straßenkarte** F carte routière; **Straßenkreuzung** F carrefour *m*; **Straßenverkehrsordnung** F code *m* de la route; **Straßenzustand** M état des routes
Strauß M: **ein Strauß Blumen** un bouquet de fleurs
Strecke F *Route* itinéraire *m*; *Weg* trajet *m*; *Entfernung* distance; BAHN ligne
streichen *Flug etc* annuler; *Salbe* étaler (**auf** sur); *Wand* peindre; **frisch gestrichen!** peinture fraîche
Streichholz N allumette *f*; **Streichholzschachtel** F boîte d'allumettes
Streifen M bande *f*
Streik M grève *f*; **streiken** faire grève
Streit M querelle *f*; *mit Worten* dispute *f*
streiten se quereller; se disputer (**über etw** au sujet de qc)
streng sévère; **streng verboten** strictement interdit

Stress M stress; **im Stress sein** *umg* être stressé
Strich M trait; *Linie* ligne *f*
Strick M corde *f*
stricken tricoter
Strickjacke F gilet *m*
Striptease M strip-tease; **Stripteasetänzer(in)** M(F) strip-teaseur *m*, -euse *f*
Stroh N paille *f*; **Strohhalm** M *zum Trinken* paille *f*; **Strohhut** M chapeau de paille
Strom M fleuve; ELEK courant; **es gießt in Strömen** il pleut à torrents; **Stromanschluss** M branchement électrique; **Stromausfall** M panne *f* de courant
Strömung F courant *m*
Stromzähler M compteur électrique
Strumpf M bas; **Strumpfhose** F collant *m*
Stück N pièce *f a.* THEAT; *Bruchteil* morceau *m a.* MUS; **ein Stück Brot** un morceau de pain
Student(in) M(F) étudiant(e) *m(f)*
Studentenausweis M carte *f* d'étudiant; **Studentenheim** N foyer *m* d'étudiants
Studienreise F voyage *m* d'études
studieren étudier
Studium N études *fpl*
Stufe F *Treppe* marche; **Vorsicht, Stufe!** attention à la marche!
Stuhl M chaise *f*; MED fèces *fpl*
stumm muet
stumpf *Messer* émoussé
Stunde F heure; *Unterrichtsstunde* leçon; **e-e hal-**

be Stunde une demi-heure; **anderthalb Stunden** une heure et demie; **vor e-r Stunde** il y a une heure; **alle zwei Stunden** toutes les deux heures
Stundengeschwindigkeit F vitesse horaire; **Stundenkilometer** MPL kilomètres-heure; **Stundenplan** M horaire; **Stundenzeiger** M petite aiguille *f*
stündlich toutes les heures
Sturm M tempête *f*
stürmisch *See* orageux; *Begrüßung* enthousiaste; *Beifall* frénétique
Sturmwarnung F avis *m* de tempête
Sturz M chute *f*
stürzen tomber; *rennen* se précipiter
Sturzhelm M casque
Stütze F appui *m*; soutien *m a. fig*
stützen *a. fig* soutenir; **sich auf j-s Arm stützen** s'appuyer sur le bras de qn
subtropisch subtropical
Suche F recherche; **auf der Suche nach etw sein** être à la recherche de qc
suchen chercher (**nach j-m** qn)
Sucher M FOTO viseur
Sucht F manie; *Drogensucht* toxicomanie
süchtig *drogensüchtig* toxicomane
Südafrika N l'Afrique *f* du Sud; **Südamerika** N l'Amérique *f* du Sud
Süden M sud; **im Süden von** au sud de; **im Süden Frankreichs** dans le Midi; **nach Süden** vers le sud; **von Süden** du sud

Südfrankreich N Midi *m*; **südfranzösisch** du Midi; méridional; **Südkorea** N la Corée du Sud
südlich méridional; **südlich von** au sud de
Summe F somme
Sumpf M marais
super *umg* super
Super(benzin) N super *m*
Supermarkt M supermarché; *großer* hypermarché
Suppe F potage *m*; soupe
Suppenfleisch N pot-au-feu *m*; **Suppenkelle** F louche; **Suppenteller** M assiette *f* à soupe
Surfbrett M planche *f* à voile
surfen faire de la planche à voile; **im Internet surfen** naviguer dans l'internet
Surfen N surf *m*
Surfer(in) M(F) véliplanchiste *m/f*
süß doux; *gezuckert* sucré; *hübsch* mignon; **Süßigkeiten** FPL sucreries; **süßsauer** aigre-doux; **Süßspeise** F entremets *m*; **Süßstoff** M saccharine *f*
Swimmingpool M piscine *f*
Symbol N symbole *m*
Synagoge F synagogue
synchronisiert *Film* doublé
Syrien N la Syrie
System N système *m*
systematisch systématique
Szene F scène; *fig* **j-m e-e Szene machen** faire une scène à qn

T

Tabak M tabac; **Tabakladen** M bureau de tabac; **Tabakwaren** FPL tabacs *mpl*
Tablett N plateau *m*
Tablette F comprimé *m*
tabu tabou
Tabu N tabou *m*
Tacho(meter) M compteur
tadellos impeccable
Tafel F *Schild* panneau *m*; *Schule* tableau *m* (noir); **e-e Tafel Schokolade** une tablette de chocolat; **Tafelwein** M vin de table
Tag M jour; journée *f*; **guten Tag!** bonjour!; **jeden Tag** chaque jour; tous les jours; **am Tag darauf** le lendemain; **am Tag vorher** la veille; **in acht Tagen** dans huit jours; **vor acht Tagen** il y a huit jours
Tagebuch N journal *m* (intime)
tagelang des journées entières
Tagesausflug M excursion *f* d'une journée; **Tagescreme** F crème de jour; **Tagesgericht** N plat *m* du jour; **Tageskarte** F carte valable pour la journée; *im Restaurant* menu *m* du jour; **Tageslicht** N jour *m*; **Tagesschau** F TV journal *m* télévisé; **Tageszeit** F heure du jour; **Tages-**

zeitung F quotidien *m*
täglich quotidien; **dreimal täglich** trois fois par jour; **ich sehe ihn täglich** je le vois chaque jour
tagsüber pendant la journée
Taille F taille
Taillenweite F tour *m* de taille
Tal N vallée *f*
Talent N talent *m*
Tampon M tampon
Tank M AUTO réservoir
Tankanzeige F jauge d'essence
tanken prendre de l'essence
Tankstelle F station-service
Tankwagen M camion-citerne
Tankwart M pompiste
Tanne F sapin *m*
Tansania N la Tanzanie
Tante F tante
Tanz M danse *f*; **tanzen** danser; **Tanzlokal** N dancing *m*
tapfer brave
Tarif M tarif
Tasche F *in Kleidung* poche; *Einkaufstasche, Handtasche* sac *m*; *Schultasche* cartable *m*; *Aktentasche* serviette
Taschenbuch N livre *m* de poche; **Taschendieb** M voleur à la tire; **Taschengeld** N argent *m* de poche; **Taschenlampe** F lampe de poche; **Taschenmesser** N canif *m*; **Taschenrechner** M calculatrice *f*; **Taschentuch** N

mouchoir *m*
Tasse F tasse; **e-e Tasse Kaffee** une tasse de café
Tastatur F IT clavier *m*
Taste F touche
Tat F action
Tatar(beefsteak) N bifteck *m* haché
Täter(in) M(F) auteur *m* (d'un crime); coupable *m/f*
Tätigkeit F activité
Tatsache F fait *m*
tatsächlich vraiment
Tau[1] M rosée *f*
Tau[2] N cordage *m*
taub sourd
Taube F pigeon *m*
tauchen plonger
Taucher M plongeur; **Taucheranzug** M scaphandre; **Taucherausrüstung** F équipement *m* de plongée; **Taucherbrille** F lunettes *fpl* de plongée
Tauchsieder M thermoplongeur
tauen: **es taut** il dégèle
Taufbecken N fonts *mpl* baptismaux
Taufkapelle F baptistère *m*
taugen être bon (**zu** à)
Tausch M échange; **tauschen** échanger (**gegen** contre); *Geld* changer
täuschen: **sich täuschen** se tromper
tausend mille
Tauwetter N dégel *m*
Taxameter M taximètre *m*

Taxi N taxi *m*; **Taxifahrer** M chauffeur de taxi; **Taxistand** M station *f* de taxis
Technik F technique
technisch technique
Tee M thé; *Kräutertee* tisane *f*; infusion *f*; **Teebeutel** M sachet de thé; **Teekanne** F théière; **Teelöffel** M petite cuillère *f*; **Teesieb** N passoire *f* (à thé)
Teich M étang; *Fischteich* vivier
Teig M pâte *f*
Teigwaren FPL pâtes alimentaires
Teil M *od* N partie *f*; *Anteil* part *f*; **zum Teil** en partie; **Teilbetrag** M montant partiel
teilen diviser (**in** en); *aufteilen* partager (**mit j-m** avec qn)
Teilkaskoversicherung F *assurance automobile couvrant plusieurs dégâts*
teilnehmen participer; prendre part (**an** à); **Teilnehmer(in)** M(F) participant(e) *m(f)*
Teilzeit F temps *m* partiel: **Teilzeit arbeiten** travailler à temps partiel; **Teilzeitjob** M temps partiel; **Teilzeitkraft** F main d'œuvre à temps partiel
Telefon N téléphone *m*; **Sie werden am Telefon verlangt** on vous demande au téléphone
Telefonanruf M appel téléphonique; coup de téléphone; **Telefonbuch** N annuaire *m* (du téléphone); bottin *m*; **Telefongebühr** F tarif *m* des communications téléphoniques; **Telefongespräch** N communication *f* téléphonique

telefonieren téléphoner (**mit j-m** à qn)
Telefonkarte F télécarte; **Telefonnummer** F numéro *m* de téléphone; **Telefonzelle** F cabine téléphonique
telegrafieren télégraphier
Telegramm N télégramme *m*
Teleobjektiv N téléobjectif *m*
Telex N télex *m*
Teller M assiette *f*; **flacher (tiefer) Teller** assiette plate (creuse)
Temperament N tempérament *m*
Temperatur F température; *Fieber* **Temperatur haben** faire de la température
temperiert *Rotwein* chambré
Tempo N *Geschwindigkeit* allure *f*; **Tempolimit** N limitation *f* de vitesse
Tennis N tennis *m*; **Tennis spielen** faire du tennis; **Tennisplatz** M court de tennis; **Tennisschläger** M raquette *f*; **Tennisspieler(in)** M(F) joueur *m*, -euse *f* de tennis
Teppich M tapis
Teppichboden M moquette *f*
Termin M date *f*; *beim Arzt etc* rendez-vous; **e-n Termin vereinbaren** prendre rendez-vous
Terrakotta F terre cuite
Terrasse F terrasse
Terroranschlag M attentat terroriste
Terrorist(in) M(F) terroriste *m/f*
Tesafilm® M *etwa:* scotch®
Tetanusschutzimpfung F vaccination antité-

tanique
teuer cher; **wie teuer ist das?** ça coûte combien?; **teuer sein** coûter cher
Teufel M diable
Text M texte; *Lied* paroles *fpl*
Textilien PL textiles *mpl*
Thailand N la Thaïlande
Theater N théâtre *m*; **ins Theater gehen** aller au théâtre; **Theaterkasse** F caisse (du théâtre)
Theke F bar *m*; comptoir *m*
Thema N sujet *m*
Thermalbad N *Ort* station *f* thermale
Thermometer N thermomètre *m*
Thermosflasche® F thermos
Thunfisch M thon
Thüringen N la Thuringe
Ticket N ticket *m*; **elektronisches Ticket** billet électronique
tief profond; *Ton* grave
Tief N dépression *f*; **Tiefdruckgebiet** N zone *f* de basse pression
Tiefgarage F parking *m* souterrain
tiefgefroren surgelé
Tiefkühlfach N freezer *m*; **Tiefkühlkost** F produits *mpl* surgelés; **Tiefkühltruhe** F congélateur *m*
Tier N animal *m*; bête *f*; **Tierarzt** M vétérinaire; **Tiergarten** M, **Tierpark** M jardin zoologique
Tintenfisch M seiche *f*; GASTR calmar
Tipp M *umg Hinweis* tuyau

tippen *auf der Maschine* taper à la machine
Tirol N le Tyrol
Tisch M table *f*; **Tischdecke** F nappe; **Tischtennis** N ping-pong *m*; **Tischwein** M vin de table
Titel M titre
Toast M toast; **Toastbrot** N pain *m* de mie; **Toaster** M grille-pain *m*
Tochter F fille
Tod M mort *f*
Todesstrafe F peine capitale, de mort
tödlich: **tödlich verunglückt** tué dans un accident; **tödliche Langeweile** ennui *m* mortel
Toilette F *WC* toilettes *fpl*; cabinets *mpl*; *Damenkleidung* toilette
Toilettenpapier N papier *m* hygiénique
tolerant tolérant
Tollwut F rage
tollwütig enragé
Tomate F tomate; **Tomatenmark** N concentré *m* de tomates; **Tomatensaft** M jus de tomate; **Tomatensalat** M salade *f* de tomates; **Tomatensauce** F sauce tomate
Ton[1] M ton; *Klang* son
Ton[2] M *Töpferton* (terre *f*) glaise *f*; **gebrannter Ton** terre *f* cuite
Tonband N bande *f* magnétique; **Tonbandgerät** N magnétophone *m*
tönen *Haare* teindre
Topf M pot; *Kochtopf* marmite *f*

Töpfer M potier; **Töpferwaren** FPL poterie *f*
Tor N porte *f*; *großes* portail *m*; SPORT but *m*; **ein Tor schießen** marquer un but
Torte F gâteau *m* (à la crème); *Obsttorte* tarte
Torwart M gardien (de but)
tot mort
total total
Tote(r) M/F(M) mort(e) *m(f)*
töten tuer
Toto N *Fußballtoto* loto *m* sportif
Tour F randonnée; excursion; **Tourenzähler** M compte-tours
Tourismus M tourisme
Tourist(in) M(F) touriste *m/f*
Touristenklasse F classe touriste; **Touristenmenü** N menu *m* touristique
Tracht F costume *m*
Tradition F tradition
Trafo M transfo
träge *lustlos* indolent; *faul* paresseux
tragen porter
Tragetasche F sac *m* (en plastique)
Tragflächenboot N, **Tragflügelboot** N hydrofoil *m*
tragisch tragique
Tragödie F tragédie
Training N entraînement
Trainingsanzug M survêtement *m*
Traktor M tracteur
trampen faire de l'auto-stop

Tramper M auto-stoppeur
Träne F larme
Transfer M transfert
Transit M transit
Transport M transport
transportieren transporter
Transportmittel N moyen *m* de transport
Trauben FPL *Weintrauben* raisins *mpl*; **Traubensaft** M jus de raisin; **Traubenzucker** M glucose
trauen: **j-m trauen** avoir confiance en qn; **sich trauen, etw zu tun** oser faire qc
Traum M rêve
träumen rêver (**von etw** de qc)
traurig triste
Trauring M alliance *f*
Travellerscheck M traveller's chèque
treffen *j-n* rencontrer; **sich treffen** se rencontrer; **Treffen** N rencontre *f*
Treffpunkt M rendez-vous
treiben *Sport* faire; *Boot* flotter
Trekking N trekking *m*; **Trekkingrad** N VTC *m*
trennen séparer
Trennung F séparation
Treppe F escalier *m*; **auf der Treppe** dans l'escalier
Tretboot N pédalo *m*
treten marcher (**auf etw** sur qc); **treten Sie näher!** approchez!; **j-n treten** *e-n Tritt versetzen* donner un coup de pied à qn; **auf die Bremse treten**

appuyer sur le frein; **ins Zimmer treten** entrer dans la pièce
treu fidèle
Tribüne F tribune
Trikot N maillot *m*
trinkbar buvable; *Wasser* potable
trinken boire
Trinkgeld N pourboire *m*
Trinkhalm M paille *f*
Trinkwasser N eau *f* potable
trocken sec *a. Wein*
trocknen sécher
trödeln traîner (**bei der Arbeit** dans son travail)
Trödler(in) M(F) brocanteur *m*, -euse *f*
Trolley M valise *f* trolley
Tropen PL tropiques *mpl*
tropfen *Hahn* goutter; **Tropfen** M goutte *f*
Tropfsteinhöhle F grotte de stalactites et de stalagmites
tropisch tropical
trösten consoler
trostlos *Gegend etc* désolant; triste
Trottel M crétin, idiot
trotz malgré; **trotzdem** quand même
trübe *Wetter* gris
Trubel M animation *f*
Trüffel F truffe
Trumpf M atout
Trunkenheit F ivresse; **Trunkenheit am Steuer** conduite *f* en état d'ivresse

Truthahn M dindon
Tschechien N la République tchèque
tschüs(s) *umg* **tschüs!** salut!
T-Shirt N T-shirt *m*, tee-shirt *m*
Tube F tube *m*
Tuch N drap *m*; *Kopftuch, Halstuch* foulard *m*; *Staubtuch* chiffon *m*
Tulpe F tulipe
tun faire
Tunesien N la Tunisie
Tunnel M tunnel
Tür F porte; *Wagentür* portière
Türkei: **die Türkei** la Turquie
Türkis M turquoise *f*
Turm M tour *f*; *Glockenturm* clocher; *Festungsturm* donjon; **Turmuhr** F horloge
turnen faire de la gymnastique
Tüte F sac *m*
Typ M type; *umg Kerl* mec
Typhus M typhoïde *f*
typisch typique
Tyrann M tyran

U

U-Bahn F métro *m*; **U-Bahn-Station** F station de métro
übel mal; sale; **mir ist übel** je me sens mal; **nicht übel!** pas mal!
Übel N mal *m*; **das kleinere Übel** le moindre mal
Übelkeit F haut-le-cœur *m*
üben (s')exercer; s'entraîner
über *oberhalb* sur; au-dessus de; *während* pendant; *mehr als* plus de; **über Paris fahren** passer par Paris; **über die Straße gehen** traverser la rue; **über Nacht** pendant la nuit; **die ganze Nacht über** toute la nuit; **ein Scheck über tausend Euro** un chèque de mille euros; **über hundert Euro kosten** coûter plus de cent euros
überall partout
überarbeiten: **sich überarbeiten** se surmener
überbacken gratiné
überbelichtet FOTO surexposé
überdenken réfléchir à *od* sur
überempfindlich hypersensible
überfahren *Person* écraser; *Ampel* griller
Überfahrt F traversée; passage *m*
Überfall M *Raubüberfall* hold-up; **überfallen** agresser

Überfluss M abondance *f* (**an** de)
überflüssig superflu
übergeben *Brief etc* remettre; **sich übergeben** vomir
Übergepäck N excédent *m* de bagages
Übergewicht N excédent *m* de poids
überglücklich: **überglücklich sein** être comblé
Übergröße F taille exceptionnelle
überhaupt *schließlich* après tout; **überhaupt nicht** pas du tout; **überhaupt nichts** rien du tout; **wenn überhaupt** si jamais
überhöht *Preis* excessif
überholen dépasser; doubler; TECH réviser; **Überholen verboten** défense de doubler; **Überholverbot** N interdiction *f* de doubler
Überlandbus M (auto)car
überlassen céder; **das überlasse ich Ihnen** je m'en remets à vous
überlaufen *Ort* inondé de touristes
überleben survivre (**etw, j-n** à qc, à qn)
überlegen[1] réfléchir à *od* sur; **es sich anders überlegen** changer d'avis
überlegen[2]: **j-m überlegen sein** être supérieur à qn; **Überlegenheit** F supériorité
übermorgen après-demain
übernachten passer la nuit
Übernachtung F nuit; *im Hotel* nuitée; **Übernachtung mit Frühstück** chambre *f* et petit déjeuner *m*
übernehmen *Aufgabe* se charger de; *Kosten*

prendre en charge
überprüfen vérifier; TECH réviser
Überprüfung F vérification; TECH révision
überqueren traverser
überraschen surprendre
überrascht surpris
Überraschung F surprise
überreden persuader
Überreste MPL restes; *Trümmer* débris
Überschallflugzeug N avion *m* supersonique
überschlagen: **sich überschlagen** culbuter; AUTO capoter
Überschrift F titre *m*
Überschwemmung F inondation
Übersee: **aus** *od* **in Übersee** d'outre-mer; **nach Übersee gehen** partir outre-mer
übersehen *überblicken* embrasser du regard; *nicht sehen* ne pas voir; **das habe ich übersehen** cela m'a échappé
übersetzen *mit Fähre* passer sur l'autre rive; *Text* traduire
Übersetzer(in) M(F) traducteur *m*, -trice *f*
Übersetzung F traduction; *Schule: in die Muttersprache* version; *in e-e Fremdsprache* thème *m*
Überstunden FPL heures supplémentaires
übertragen[1] *Krankheit* transmettre; TV **live übertragen** retransmettre en direct
übertragen[2]: **übertragene Bedeutung** sens *m* figuré
Übertragung F *Radio*, TV, *Krankheit* transmission

übertreiben exagérer
Übertreibung F exagération
überweisen *Geld* virer; **auf j-s Konto überweisen** virer au compte de qn
Überweisung F *Geld* virement *m*
überwinden vaincre; surmonter
überzeugen convaincre (**j-n von etw** qn de qc)
überziehen *Mantel* mettre; *Konto* mettre à découvert
üblich usuel; habituel; **das ist so üblich** c'est l'usage; **wie üblich** comme d'habitude
übrig: **übrig sein, bleiben** rester; **ich habe noch hundert Euro übrig** il me reste cent euros; **ich habe noch Brot übrig** il me reste encore du pain; **alles Übrige** tout le reste
übrigens d'ailleurs
Übung F exercice *m*
Ufer N bord *m*; *Meer a.* rivage *m*
Uferstraße F quai *m*
Uhr F montre; *öffentliche* horloge; **wie viel Uhr ist es?** quelle heure est-il?; **es ist halb vier (Uhr)** il est trois heures et demie; **um wie viel Uhr?** à quelle heure?; **um zwölf Uhr mittags (nachts)** à midi (minuit)
Uhrenarmband N bracelet *m*; **Uhrmacher** M horloger; **Uhrzeiger** M aiguille *f*; **Uhrzeit** F heure; **die genaue Uhrzeit** l'heure exacte
Ukraine: **die Ukraine** l'Ukraine
UKW F. M. (= fréquence *f* modulée)
um *räumlich* autour de; *zeitlich* aux environs de;

Uhrzeit à; *etwa* environ; vers; **um zu** pour; **um die Mittagszeit (herum)** vers midi; **um drei (Uhr)** à trois heures; **sich um 10 Euro verrechnen** se tromper de dix euros; **um jeden Preis** à tout prix
umarmen prendre dans ses bras
Umarmung F étreinte
Umbau M transformation *f*
umbringen tuer
umbuchen modifier la réservation de
umdisponieren modifier ses projets
umdrehen retourner; **sich umdrehen** se retourner
Umdrehung F *Motor* tour *m*
umfallen tomber (par terre); se renverser; *ohnmächtig werden* s'évanouir
Umfrage F enquête
Umgangssprache F langage *m* familier; **umgangssprachlich** familier
Umgebung F *Person* entourage *m*; *Ort* environs *mpl*; *Milieu* ambiance
umgehen: **mit j-m umgehen** traiter qn; **mit etw umgehen** manier qc
Umgehungsstraße F rocade
Umhängetasche F sac *m* à bandoulière
umkehren faire demi-tour
Umkleideraum M vestiaire
umkommen être tué (**bei e-m Verkehrsunfall** dans un accident); *umg fig* **vor Langeweile umkommen** crever d'ennui
Umlaufbahn F orbite

Umleitung F déviation
umquartieren loger ailleurs
umrechnen convertir (**in** en)
Umrechnungskurs M taux de change
Umrisse MPL contours
umrühren remuer
Umsatz M chiffre d'affaires
Umschlag M *Briefumschlag* enveloppe *f*; *Buchumschlag* jaquette *f*; MED compresse *f*
umsonst *kostenlos* gratuitement; *erfolglos* en vain
Umstand M circonstance *f*; **unter diesen Umständen** étant donné les circonstances; **die näheren Umstände** les détails
umsteigen changer (de train *etc*)
umstritten contesté
Umtausch M *Geld* change; **umtauschen** *Geld* changer; *Ware* changer (**gegen** contre)
Umweg détour; **e-n Umweg machen** faire un détour
Umwelt F environnement *m*; **Umweltbelastung** F nuisance; **umweltfreundlich** *Auto, Verpackung* non polluant; **umweltschädlich** polluant; **Umweltschutz** M protection *f* de l'environnement; **Umweltschützer(in)** M(F) écologiste *m/f*; **Umweltverschmutzer** M pollueur; **Umweltverschmutzung** F pollution (de l'environnement)
umziehen déménager; **sich umziehen** se changer
Umzug M *Wohnungswechsel* déménagement; *Fest-*

zug cortège
unabhängig indépendant
Unabhängigkeit F indépendance
unabsichtlich involontaire; sans le vouloir
unangenehm désagréable
unanständig indécent
unappetitlich peu appétissant
unaufmerksam inattentif
unbedeutend insignifiant
unbedingt absolument
unbegabt peu doué
unbeholfen maladroit
unbekannt inconnu
unbeliebt impopulaire
unbequem inconfortable
unbeschrankt: **unbeschrankter Bahnübergang** passage *m* à niveau non gardé
unbeschränkt illimité
unbesorgt: **seien Sie unbesorgt!** soyez tranquille!
unbeständig *Wetter* instable
unbewacht non gardé
unbewohnt inhabité; *Haus* vide; *Gegend* déserte
unbewusst inconscient
und et
undeutlich indistinct; vague
undicht: **der Wasserhahn ist undicht** le robinet fuit
unecht faux
unehelich illégitime

unendlich infini *a.* FOTO
unentschieden SPORT match nul; **unentschieden spielen** faire match nul
unerwartet inattendu; *plötzlich* à l'improviste
unfair déloyal; *umg fig* **das ist unfair!** c'est injuste!
Unfall M accident; **Unfallflucht** F délit *m* de fuite; **Unfallprotokoll** N constat *m* d'accident; **Unfallstation** F service *m* des urgences; **Unfallversicherung** F assurance contre les accidents
unfreundlich peu aimable; rébarbatif
Ungarn N l'Hongrie *f*
ungefähr à peu près; environ
ungefährlich inoffensif; sans danger
ungeheuer immense; énorme
Ungeheuer N monstre *m*
ungenießbar immangeable; *Getränk* imbuvable
ungerecht injuste
ungeschickt maladroit
ungesetzlich illégal
ungesund malsain
ungewöhnlich insolite; *seltsam* étrange
Ungeziefer N vermine *f*
unglaublich incroyable
Unglück N malheur *m*; *Unfall* accident *m*; **unglücklich** malheureux
ungültig non valable; nul; *Pass* expiré
ungünstig défavorable
unheimlich sinistre; *umg sehr* vachement

unhygienisch peu hygiénique
Union F: **die Europäische Union** l'Union européenne
Universität F université
Unkosten PL frais *mpl*
unleserlich illisible
unmenschlich inhumain
unmittelbar immédiat; **unmittelbar bevorstehend** imminent
unmodern démodé
unmöglich impossible
unnötig inutile; superflu
unpersönlich impersonnel
unpünktlich inexact; *verspätet* en retard
Unrecht N tort *m*; **unrecht haben, im Unrecht sein** avoir tort
unregelmäßig irrégulier
Unruhe F inquiétude; *Trubel* agitation
unruhig inquiet; *Meer, Leben* agité
uns nous
unsauber malpropre
unscharf FOTO flou
Unschuld F innocence; **unschuldig** innocent
unser(e) notre; *pl* nos
unsere(r) le, la nôtre
unsicher *ungewiß* incertain; *Stimme, Gang* hésitant; **unsicher werden** se troubler; **Unsicherheit** F incertitude
Unsinn M bêtises *fpl*
unsportlich peu sportif

unsympathisch antipathique
unten en-bas; **da unten** là-bas; **nach unten** en bas; **von unten** d'en bas; **siehe unten** voir ci-dessous
unter sous; *zwischen* parmi; **unter hundert Euro** moins de cent euros; **unter anderem** entre autres
unterbelichtet FOTO sous-exposé
Unterbewusstsein N subconscient *m*
unterbrechen interrompre
Unterbrechung F interruption
unterbringen *Gast* loger
untere inférieur; bas, basse; *unten gelegen* d'en-bas
Unterführung F (passage *m*) souterrain
Untergang M *der Sonne* coucher; SCHIFF naufrage; **untergehen** *Sonne* se coucher; SCHIFF couler
Untergeschoss N sous-sol *m*
Untergrundbahn F métro *m*
unterhalb au-dessous de
unterhalten *Familie, Gebäude* entretenir; *belustigen* divertir; amuser; **sich unterhalten** s'entretenir
unterhaltsam divertissant
Unterhaltung F entretien *m*; *Vergnügen* divertissement *m*
Unterhemd N maillot *m* de corps
Unterhose F *Herrenunterhose* caleçon *m*; *Damenunterhose* culotte *f*; slip *m*
Unterkiefer M mâchoire *f* inférieure

unterkommen trouver à se loger
Unterkunft F gîte *m*; **Unterkunft und Verpflegung** le gîte et le couvert
Unterleib M bas-ventre; abdomen
unterliegen *besiegt werden* être vaincu (**j-m** par qn)
unternehmen entrependre; **Unternehmen** N entreprise *f*; **Unternehmer(in)** M(F) entrepreneur *m*, -euse *f*
Unterricht M enseignement; *Unterrichtsstunde* cours; **unterrichten** enseigner; **j-n von etw unterrichten** renseigner qn de qc
Unterrock M jupon
unterschätzen sous-estimer
unterscheiden distinguer (**von** de; **zwischen** entre)
Unterschied M différence *f*
unterschreiben signer
Unterschrift F signature
Untersetzer M *für Teller* dessous-de-plat; *für Gläser* dessous-de-verre
unterstellen *Auto* garer; **sich unterstellen** se mettre à l'abri
unterstreichen souligner
Unterstufe F *Schule* premier cycle *m*
unterstützen aider; assister; soutenir
untersuchen examiner; *Blut etc* analyser; **Untersuchung** F examen *m a.* MED; *Blut etc* analyse
Untertasse F soucoupe

Unterwäsche F sous-vêtements *mpl*
Unterwassersport M sports *mpl* sous-marins
unterwegs en route
untreu infidèle
unverbleit sans plomb
unverheiratet célibataire
unverschämt insolent
unwahr faux
unwahrscheinlich invraisemblable; *umg* vachement
Unwetter N tempête *f*
unwichtig sans importance
Unwissenheit F ignorance
unwohl: **ich fühle mich unwohl** je ne me sens pas bien
Urin M urine *f*
Urlaub M vacances *fpl*; congé(s) *mpl*; **in Frankreich Urlaub machen** passer les vacances en France; **e-n Tag Urlaub nehmen** prendre un jour de congé
Urlauber(in) M(F) vacancier *m*, -ière *f*
Urlaubsort M lieu de vacances; **Urlaubsreise** F voyage *m* de vacances; **Urlaubszeit** F vacances *fpl*
Urologe M urologue
Ursache F cause; *Grund* raison
Ursprung M origine *f*
Urteil N jugement *m*
Urwald M forêt *f* vierge
USA PL: **die USA** les États-Unis

USB-Anschluss M port USB; **USB-Kabel** N câble *m* USB; **USB-Stick** M clé *f* USB
User M IT utilisateur
UV-Strahlen MPL rayons ultraviolets

V

Vanille F vanille; **Vanilleeis** N glace *f* à la vanille; **Vanillezucker** M sucre vanillé
Variété N music-hall *m*
Vase F vase *m*
Vater M père
V-Ausschnitt M décolleté en V
vegan végan, végétalien; **Veganer(in)** M(F) végétalien *m*, -ienne *f*
Vegetarier(in) M(F) végétarien *m*, -ienne *f*
vegetarisch végétarien
Vegetation F végétation
Veilchen N violette *f*
Vene F veine; **Venenentzündung** F phlébite
Ventil N soupape *f*; *am Luftschlauch* valve *f*
Ventilator M ventilateur
verabreden *vereinbaren* convenir (**etw** de qc); **sich verabreden** fixer un rendez-vous; **sich mit j-m verabreden** prendre (un) rendez-vous avec qn
Verabredung F rendez-vous *m*

verabschieden *Gäste* dire au revoir à; **sich verabschieden** prendre congé (**von** de)
verachten mépriser
veränderlich *Wetter* variable
verändern changer; **sich verändern** changer
Veränderung F changement *m*
veranstalten organiser
Veranstaltung F manifestation
verantwortlich responsable (**für** de)
Verantwortung F responsabilité
verarzten soigner
Verband M MED pansement
Verbandskasten M boîte *f* à pharmacie; **Verbandszeug** N trousse *f* de pansement
verbessern améliorer; *berichtigen* corriger; **sich verbessern** s'améliorer
Verbesserung F amélioration; correction
verbieten défendre; interdire (**j-m etw zu tun** à qn de faire qc)
verbinden lier (**mit** avec *od* à); *Wunde* panser; TEL passer (**mit** qn)
Verbindung F TEL, *Verkehrsverbindung* communication; **sich in Verbindung setzen** prendre contact (**mit** avec)
verborgen caché; *geheim* secret
Verbot N interdiction *f*; défense *f*; **verboten**: **Rauchen verboten** défense de fumer; **Verbotsschild** N signal *m* d'interdiction
Verbrauch M consommation *f* (**an** de); **verbrauchen** consommer; *Geld* dépenser

Verbraucher(in) M(F) consommateur *m*, -trice *f*
Verbrauchermarkt M hypermarché; **Verbraucherschutz** M défense *f* du consommateur
Verbrechen N crime *m*
verbreiten répandre
verbrennen brûler
Verbrennung F MED brûlure
verbringen *Zeit* passer
Verdacht M soupçon
verdächtig suspect; **sich verdächtig machen** se rendre suspect; **verdächtigen** soupçonner (**j-n e-r Sache** qn de qc)
verdammt maudit; *umg* sacré; *umg* **verdammt noch mal!** zut alors!
Verdauung F digestion; **Verdauungsstörungen** FPL troubles *mpl* digestifs
Verdeck N AUTO capote *f*
verderben *Lebensmittel* s'abîmer; **sich den Magen verderben** se déranger l'estomac
verderblich *Lebensmittel* périssable
verdienen *Geld* gagner; *Lob, Tadel* mériter
Verdienst[1] M gain
Verdienst[2] N mérite *m*
verdorben *Lebensmittel* gâté; abîmé; *fig sittlich* dépravé
verdursten mourir de soif
Verein M association *f*; *kleinerer* club *m*
Vereinigte Staaten MPL les États-Unis
vereist *Straße* verglacé

vereitert purulent
verfahren: **sich verfahren** s'égarer
Verfallsdatum N date *f* de péremption
Verfassung F *körperliche* condition; POL constitution
verfault pourri
verflixt → verdammt
verfluchen maudire
verfolgen poursuivre; *grausam* persécuter
verführen séduire
vergangen passé; **vergangenes Jahr** l'année dernière; **Vergangenheit** F passé *m*
Vergaser M carburateur
vergeben *verzeihen* pardonner
vergeblich inutile; en vain
vergehen passer; **vor Angst (Durst) vergehen** mourir de peur (soif)
vergessen oublier
vergesslich étourdi
vergewaltigen violer
Vergewaltigung F viol *m*
Vergiftung F MED intoxication
Vergleich M comparaison *f*
vergleichen comparer (**mit** à, avec)
vergnügen: **sich vergnügen** s'amuser
Vergnügen N plaisir *m*; **mit Vergnügen!** avec plaisir!; **viel Vergnügen!** amusez-vous bien!
vergnügt joyeux; gai
Vergnügungspark M parc d'attractions
vergoldet doré

Vergrößerung F agrandissement *m*
verhaften arrêter
Verhaftung F arrestation
verhalten: **sich verhalten** se conduire; **sich ruhig verhalten** garder son calme
Verhalten N comportement *m*
Verhältnis N relation *f*; *persönliches* rapports *mpl* (**zu** avec); **Verhältnisse** conditions *fpl*; situation *f*
verhältnismäßig relativement
verhandeln négocier (**über etw** qc)
Verhandlung F négociation; JUR audience
verheiratet marié
verhungern mourir de faim
verhüten *Unglück* prévenir
Verhütung F *Vorbeugen* prévention; *Empfängnis* contraception
Verhütungsmittel N contraceptif *m*
verirren: **sich verirren** s'égarer; se perdre
Verkauf M vente *f*
verkaufen vendre; **zu verkaufen** à vendre
Verkäufer(in) M(F) vendeur *m*, -euse *f*
Verkehr M circulation *f*; *Geschlechtsverkehr* rapports *mpl* sexuels
verkehren *Bus etc* circuler; **mit j-m verkehren** être en relations avec qn; *sexuell* avoir des rapports sexuels avec qn
Verkehrsmittel NPL: **öffentliche Verkehrsmittel** transports *mpl* publics; **Verkehrspolizei** F police routière; **Verkehrsregel** F règle de la

circulation; **Verkehrsschild** N panneau *m* de signalisation; **Verkehrsunfall** M accident de la route; **Verkehrsverbindungen** FPL communications
verkehrt à l'envers; *falsch* mauvais; faux
verkleinern rapetisser; FOTO réduire
verknacksen: *umg* **sich den Fuß verknacksen** se fouler le pied
verknallt: *umg* **in j-n verknallt sein** être fou, folle de qn
verkorksen: *umg* **sich den Magen verkorksen** se détraquer l'estomac
verkrachen: *umg* **sich mit j-m verkrachen** se brouiller avec qn
verkürzen raccourcir; *Arbeitszeit* réduire
Verlag M maison *f* d'édition
verlangen demander (**etw von j-m** qc à qn)
verlängern *Urlaub etc* prolonger; *Pass etc* proroger; **Verlängerung** F *zeitlich* prolongation; *Pass* prorogation
Verlängerungsschnur F rallonge
verlassen quitter; *im Stich lassen* abandonner; **sich verlassen auf** compter sur
Verlauf M cours; **im Verlauf der Woche** au cours de la semaine
verlaufen *ablaufen* se dérouler; se passer; **sich verlaufen** se perdre; s'égarer
verlegen[1] *räumlich* déplacer; *Brille* égarer; *zeitlich* remettre (**auf** à)
verlegen[2] *Person* embarrassé

Verlegenheit F embarras *m*
Verleih M *Fahrräder etc* location *f*
verleihen prêter; *Fahrräder etc* louer
verlernen désapprendre
verletzen blesser
Verletzte(r) M/F(M) blessé(e) *m(f)*
Verletzung F blessure
verlieben: **sich verlieben in** tomber amoureux de
verlieren perdre
verloben: **sich verloben mit** se fiancer avec
Verlobte(r) M/F(M) fiancé(e) *m(f)*
Verlobung F fiançailles *fpl*
Verlosung F tirage *m* (au sort)
Verlust M perte *f*; **Verlustanzeige** F déclaration de perte
vermeiden éviter
vermieten louer; **Zimmer zu vermieten** chambre à louer
Vermieter(in) M(F) loueur *m*, -euse *f*; *Zimmervermieter* logeur *m*, -euse *f*; *Wohnungsvermieter* propriétaire *m/f*
vermissen *Gegenstand* ne pas retrouver; *bedauernd* ressentir; **ich vermisse dich** tu me manques
Vermittlung F intervention *f*; TEL central *m*
Vermögen N fortune *f*
vermuten supposer
vermutlich probablement
Vermutung F supposition
vernachlässigen négliger

verneinen dire (que) non
vernichten détruire
Vernichtung F destruction; *Ausrottung* extermination
Vernunft F raison
vernünftig raisonnable
veröffentlichen publier
Veröffentlichung F publication
verordnen MED prescrire
verpacken emballer
Verpackung F emballage *m*
verpassen *Zug* manquer; *Gelegenheit* laisser échapper
verpetzen *umg* cafarder
Verpflegung F nourriture; **volle Verpflegung** pension complète
verprügeln rosser
Verrat M trahison *f*; **verraten** trahir
Verräter(in) M(F) traître *m*, -esse *f*
verrechnen: **sich verrechnen** se tromper dans ses calculs; **Verrechnungsscheck** M chèque barré
verreisen partir en voyage (**nach** pour)
verrenken: **sich den Arm verrenken** se luxer le bras; **Verrenkung** F luxation
verrostet rouillé
verrückt fou, folle (**auf, nach** de)
versagen TECH tomber en panne
versalzen *zu salzig* trop salé
versammeln: **sich versammeln** se réunir

Versammlung F réunion
versäumen manquer *a. Unterricht*
verschaffen: **j-m etw verschaffen** procurer qc à qn; **sich etw verschaffen** se procurer qc
verschätzen: **sich verschätzen** commettre une erreur d'appréciation
verschieben *Termin* remettre
verschieden différent (**von** de); **verschiedene** PL plusieurs
verschimmelt moisi
verschlafen[1] se lever trop tard
verschlafen[2] *schlaftrunken* encore tout endormi
verschließbar qui ferme (à clé)
verschließen fermer (à clé)
verschlimmern: MED **sich verschlimmern** s'aggraver
verschlucken avaler; **ich habe mich verschluckt** j'ai avalé de travers
Verschluss M fermeture *f*; FOTO obturateur
verschreiben MED prescrire
verschreibungspflichtig soumis à une ordonnance
verschütten *Flüssigkeit* renverser; *Zucker etc* répandre
verschwenden gaspiller
verschwinden disparaître
verschwommen FOTO flou
Versehen N erreur *f*; **aus Versehen** par mégarde; par inadvertance; **versehentlich** par mégarde; par inadvertance

versichern assurer (**gegen** contre); **sich versichern** s'assurer
Versicherung F assurance; **Versicherungsgesellschaft** F compagnie d'assurances; **Versicherungskarte** F AUTO **grüne Versicherungskarte** carte verte
versilbert argenté
versorgen: **sich mit etw versorgen** se pourvoir de qc
verspäten: **sich verspäten** être en retard
Verspätung F retard *m*; **der Zug hat eine Stunde Verspätung** le train est en retard d'une heure
versperren barrer; **die Aussicht versperren** boucher la vue
versprechen promettre (**j-m etw** qc à qn); **er hat sich versprochen** la langue lui a fourché
Versprechen N promesse *f*
Versprecher M lapsus
Verstand M raison *f*; intelligence *f*
verständigen: **j-n von etw verständigen** informer qn de qc; **sich auf Französisch verständigen** se faire comprendre en français
verständlich compréhensible; **sich verständlich machen** se faire comprendre
Verständnis N compréhension
verstauchen: **sich den Fuß verstauchen** se fouler le pied; **Verstauchung** F entorse
Versteck N cachette *f*; **verstecken** cacher; **sich verstecken** se cacher
verstehen comprendre

verstellen *Sitz etc* régler
verstopft bouché; *Straße* embouteillé
Verstopfung F MED constipation
Verstoß M contravention *f*; infraction *f* (**gegen** à); **verstoßen** contrevenir (**gegen** à)
Versuch M essai; **versuchen** essayer (**etw zu tun** de faire qc); GASTR goûter; **ich will versuchen zu kommen** je chercherai à venir
verteidigen défendre; **sich verteidigen** se défendre
Verteidiger M JUR défenseur; SPORT arrière
Verteidigung F défense *a.* SPORT
verteilen distribuer; *aufteilen* répartir; **Verteiler** M AUTO distributeur
vertikal vertical
Vertrag M contrat; POL traité
vertragen *Medikament, Essen* supporter; **sich gut (schlecht) mit j-m vertragen** s'accorder bien (mal) avec qn
verträglich accommodant; digeste
Vertragswerkstatt F concessionnaire *m*
vertrauen avoir confiance (**auf** en; **j-m** en qn); **Vertrauen** N confiance *f*
vertreten représenter; *im Urlaub* remplacer
Vertreter(in) M(F) remplaçant(e) *m(f)*; *Handelsvertreter* représentant(e) *m(f)*
verunglücken avoir un accident; **tödlich verunglücken** mourir dans un accident
verursachen causer
verurteilen condamner (**zu** à)

verwackelt FOTO *bougé*
verwählen: **ich habe mich verwählt** je me suis trompé de numéro
verwahren garder
Verwahrung F: **in Verwahrung geben** donner en garde
Verwaltung F administration
verwandt parent (**mit** de *od* avec)
Verwandte(r) M/F(M) parent(e) *m(f)*
Verwandtschaft F parenté; famille
verwechseln confondre (**mit** avec)
Verwechslung F confusion
verwenden employer; utiliser
Verwendung F emploi *m*; utilisation
verwüsten dévaster
verzeihen pardonner (**j-m etw** qc à qn); **verzeihen Sie!** pardonnez-moi!
Verzeihung F pardon *m*; **j-n um Verzeihung bitten** demander pardon à qn
verzichten renoncer (**auf** à)
verzollen dédouaner; **haben Sie etw zu verzollen?** avez-vous qc à déclarer?
Vetter M cousin
Video M vidéo *f*; **Videokamera** F caméra vidéo; **Videokassette** F vidéocassette; **Videorekorder** M magnétoscope; **Videothek** F vidéothèque
Vieh N bétail *m*
viel beaucoup (de); **viele** beaucoup (de); **zu viel** trop (de); **sehr viel** beaucoup (de); **ziemlich viel**

pas mal (de); **viel Glück!** bonne chance!; **vielen Dank!** merci beaucoup!
vielleicht peut-être
vier quatre
Viereck N quadrilatère *m*; *Quadrat* carré
vierspurig *Straße* à quatre voies
Viertel N quart *m*; *Stadtviertel* quartier *m*; **ein Viertel Wein** un quart de vin; **es ist viertel vor drei** il est trois heures moins le quart
Vierteljahr N trimestre *m*; **Viertelstunde** F quart *m* d'heure
vierzehn quatorze
vierzig quarante
Vignette F *péage autoroutier sous la forme d'une vignette*
Villa F villa
violett violet
Virus M *od* N virus *m*
Visum N visa *m*
Vitamin N vitamine *f*
Vogel M oiseau; **Vogelgrippe** F grippe aviaire
Volk N peuple *m*
Volksfest N foire *f*; **Volkslied** N chanson *f* folklorique; **Volkstanz** M danse *f* folklorique
voll plein; **voll besetzt** *Bus etc* complet
vollautomatisch entièrement automatique; **Vollgas** N: **Vollgas geben** rouler à pleins gaz
völlig complètement; entièrement
Vollkaskoversicherung F assurance tous risques

vollkommen parfait
Vollkornbrot N pain *m* complet
Vollmilch F lait *m* entier
Vollmond M pleine lune *f*
Vollpension F pension complète
vollständig complet
volltanken: **bitte volltanken!** le plein, s'il vous plaît!
Volt N volt *m*
von de; **von … bis** de … à; **von … ab** à partir de; dès; **von heute an** dès aujourd'hui; **von hier** d'ici; **von mir aus!** je veux bien!; **ein Freund von mir** un de mes amis
vor *räumlich* devant; *zeitlich* avant; **vor der Abreise** avant le départ; **vor einer Woche** il y a une semaine; **vor Kurzem** il y a peu de temps; **es ist zehn vor fünf** il est cinq heures moins dix; **vor allem** avant tout
vorangehen devancer; *zeitlich* précéder (**e-r Sache** qc); *Arbeit* avancer; *an der Spitze* marcher en tête
Voranmeldung F TEL préavis *m*
Vorarlberg N le Vorarlberg
voraus en avant; devant; *an der Spitze* en tête; **im Voraus** d'avance
vorausgehen aller devant
voraussichtlich probablement
Vorauszahlung F paiement *m* d'avance
vorbei *zeitlich* passé; *räumlich* **an … vorbei** devant; **vorbeifahren**, **vorbeigehen** passer

(**an** devant; **hinter** derrière); **vorbeikommen** passer (**an** devant); **bei j-m vorbeikommen** passer chez qn; **vorbeilassen** laisser passer
vorbereiten préparer
Vorbereitung F préparation; **Vorbereitungen treffen** faire des préparatifs
vorbestellen réserver
Vorbestellung F réservation
vorbeugend MED prophylactique
Vorderachse F essieu *m* avant
Vordergrund M premier plan; **im Vordergrund** au premier plan
Vorderrad N roue *f* avant
Vordersitz M siège avant
Vordruck M formulaire
Vorfahrt F priorité; **Vorfahrt haben** avoir la priorité (**vor** sur); **die Vorfahrt beachten** respecter la priorité
Vorfahrtsschild N signal *m* de priorité; **Vorfahrtsstraße** F route à priorité
Vorgang M *Hergang* déroulement; *Ereignis* événement
Vorgänger(in) M(F) prédécesseur *m/f*
vorgehen *vorausgehen* aller devant; *geschehen* se passer; *Uhr* avancer
vorgestern avant-hier
vorhaben projeter; compter faire; **haben Sie heute Abend etwas vor?** est-ce que vous avez qc de prévu ce soir?
Vorhang M rideau *a.* THEAT

vorher auparavant; avant
Vorhersage F *Wettervorhersage* prévisions *fpl*
vorhin tout à l'heure
vorig précédent; **voriges Jahr** l'année précédente; **voriges Mal** la dernière fois
vorkommen *sich ereignen* arriver; **sich vorkommen wie …** se croire …
vorläufig provisoire
vorlesen lire (**j-m etw** qc à qn)
vormerken noter; **sich vormerken lassen** se faire inscrire (**für** pour)
Vormittag M matin; matinée *f*; **heute Vormittag** ce matin; **morgen Vormittag** demain matin; **im Laufe des Vormittags** dans la matinée; **vormittags** le matin; **um zehn Uhr vormittags** à dix heures du matin
vorn devant; *an der Spitze* en tête; **nach vorn** en avant; **von vorn** de face; *noch einmal* de nouveau; *Zimmer* **nach vorn hinausgehen** donner sur la rue
Vorname M prénom
vornehmen: **sich etw vornehmen** se proposer de faire qc
Vorort M banlieue *f*; **Vorortzug** M train de banlieue
Vorrat M provision *f* (**an** de); réserve *f*
vorrätig: **vorrätig haben** avoir en stock
Vorruhestand M préretraite *f*
Vorsaison F avant-saison
Vorschlag M proposition *f*
vorschlagen proposer

Vorschrift F règlement *m*
Vorschuss M avance *f*
Vorsicht F prudence; **Vorsicht!** attention!
vorsichtig prudent
Vorspeise F hors-d'œuvre *m*
Vorsprung M avance *f* (**vor j-m** sur qn)
vorstellen *j-n* présenter; **sich j-m vorstellen** se présenter à qn; **sich etw vorstellen** s'imaginer qc; *Uhr* **fünf Minuten vorstellen** avancer de cinq minutes
Vorstellung F présentation; THEAT représentation; *Idee* idée
Vorteil M avantage
Vortrag M conférence *f*
vorüber *zeitlich* passé; **vorübergehen** *zeitlich* passer; *örtlich* passer (**an** devant); **vorübergehend** passager; temporaire
Vorurteil N préjugé *m*
Vorverkauf M réservation *f* des places; **Vorverkaufsstelle** F (bureau *m* de) location
Vorwahl(nummer) F TEL indicatif *m*
vorwärts en avant
vorwiegend principalement
Vorwort N préface *f*
Vorwurf M reproche
vorziehen préférer; *Termin* avancer; *Vorhang* tirer
vulgär vulgaire
Vulkan M volcan; **Vulkanausbruch** M éruption *f* volcanique

W

Waage F balance; ASTROL Balance
waagerecht horizontal
wach éveillé; **wach werden** se réveiller
Wachposten M garde
Wachs N cire *f*; *Skiwachs* fart *m*
wachsen[1] *Ski* farter
wachsen[2] *größer werden* croître; *Person* grandir; *zunehmen* augmenter
Wachstuch N toile *f* cirée
Wachstum N croissance *f*
Wächter M garde
wackelig branlant
Wackelkontakt M mauvais contact
wackeln branler
Wade F mollet *m*; **Wadenkrampf** M crampe *f* dans le mollet
Waffe F arme
Waffel F gaufre; *Eiswaffel* cornet *m* de glace
wagen oser (**etw zu tun** faire qc); *riskieren* risquer
Wagen M *Pkw* voiture *f*; BAHN wagon; **Wagenheber** M cric; **Wagenpapiere** NPL papiers *mpl* de la voiture; **Wagenwäsche** F lavage *m* de la voiture
Wahl F *Auswahl* choix *m*; POL élection *f*

wählen *auswählen* choisir; POL élire (**j-n** qn); TEL composer
Wähler(in) M(F) électeur *m*, -trice *f*
wählerisch difficile (**in** sur)
Wahlkampf M campagne *f* électorale
Wahnsinn M folie *f*; **wahnsinnig** fou, folle; *Angst* effroyable; *umg sehr* vachement
Wahnsinns... *umg* dingue
wahr vrai; **nicht wahr?** n'est-ce pas?
während pendant; tandis que
Wahrheit F vérité; **in Wahrheit** en vérité
wahrscheinlich probable; vraisemblable; **Wahrscheinlichkeit** F probabilité
Währung F monnaie; **ausländische Währung** monnaie étrangère; **Währungssystem** N système *m* monétaire
Wahrzeichen N emblème *m*; symbole *m*
Wal M baleine *f*
Wald M forêt *f*; *kleiner* bois; **Waldbrand** M incendie de forêt; **Waldsterben** N dépérissement *m od* mort *f* des forêts
Wallfahrt F pèlerinage *m*
Walnuss F noix
Walzer M valse *f*
Wand F *Mauer* mur *m*; paroi *a. Felswand*
Wanderkarte F carte touristique
wandern faire une randonnée
Wandertag M *Schule* (journée *f* d') excursion *f*
Wanderung F randonnée
Wanderweg M sentier de randonnée

wann quand; **bis wann?** jusqu'à quand?; **seit wann?** depuis quand?
Wanze F ZOOL punaise
Wappen N armoiries *fpl*; armes *fpl*
Ware F marchandise
warm chaud; **es ist warm** il fait chaud; **mir ist warm** j'ai chaud
Wärme F chaleur
wärmen *Sonne* chauffer; *Kleidung* tenir chaud; **sich wärmen** se (ré)chauffer
Wärmflasche F bouillotte
Warmfront F front *m* chaud
Warmwasser N eau *f* chaude
Warnblinkanlage F feux *mpl* de détresse; **Warndreieck** N triangle *m* de présignalisation
warnen avertir (**vor** de)
Warnschild N panneau *m* de danger
Warnung F avertissement *m*
Warnweste F AUTO gilet *m* de sécurité
Wartehalle F BAHN salle d'attente; FLUG salle d'embarquement; **Wartehäuschen** N abri *m*; *in Frankreich* abribus® *m*
warten attendre (**auf j-n, etw** qn, qc)
Wartesaal M salle *f* d'attente; **Warteschlange** F file d'attente; **Warteschleife** F FLUG circuit *m* d'attente; **Wartezimmer** N salle *f* d'attente
warum pourquoi; **warum nicht?** pourquoi pas?
was quoi; que; *umg etwas* quelque chose; **was kostet ...?** combien coûte ...?; **was ist los?** qu'est-ce qu'il y a?; **was für ...?** quel, quelle ...?

Waschanlage F lavage *m* de voiture; **waschbar** lavable; **Waschbecken** N lavabo *m*
Wäsche F linge *m*; *Waschen* lavage *m*; **Wäscheklammer** F pince à linge
waschen laver; **sich waschen** se laver; *beim Friseur* **Waschen und Legen** un shampooing et une mise en plis
Wäscherei F blanchisserie
Waschlappen M gant de toilette; *umg fig Feigling* lavette *f*; **Waschmaschine** F machine à laver; **Waschmittel** N, **Waschpulver** N lessive *f*; **Waschraum** M cabinet de toilette; **Waschsalon** M laverie *f*
Wasser N eau *f*; **Wasseranschluss** M prise *f* d'eau; **wasserdicht** imperméable; **Wasserfall** M chute *f* d'eau; cascade *f*; **Wasserhahn** M robinet; **Wasserknappheit** F pénurie d'eau; **Wasserkühlung** F refroidissement *m* par eau; **Wasserleitung** F conduite d'eau; **Wassermann** M ASTROL Verseau; **Wassermelone** F pastèque; **Wasserski** M ski nautique; **Wassersport** M nautisme; **Wasserspülung** F chasse d'eau; **Wasserstand** M niveau d'eau; **Wassertemperatur** F température de l'eau; **Wasserverschmutzung** F pollution de l'eau; **Wasserwacht** F poste *m* de secours
Watt N ELEK watt *m*
Watte F ouate
WC N W.-C. *mpl*
Web N IT Web *m*; **Webadresse** F adresse Inter-

net

Wechsel M changement; *von Geld* change; **Wechselgeld** N monnaie *f*; **wechselhaft** *Wetter* variable; **Wechselkurs** M cours du change

wechseln changer; **100 Euro wechseln** *umtauschen* changer 100 euros; *in Kleingeld* faire la monnaie de 100 euros

Wechselstrom M courant alternatif

Wechselstube F bureau *m* de change

wecken réveiller

Wecker M réveil

wedeln *Skilauf* godiller

weder: **weder er noch ich** ni lui ni moi

weg parti; *verschwunden* disparu; **weit weg** éloigné

Weg M chemin; voie *f*; *Reiseweg* itinéraire; **auf halbem Weg** à mi-chemin

Wegbeschreibung F itinéraire *m*; plan *m* d'accès

wegen à cause de; pour; **von wegen!** penses-tu! *od* pensez-vous!

wegfahren partir (**nach** pour)

weggehen s'en aller; partir; *ausgehen* sortir; **der Fleck geht nicht weg** la tache ne part pas

wegkommen *Dinge* s'égarer

wegnehmen ôter; enlever *a. stehlen*

Wegweiser M poteau indicateur

wegwerfen jeter; **Wegwerfpackung** F emballage *m* perdu

Wehrdienst M service militaire; **Wehrdienstverweigerer** M objecteur de conscience
wehren: **sich wehren** se défendre (**gegen** contre)
wehtun faire mal; **sich wehtun** se faire mal; **mir tut der Hals weh** j'ai mal à la gorge; **hier tut es weh** j'ai mal ici
weiblich féminin
weich mou, molle; **weiches Ei** œuf *m* à la coque
Weide[1] F BOT saule *m*
Weide[2] F *Viehweide* pâturage *m*
weigern: **sich weigern** refuser (**etw zu tun** de faire qc)
Weigerung F refus *m*
Weihnachten N Noël *m*; **(zu) Weihnachten** à Noël; **fröhliche Weihnachten!** joyeux Noël!
Weihnachtsbaum M arbre de Noël; **Weihnachtsferien** PL vacances *fpl* de Noël; **Weihnachtsgeschenk** N cadeau *m* de noël; *umg* noël *m*; **Weihnachtsmann** M père Noël
weil parce que
Wein M vin; **Weinbau** M viticulture *f*; **Weinberg** M vigne *f*; vignoble; **Weinbergschnecke** F escargot *m* de Bourgogne; **Weinbrand** M cognac
weinen pleurer
Weingegend F région vinicole; **Weinglas** N verre *m* à vin; **Weinhändler** M marchand de vins; **Weinkarte** F carte des vins; **Weinkeller** M cave *f*; **Weinlese** F vendange; **Weinprobe** F dégustation de vins; **Weinstock** M cep;

Weintrauben FPL raisin *m*
Weise F: **auf diese Weise** de cette façon
Weisheitszahn M dent *f* de sagesse
weiß blanc; **Weißbrot** N pain *m* blanc; **Weißkohl** M, **Weißkraut** N chou *m* blanc; **Weißwein** M (vin) blanc
weit *ausgedehnt* large; *Kleidung a.* ample; *Weg* long; **von Weitem** de loin; **weit weg** loin; **ist es weit von hier?** c'est loin d'ici?; **wie weit ist es von hier bis zum Bahnhof?** c'est loin d'ici à la gare?; **weit verbreitet** très répandu
weiter: **weitere Auskünfte** plus amples renseignements; **weiter oben** plus haut; *im Text* ci-dessus; **nichts weiter** rien d'autre; **und so weiter** et ainsi de suite; et cetera
Weiterfahrt F continuation du voyage; **Weiterflug** M continuation *f* du vol; **weitergeben** transmettre; faire passer; **Weiterreise** F continuation du voyage
weitsichtig MED hypermétrope; *fig* prévoyant; **Weitwinkelobjektiv** N objectif *m* grand angle
Weizen M blé; froment
welche quel, quelle; lequel, laquelle; **welcher von beiden?** lequel des deux?; **welche Überraschung!** quelle surprise!
welk fané
Welle F vague
Wellenbad N piscine *f* à vagues; **Wellenreiten** N surf *m*
Wellness F bien-être *m*; **Wellnessbereich** M

espace bien-être; **Wellnesshotel** N (hôtel *m* avec) centre *m* de bien-être; **Wellnessurlaub** M vacances *fpl* de bien-être

Welt F monde *m*; **Weltall** N univers *m*; **Weltkrieg** M guerre *f* mondiale; **Weltmeister(in)** M(F) champion *m*, -onne *f* du monde; **Weltmeisterschaft** F championnat *m* du monde; **Weltraum** M espace; **Weltrekord** M record du monde; **Weltstadt** F métropole

wem à qui; **von wem?** de qui?

wen qui; qui est-ce que; **für wen?** pour qui?

wenden *mit Auto* faire demi-tour; **sich an j-n wenden** s'adresser à qn

wenig peu; **ein wenig** un peu; **weniger** moins

wenigstens au moins

wenn si; *zeitlich* quand

wer qui; qui est-ce qui; **wer ist da?** qui est là? *umg* qui est-ce?

Werbung F publicité

werfen jeter; lancer

Werft F chantier *m* naval

Werk N ouvrage *m*; *e-s Künstlers* œuvre *f*; *Fabrik* usine *f*

Werkstatt F atelier *m*; *Auto* garage *m*

Werktag M jour ouvrable; **werktags** en semaine

Werkzeug N outil *m*

wert: **wert sein** valoir (**etw** qc); **das ist nicht viel wert** cela ne vaut pas grandchose; **das ist nicht der Mühe wert** ce n'est pas la peine

Wert M valeur *f*; **im Wert von** d'une valeur de; **Wertgegenstände** MPL objets de valeur; **wertlos** sans valeur; **wertvoll** précieux
Wesen N *Eigenart* nature *f*
wesentlich essentiel; **wesentlich größer** beaucoup plus grand
weshalb pourquoi
Wespe F guêpe
Weste F gilet *m*
Westen M ouest; → *a.* Norden
Western M western
westlich occidental; de l'ouest; **westlich von** à l'ouest de
Wettbewerb M concours; compétition *f a.* SPORT; WIRTSCH concurrence *f*
Wette F pari *m*
wetten parier (**um 100 Euro** cent euros)
Wetter N temps *m*; **es ist schönes (schlechtes) Wetter** il fait beau (mauvais); **Wetterbericht** M bulletin météorologique; *umg* météo *f*; **Wetterlage** F conditions *fpl* atmosphériques; **Wettervorhersage** F prévisions *fpl* météorologiques
Wettkampf M épreuve *f*; match; **Wettlauf** M, **Wettrennen** N course *f*
Whirlpool® M jacuzzi®
wichtig important; **das ist mir sehr wichtig** cela m'importe beaucoup
Wichtigkeit F importance
wickeln *Säugling* langer

Widder M bélier; ASTROL Bélier
widerlich dégoutant; *Anblick a.* répugnant
widersprechen contredire (**j-m** à qn)
Widerspruch M contradiction *f*
Widerstand M résistance *f*
wie comme; **wie oft?** combien de fois?; **wie lange?** combien de temps? **wie viel** combien; **wie viel kostet das?** c'est combien?; **wie viel Uhr ist es?** quelle heure est-il?; **wie schade!** quel dommage!; **wie bitte?** comment?; **wie geht es Ihnen?** comment allez-vous?; **wie alt sind Sie?** quel âge avez-vous?; **wie spät ist es?** quelle heure est-il?; **den Wievielten haben wir heute?** le combien sommes-nous aujourd'hui?
wieder à nouveau; **immer wieder** constamment; **nie wieder** plus jamais; **ich bin gleich wieder da** je reviens tout de suite
wiederholen répéter; *lernen* réviser
Wiederholung F répétition; TV rediffusion
wiedersehen revoir; **Wiedersehen** N revoir *m*; **auf Wiedersehen!** au revoir!
wiegen peser
Wien N Vienne
Wiener: **Wiener Schnitzel** escalope *f* à la viennoise
Wiese F pré *m*
wieso pourquoi
wild sauvage
Wild N gibier *m*; GASTR venaison *f*; **Wildleder** N daim *m*; **Wildschwein** N sanglier *m*

Wille M volonté *f*
willkommen bienvenu
Wimper F cil *m*
Wimperntusche F mascara *m*
Wind M vent; **Windbeutel** M chou à la crème
Windel F couche; **die Windeln wechseln** changer les couches
Windjacke F anorak *m*; **Windmühle** F moulin *m* à vent; **Windschutzscheibe** F pare-brise *m*; **Windstärke** F force *od* intensité du vent; **Windstille** F calme *m*; **Windsurfen** N planche *f* à voile
Winter M hiver; **im Winter** en hiver; **Winterfahrplan** M horaire d'hiver; **winterlich** hivernal; **Wintermantel** M manteau d'hiver; **Winterreifen** M pneu neige; **Winterschlussverkauf** M soldes *mpl* d'hiver; **Wintersportort** M station *f* de sports d'hiver; **Winterurlaub** M vacances *fpl* d'hiver
Winzer M vigneron
winzig minuscule
wir nous
Wirbel ANAT vertèbre *f*; **Wirbelsäule** F colonne vertébrale
Wirbelsturm M cyclone
wirken *Medikament* faire son effet
wirklich réel; vraiment; **Wirklichkeit** F réalité
wirksam efficace
Wirkung F effet *m*
Wirsingkohl M chou frisé *od* de Milan

Wirt(in) M(F) *Gastwirt* patron *m*, -onne *f*
Wirtschaft F économie; *Gastwirtschaft* restaurant *m*; auberge
wirtschaftlich économique
Wirtshaus N auberge *f*; café *m*
Wischlappen M chiffon
wissen savoir; **j-n etw wissen lassen** faire savoir qc à qn
Wissen N savoir *m*
Wissenschaft F science; **Wissenschaftler(in)** M(F) scientifique *m/f*
Witterung F temps *m* qu'il fait
Witwe F veuve; **Witwer** M veuf
Witz M bon mot; *umg* blague *f*
witzig drôle; amusant
WLAN N IT Wi-Fi® *m*
WM F championnat *m* du monde
wo où; **von wo?** d'où?; **woanders** ailleurs
Woche F semaine; **nächste (letzte) Woche** la semaine prochaine (passée); **dreimal die Woche** trois fois par semaine
Wochenende N week-end *m*; **Wochenkarte** F carte hebdomadaire; **Wochenmarkt** M marché hebdomadaire; **Wochentag** M jour de semaine
wöchentlich hebdomadaire; **dreimal wöchentlich** trois fois par semaine
wofür pour quoi
woher d'où
wohin où

Wohl N bien *m*; salut *m*; **zum Wohl!** à votre santé!; **wohlfühlen**: **sich wohlfühlen** se sentir bien; **sich nicht wohlfühlen** se sentir mal; **wohlhabend** aisé; **Wohlstand** M aisance *f*; prospérité *f*
wohnen habiter; **im Hotel wohnen** loger à l'hôtel
Wohnmobil N camping-car *m*; **Wohnort** M domicile; **Wohnsitz** M résidence *f*
Wohnung F logement *m*; habitation; appartement *m*
Wohnwagen M caravane *f*
Wolf M loup
Wolke F nuage *m*; **Wolkenbruch** M pluie *f* torrentielle; **Wolkenkratzer** M gratte-ciel
wolkig nuageux
Wolldecke F couverture de laine
Wolle F laine; **reine Wolle** pure laine
wollen vouloir; **lieber wollen** aimer mieux
Wort N mot *m*; *gesprochenes* parole *f*; **in Worten** en toutes lettres
Wörterbuch N dictionnaire *m*
Wrack N épave *f*
Wucherpreis M prix usuraire
wund écorché; **sich wund reiben** s'écorcher
Wunde F blessure
Wunder N miracle *m*; *Wunderwerk* merveille *f*; **wunderbar** merveilleux
wundern: **sich wundern** s'étonner (**über** de)
Wundstarrkrampf M tétanos

Wunsch M désir; *Glückwunsch* souhait; vœu
wünschen désirer; **j-m etw wünschen** souhaiter qc à qn; **was wünschen Sie?** que désirez-vous?
Würfel M *Spielwürfel* dé; **würfeln** jouer aux dés; **e-e Sechs würfeln** faire un six; **Würfelspiel** N jeu *m* de dés; **Würfelzucker** M sucre en morceaux
Wurst F saucisson *m*
Würstchen N saucisse *f*
Wurzel F racine
würzen assaisonner; épicer (**mit** de)
würzig aromatique
Wüste F désert *m*
Wut F fureur; rage
wütend furieux (**auf** contre)

X

x-beliebig: **ein x-beliebiger** … n'importe quel …
x-mal cent fois

Z

zäh tenace; *Fleisch* coriace; **zähflüssig**: **zähflüssiger Verkehr** ralentissements *mpl*
Zahl F nombre *m*; *Ziffer* chiffre *m*
zahlbar payable
zahlen payer; **was habe ich zu zahlen?** combien vous dois-je?; **bitte zahlen!** l'addition, s'il vous plaît!
zählen compter
Zähler M compteur
Zahlkarte F mandat-carte *m*
zahllos innombrable
zahlreich nombreux
Zahlung F paiement *m*
zahm *Tier* apprivoisé
Zahn M dent *f*; **Zahnarzt** M, **Zahnärztin** F dentiste *m/f*; **Zahnbürste** F brosse à dents; **Zahncreme** F dentifrice *m*; **Zahnfleisch** N gencive *f*; **Zahnpasta** F dentifrice *m*; **Zahnputzglas** N verre *m* à dents; **Zahnradbahn** F chemin *m* de fer à crémaillère; **Zahnschmerzen** MPL mal *m* aux dents; **Zahnseide** F fil *m* dentaire; **Zahnstocher** M cure-dent; **Zahnweh** N mal *m* aux dents
Zander M sandre

Zange F pince
zanken: **sich zanken** se quereller (**mit j-m** avec qn)
Zäpfchen N MED suppositoire *m*
zapfen *Wein etc* tirer
Zapfsäule F pompe à essence
zappen TV zapper
zart *Fleisch, Farben* tendre; *Kuss, Empfindungen* délicat
zärtlich tendre; **Zärtlichkeit** F tendresse; **Zärtlichkeiten** *pl* caresses *fpl*
Zauber M charme; attrait; **Zauberer** M magicien; **Zauberkünstler(in)** M(F) illusionniste *m/f*; prestidigitateur *m*, -trice *f*; **zaubern** pratiquer la magie
zaudern hésiter
Zaun M clôture *f*
Zebra N zèbre *m*; **Zebrastreifen** M passage clouté
Zeche F addition
Zecke F tique
Zeh M doigt de pied; orteil
zehn dix
Zeichen N signe *m*; *Signal* signal *m*; **Zeichenblock** M bloc de papier à dessin; **Zeichenpapier** N papier *m* à dessin; **Zeichensprache** F langage *m* par signes *od* par gestes; **Zeichentrickfilm** M dessin animé
zeichnen dessiner; *kennzeichnen* marquer
Zeichnung F dessin *m*

Zeigefinger M index
zeigen montrer; *Weg* indiquer; *Film* passer
Zeiger M aiguille *f*
Zeile F ligne
Zeit F temps *m*; *Zeitabschnitt* période; *Uhrzeit* heure; *Zeitalter* époque; **um diese Zeit** à cette heure; **um welche Zeit?** à quelle heure?; **keine Zeit haben** ne pas avoir le temps; **mit der Zeit** avec le temps; **von Zeit zu Zeit** de temps en temps; **in letzter Zeit** ces derniers temps; **es ist höchste Zeit** il est grand temps; **e-e Zeit lang** un certain temps
zeitig tôt; de bonne heure
zeitlich temporel; **zeitlich begrenzt** temporaire
Zeitlupe F ralenti *m* (**in** au)
Zeitlupentempo N: **im Zeitlupentempo** au ralenti
Zeitplan M horaire; emploi du temps
Zeitpunkt M moment; **zum richtigen Zeitpunkt** au bon moment
Zeitschrift F revue
Zeitung F journal *m*
Zeitungsanzeige F annonce; **Zeitungsartikel** M article de journal; **Zeitungsstand** M kiosque
Zeitunterschied M décalage *m* horaire; **Zeitvertreib** M passe-temps; **zeitweilig** temporaire; **zeitweise** de temps en temps
Zelle F *Telefonzelle* cabine téléphonique; *Gefängniszelle* cellule

Zelt N tente *f*; **zelten** camper
Zelten N camping *m*
Zeltlager N camp *m*
Zentimeter M centimètre
Zentner M cinquante kilos *mpl*; *Österreich, Schweiz* quintal
zentral central; **Zentralheizung** F chauffage *m* central
Zentrum N centre *m*
zerbrechen *et* casser; *kaputtgehen* se casser
zerbrechlich fragile
zerreißen *et* déchirer; *kaputtgehen* se déchirer
zerren: **sich e-n Muskel zerren** se claquer un muscle
Zerrung F MED claquage *m*
zerschlagen[1] casser
zerschlagen[2] *umg*: **sich wie zerschlagen fühlen** se sentir tout moulu
zerschneiden couper en morceaux
zersplittern *Glas* se casser
zerstören détruire
Zerstörung F destruction
zerstreuen: **sich zerstreuen** se distraire
zerstreut distrait
Zettel M bout de papier; *Notizzettel* note *f*
Zeug N *Sachen* choses *fpl*; trucs *mpl*
Zeuge M, **Zeugin** F témoin *m*; **von etw Zeuge sein** être témoin de qc
Zeugnis N *Prüfungszeugnis* diplôme *m*
Zickzack M: **im Zickzack fahren** zigzaguer

Ziege F chèvre
Ziegel M brique *f*; *Dachziegel* tuile *f*
Ziegenkäse M fromage de chèvre
ziehen tirer; *Linie* tracer; *schleppen* traîner; *Zahn* extraire; *Stein im Brettspiel* jouer; **nach Berlin ziehen** aller habiter (à) Berlin; **es zieht** il y a un courant d'air
Ziel N but *m*; *Reiseziel* destination *f*; SPORT arrivée *f*; **zielen** viser (**auf etw** qc); **Zielflughafen** M aéroport de destination; **Zielscheibe** F cible
ziemlich assez
zierlich gracile; fin
Ziffer F chiffre *m*; **Zifferblatt** N cadran *m*
Zigarette F cigarette
Zigarettenautomat M distributeur de cigarettes; **Zigarettenpapier** N papier *m* à cigarettes; **Zigarettenschachtel** F paquet *m* de cigarettes; **Zigarettenspitze** F fume-cigarette *m*
Zigarillo M *od* N cigarillo *m*
Zigarre F cigare *m*
Zikade F cigale
Zimmer N pièce *f*; *Hotelzimmer* chambre *f*; **Zimmer frei** chambre à louer; **Zimmerkellner** M garçon d'étage; **Zimmermädchen** N femme *f* de chambre; **Zimmernummer** F numéro *m* de chambre; **Zimmerservice** M service des chambres; **Zimmervermieter(in)** M(F) logeur *m*, -euse *f*
Zimt M cannelle *f*
Zinsen MPL intérêts

Zirkus M cirque
Zitrone F citron *m*; **Zitronenlimonade** F citronnade; **Zitronensaft** M jus de citron
Zitrusfrüchte FPL agrumes *mpl*
zittern trembler; *vor Kälte* grelotter
zivil civil; *Preis* raisonnable
Zivilisation F civilisation
zögern hésiter (**etw zu tun** à faire qc)
Zoll M douane *f*; *Zollgebühr* (droit *m* de) douane *f*; **den Zoll passieren** passer à la douane; **Zollabfertigung** F dédouanement *m*; **Zollbeamter** M douanier; **Zollerklärung** F déclaration en douane; **zollfrei** hors taxes; **Zollkontrolle** F contrôle *m* douanier; **zollpflichtig** soumis aux droits de douane
Zollstock M mètre pliant
Zone F zone
Zoo M zoo
Zopf M natte *f*
Zorn M colère *f*; **zornig** en colère
zu à; *ins Haus von* chez; *geschlossen* fermé; *zu sehr* trop; **um zu** pour; **zum Bahnhof** à la gare; **zur Schule gehen** aller à l'école; *Fenster* **zur Straße** donnant sur la rue; **zu Fuß** à pied; **zu Weihnachten** à Noël; **wir sind zu dritt** nous sommes (à) trois; **zum Beispiel** par exemple; SPORT **4 zu 2 gewinnen** gagner par quatre à deux; **3 zu 3** trois partout; **zu viel** trop; **zu wenig** trop peu
Zubehör N accessoires *mpl*
zubereiten préparer

Zubereitung F préparation
zubinden attacher; *Schuhe* lacer
Zubringer M *zur Autobahn* bretelle *f*; **Zubringerdienst** M *für Flughafen etc* service de correspondance
Zucchini PL courgettes *fpl*
Zucker M sucre; MED **Zucker haben** être diabétique; **Zuckerdose** F sucrier *m*; **zuckerkrank** diabétique; **Zuckerkrankheit** F diabète *m*; **zuckern** sucrer; **Zuckerwatte** F barbe à papa
zudecken couvrir (**mit** de)
zudrehen fermer
zudringlich importun
zueinander: **gut zueinander passen** aller bien ensemble
zuerst d'abord; *als Erster* le premier
Zufahrt F accès *m*; **Zufahrtsstraße** F, **Zufahrtsweg** M route *f* d'accès
Zufall M hasard; **durch Zufall** par hasard
zufällig par hasard
zuflüstern: **j-m etw zuflüstern** chuchoter qc à l'oreille de qn
zufrieden content; satisfait (**mit** de); **Zufriedenheit** F contentement *m*; satisfaction
Zug M BAHN train; *U-Bahn* rame *f*; *von Menschen* cortège; *Charakterzug* trait; *Schach* coup; *beim Rauchen* bouffée *f*; *Luftzug* courant d'air; **mit dem Zug fahren** aller en train; **Zugabteil** N compartiment *m*
Zugang M accès (**zu** à)

zugänglich accessible; *Person* abordable
Zuganschluss M correspondance *f*
zugeben *hinzufügen* ajouter; *einräumen* avouer; *gelten lassen* admettre
zugehen *schließen* fermer (**schwer** mal); **auf j-n zugehen** se diriger vers qn
Zügel M bride *f*; rêne *f*
zügig *Abfertigung etc* rapide
zugleich à la fois
zugreifen *bei Tisch* se servir; *die günstige Gelegenheit ergreifen* saisir l'occasion
zugrunde: **zugrunde gehen** périr; **zugrunde richten** ruiner
Zugschaffner(in) M(F) contrôleur *m*, -euse *f*
zugunsten en faveur (**von** de)
Zugverbindung F correspondance
Zugverkehr M trafic ferroviaire
Zugvogel M oiseau migrateur
zuhaben *Geschäft* être fermé
zuhalten *Tür* tenir fermé
Zuhälter M souteneur; *umg* maquereau
zuhören écouter (**j-m** qn)
Zuhörer(in) M(F) auditeur *m*, -trice *f*
zuknöpfen boutonner
Zukunft F avenir *m*; **in Zukunft** à l'avenir
zukünftig futur
zulassen *erlauben* permettre; *Tür* laisser fermé; *Auto* immatriculer; **j-n zu etw zulassen** admettre qn à qc
zulässig admissible; permis

Zulassung F admission (**zu** à); AUTO immatriculation
zulegen: **sich etw zulegen** s'acheter qc
zuletzt à la fin; *als Letzter* le dernier
zumachen fermer
zumindest du moins
Zumutung F *Frechheit* impudence
zunächst d'abord
Zunahme F augmentation
Zuname M nom de famille
Zündholz N allumette *f*; **Zündkerze** F bougie; **Zündschlüssel** M clé *f* de contact
Zündung F allumage *m*
Zündverteiler M distributeur
zunehmen augmenter; *Person* grossir (**um ein Kilo** d'un kilo); *Mond* croître
Zuneigung F affection
Zunge F langue
zunichte: **zunichte machen** *Pläne, Hoffnungen etc* réduire à néant
zurechnungsfähig responsable de ses actes
zurechtfinden: **sich zurechtfinden** s'y retrouver
zurechtkommen se débrouiller (**mit etw** avec qc)
zurechtmachen: **sich zurechtmachen** se préparer
Zürich N Zurich
zurück en arrière; *Person wieder da* de retour; *im Rückstand* en retard; **zurückbringen** rapporter; **zurückerstatten** restituer; **zurückfahren** re-

tourner; *rückwärtsfahren* reculer; **zurückgeben** rendre; **zurückgehen** retourner; *geringer werden* baisser; **zurückhalten** retenir

zurückkehren retourner; **aus den Ferien zurückkehren** rentrer de vacances

zurückkommen revenir (**auf** à); **zurücknehmen** reprendre; *Behauptung* rétracter; *Verbot etc* retirer; **zurückrufen** rappeler; **zurückschicken** renvoyer; **zurückzahlen** rembourser; **zurückziehen** retirer; **sich zurückziehen** se retirer

zurzeit en ce moment

zusammen ensemble; *insgesamt* au total

Zusammenarbeit F coopération; **zusammenarbeiten** collaborer; **zusammenbrechen** s'effondrer; **Zusammenfassung** F résumé *m*; **Zusammenkunft** F réunion; **zusammenschlagen** démolir; **Zusammenstoß** collision *f*; **zusammenstoßen** entrer en collision (**mit** avec); se heurter (à); **zusammenzählen** additionner

Zusatz M *Zusatzmittel* additif

zusätzlich supplémentaire; *außerdem* en plus

zuschauen regarder (**bei etw** qc)

Zuschauer(in) M(F) spectateur *m*, -trice *f*

Zuschlag M BAHN supplément

Zuschuss M subvention *f*

zusehen → zuschauen

Zustand M état; *Lage* situation *f*

zuständig compétent; responsable

Zustellung F *Post* distribution
zustimmen consentir (**e-r Sache** à qc); **Zustimmung** F accord *m*
Zutritt M: ***Zutritt verboten*** entrée interdite
zuverlässig sûr; sérieux; TECH fiable; **Zuverlässigkeit** F fidélité; TECH fiabilité
zuviel, **zuwenig** → zu
zwanglos décontracté
zwanzig vingt
zwar: **und zwar** c'est-à-dire
Zweck M but; fin *f*; **das hat keinen Zweck** cela ne sert à rien; **zwecklos** inutile; **zweckmäßig** opportun; pratique; convenable
zwei deux
Zweibettabteil N BAHN compartiment *m* à deux lits; **Zweibettkabine** F cabine à deux couchettes; **Zweibettzimmer** N chambre *f* à deux lits
zweideutig à double sens; ambigue, -uë
Zweierkabine F SCHIFF cabine (pour) deux personnes
Zweifel M doute; **ohne Zweifel** sans aucun doute; **zweifelhaft** douteux; **zweifellos** sans aucun doute; **zweifeln** douter (**an** de)
Zweig M branche *f*; rameau
zweisprachig bilingue
zweispurig *Straße* à deux voies
Zwieback M biscotte *f*
Zwiebel F oignon *m*; **Zwiebelsuppe** F soupe à l'oignon

Zwilling M jumeau *m*; *Mädchen* jumelle *f*; **Zwillinge** *pl* jumeaux *mpl od* jumelles *fpl*; ASTROL Gémeaux *mpl*; **sie ist Zwilling** elle est Gémeaux
zwingen forcer (**zu etw** à qc)
zwischen entre
Zwischendeck N entrepont *m*; **Zwischenfall** M incident; **zwischenlanden** faire escale; **Zwischenlandung** F escale; **Zwischenstecker** M adaptateur; **Zwischenzeit**: **in der Zwischenzeit** entre-temps
zwölf douze
Zylinder M TECH cylindre; **Zylinderkopf** M TECH culasse *f*
Zypern N Chypre *f*
Zypresse F cyprès *m*

Anhang

Zahlen

Grundzahlen

0	zéro
1	un, une
2	deux
3	trois
4	quatre
5	cinq
6	six
7	sept
8	huit
9	neuf
10	dix
11	onze
12	douze
13	treize
14	quatorze
15	quinze
16	seize
17	dix-sept
18	dix-huit
19	dix-neuf
20	vingt
21	vingt et un
22	vingt-deux
30	trente
40	quarante
50	cinquante
60	soixante
70	soixante-dix
71	soixante et onze
72	soixante-douze
80	quatre-vingt(s)
81	quatre-vingt-un
90	quatre-vingt-dix
91	quatre-vingt-onze
100	cent
101	cent un

200	deux cent(s)
311	trois cent onze
500	cinq cent(s)
1000	mille
1998	*als Jahreszahl*: dix-neuf cent quatre-vingt-dix-huit
2000	deux mille
2011	*als Jahreszahl*: deux mille onze
100 000	cent mille

Ordnungszahlen

1er	le premier
1ère	la première
2^{e}	le (la) deuxième, le (la) second(e)
3^{e}	(le) la troisième
4^{e}	quatrième
5^{e}	cinquième
6^{e}	sixième
7^{e}	septième
8^{e}	huitième
9^{e}	neuvième
10^{e}	dixième
20^{e}	vingtième
21^{e}	vingt et unième
22^{e}	vingt-deuxième
30^{e}	trentième
40^{e}	quarantième
50^{e}	cinquantième
60^{e}	soixantième
70^{e}	soixante-dixième
80^{e}	quatre-vingtième
90^{e}	quatre-vingt-dixième
100^{e}	centième
500^{e}	cinq centième
1000^{e}	millième
$10\,000^{e}$	dix millième

Die Uhrzeit

Quelle heure est-il?	Wie spät ist es?
Il est …	Es ist …
1:00 une heure.	ein Uhr *od* eins.
2:00 deux heures.	zwei Uhr *od* zwei.
3:10 trois heures dix.	zehn (Minuten) nach drei.
4:15 quatre heures et quart.	Viertel nach vier.
6:30 six heures et demie.	halb sieben.
8:45 neuf heures moins le quart.	Viertel vor neun.
9:55 dix heures moins cinq.	fünf (Minuten) vor zehn.
12:00 midi.	zwölf Uhr (mittags).
00:00 minuit.	Mitternacht.
À quelle heure?	Um wie viel Uhr?
À dix heures.	Um zehn (Uhr).
Vers onze heures.	Gegen elf (Uhr).
À neuf heures précises.	Pünktlich um neun (Uhr).

Die französischen Departements

01* **Ain** [ɛ̃] (l' *m*)
02 **Aisne** [ɛn] (l' *f*)
03 **Allier** [alje] (l' *m*)
04 **Alpes-de-Haute-Provence** (les *f/pl*)
05 **Hautes-Alpes** [otzalp] (les *f/pl*)
06 **Alpes-Maritimes** (les *f/pl*)
07 **Ardèche** (l' *f*)
08 **Ardennes** (les *f/pl*)
09 **Ariège** (l' *f*)
10 **Aube** (l' *f*)
11 **Aude** (l' *m*)
12 **Aveyron** [avɛrõ] (l' *m*)
13 **Bouches-du-Rhône** (les *f/pl*)
14 **Calvados** [-os] (le)
15 **Cantal** (le)
16 **Charente** (la)
17 **Charente-Maritime** (la)
18 **Cher** [ʃɛr] (le)
19 **Corrèze** (la)
2A **Corse-du-Sud** (la)
2B **Haute-Corse** (la)
21 **Côte-d'Or** (la)
22 **Côtes d'Armor** (les *f/pl*)
23 **Creuse** (la)
24 **Dordogne** (la)
25 **Doubs** [du] (le)
26 **Drôme** (la)

* Die Kennziffer des Departements erscheint seit dem 1. April 2009 am rechten Rand der französischen Autokennzeichen, und zwar auf blauem Grund unterhalb des Logos für die jeweilige Region. Auch die beiden ersten Ziffern der 5-stelligen französischen Postleitzahlen verweisen auf das betreffende Departement (z. B. **Rennes 35000**).

27 **Eure** [œr] (l' *f*)
28 **Eure-et-Loir** (l' *m*)
29 **Finistère** (le)
30 **Gard** (le)
31 **Haute-Garonne** (la)
32 **Gers** [ʒɛrs] (le)
33 **Gironde** (la)
34 **Hérault** [ero] (l' *m*)
35 **Ille-et-Vilaine** (l' *f*)
36 **Indre** (l' *f*)
37 **Indre-et-Loire** (l' *f*)
38 **Isère** (l' *f*)
39 **Jura** (le)
40 **Landes** (les *f/pl*)
41 **Loir-et-Cher** (le)
42 **Loire** (la)
43 **Haute-Loire** (la)
44 **Loire-Atlantique** (la)
45 **Loiret** (le)
46 **Lot** [lɔt] (le)
47 **Lot-et-Garonne** (le)
48 **Lozère** (la)
49 **Maine-et-Loire** (le)
50 **Manche** (la)
51 **Marne** (la)
52 **Haute-Marne** (la)
53 **Mayenne** [majɛn] (la)
54 **Meurthe-et-Moselle** (la)
55 **Meuse** (la)
56 **Morbihan** [mɔrbiɑ̃] (le)
57 **Moselle** (la)
58 **Nièvre** (la)
59 **Nord** (le)
60 **Oise** (l' *f*)
61 **Orne** (l' *f*)
62 **Pas-de-Calais** (le)
63 **Puy-de-Dôme** (le)
64 **Pyrénées-Atlantiques** (les *f/pl*)
65 **Hautes-Pyrénées** (les *f/pl*)
66 **Pyrénées-Orientales** (les *f/pl*)
67 **Bas-Rhin** (le)
68 **Haut-Rhin** (le)
69 **Rhône** (le)
70 **Haute-Saône** (la)
71 **Saône-et-Loire** [son-] (la)
72 **Sarthe** (la)
73 **Savoie** (la)
74 **Haute-Savoie** (la)

75 **Ville de Paris** (la)
76 **Seine-Maritime** (la)
77 **Seine-et-Marne** (la)
78 **Yvelines** (les *f/pl*)
79 **Deux-Sèvres** (les *f/pl*)
80 **Somme** (la)
81 **Tarn** (le)
82 **Tarn-et-Garonne** (le)
83 **Var** (le)
84 **Vaucluse** (le)
85 **Vendée** (la)
86 **Vienne** (la)
87 **Haute-Vienne** (la)
88 **Vosges** [voʒ] (les f/pl)
89 **Yonne** (l' *f*)
90 **Territoire-de-Belfort** (le)
91 **Essonne** (l' *f*)
92 **Hauts-de-Seine** [odsɛn] (les *m/pl*)
93 **Seine-Saint-Denis** (la)
94 **Val-de-Marne** (le)
95 **Val-d'Oise** (le)

Feiertage in Frankreich

Nicht alle sind arbeitsfreie Tage.

Le jour de l'An	Neujahrstag *1. Januar*
Pâques *m*	Ostern *März/April*
la Fête du Travail	Tag der Arbeit *1. Mai*
le Jour de la Victoire	Ende des 2. Weltkriegs *8. Mai*
l'Ascension *f*	Christi Himmelfahrt *Mai*
la Fête des Mères	Muttertag *letzter Sonntag im Mai*
la Pentecôte	Pfingsten *Mai/Juni*
la Fête des Pères	Vatertag *dritter Sonntag im Juni*
la fête nationale	Nationalfeiertag *14. Juli*
l'Assomption *f*	Mariä Himmelfahrt *15. August*
la Toussaint	Allerheiligen *1. November*

l'Armistice *m*	Ende des 1. Weltkriegs *11. November*
Noël *m*	1. Weihnachtstag *25. Dezember*
la Saint-Sylvestre	Silvester *31. Dezember*

Übrigens: Karfreitag und der 26. Dezember sind in Frankreich nur in den Departements Moselle, Bas-Rhin und Haut-Rhin Feiertage!

Abkürzungen und Symbole

a.	auch
ANAT	Anatomie
ARCH	Architektur
ASTROL	Astrologie
AUTO	Auto
BAHN	Bahn
BOT	Botanik
e-e	eine
ELEK	Elektrotechnik und Elektrizität
e-m	einem
e-n	einen
e-r	einer
e-s	eines

etc	und so weiter
etw	etwas
f	Femininum
fig	figurativ
FLUG	Luftfahrt
FOTO	Fotografie
GASTR	Kochkunst und Gastronomie
GEOG	Geografie
HIST	Geschichte
IT	Informatik, Internet
j-m	jemandem
j-n	jemanden
j-s	jemandes
JUR	Rechtswesen
m	Maskulinum
MATH	Mathematik
MED	Medizin
m/f	Maskulinum und Femininum
m(f)	Maskulinum (Femininum)
m/f(m)	Maskulinum und Femininum (Maskulinum bei unbestimmtem Artikel)
MUS	Musik
n	Neutrum
od	oder
ÖKOL	Ökologie/Umweltschutz
pl	Plural (auch *fpl, mpl,npl*)

POL	Politik
qc	quelque chose
qn	quelqu'un
®	eingetragene Marke
REL	Religion
SCHIFF	Schifffahrt
SPORT	Sport
TECH	Technik
TEL	Telefon, Telekommunikation
THEAT	Theater
TV	Fernsehen
u.	und
umg	umgangssprachlich
vulg	vulgär
WIRTSCH	Wirtschaft
ZOOL	Zoologie
→	siehe

Bearbeiter: Karin Löscher, Gudrun Pradier
Projektleitung: Dr. Heike Pleisteiner
Redaktionsassistenz: Veronika Fleischner

Neue deutsche Rechtschreibung nach den gültigen amtlichen Regeln und DUDEN-Empfehlungen

Ergänzende Hinweise, für die wir jederzeit dankbar sind, bitten wir zu richten an:
Langenscheidt Verlag, Postfach 40 11 20, 80711 München
redaktion.wb@langenscheidt.de

Typografisches Konzept nach:
KOCHAN & PARTNER GmbH, München
Abbildung Cover: © Adam Bennie / istockphoto
Satz: Claudia Wild, Konstanz
Druck und Bindung: Druckerei C.H.Beck, Nördlingen
Printed in Germany
ISBN 978-3-468-18451-2

16011

Langenscheidt
Reisewörterbuch

Französisch

Französisch – Deutsch
Deutsch – Französisch

Neubearbeitung

Herausgegeben von der
Langenscheidt-Redaktion

L

Langenscheidt
München · Wien